DCプランナー
（企業年金総合プランナー）

合格対策テキスト

年金問題研究会 編著

KP
経営企画出版

はじめに

DCプランナー（企業年金総合プランナー）とは、わが国に確定拠出年金制度（日本版401k）が導入されたのに伴って誕生した新しい資格である。日本商工会議所と一般社団法人 金融財政事情研究会が共催している公的資格で、将来が期待される有望資格である。

確定拠出年金（DC）の登場は、わが国の企業年金制度、賃金制度、個人の資産形成の世紀的ともいえる転換を象徴している。従来の企業年金では、給与と勤続年数に応じた支給を受けられるのが原則で、年金資産の運用責任は企業側が負っていた。しかし、運用環境悪化と企業業績悪化のダブルパンチに加え、雇用環境・雇用意識の変化も要因となり、自分の資産は自分でつくるという「自己責任原則による運用」が時代の趨勢となってきた。

確定拠出年金制度は、自己責任原則による老後資産づくりの支援を目的としたものだが、円滑な普及・定着にはこれまでにないスキルを持った専門家が大量に必要となる。

DCプランナーはこうした要請に応える専門家であるが、単に確定拠出年金だけの専門家ではない。企業年金を中心として、公的年金や個人年金も含む総合的な年金の専門家である。

認定資格のうち、2級はDCプランナーの基本となる資格である。本書は、DCプランナー認定試験2級を目指す受験者のためのテキストとして年金問題研究会のメンバーを中心に執筆されたものだが、試験問題を独自に分析し、できるだけ実際の試験に合わせた内容となっている。

なお、よりいっそうの効果をあげるために、本書とともに姉妹書である『DCプランナー2級合格対策問題集』で問題演習を行うことをお勧めする。

2018年5月

年金問題研究会

本書の使い方

本書は、Part1からPart3までの3部構成になっており、DCプランナー資格の概要、DCプランナー認定試験2級の受験手続き、2級用学習テキスト、法令条文が網羅された内容となっている。

《Part1》DCプランナーの概要と学習のポイント

DCプランナーとはどんな資格で、2級試験とはどんな試験なのかを必要事項を網羅し、かつ簡単に紹介している。資格の位置づけ、受験手続きから合格後のことまでを受験の流れに沿って説明しているのでわかりやすい。受験前後の手続きなどの確認にも利用してほしい。

2級に関する過去の試験データ（受験者数、合格率、配点等）とデータ分析は、学習の重点や到達レベル目標の参考にしてほしい。

出題傾向と学習のポイントでは、分野別に過去の2級試験の特徴と学習の重点、効果的な学習法などを示してある。この方針を取り入れてPart2を学習するとより効果が上がるはずである。

《Part2》2級試験の分野別対策テキスト

Part1の学習のポイントの内容を踏まえて学習することが基本であるが、不得意分野の克服、再受験の確認など受験者の事情に合わせて活用してもらえばよい。初めての受験者は、最低3回は通して読んでほしい。

構成は、主催者から公表されているDCプランナー認定試験2級のガイドラインによる出題範囲の分野、テーマ、項目に準拠した形式になっているので学習が進めやすい。ただし、必要なものについては一部、ガイドライン以外の内容も含まれている。

各項目の冒頭には、「理解のためのキーポイント」として内容をまとめてあるので、この部分を頭に入れて本文を読み進めるとよい。また、この部分をコピーしてカード化すると、通勤時間を利用した理解のチェックに利用できる。

「知って得する補足知識」は、本文を補足する知識や例外事項などであり、本文の理解を助けるような内容になっている。本文と対比させて読むと理解しやすい。

分野Bについては特に、Part3の法令条文と対比しながら学習することが非常に大切である。法律の学習は条文に当たることが必須で、理解が格段に深まる。Part2の本文中にも必要に応じて条文を示してある。

なお、Part2は姉妹書である『DCプランナー２級合格対策問題集』と併せて活用すると効果的である。

《Part3》確定拠出年金法条文

確定拠出年金法および通達（法令解釈）の条文が収められた資料集である。学習のうえでは、法律条文は単なる資料ではなく、積極的に活用することで理解が深まる。必要に応じてPart2の内容と照らし合わせてほしい。また、本書収録以外にも、確定拠出年金法施行令、確定拠出年金法施行規則、確定給付企業年金法は重要法令なので目を通しておく必要がある。

なお、確定拠出年金法も含めて法改正があるので、常に最新の内容を確認しておいてほしい。また、厚生労働省のホームページに掲載されている「確定拠出年金Q&A」などの指針からも出題されることがあるので、チェックしておいてほしい。

法令等は以下の厚生労働省のホームページで見ることができる。

〈厚生労働省の法令検索〉

http://wwwhourei.mhlw.go.jp/hourei/html/hourei/contents.html

〈法令解釈（平成13年８月21日年発213号）〉

http://www.mhlw.go.jp/file/06-Seisakujouhou-12500000-Nenkinkyoku/0000192435.pdf（平30.5.1施行）

〈確定拠出年金Q&A〉

http://www.mhlw.go.jp/stf/seisakunitsuite/bunya/0000181948.html

◆本書で用いた法令名等の略称表記

本書では、法令名等を以下のように略称表記している。

法……………確定拠出年金法
施行令………確定拠出年金法施行令
施行規則……確定拠出年金法施行規則
確給法………確定給付企業年金法
国年法………国民年金法
厚年法………厚生年金保険法
厚労省通達…厚生労働省通達
Ｑ＆Ａ………確定拠出年金Ｑ＆Ａ

◆目　次◆

PART
1

DCプランナー認定制度とは

1. DCプランナーに期待される役割とは

■確定拠出年金(日本版401k)とDCプランナー(企業年金総合プランナー)

21世紀に入った年に、わが国の企業年金の体系も根本的に変わった。2001年6月に確定給付企業年金法と確定拠出年金法が相次いで成立したからだ。確定拠出年金は同年10月1日から導入可能となり、従来の確定給付型の企業年金は確定給付企業年金法の施行により、翌2002年4月1日から再編された。

企業年金には、確定拠出型（DCプラン：Defined Contribution Plan）と確定給付型（DBプラン：Defined Benefit Plan）がある。確定拠出年金（いわゆる「日本版401k」）は、わが国に初めて導入された本格的な確定拠出型の企業年金である。

適格退職年金など従来の確定給付型の企業年金は、掛金の拠出から運用、支給に至るまで企業の責任で実施することから、従業員自身は受け身の立場であった。しかし、確定拠出年金では加入者（従業員）自身が主役となる。

確定拠出年金は、「加入者が自分自身で運用商品を選択し、自ら直接運用し、運用結果が受給額となる」という点に最大の特徴がある。十分な成果を上げるためには、制度の仕組みはもちろん、投資などの一定の知識を加入者自身が持っていることが必要となる。

そのため、加入者にこうした知識を与えるとともに、導入企業へのアドバイス、広く社会に制度を認知させるための活動など確定拠出年金をわが国に円滑に普及させるための人材（確定拠出年金の専門家）が求められている（図表1-1）。

DCプランナーは、こうしたニーズに応える確定拠出年金制度を軸とした総合的な年金の専門家資格の1つで、日本商工会議所（日商）と一般社団法人 金融財政事情研究会（金財）が共同で主催し、平成13（2001）年9月より認定試験を実施している。主催者側では、「確定拠出年金制度の円滑な導入

図表1-1　確定拠出年金の専門家に求められる役割

わが国における確定拠出年金制度の円滑な普及

・加入者に対する投資教育（投資やリスクに関する基礎知識、資金計画など）
・企業に対するアドバイス（制度の説明、制度設計、既存制度からの移行など）
・社会的な制度の普及・啓蒙活動（講演、執筆、研究発表など）

をバックアップし、現行の年金制度および新たな確定拠出年金制度、投資に関する基礎知識、ライフプランニングについての知識を持ち、適切な情報提供・アドバイスができる人材の育成」を目的としてあげている。

■既存の有資格者には新たなビジネス展開の可能性が広がる

DCプランナーのニーズは、時間とともに広がってくることが予想される。確定拠出年金では、加入者の投資教育が不可欠であるから、投資教育のための人材が大量に必要となる。また、制度を導入する企業側にも制度設計や既存制度からの移行などのコンサルティングニーズが生まれる。特に、加入者への投資教育は、これまで行われていたような金融商品の説明とは大きく異なり、人材も非常に不足している。

一方、DCプランナーの役割は、FP（ファイナンシャル・プランナー）、社会保険労務士、税理士、中小企業診断士といった既存資格と重なっている部分がある。そのため、FPなら年金制度部分の知識、社会保険労務士なら投資やライフプランの知識を補完すれば資格を取りやすい。既存資格＋DCプランナー資格ということで強みとなり、ビジネスの幅が広がる。

その他、金融機関職員、企業の経営者・福利厚生担当者、自分の資産の運用スキルを高めたいと考えている個人、金融機関への就職を目指す学生にも、資格取得が役に立つ。

2. DCプランナー認定制度の仕組み

■認定試験は年１回実施され、資格は２級から１級の２段階

DCプランナー（企業年金総合プランナー）認定制度の運営は、毎年1回(2級9月、1級1月）行われる認定試験と既存資格者に対する資格更新認定(資格の有効期間は2年）の2つが柱となっている（図表1-2)。

認定試験は、1級（指導者レベル)、2級（基準レベル）となっている。主催者から示されている級別の到達レベルの基準は、次のとおりである。

- 2級→確定拠出年金やその他の年金制度全般に関する基本的事項を理解しているとともに、金融商品や投資等に関する一般的な知識を有し、確定拠出年金の加入者・受給者、確定拠出年金制度を実施する企業の福利厚生担当者などに対し説明できる
- 1級→確定拠出年金やその他年金制度全般、および金融商品、投資等に関する専門的な知識を有し、企業に対しては現行退職給付制度の特徴と問題点を把握のうえ、確定拠出年金を基軸とした適切な施策を構築でき、また、加入者等の個人に対しては確定拠出年金の加入者教育の実施と老後を見据えた生活設計を提案できる

2級の認定試験は平成13（2001）年9月から、1級は平成14（2002）年3月から実施されている。レベルは、2級より1級が高くなっている。

2級は、DCプランナーとして基本となるレベルの資格である。確定拠出年金の加入者からの一般的な問い合わせや導入企業の担当者に基本的な説明ができるレベルが想定されている。企業の福利厚生部門の担当者が取得すれば、社内の初歩的な加入者教育のインストラクターは十分できるレベルである。また、金融機関や企業の総務・人事関係の部門への就職を目指す学生がチャ

図表1-2　DCプランナー認定制度の全体的な姿

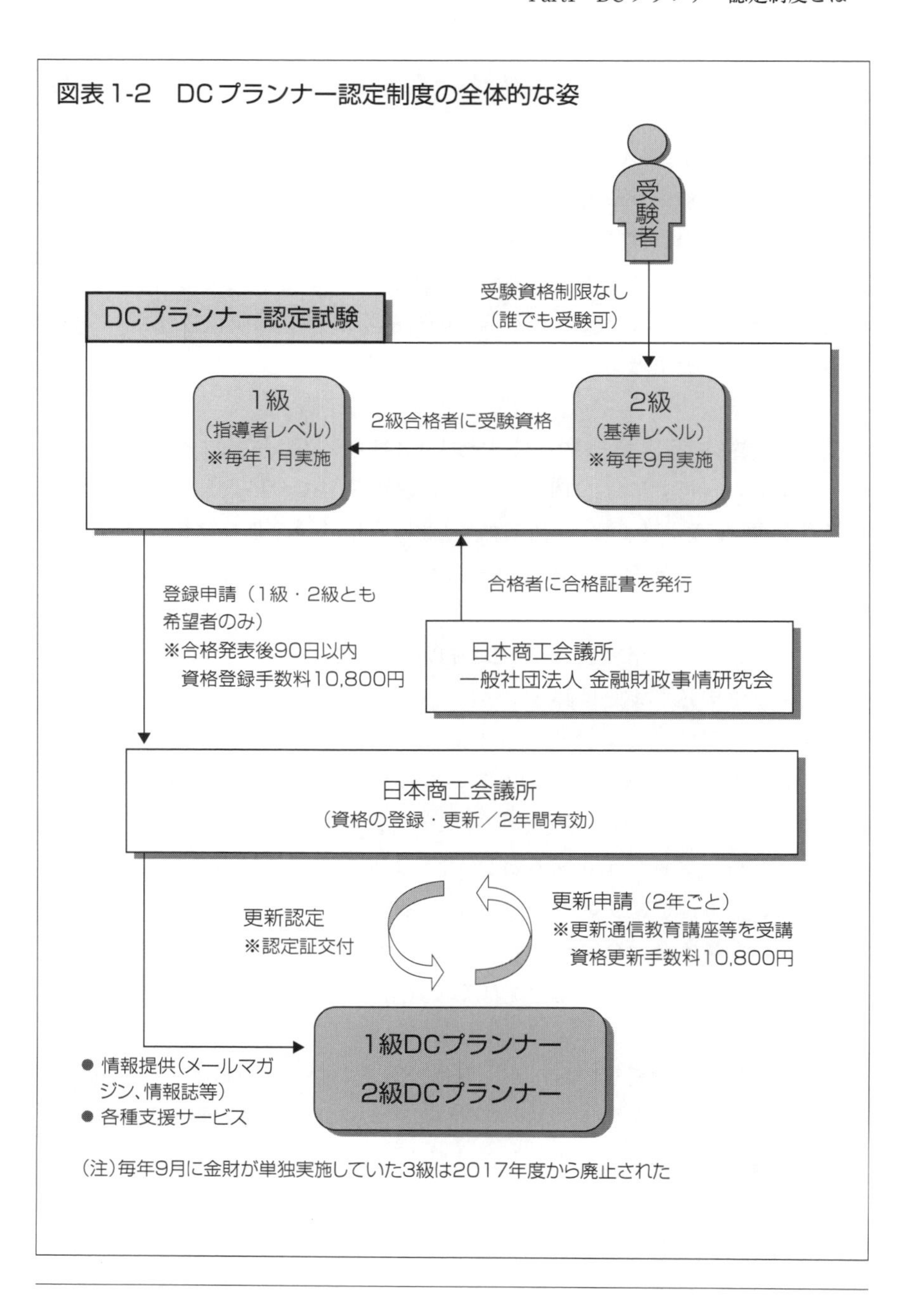

（注）毎年9月に金財が単独実施していた3級は2017年度から廃止された

レンジするのにも適している。なお、2級に合格しないと1級の受験資格が得られない。

1級は、本格的なプロとしてのレベルで、確定拠出年金に関するセミナーの講師や高度な加入者教育のインストラクターができる。導入企業に対しても確定拠出年金の制度設計のコンサルティングができ、個人に対しては、老後資金づくりの具体的な設計を手伝うことができる。

認定制度全体では、2級である程度の量的な資格者の確保を図り、1級で指導者レベルの資格者を養成していこうというのがねらいとなっている。

■認定試験合格者は資格登録によってDCプランナーとなる

認定試験の合格者には、日商会頭・金財理事長名で合格証書が発行される。合格者がDCプランナーとなるには、日商に資格登録をしなければならない。資格登録自体は任意であるが、登録期限を過ぎると登録できなくなるので注意が必要である。

登録手続きは、合格発表日から90日以内にDCプランナー専用サイト（インターネット申込）または郵送申込にて行う（資格の新規登録・更新手続きは、平成27年度からインターネットでの申込みも可能になった）。資格登録には、資格登録手数料も必要である。手数料の金額は1級・2級とも税込み10,800円であり、資格登録手数料以外に年会費等の負担はない。

日商は、資格登録申請があるとDCプランナーとして認定し登録する。資格名称は、「1級DCプランナー（企業年金総合プランナー）」と「2級DCプランナー（企業年金総合プランナー）」の2種類がある。資格登録者には、日商より認定証（カード）が発行される。資格の有効期間は1級・2級とも2年間である。

なお、資格登録は任意であるが、資格登録をしないと日商からの情報提供などのサービスが受けられない。合格発表後90日の資格登録期限を過ぎてしまった場合、登録を希望するときはもう一度、認定試験を受け直して合格しなければならない。

2級合格者の場合、資格登録しなくても1級の受験資格は有効なので1級に合格すれば、1級の資格登録をすることができる。ただし、1級に合格して資格登録するまでは、情報提供などのサービスは受けられない。

■資格登録者は情報提供などのサポートを受けられる

1級・2級の合格者が資格登録し、資格登録者（DCプランナー）になると各種のサポートが受けられる。基本となるのはインターネットによるメールマガジン（月2回）や紙媒体の情報誌（年2回）による情報提供である。その他にも各種支援サービスが計画されている。

■2年目の年度末ごとに資格を更新する

資格登録をすることによってDCプランナーとなり、情報提供や各種の支援サービスを受けることができる。ただし、資格の有効期間は2年間なので、2年ごとに資格を更新しなければならない。資格更新の際には、資格更新通信教育講座等を受講しなければならないので、いったん、資格を取得しても、継続的に知識や能力の維持・向上が求められる仕組みとなっている。

DCプランナーの資格の有効期間は2年間だが、図表1-3のように年度末（3月31日）が期限となる。2級の場合、毎年10月に合格発表があるが、合格発表日からの起算ではなく、年度末からの起算となる。そのため、初回だけは

図表1-3　DCプランナー認定資格の有効期間

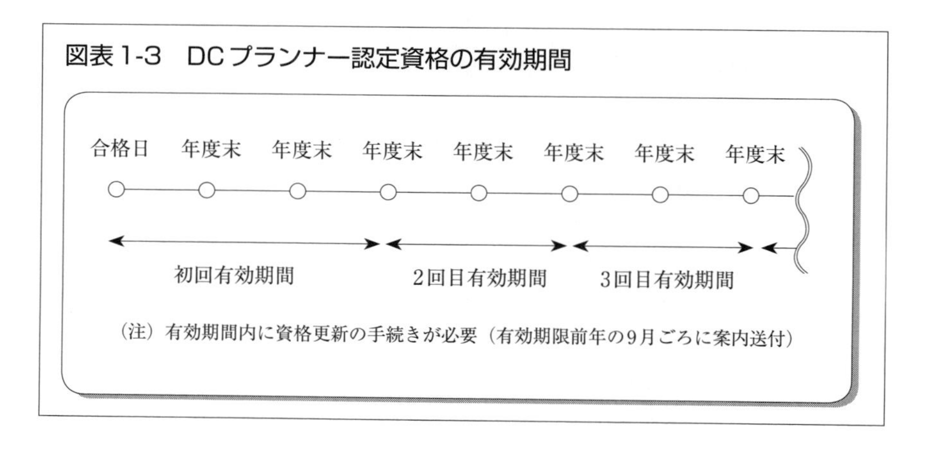

合格発表日から最初の年度末の分だけ有効期間が長くなる。2回目以降は、2年目ごとの年度末が資格の有効期限となる。

2級の資格登録者が2級の資格有効期間内に1級に合格した場合は、1級の有効期間に切り替わる。新たに、1級合格年度の年度末から2年後の年度末が1級の初回資格有効期限となる。

■資格更新のためには資格更新通信教育講座等の受講が必要となる

DCプランナーの資格更新手続きは、資格の有効期間内に行わなければならない。ただし、海外赴任、病気療養などやむをえない事情があるときは、申し出により保留ができる。

図表1-4 DCプランナー資格更新手続きの流れ

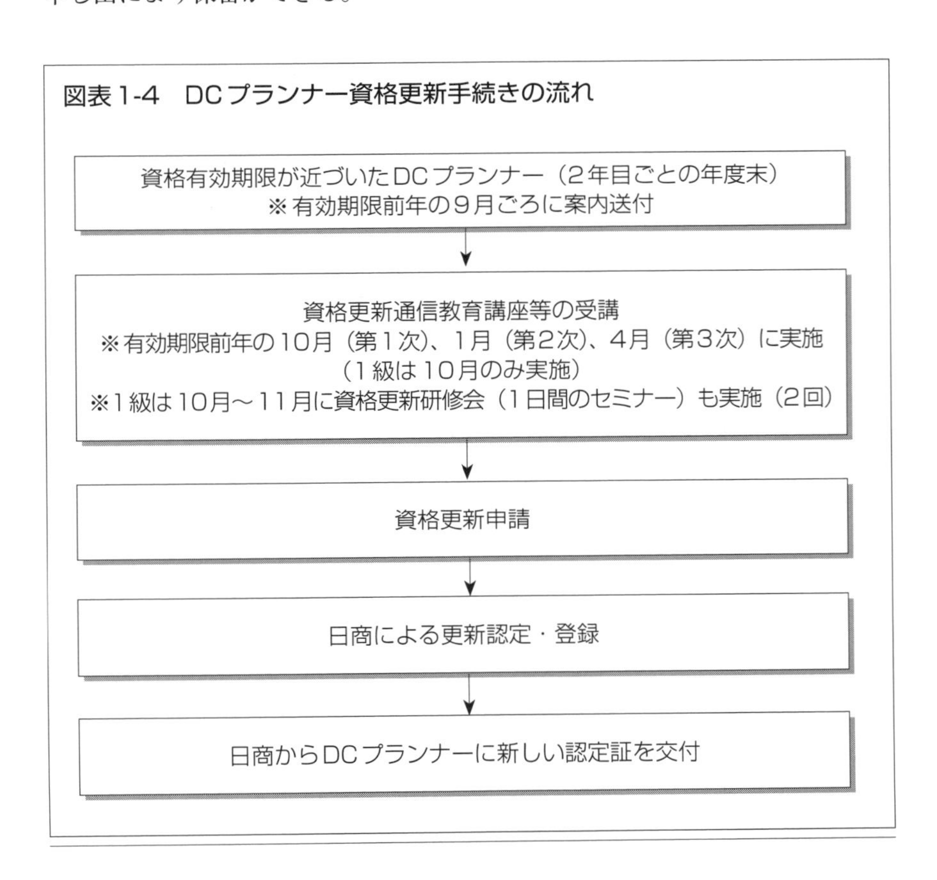

更新手続きの案内は、有効期限の前年の9月ごろに送付される。資格更新手続きは図表1-4のような流れで行われるが、資格更新申請の前に日商・金財が定める資格更新通信教育講座等を受講しなければならない。

資格更新通信教育講座の実施は資格更新対象者に郵送の案内を送付するほか、ホームページ等でも案内する。実施の時期は有効期限前年である。2級は、第1次（10月）、第2次（1月）、第3次（4月）の3度実施しているが、第3次は更新年度に1級を受験する人のみが受講できる講座となっている。第1次と第2次はどちらを受講してもよい。また、1級の資格更新通信教育講座は10月の実施1回のみだが、10月～11月に資格更新研修会（セミナー）を2回実施しているので、研修会参加による更新も可能である。

資格更新通信教育講座の受講料は、2級6,990円、1級10,800円（いずれも税込）となっている。

更新講座の内容は、合格後2年間の経済情勢や年金制度の変化、最新情報の提供と確認であり、DCプランナーの能力レベルの維持・向上に必須なものとなっている。

資格更新通信教育講座等を修了後、資格更新の申請を行い、資格更新手数料（1級・2級とも10,800円）を支払う。資格更新申請を受け付けると日商では更新を認定し、新しい認定証を交付する。

〈個人型DC（iDeCo）プランナー試験が新設〉

金財では、2017年度から個人型DCを対象とした検定試験を新設した。本試験は、金融機関の担当者等が個人型DCを利用した資産運用・形成のために最低限必要な知識の習得度の検証を目的としたものだが、一般の個人型年金投資教育ツールとしても活用できる。DCプランナー受験にも役立つだろう。CBT方式と呼ばれるコンピュータ試験で実施され、受験者自身が受験日時や受験会場を選ぶことができる。通年実施で、合否は終了後すぐに通知される。詳細は金財ホームページ（http://www.kinzai.or.jp/kentei/apply/cbt.html）にて確認してほしい。

3. DCプランナー認定試験の実施要領

■受験申請書は試験日の約３カ月前から請求可能になる

DCプランナー認定試験の受験要項は、次ページの図表1-5のとおりである。認定試験は2級は毎年9月、1級は翌１月に実施される。2級は特に受験資格に制限を設けていないので誰でも受験可能だが、1級は2級合格者だけに受験資格がある。

受験方法には、団体申込みと個人申込みがあり、個人申込みの場合は、金財ホームページなどで受験申請書を入手できる。受験料は2級では6,480円となっている。受験料を指定の銀行口座に振り込んだ（ATMでの振込み可）うえで、振込金受取書（コピーでよい。ATM振込みの場合は「ご利用明細」）を必要事項を記入した受験申請書と一緒に金財検定センターに送付して申し込む。また、金財ホームページよりインターネットでの受験申請も可能である。

受験申請書は試験日の約3カ月前から請求でき、申込締切りは試験日の約1カ月半前である。2級の場合、6月の上旬から受験申請書の請求ができ7月の下旬が申込締切りというのが、おおよその目安である。第24回2級（平成30年9月9日実施）の場合は、受験申請書請求期間6月1日～7月18日、受験申請受付期間7月4日～7月25日（消印有効）となっている。受験票は試験日の約2週間前に発送（平成30年度は8月23日）することになっている。

■２級はマークシート方式による四答択一の筆記試験

受験会場は、各級とも全国各地の主要都市約130カ所（図表1-6）に設置されるので、全国どこに住んでいても比較的受験しやすい。

試験の形式は各級とも筆記試験のみである。2級では、マークシート方式による四答択一式問題が45問（基礎30問、応用5題〈各3問〉）程度出され

図表1-5　DCプランナー認定試験の受験要項

	1級	2級
試験実施時期	毎年1月	毎年9月
受験資格	2級合格者	特に制限なし（年齢・学歴などに関係なく誰でも受験可）
受験申請書入手方法	団体申込み…金財検定センターから取り寄せ 個人申込み…金財検定センター宛に請求、金財ホームページからダウンロード、「きんざい」発刊の問題集等の巻末に受験申請書が添付 ※試験日の約3カ月前から配布開始 ※受験申請書ではなく、金財ホームページから直接受験申請を行うことも可能（スマートフォンサイト〈https://kentei.kinzai.or.jp/mobile〉もあり）	
受験料（税込）	10,800円	6,480円
受験地	全国約130カ所で実施（次ページ図表1-6参照）	
試験方式	・マークシート方式による四答択一式問題50問程度と記述式問題5題（各3問）程度	・マークシート方式による四答択一式問題45問（基礎30問、応用5題〈各3問〉）程度
試験時間	基礎編 150分（10:00～12:30） 応用編 120分（13:30～15:30）	150分（2時間半） ※10:00～12:30
出題範囲	2級の全範囲＋専門部分	23ページ参照（図表1-7）
合格基準	7割以上正解 ※200点満点で140点以上	7割以上正解 ※100点満点で70点以上
合格発表	1級・2級とも試験日より約1カ月半後（試験のつど日を発表） ※受験者全員に合否通知書を送付するほか、金財のホームページ上で受験番号の入力により合否の確認ができる ※試験日の当日夕方に金財のホームページに模範解答を発表	
認定試験に関する申込み・問い合わせ先	一般社団法人 金融財政事情研究会 検定センター第二分室事務局 〒171-0014　東京都豊島区池袋2-65-18 電話:03-4334-1263	
参照ホームページ	日商　https://www.kentei.ne.jp/planner/ 金財　http://www.kinzai.or.jp/dc	

（注）1．平成30（2018）年度は2級が9月9日（日）、1級が翌1月27日（日）に認定試験を実施予定
　　　2．毎年9月に金財が単独実施していた3級は2017年度から廃止された

図表1-6　DCプランナー認定試験（2級）の受験地

（北海道地区）
札幌市、旭川市、釧路市、函館市、室蘭市、苫小牧市、帯広市、北見市

（東北地区）
青森市、八戸市、弘前市、盛岡市、一関市、釜石市、仙台市、石巻市、気仙沼市、秋田市、横手市、山形市、鶴岡・酒田、米沢市、福島市、いわき市、郡山市、会津若松市、南相馬市

（関東地区）
水戸市、土浦市、日立市、宇都宮市、小山市、前橋・高崎、桐生市、さいたま市、川越市、千葉市、柏市、都内中央、都内北、都内南、武蔵野、町田・相模原、横浜市、藤沢市、川崎市

（中部地区）
新潟市、長岡市、上越市、富山市、高岡市、金沢市、福井市、甲府市、長野市、松本市、飯田市、岐阜市、高山市、静岡市、沼津・三島、浜松市、名古屋市、岡崎市

（近畿地区）
津市、松阪・伊勢、四日市市、大津・草津、彦根市、京都市、福知山市、大阪府北、大阪府南、神戸市、尼崎市、姫路市、豊岡市、奈良市、橿原市、和歌山市

（中国地区）
鳥取市、米子市、松江市、浜田市、隠岐、岡山市、津山市、広島市、福山市、尾道市、呉市、三次市、三原市、下関市、周南市、岩国市、山口市

（四国地区）
徳島市、高松市、松山市、新居浜市、宇和島市、高知市

（九州・沖縄地区）
福岡市、久留米市、飯塚市、北九州市、大牟田市、佐賀市、長崎市、佐世保市、諫早市、壱岐市、対馬市、新上五島町、五島市、熊本市、大分市、宮崎市、都城市、延岡市、鹿児島市、鹿屋市、薩摩川内市、種子島、奄美市、那覇市、名護市

（注）若干変更になる場合もあるので、試験のつど受験申請書、金財ホームページ等で確認が必要

図表1-7　DCプランナー認定試験（2級）の出題範囲

分野	テーマ	項目
〈分野A〉 わが国の年金制度・退職給付制度	1．公的年金制度	・公的年金制度の概要 ・国民年金の仕組み ・厚生年金保険の仕組み ・共済年金の仕組み ・公的年金制度の改革動向
	2．私的年金制度	・私的年金制度の概要 ・企業年金と退職金制度 ・国民年金基金の仕組み ・厚生年金基金の仕組み ・税制適格退職年金の仕組み ・中小企業退職金共済制度 ・特定退職金共済制度 ・財形年金制度 ・各種個人年金とその仕組み
	3．新しい私的年金制度	・確定拠出年金制度導入の背景 ・確定拠出年金制度の位置付け ・米国確定拠出型年金の概要とわが国制度との比較 ・確定給付企業年金法に基づく制度 ・ハイブリッド型年金制度
〈分野B〉 確定拠出年金制度	1．確定拠出年金制度の仕組み	・確定拠出年金制度の概要 ・企業型年金の仕組み（企業、運営管理機関、資産管理機関、運用商品提供機関の役割） ・個人型年金の仕組み（国民年金基金連合会、企業、運営管理機関、事務委託先金融機関の役割） ・加入対象者 ・掛金と拠出限度額 ・運用 ・受給権と給付 ・離・転職時の取扱い ・税制上の措置 ・確定拠出年金規約 ・加入者のメリット・デメリット ・企業のメリット・デメリット ・既存の退職給付制度からの移行
	2．コンプライアンス	・事業主の責務と行為準則 ・運営管理機関･資産管理機関の行為準則 ・投資情報提供･運用商品説明上の留意点 ・受託者責任とは ・エリサ法とプルーデントマン・ルール

分野	テーマ	項目
〈分野C〉 投資に関する知識	1．投資の基本	・リスクの定義と計算 ・リターンの計算 ・リスクとリターンの関係 ・貨幣の時間価値（現在価値と将来価値） ・終価と現価の考え方 ・分散投資の目的と効果 ・ドルコスト平均法
	2．運用商品の理解	・預貯金の特徴と留意点 ・債券投資の特徴と留意点 ・株式投資の特徴と留意点 ・投資信託の特徴と留意点 ・保険商品の特徴と留意点 ・外貨建商品の特徴と留意点
	3．アセットアロケーションの考え方	・相関係数 ・リスク許容度 ・運用方針の決定 ・アセットアロケーションとは ・有効フロンティアの考え方
	4．投資判断のための評価指標	・投資指標・投資分析情報 ・ベンチマーク ・格付け ・投信評価 ・パフォーマンス評価
〈分野D〉 ライフプランニングとリタイアメントプランニング	1．ライフプランニングの基本的な考え方	・ライフプランニングに必要な知識 ・ライフプランの立て方 ・キャッシュフロー表の作成法 ・キャッシュフロー・マネジメントと資産積立プラン
	2．リタイアメントプランニングと確定拠出年金	・ライフプランとリタイアメントプランの関係 ・リタイアメントプランの作成 ・公的年金の受給額計算 ・退職一時金・年金に係る税金 ・リタイアメントプランニングにおけるアセットアロケーション ・リタイアメントプランニングと確定拠出年金

（DCプランナー認定試験2級ガイドラインより。平成14年6月改定）

ることになっている。1級では、2級と同様の形式でマークシート方式による四答択一式問題が50問程度出され、さらに記述式の問題も5題（各3問）程度出される。

試験時間は、2級は150分（10時～12時30分）なので午前中に終了する。1級は応用編（記述式）が午後に120分（13時30分～15時30分）加わるので、午前と午後にまたがる試験となっている。

試験の出題範囲は、図表1-7のように主催者側からガイドラインとして公表されている。基本的な内容は変わらないが適宜改訂されるので、日商のホームページ等で最新のものを確認しておいてほしい。なお、法令については、特に断りのない限り、試験実施日の年度の4月1日現在施行の法令等に基づくことになっている（2018年度〈第24回〉の場合、平成30年4月1日）。ただし、非常に重要な改正や大改正の場合は出題されることもあるので、未施行でも成立した法令の概要は押さえておきたい。

■7割以上できれば誰でも合格になる

認定試験の合格基準は、各級とも全体の7割以上正解で合格とされている。合格者数の調整などの操作は一切行わないので、7割以上の得点をした人は全員合格となる。2級であれば、100点満点中70点以上、1級であれば200点満点中140点以上で無条件で合格する。

問題は持ち帰ることができ、試験日の当日夕方に金財のホームページで模範解答が配点とともに公表されるので、自己採点できる。特に、2級は四答択一式問題だけなので、自己採点すれば自分の合否がわかる。

正式な合格発表は、2級・1級とも試験日より約1カ月半後である。受験者には全員に合否通知が送付される。得点とともに全体の順位も通知されるので、合否にかかわらず自分の位置がわかる。また、分野別の達成度が示されているので、合格者は弱点の克服目標、不合格者は再チャレンジの目標を立てる際の参考になる。

4. 認定試験2級の受験者の動向と実施状況

■認定試験２級の全受験者平均点は６割以上

DCプランナー認定試験2級に関して、第14回から第23回まで（過去10回）の実施状況は図表1-8のようになっている。

受験者数は漸減傾向が続いていたが、第21回は増加に転じ、第22回は法改正による個人型年金の加入者拡大が追い風となって大幅な増加となった。

図表１-８
２級の受験者数と合格者の状況
（過去１０回）

		第14回			第15回		
		団体	個人	合計	団体	個人	合計
申込者数		1,519	2,341	3,860	1,280	2,133	3,413
受験者数		1,162	1,930	3,092	992	1,757	2,749
（受験率）		(76.5)	(82.4)	(80.1)	(77.5)	(82.4)	(80.5)
合格者数		364	802	1,166	488	1,107	1,595
（合格率）		(31.3)	(41.6)	(37.7)	(49.2)	(63.0)	(58.0)
平均点		60.6点	64.8点	63.2点	66.2点	72.2点	70.0点
分野別平均点	分野A	14.7点	15.9点	15.4点	13.1点	14.9点	14.2点
	（配点）	（26点）			（24点）		
	分野B	17.9点	19.4点	18.9点	24.1点	26.3点	25.5点
	（配点）	（36点）			（36点）		
	分野C	14.4点	15.2点	14.9点	17.1点	18.1点	17.7点
	（配点）	（22点）			（24点）		
	分野D	13.6点	14.3点	14.0点	11.9点	12.9点	12.5点
	（配点）	（16点）			（16点）		

		第19回			第20回		
		団体	個人	合計	団体	個人	合計
申込者数		730	1,383	2,113	664	1,331	1,995
受験者数		608	1,167	1,775	558	1,098	1,656
（受験率）		(83.3)	(84.4)	(84.0)	(84.0)	(82.5)	(83.0)
合格者数		295	716	1,011	312	726	1,038
（合格率）		(48.5)	(61.4)	(57.0)	(55.9)	(66.1)	(62.7)
平均点		67.1点	71.7点	70.1点	69.8点	73.8点	72.4点
分野別平均点	分野A	12.0点	13.0点	12.7点	8.5点	9.7点	9.3点
	（配点）	（23点）			（18点）		
	分野B	21.9点	23.2点	22.8点	23.3点	25.2点	24.6点
	（配点）	（31点）			（35点）		
	分野C	17.3点	18.3点	18.0点	19.4点	19.7点	19.6点
	（配点）	（24点）			（24点）		
	分野D	15.9点	17.1点	16.7点	18.6点	19.3点	19.0点
	（配点）	（22点）			（23点）		

（注）
1．団体は金融機関（銀行、保険会社、証券会社）による団体申込者数
2．個人には金融機関以外の団体申込者数を含む
（出所）
日商ホームページのデータより作成

第23回も増加傾向が続いているが今後、増加が定着するには、大きな比率を占める団体受験者の動向がカギとなってくる。団体受験者のほとんどは金融機関だが、確定拠出年金の制度導入時期の大量受験のピークが過ぎた後は注目度が薄らいだ感があった。しかし、個人型年金の加入者拡大で再び大きな注目を浴びるようになり、金融機関も加入者獲得に力を入れている。

資格の知名度がいまひとつ浸透していないことも受験者が伸び悩む理由の１つだったが、個人型年金の普及が受験者増加の定着につながるかもしれない。団塊世代の定年、企業年金の再編、公的年金制度改革など今後のニーズと相まって資格の注目度が上がることが期待される。

合格基準が正答率7割以上であるのに対し、受験者の平均点はほぼ毎回6

（人数の単位：人／率：%）

		第16回			第17回			第18回		
		団体	個人	合計	団体	個人	合計	団体	個人	合計
申込者数		1,226	1,928	3,154	912	1,659	2,571	854	1,494	2,348
受験者数		944	1,557	2,501	738	1,389	2,127	702	1,257	1,959
（受験率）		(77.0)	(80.8)	(79.3)	(80.9)	(83.7)	(82.7)	(82.2)	(84.1)	(83.4)
合格者数		320	691	1,011	234	638	872	290	720	1,010
（合格率）		(33.9)	(44.4)	(40.4)	(31.7)	(45.9)	(41.0)	(41.3)	(57.3)	(51.6)
平均点		61.8点	65.3点	64.0点	60.0点	65.1点	63.3点	64.5点	69.9点	68.0点
分野別平均点	分野A	12.2点	13.9点	13.2点	13.0点	14.7点	14.1点	17.7点	20.3点	19.4点
	（配点）	（24点）			（26点）			（34点）		
	分野B	21.9点	23.2点	22.7点	20.2点	21.8点	21.2点	19.3点	20.6点	20.1点
	（配点）	（36点）			（34点）			（26点）		
	分野C	15.6点	15.6点	15.6点	14.5点	15.6点	15.2点	17.0点	17.6点	17.4点
	（配点）	（24点）			（24点）			（24点）		
	分野D	12.1点	12.5点	12.3点	12.3点	13.1点	12.8点	10.5点	11.4点	11.1点
	（配点）	（16点）			（16点）			（16点）		

		第21回			第22回			第23回		
		団体	個人	合計	団体	個人	合計	団体	個人	合計
申込者数		769	1,441	2,210	1,293	1,708	3,001	1,307	2,073	3,380
受験者数		654	1,185	1,839	1,128	1,371	2,499	1,126	1,677	2,803
（受験率）		(85.0)	(82.2)	(83.2)	(87.2)	(80.3)	(83.3)	(86.2)	(80.9)	(82.9)
合格者数		374	823	1,197	358	603	961	420	831	1,251
（合格率）		(57.2)	(69.5)	(65.1)	(31.7)	(44.0)	(38.5)	(37.3)	(49.6)	(44.6)
平均点		70.4点	75.9点	73.9点	59.6点	64.8点	62.5点	62.3点	67.0点	65.0点
分野別平均点	分野A	15.2点	17.8点	16.9点	14.0点	15.8点	15.0点	14.6点	16.3点	15.6点
	（配点）	（28点）			（29点）			（29点）		
	分野B	22.6点	24.1点	23.6点	18.1点	19.2点	18.7点	24.6点	26.5点	25.7点
	（配点）	（30点）			（27点）			（37点）		
	分野C	18.0点	18.5点	18.3点	13.3点	14.3点	13.9点	16.6点	17.1点	16.9点
	（配点）	（24点）			（24点）			（24点）		
	分野D	14.6点	15.4点	15.2点	14.2点	15.4点	14.9点	6.4点	7.0点	6.8点
	（配点）	（18点）			（20点）			（10点）		

割から7割の水準が続いており非常に高い。これは、もう少し頑張れば合格できる受験者が多いということである。

分野別の配点は毎回変動しており一定ではないが、分野Bの配点が最も高いことが多い。次に分野Aと分野Cが高く、分野Dが低いという傾向がある。

平均点からみると分野Cと分野Dが比較的好成績である。これに対し、分野Aと分野Bは得点しにくい傾向がある。分野Dは、配点が低くても得点源になりやすいので、しっかりと押さえておきたい。分野Cは、比較的パターン化された計算問題が出るので、投資が苦手な人でもそれなりに得点できるようだ。分野Bは確定拠出年金の政省令などが細かくなるに従って出題範囲が広がり、分野Aは公的年金が対象となるため、もともと出題範囲が最も広い。分野Aと分野Bは、いかに重点を絞るかと、出ない部分を捨ててどう効

図表1-9
2級受験者の職種別状況
(過去10回)

職種	第14回		第15回	
	受験者数	合格者数（合格率）	受験者数	合格者数（合格率）
会社員（金融機関）	·2,075	731（35.2%）	1,856	1,043（56.2%）
会社員（一般事業会社）	459	189（41.2%）	439	251（57.2%）
税理士・公認会計士	7	3（42.9%）	9	6（66.7%）
社会保険労務士	53	40（75.5%）	43	39（90.7%）
FP（ファイナンシャル・プランナー）	122	54（44.3%）	88	58（65.9%）
年金基金職員	24	14（58.3%）	29	21（72.4%）
学生	45	17（37.8%）	159	101（63.5%）
その他・無回答	307	118（38.4%）	126	76（60.3%）

職種	第19回		第20回	
	受験者数	合格者数（合格率）	受験者数	合格者数（合格率）
会社員（金融機関）	1,090	622（57.1%）	987	605（61.3%）
会社員（一般事業会社）	278	147（52.9%）	269	154（57.2%）
税理士・公認会計士	7	5（71.4%）	5	4（80.0%）
社会保険労務士	23	22（95.7%）	27	25（92.6%）
FP（ファイナンシャル・プランナー）	88	59（67.0%）	72	52（72.2%）
年金基金職員	33	24（72.7%）	29	20（69.0%）
学生	8	2（25.0%）	10	5（50.0%）
その他・無回答	248	130（52.4%）	257	173（67.3%）

（注）
複数回答あり
（出所）
日商ホームページのデータより作成

率よく学習するかがポイントとなる。

■受験者数が多く合格率も高い社会保険労務士とFP

合格率は、ばらつきが大きいが、最近はかなり高めに推移している。正答率７割以上で合格し、合格者数の調整はしていないので、もともと合格率は毎回大きく変化する可能性がある。しかし、出題レベル（難易度）が安定していれば、40%前後の合格率とみてよいだろう。

団体受験と個人受験では、個人受験者の合格率がかなり上回っている。やはり、個人受験者は自分の意志で受験するので意識が高いということだろう。逆にいえば、意欲を持ってチャレンジすれば4割以上の確率で合格できるということだ。

（単位：人）

職種	第16回		第17回		第18回	
	受験者数	合格者数（合格率）	受験者数	合格者数（合格率）	受験者数	合格者数（合格率）
会社員（金融機関）	1,608	617（38.4%）	1,288	497（38.6%）	1,155	567（49.1%）
会社員（一般事業会社）	475	195（41.1%）	344	144（41.9%）	333	174（52.3%）
税理士・公認会計士	2	2（100.0%）	4	2（50.0%）	4	4（100.0%）
社会保険労務士	36	29（80.6%）	32	26（81.3%）	24	21（87.5%）
FP（ファイナンシャル・プランナー）	86	42（48.8%）	90	46（51.1%）	95	57（60.0%）
年金基金職員	25	14（56.0%）	38	23（60.5%）	41	34（82.9%）
学生	158	68（43.0%）	12	7（58.3%）	12	8（66.7%）
その他・無回答	111	44（39.6%）	319	127（39.8%）	295	145（49.2%）

職種	第21回		第22回		第23回	
	受験者数	合格者数（合格率）	受験者数	合格者数（合格率）	受験者数	合格者数（合格率）
会社員（金融機関）	1,104	683（61.9%）	1,635	599（36.6%）	1,785	784（43.9%）
会社員（一般事業会社）	288	204（70.8%）	246	100（40.7%）	330	165（50.0%）
税理士・公認会計士	4	3（75.0%）	6	5（83.3%）	2	0（0.0%）
社会保険労務士	32	31（96.9%）	36	28（77.8%）	35	28（80.0%）
FP（ファイナンシャル・プランナー）	71	59（83.1%）	102	54（52.9%）	102	55（53.9%）
年金基金職員	27	20（74.1%）	20	14（70.0%）	30	15（50.0%）
学生	2	1（50.0%）	15	2（13.3%）	17	5（29.4%）
その他・無回答	311	196（63.0%）	439	159（36.2%）	502	199（39.6%）

次に、受験者を職種別にみるとかなりはっきりした傾向が出ている（図表1-9）。特に注目されるのは、社会保険労務士とFP（ファイナンシャル・プランナー）の2つの職種で受験者数が多く、しかも合格率が高いことである。DCプランナーの領域の半分が、これら既存資格と重なっていることが大きく影響しているからだろう。社会保険労務士は投資、FPは年金制度というように自分たちの領域外の部分を補強すればよいので、勉強の効率面からいっても有利である。合格率も5割～8割と非常に高くなっている。

なお、金融機関職員が多いのは、団体受験のほとんどが金融機関によるものとなっているためである。また、受験者の裾野を広げるためにも学生への資格のアピールも重要かと思われる。

■1級受験者の平均点は125点前後

認定試験2級合格者には1級の受験資格が与えられるが、1級の受験状況は図表1-10のようになっている。1級の受験者数も減少傾向だったが、2級同様第20回、第21回と増加となった。ただ、第22回は受験者数が前年より減っているのが気になる。合格率は2級より低くなっているが、平均点は125点前後（合格は140点以上）なので手の届かないようなレベルではない。

図表1-10　1級の受験者数と合格者の状況（過去10回）

（単位：人）

	申込者数	受験者数	合格者数（合格率）	平均点
第13回	1,120	833	308（37.0%）	130.4点
第14回	919	701	211（30.1%）	124.6点
第15回	944	727	302（41.5%）	129.2点
第16回	1,012	800	353（44.1%）	132.0点
第17回	891	680	130（19.1%）	118.2点
第18回	975	765	248（32.4%）	127.1点
第19回	952	748	324（43.3%）	130.0点
第20回	1,139	864	80（9.3%）	112.4点
第21回	1,308	1,032	254（24.6%）	120.6点
第22回	1,227	929	209（22.5%）	118.1点

（出所）日商ホームページのデータより作成

5. 認定試験2級の出題傾向と学習のポイント

■DCプランナー認定試験は4つの分野から出題

DCプランナー認定試験は各級とも、

分野A　わが国の年金制度・退職給付制度

分野B　確定拠出年金制度

分野C　投資に関する知識

分野D　ライフプランニングとリタイアメントプランニング

の4つの分野から出題されることになっており、主催者が公表している2級の出題の内容と狙いは図表1-11のとおりである。基本的には変わらないが、日商または金財のホームページで最新の内容を確認してほしい。

■2級の試験対策は基本をマスターすれば十分合格可能

2級で出題される問題は、すべて四答択一（4つの選択肢から1つを選んで解答する）である。これまでのところ、基礎編30問、応用編15問の計45問で毎回同じ構成である。応用編は、毎回5題の設例が出され、各設例3問の小問という形式である。

また、2級の試験では、4つの分野の出題ウエイトが毎回変動しており、分野別に比率が固定されているわけではない。

出題内容は、基本を問う素直な問題がほとんどである。なかには難解な問題やひねったような問題もあるが、各種受験向けテキストや問題集で基本をマスターすれば十分合格可能である。

学習の進め方としては、分野別に出題範囲の基本をひととおりテキストで勉強し、練習問題や過去問を繰り返して覚え込むとよい。毎回類題が多いので、過去問の学習が特に有効なのがDCプランナー試験の特徴である。

分野別に学習のポイントを示すと以下のようになる。

〈分野Aは改正動向をしっかり押さえる〉

分野A（わが国の年金制度・退職給付制度）は、全体の2割5分程度の配点となっている。ただ、第18回のように34点（100点満点）というときもある。内容的には非常に膨大な量となるので、すべてを細かく覚えようとしても無理がある。

まず、公的年金の基本的な仕組みをしっかり頭に入れることが最も重要である。そのうえで、平成16年以降の改正事項を重点的に確認していくのが学習としては効率的だろう。私的年金制度は、制度の概要を押さえておけば十分だが、確定拠出年金との関連性や比較を整理しておくと理解しやすい。

公的年金の改正動向は毎回出題され、しかも比較的細かい知識が要求される。特に直近1年に施行された改正と試験年度4月1日の数字（年金額など）の改定の確認は必須である。その他、重要な改正として平成16年の大改正、同23年（年金確保支援法）、24年（年金機能強化法）の改正がある。さらに、平成27年10月施行の被用者年金一元化は、厚生年金と共済年金の比較で改正部分を押さえておいてほしい。

直近の改正事項では、平成28年10月の短時間労働者への社会保険適用拡大の内容を確認しておきたい。同内容で平成29年4月から労使合意を条件に500人以下の企業でも可能となったことも合わせて覚えたい。平成29年8月の年金受給資格期間10年への短縮は、障害年金や遺族年金で25年のまま残る部分などがポイントである。

また、施行済みの改正で試験年度前後に関係する項目も注意したい。例えば、厚生年金保険料が平成29年9月で18.30％の上限到達、国民年金保険料の5年後納は平成30年9月で終了、平成30年度より女性の報酬比例部分支給開始が61歳へ（女性も空白期間が生じる）などがある。最近の話題性ということでは、年金の繰下げ支給も整理しておくとよい。

私的年金では、国民年金基金の海外居住者の加入、中小企業退職金共済の平成28年4月の改正、小規模企業共済の平成28年4月の改正などが重要である。最近注目の新ハイブリッド型年金である「リスク分担型企業年金」は概要だけでよいので知っておきたい。

〈分野Bは基本チェックと条文の確認〉

分野B（確定拠出年金制度）は、4分野のうち出題ウエイトが最も高い。平均的には3割5分程度だが、最も低い第18回でも26点（100点満点）が配点されている。やはり、確定拠出年金制度の知識をしっかり身につけておくのが合格への最大のポイントということになる。

確定拠出年金制度の導入から給付までの流れに沿って、必要な事項を学習していくとよい。解説の根拠を確定拠出年金法の条文で確認することも大切である。出題は本法だけでなく政省令や通達レベルからも出されるので、主要な項目については、政省令にもあたる必要がある。また、厚生労働省ホームページの「確定拠出年金Q&A」などの指針（→p.5）も確認してほしい。

改正については、平成28年6月3日公布の確定拠出年金改正法が当分の間、試験の最大の目玉となる。個人型年金の加入者拡大の内容と掛金限度額の関係を特に押さえておきたい。また、掛金限度額の年単位化に伴う改正もポイントの確認は必須である。なお、平成30年5月1日施行の個人型年金への中小事業主掛金納付制度、簡易型DC制度、DCからDBへの資産移換可能に、運用商品数の上限〈35本〉、元本確保型商品の提示義務廃止、指定運用方法の規定などは本年度試験範囲外であるが、重要な改正なので概要だけしっかり押さえておく必要がある。

〈分野Cは基本パターンを問題演習で徹底的に繰り返す〉

分野C（投資に関する知識）は、最近24点で推移しており、分野B、Aに次ぐ配点となっている。投資になじみのない受験者にとっては、とっつきにくい分野であるが、基本をいくつかに絞ることと計算を問題演習の繰り返しで覚え込むことで学習効果が上がる。コツは、特に計算問題はあれもこれもやろうとせず、割り切って絞り込んだ問題を何度も繰り返すことである。

計算問題は、一見難しそうだが毎回の出題は基本的な計算の類題が出ているだけなので、いくつかの計算問題のパターンを覚え込んでおけば十分対応できるレベルである。過去問の演習は、計算問題では特に有効である。押さえておきたい計算としては、リスクとリターンの計算、ポートフォリオのリスク計算（2資産間）、シャープ・レシオとインフォメーション・レシオの計算、終価・現価・年金終価・年金現価を使った計算などが必須である。

計算問題以外では、リスクとリターンの定義や正規分布の性質、分散投資、投資商品、アセットアロケーションなど項目別にポイントを押さえておく。あまり細部の知識まで深入りせず、ポイントだけをしっかり理解しておくことが大切である。

〈分野Dはシミュレーションで覚える〉

分野D（ライフプランニングとリタイアメントプランニング）は、配点は最も低いが、学習範囲の量も少なく学習しておけば比較的得点に結びつきやすい。ここでのポイントは、キャッシュフロー表や資金目標額、年金受取額などを自分で数字を入れながらシミュレーションしてみることである。テキストの事例や問題集などを利用して実際に作業してみるとよい。

計算問題では、目標積立額、毎年の積立額、退職後の不足資金額、受け取る年金額、税額計算など必要な計算方法を個別にマスターするとともに、これらを組み合わせて手順に沿って解けるようにしておくことが大切である。

計算に必要な4つの係数（終価係数、現価係数、年金終価係数、年金現価係数）を使った公式、退職所得控除額の計算式などは自在に使いこなせるように問題演習で訓練しておく必要がある。

図表 1-11　DCプランナー認定試験２級の出題の内容と狙い

（DCプランナー認定試験２級ガイドラインより。平成14年６月改定）

分野Ａ　わが国の年金制度・退職給付制度	
1. 公的年金制度	確定拠出年金制度は、私的年金制度における新たな選択肢として、公的年金を補完する役割を担います。その公的年金は、急速に少子高齢化が進むなか、年金支給開始年齢や支給額の見直しなど、様々な改正が行われています。 したがって、確定拠出年金制度の役割を理解するうえで、わが国の年金制度の骨格を形成する公的年金制度の現状（体系、各公的年金の仕組み）と課題を理解することが求められます。
2. 私的年金制度	税制適格退職年金制度・厚生年金基金制度に代表される企業年金や個人年金などの私的年金制度は、現在、公的年金制度を補完する重要な役割を担っており、今後も引続き同様の役割を担っていくことが期待されています。また、税制適格退職年金制度や厚生年金基金制度は、退職一時金とともに一定の条件の下、確定拠出年金制度へ移行することができます。 したがって、各私的年金制度の仕組みや特徴、そして現在抱えている制度上の課題と解決の方向性を十分理解し、確定拠出年金制度と比較しうる知識が求められます。
3. 新しい私的年金制度	わが国の確定拠出年金制度は、厚生年金基金や国民年金基金等とともに、私的年金制度における新たな選択肢として公的年金を補完する役割を担います。このため、現状の公的年金・私的年金との関係を整理・対比し、さらにその導入に至った背景を理解することが求められます。また、わが国の確定拠出年金制度は、日本版401(k)ともいわれるように米国の確定拠出年金制度を参考にしていますが、制度内容の異なる部分も少なくありません。したがって、米国の制度とわが国の制度とを比較しうる知識も必要です。 なお、新たに導入された確定給付企業年金法に基づく制度およびハイブリッド型年金制度についても、企業にとっての選択肢の一つという観点から、その概要を踏まえておく必要があります。

分野B　確定拠出年金制度	
1. 確定拠出年金制度の仕組み	確定拠出年金制度について、加入者や企業の担当者に対し、正しく分かりやすく説明するためには、本制度の概要や仕組みの十分な理解が何よりも求められます。企業型年金、個人型年金ともに、制度発足・加入時から加入者が給付を受けるまでの手続き、制度運営に関わる各機関の役割、税制上の措置など、幅広く基礎的な知識が必要とされます。また、本制度の加入者や企業型年金を実施する企業のメリット・デメリットを理解し、的確に説明しうる知識も求められます。
2. コンプライアンス	確定拠出年金制度は、個人または事業主が拠出した資金を個人が自己の責任において運用し、高齢期においてその運用結果に基づいた給付を受ける仕組みになっています。個人の自己責任を求める点、また加入者の受給権保護の観点等から、制度運営関係者に行為準則を定める等の措置が講じられています。 したがって、制度運営関係者の行為準則や運用商品提供機関の法令に基づく留意点等を、従来の年金制度における受託者責任の考え方および関係法令、ならびに米国の法令等も踏まえ、理解することが求められます。

分野C　投資に関する知識	
1. 投資の基本	わが国の個人金融資産残高をみると、貯蓄の構成比が非常に高い状況にありますが、運用実績に応じた年金給付となる確定拠出年金制度では加入者に自己責任に基づく投資判断が求められることになるため、貯蓄とは異なる投資の考え方を学び、理解することが不可欠となります。そのため、投資理論の中で使用されるリスクの意味、リスク・リターンの関係を正しく理解し、加入者等に適切にわかりやすく説明することが求められます。 また、確定拠出年金は老後資金の一部を構成するため、一般にその運用は長期にわたります。投資における時間的な概念を把握し、インフレの影響や複利効果、さらには分散投資効果の理解が求められます。
2. 運用商品の理解	加入者が運用商品を選択する確定拠出年金制度では、各運用商品提供機関がどのような運用商品を提供するのか、また各運用商品の特徴は何かを理解することが非常に重要となります。とくに、確定拠出年金において代表的な運用商品である投資信託については、さまざまな種類がありますので、その仕組みや特徴などについて十分に理解することが必要です。

図表1-11（続き）

分野C　投資に関する知識（続き）	
3. アセットアロケーションの考え方	分散投資の効果に基づいて投資判断を行うためには、加入者が自分自身のリスク許容度を知り、それを明確に意識することも重要になります。加入者それぞれのライフステージは異なっており、またリスクに対する考え方も異なるからです。結果として、それらの違いは運用方針の決定を通して、運用商品の組合せに反映されることとなりますので、アセットアロケーションの正しい理解が求められます。
4. 投資判断のための評価指標	加入者が運用商品を選択するうえで、投資に関する的確な情報を入手することが重要です。そのため、投資判断の参考となる投資指標・投資分析情報の種類、入手方法を把握することが求められます。さらに代表的なベンチマークや個別銘柄の価格指標、企業格付機関とその評価方法、投資信託の評価機関とその評価方法なども正確に理解する必要があります。 また、加入者がこれらの指標を理解し、運用商品を選択したり乗り換える場合など、実際の投資にあたって活用できるよう、情報を提供する能力も求められます。
分野D　ライフプランニングとリタイアメントプランニング	
1. ライフプランニングの基本的な考え方	確定拠出年金では加入者が自身の判断で運用を行わなければなりません。加入者が自ら運用判断や目標額の設定を行うためには、ライフプランを策定し、アセットアロケーションや拠出額を決定するようアドバイスすることも求められます。 加入者に適切なアドバイスを行うためには、ライフプランニングの手順、実際の立て方を習得し、キャッシュフロー表の作成・分析を通して、キャッシュフロー・マネジメントと資産積立プランについて理解することが求められます。
2. リタイアメントプランニングと確定拠出年金	老後の生活設計を行うリタイアメントプランニングは、ライフプランニングの一部を構成すると考えられますが、確定拠出年金の導入により、リタイアメントプランを支える資金準備の選択肢が広がることになります。 リタイアメントプランの基礎をなす公的年金を確定拠出年金でいかに補完するか、長期運用の視点からのアセットアロケーションのあり方、また退職時や年金受給時における税制上の取扱いなど、退職後の生活を設計し実現するための総合的なプランニング能力が要求されます。

（注）テーマごとの出題項目は図表1-7で紹介

PART 2

認定試験２級の分野別要点整理

分野A　わが国の年金制度・退職給付制度

1．公的年金制度

(1) 公的年金制度の概要

●理解のためのキーポイント

- ○わが国の年金には、国が運営主体となる公的年金と、国以外が運営主体となる私的年金があり、全体として4階建て構造になっている
- ○公的年金には、国民皆年金・社会保険方式・賦課方式・物価スライドなどの特徴がある

■年金制度の全体像

わが国の年金制度は図表2-1-1のように、国が運営主体となる公的年金と、国以外が運営主体となる私的年金に大きく分けることができる。さらに、それぞれが二層構造となっているため、全体として4階建て構造になっている。

①公的年金

公的年金制度は、国民の老齢、障害、死亡に関して、年金給付を行うことにより社会全体で高齢者等の生活を支え、国民生活の安定を図ることを目的としている。4階建て構造の1階・2階部分の公的年金には、現役の国民がすべて加入する国民年金、民間の会社員や公務員などのサラリーマンが加入する厚生年金（厚生年金保険）がある。厚生年金保険は被用者年金と呼ばれることもある。雇用される者つまりサラリーマンの年金という意味である。

なお、以前の被用者年金は、民間の会社員が加入する厚生年金保険と公務員・私立学校教職員が加入する共済年金に分かれていた。しかし、法改正に

図表2-1-1　わが国の年金制度の概観

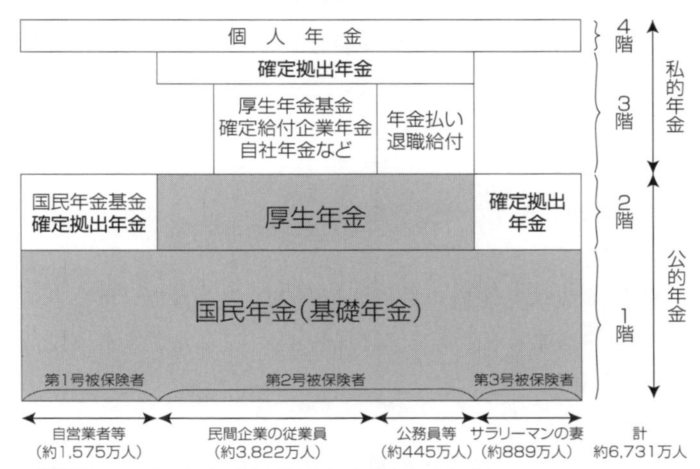

(注) 1．▒部分は公的年金（強制加入の公的な年金制度）
2．公務員等の共済年金は、被用者年金一元化（平成27年10月1日）後に厚生年金（2階部分）と年金払い退職給付（3階部分の旧職域年金部分）になった

より共済年金を厚生年金に統合する被用者年金一元化が実施され、平成27(2015) 年10月1日に被用者年金は厚生年金に一元化された。

②私的年金

3階・4階部分の私的年金のうち、3階部分は企業年金である。従来型の確定給付型の企業年金と2002（平成14）年4月から実施された確定給付企業年金法による新企業年金、その他の自社年金、さらに新たに導入された確定拠出年金がある。

企業年金とは、わが国の場合、もともと企業が従業員に退職金として支給していたものの一部または全部を、老後の年金として給付することとしたものである。この従来型の企業年金は、将来の年金給付額があらかじめ決められていることから、確定給付型年金（DBプラン：Defined Benefit Plan）と呼ばれている。

これに対して、新しく登場した確定拠出年金（DCプラン：Defined Contribution Plan）では、企業や個人が拠出する掛金は決められているが、将来給付される年金は、掛金と運用益により事後的に決まる。

４階部分は個人が掛金を負担して任意に加入するもので、個人年金と呼ばれている。生命保険会社・損害保険会社・ゆうちょ銀行・全労済・ＪＡなどが販売する保険型年金や、銀行、証券会社などが販売する貯蓄型年金がある。

■公的年金の特徴

公的年金には次のような特徴がある。

①国民皆年金

日本に住む20歳以上60歳未満の人（在住外国人含む）はすべて公的年金（国民年金）の強制加入者となる（国民皆年金）。これにより安定的な保険集団が構成されている。

②社会保険方式

公的年金は強制加入による保険料を主な財源として年金給付を行う社会保険方式で運営されている。

③賦課方式（現役の保険料で高齢者の年金を給付）

公的年金は、年金給付に必要となる財源をそのときの保険料でまかなうという賦課方式で行われている。これは、現役世代の加入者の保険料で高齢世代の年金給付を行うという世代間扶養の考え方に基づいている。なお、これに対して現役時代に保険料を積み立てて、受給時に年金として給付する方式を積立方式と呼んでいる。

④物価スライドとマクロ経済スライド

公的年金は、物価変動（前年の消費者物価指数）に応じて年金額が自動的に改定されることになっているため、年金の実質価値が維持される仕組みとなっている。しかし、少子高齢化の進行で長期的な財源の維持が難しくなったため、現役世代の保険料水準の上限を決め、その範囲内で給付を行う「保険料水準固定方式」が平成16（2004）年の法改正で導入された。

保険料水準の上限は厚生年金保険料で18.3％（労使折半）とされ、改正前の13.58％が平成16年10月から引き上げられることになった。引き上げ幅は毎年0.354％で、平成17年以降は毎年９月に改定され平成29（2017）年

図表2-1-2　マクロ経済スライドの仕組み

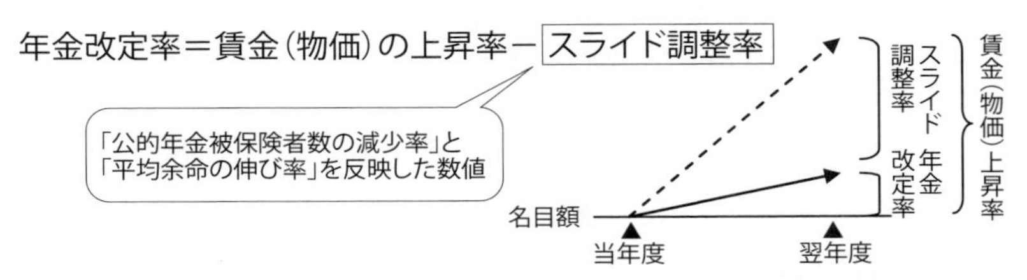

（注）1．基準となる上昇率は、原則として新規裁定者は賃金上昇率、既裁定者（ただし68歳以降）は物価上昇率を使う
2．賃金（物価）の伸びが小さく、スライド調整率が賃金（物価）上昇率より大きい場合は名目額までのスライド調整とする（年金額は据え置き）
3．賃金（物価）の伸びがマイナス（下落）の場合は、スライド調整は行わない（年金額は賃金〈物価〉の下落率分が下がるだけ）
4．法改正により、平成30年度よりスライド調整率の未調整分は翌年度以降に繰り越されるキャリーオーバー制度が導入された

9月に最終的な18.3％に到達して固定された。

一方、国民年金保険料は、改正前の月額1万3,300円から月額1万6,900円まで引き上げられる。平成17年4月から毎年280円引き上げ、平成29年4月に月額1万6,900円に到達して、以後は固定された。ただし、厚生年金保険料は料率であるのに対し、国民年金保険料は定額である。そのため、賃金や物価の変動が反映されるので、毎年の保険料も280円ずつ上がるのではない。上限に達した平成29年度もデフレを反映して実際の保険料は1万6,490円となった。今後、賃金や物価が上がると実際の保険料額も月額1万6,900円より上がっていくことになる。

平成16年改正では、保険料水準固定方式を維持するために「マクロ経済スライド」という仕組みも同時に導入された（図表2-1-2）。マクロ的にみた給付と負担の変動に応じて収入（上限水準の保険料）の範囲内で給付ができるように給付水準を自動的に調整する仕組みである。

具体的には、年金制度を支える現役世代の人数（被保険者数）の減少と平均余命の伸び率分を毎年度の年金額の改定率から減じることで、給付水準の調整を行うものである。このマクロ経済スライドによる調整は、最終的な保険料水準による負担の範囲内で年金財政が安定するまでの間（調整期間）、適用されることになっている。

マクロ経済スライドは、当初平成17年4月から実施（調整期間に入る）されることになっていたが、デフレが続いて年金額が上がらなかったため10年間発動できなかった。名目下限（前年の名目額を下回らない）というルールがあるためである。平成27（2015）年度に初めて実施されたが、平成28年度からは年金額が上がらなかったことにより再び実施されていない。

マクロ経済スライドの実施が遅れると調整期間が長くなり、将来世代の給付水準が低下するという問題がある。当初は平成35（2023）年度までの19年間の調整期間と見込まれていたが、平成26年の財政検証では経済が順調でも平成55（2043）年まで延長との見通しが示されている。

■公的年金からの給付は老齢、障害、遺族の３種類

公的年金の支給事由は、老齢、障害、死亡の3つであり、給付（支給）はそれぞれ2階建てとなっている。

1階部分として、現役の国民がすべて加入する国民年金から老齢基礎年金、障害基礎年金、遺族基礎年金が給付される。さらに、2階部分として、厚生年金から老齢厚生年金、障害厚生年金、遺族厚生年金が上乗せして給付される。

〈知って得する補足知識〉

保険料水準固定方式でいう給付水準の目安は所得代替率50％とされている（平成26年は62.7％）。ここで使われる所得代替率は、給付時の現役世代（男性）の平均手取り収入に対する年金額（夫婦２人のモデル世帯）の割合である。マクロ経済スライドは所得代替率50％（つまり現役世代の半分）を維持できる給付水準に調整することが目的である。次の財政検証（５年ごとに実施）までに50％を維持できなくなると見込まれるときは、給付と負担の見直し（上限保険料18.3％の引上げや所得代替率50％の引下げなど）を行うこととされている。

■旧法と新法で公的年金の仕組みが大きく変化

公的年金制度は昭和61（1986）年の年金改正で大きく様変わりした。改正前は、会社員等を対象とする厚生年金、公務員等を対象とする共済年金、自営業者等の国民年金とに分かれ、独立していた。

改正後は国民年金がすべての国民に適用され、厚生年金や共済年金の加入者とその被扶養配偶者も国民年金に加入することとなった。併せて、国民年金は公的年金の土台として「基礎年金」と位置づけられ、厚生年金と共済年金は基礎年金の上乗せ年金とされた。

この改正を境目に、年金の名称・年金額の計算方法・支給開始年齢・年金間の支給調整などが異なっている。このため昭和61年3月以前の制度を旧法の制度、4月以降の制度を新法の制度と呼んでいる。

■公的年金制度の歴史

わが国の公的年金制度は、明治8（1875）年の軍人を対象とした恩給制度（財源は全額税金）から始まった。昭和17（1942）年には、工場または事業場等に使用される現業男子を対象とする労働者年金制度が創設された。現在の厚生年金保険制度の前身である。この制度は労働者も保険料を負担するという社会保険方式に基づくものであった。

昭和36（1961）年には、共済組合制度や厚生年金保険制度ではカバーされていない自営業者やサラリーマンの妻などを対象とした国民年金が発足し、国民皆年金（すべての国民が公的年金制度に加入すること）が実現した。

その後、昭和61（1986）年には、基礎年金（厚生年金・共済年金加入者は国民年金に同時加入となる）が導入された後、平成6（1994）年、平成12（2000）年改正で支給開始年齢の段階的引き上げ・給付水準の見直し・保険料負担の引き上げなどが行われた。さらに平成16（2004）年改正では、保険料水準固定方式・マクロ経済スライド・在職老齢年金制度見直し・離婚時の年金分割導入等が行われた。平成27（2015）年10月1日には長年の懸案だった共済年金と厚生年金の一元化が実現し、被用者年金は厚生年金に一本化されて現在に至っている。

(2) 国民年金の仕組み

●理解のためのキーポイント

○受給資格期間（原則10年）を満たせば老齢基礎年金を受給できる
○保険料免除には法定・申請（全額・4分の3・半額・4分の1）免除、納付猶予には学生納付特例、納付猶予がある
○老齢基礎年金では受給開始時期の繰上げ・繰下げが可能である

■国民年金は基礎年金とも呼ばれる

国民年金は公的年金の土台と位置づけられ、「基礎年金」と呼ばれている。厚生年金（旧共済年金含む）はその上乗せの年金とされている。

■加入者は日本国内に住むすべての人

国民年金には国内に住所を有する20歳以上60歳未満のすべての人が加入することになっている（図表2-1-3）。フリーター・専業主婦なども加入者となる。国籍は問わないため外国人も加入対象者である。（国年法7条）

■被保険者の種別は３つある

国民年金加入者の被保険者種別は第1号、第2号、第3号の3つに分けられる（国年法7条）。被保険者種別により公的年金への加入・保険料負担・給付面で異なることがある。

■保険料は第１号被保険者だけが自分で納める

第1号被保険者（自営業など）の国民年金保険料は定額制で月額1万6,340円（平成30年度）である。毎月の保険料は、翌月末日までに納付しなければならない（国年法87条、91条）。第2号被保険者は被用者年金（厚生年金）より国民年金保険料相当分が拠出されるため、また、第3号被保険者も配偶者が加入する被用者年金より国民年金保険料相当分が拠出されるため、自分で国民年金保険料を納付する必要はない。

図表2-1-3　国民年金被保険者の種別と資格取得事由

	資格取得事由	種別	該当する者
①	20歳に達したとき（誕生日の前日） 20歳以上60歳未満の人が日本国内に住所を有するに至ったとき	第1号被保険者	自営業者、学生、フリーター、失業中の人など ※任意加入被保険者（→p.50）は第1号被保険者と同じ扱いになる
②	厚生年金保険の被保険者になったとき	第2号被保険者	サラリーマン（民間企業等の従業員、公務員） ※65歳以上の者は老齢給付の受給権を有しない者に限られる（つまり老齢基礎年金の受給権があると厚生年金保険被保険者であっても国民年金被保険者とはならない）
③	20歳以上60歳未満の人が第2号被保険者の被扶養配偶者になったとき	第3号被保険者	いわゆるサラリーマンの妻、専業主婦 ※専業主婦である自営業者の妻は第1号被保険者

■国民年金の受給資格期間は公的年金すべてに関係

国民年金から老齢基礎年金を受給するために必要となる加入期間等のことを受給資格期間と呼んでいる(国年法26条等)。この受給資格期間は、国民年金だけでなく65歳以降に老齢厚生年金を受給するための条件にもなっている。

〈知って得する補足知識〉

第3号被保険者の取得・喪失の届出を行うのは従来本人だったため、遅れると2年より前は第1号未納期間となった。取得届出は平成14年4月から配偶者の事業主を経由（第2号の健康保険の届出時）して行うことになり、平成17年4月からは未届期間（同年3月以前も含む）があっても届出（特例届出）で保険料納付済期間にすることが可能になった。また、平成25年7月から第3号の喪失で届出が遅れた2年より前の未納期間は受給資格期間に算入（平成30年3月までは10年間の特例追納も可）できるようになり、平成26年12月から喪失届（非該当届）も原則事業主経由（第1号手続きは本人）で行うことになった。

①受給資格期間は原則25年から10年に改正

受給資格期間は従来、原則25年以上だったが、平成29（2017）年8月1日から法改正により10年以上に短縮された。受給資格期間は国民年金保険料を納めた期間（保険料納付済期間）だけでなく「保険料納付済期間＋保険料免除期間＋合算対象期間」で判定する。具体的には、次の期間を合計して10年あれば、老齢基礎年金が受給できる。

1	保険料納付済期間 第1号被保険者期間（満額保険料を納付した期間のみ）、第2号被保険者期間（20歳以上60歳未満の厚生年金保険〈旧共済含む〉加入期間）、第3号被保険者期間の合計期間
2	保険料免除期間 法定免除期間、申請免除期間（全額免除、一部免除）の合計期間
3	合算対象期間（「カラ期間」とも呼ばれる） 受給資格期間としてカウントするが、年金額には反映されない期間

②カラ期間にはさまざまなものがある

代表的なカラ期間には以下のようなものがあるが、このほかにもさまざまな種類がある。なお、厚生年金保険（旧共済含む）の20歳未満と60歳以上の加入期間はカラ期間の扱いになり、老齢基礎年金の額には反映されない。ただし定額部分の計算方法で定額部分または経過的加算として反映される。

〈代表的なカラ期間〉20歳以上60歳未満の期間に限る

・昭和61年3月以前の専業主婦（現在の第3号被保険者に相当）の期間
・平成3年3月以前の学生（昼間）の期間
・日本人（日本国籍）が海外在住していた期間
※以上は任意加入の対象であり任意加入（保険料納付）していた場合はカラ期間ではなく保険料納付済期間となる

■第1号被保険者には保険料免除制度がある

国民年金は、国内に住所を有する20歳以上60歳未満のすべての人が加入対象者であるため、無所得者や低所得者など経済的弱者の中には保険料の納付が困難な人もいる。そこで、第1号被保険者の場合は、一定の条件のもとに保険料が免除または猶予される仕組みがある。

①法定免除と申請免除

免除には、一定の条件(障害基礎年金を受給している場合など)に該当すれば届出をするだけで全額の保険料が免除となる「法定免除」(国年法89条)と、一定の条件(所得が著しく低い場合など)に該当する人からの免除申請が承認されることにより保険料(全額または一部)が免除となる「申請免除」(国年法90条、90条の2)がある。免除された期間は受給資格期間にカウントされるが、年金額では全額免除は2分の1、4分の3免除は8分の5、半額免除は4分の3、4分の1免除は8分の7として計算される。

なお、免除された保険料は、免除の承認を受けた日の属する月前10年以内の期間であれば追納することができる。追納した場合にはその期間は保険料納付済期間として扱われる。

②学生の保険料納付特例（学生納付特例制度）

学生については本人の所得が一定以下の場合などには、本人が社会人になってから保険料を支払うことができるように、申請・承認により保険料納付が猶予される（学生の保険料納付特例）。ただし、この納付特例期間は受給資格期間にはカウントされるが、年金額計算ではまったく反映されない期間となる。なお、追納については法定免除・申請免除と同様10年以内である。

③低所得者に対する国民年金保険料納付猶予制度

50歳未満の第1号被保険者（学生納付特例制度の対象者を除く）であって、本人及び配偶者の所得が一定の基準（全額免除基準と同額）に該当した場合は、世帯主の所得にかかわらず、申請により国民年金保険料の納付が猶

〈知って得する補足知識〉

国民年金保険料が納められるのは2年前までで、免除等の場合は追納で10年前まで可能というのが基本的ルールである。しかし、最近は無年金・低年金救済の意味から時限的な例外措置が増えている。例えば、10年前まで納付可能な後納(こうのう)制度（H24.10～H27.9）が実施され、終了後5年前までに短縮されて継続されている（H27.10～H30.9）。

予される（平成37〈2025〉年6月までの時限措置。平成28年7月から30歳未満が50歳未満に拡大された）。

納付猶予制度の納付猶予期間は、年金の受給資格期間には算入されるが、年金額には反映されない期間となる。なお、納付猶予された保険料の追納は10年以内であれば行うことができる。

■任意加入制度で受給資格期間や年金額を補える

国民年金の加入期間は20歳以上60歳未満の40年間となっているが、なかには諸般の事情で受給資格期間を満たせない場合も出てくる。このような場合には、60歳以降も国民年金に任意加入することが可能である（国年法附則5条）。

任意加入制度を利用できるのは主に次のような人である。

- ○ 日本国内に住所を有する60歳以上65歳未満の人で、年金の受給資格期間が不足するときやその年金額が満額に満たない人
- ○ 日本国籍をもっていて海外に住所を有している人（20歳以上65歳未満）

■老齢基礎年金の年金額と支給開始年齢

①年金額は40年加入で満額

国民年金では、保険料納付済期間が40年ある場合に、満額の老齢基礎年金を受給することができる（国年法27条）。保険料納付済期間が40年に満たない場合の年金額は、満たない期間に応じて減額されることになる。また、一定の事由に該当して保険料が免除された期間についても、一定の割合で減額されることになる。具体的な計算式は図表2-1-4のとおりである。

〈知って得する補足知識〉

65歳までに受給資格期間を満たさない場合は、特例で70歳になるまで（受験資格期間を満たすまでに限る）任意加入が可能。ただし、昭和40（1965）年4月1日生まれ以前の人だけが対象となる。

図表2-1-4　老齢基礎年金額の計算

$$779{,}300円 \times \frac{保険料納付済月数 + \left(\begin{array}{c}保険料\\全額\\免除月数\end{array} \times \frac{1}{2}\right) + \left(\begin{array}{c}保険料\\4分の3\\免除月数\end{array} \times \frac{5}{8}\right) + \left(\begin{array}{c}保険料\\半額\\免除月数\end{array} \times \frac{3}{4}\right) + \left(\begin{array}{c}保険料\\4分の1\\免除月数\end{array} \times \frac{7}{8}\right)}{国民年金加入可能年数 \times 12}$$

(平成30年度)

※平成21年3月までの期間は全額免除3分の1、4分の3免除2分の1、半額免除3分の2、4分の1免除6分の5で計算する

（注）1．国民年金加入可能年数は生年月日により25年～40年。昭和16（1941）年4月2日生まれ以降は40年
2．保険料免除期間には学生納付特例期間、納付猶予期間を含まない
3．平成16（2004）年の改正により、本来の老齢基礎年金の年金額は780,900円に改定率（平成30年度は新規裁定者、既裁定者とも0.998）を乗じた額となっている
4．年金額の端数処理は従来100円未満四捨五入だったが、平成27年10月の法改正により1円未満四捨五入となった。ただし、老齢基礎年金の満額は従来どおり100円未満四捨五入である。満額以外は計算結果を1円未満四捨五入する

②支給開始年齢は早めたり遅らせたりできる

老齢基礎年金は、65歳から受給することができる。ただし、選択により、60～70歳の間で支給開始時期を1カ月単位で設定することも可能である。

65歳になる前に受給することを「繰上げ受給」（支給側からみて「繰上げ支給」と呼ばれることもある）といい、60歳から65歳になるまでの間で、支給開始時期を1カ月単位で自分の意思により選択することができる。

同様に66歳以降に受給することを「繰下げ受給」といい、66歳から70歳になるまでの間で、受給開始時期を1カ月単位で選択することができる。

なお、昭和16（1941）年4月1日以前生まれの人は、繰上げ・繰下げとも1歳刻みの選択となっている（平成12〈2000〉年改正前のルールが適用）。

■老齢基礎年金の繰上げ受給は減額以外にも注意

繰上げ受給では、老齢基礎年金を早い時期（60歳～）から受給できる反面、繰上げ（前倒し）の時期が早くなるにつれて1カ月につき0.5%刻みの減額がある（国年法附則9条の2）。

減額率は64歳11カ月時0.5%〜60歳時30%である。例えば60歳から繰上げ受給した場合、65歳時から受給し始める場合に比べて、年金額が30%減額される。しかも一度、繰上げ受給を選択すると、取り消し・変更することはできず、減額は65歳以降も続くことになる。

さらに、繰上げ受給では減額以外にも以下のような多くの注意点がある。

・65歳前に障害状態になっても原則として障害年金が受給できなくなる
・65歳前に遺族厚生年金の受給権を得た場合、繰上げ受給の老齢基礎年金との選択になる（併給不可)。65歳からは併給になるが、老齢基礎年金は減額のままの受給になる
・妻は寡婦年金（→p.56）を受給できなくなる
・任意加入ができなくなる

■老齢基礎年金の繰下げ受給には増額プレミアム

繰下げ受給では、老齢基礎年金の受給開始時期を66歳以降に遅らせるが、65歳から1カ月につき0.7%刻みの増額がある。注意点は、増額は65歳1カ月から始まるが、66歳までは繰下げ受給の請求はできないことである。

増額率は65歳1カ月時0.7%〜70歳時42%である。ただし、遺族基礎（厚生）年金や障害基礎（厚生）年金など老齢（退職）以外の年金を受給している場合には、繰下げ受給はできない。(国年法28条)

■障害基礎年金を受給するための要件

ケガや病気のために一定の障害状態になったときに国民年金から障害基礎年金が支給される（国年法30条)。受給するための要件は次のとおりである。

①初診日の要件

障害の原因となった傷病について初めて医師診療を受けた日（初診日）に65歳未満であること。

②保険料納付の要件

初診日の前日において、初診日の属する月の前々月までに、国民年金の被保険者期間がある場合（通常は20歳からの期間）には、保険料納付済期間

図表2-1-5　障害基礎年金額

（平成30年度）

障害等級１級	974,125 円（=779,300円 ×1.25）＋ 子の加算額
障害等級２級	779,300円 ＋ 子の加算額

★子の加算額　１人目・２人目　各224,300円
３人目以降の子　各　74,800円

※子とは、受給権者が年金受給権取得当時に生計を維持していた子で、18歳到達年度末までの子または20歳未満で障害等級の１級もしくは２級に該当する障害の状態にある子をいう

※法改正により、平成23年４月から、受給権取得後に子の加算対象になった場合も支給されるようになった

と免除期間を合わせて3分の2以上あること。初診日が平成38（2026）年4月1日前にある場合には、初診日に65歳未満であれば、初診日の属する月の前々月までの1年間に、保険料の滞納期間がないことでもよい。

③障害の程度

障害認定日（初診日から1年6カ月を経過した日または1年6カ月以内に治癒・症状固定した場合はその日）において、1級または2級の障害状態にあること。

■障害基礎年金額は２級で老齢基礎年金額の満額と同額

障害基礎年金額は、障害等級に応じた金額に子の加算額を合算した額（図表2-1-5）となる（国年法33条、33条の2）。

■事後重症による障害基礎年金

障害認定日には障害等級に該当しなかったが、その後65歳に達する日の前日までに障害等級に該当したときは、65歳に達する日の前日までの間に請求すれば、事後重症による障害基礎年金が支給される（国年法30条の2）。

■20歳前に初診日がある場合の障害基礎年金

20歳前（国民年金加入前）に初診日がある場合にも、次の要件を満たせば

障害基礎年金が支給される。ただし、本人に一定以上の所得がある場合には全額または2分の1が支給停止になる。(国年法30条の4)

①初診日の要件　　初診日の年齢が20歳前であること

②障害の程度　　　障害認定日（その日が20歳前のときは20歳に達した日）において、1級または2級の障害状態にあること

■遺族基礎年金を受給するための条件

国民年金加入中の人や年金の受給権者が死亡したときに、一定の遺族に国民年金から遺族基礎年金が支給される。

受給するためには、死亡した人および遺族について以下の条件を満たすことが必要である（国年法37条）。

①死亡した人の条件　次のいずれかに該当すること

ア．国民年金に加入中の人（被保険者）

イ．60歳以上65歳未満で日本国内に住んでいる国民年金の元加入者

ウ．老齢基礎年金の受給権者または受給資格期間を満たした人（どちらも25年以上に限る）

ただし、ア、イのうち受給資格期間が25年未満に該当するときは、死亡日の前日において次の保険料のいずれかの納付要件を満たす必要がある。

○死亡日の属する月の前々月までの加入期間内に、国民年金の保険料を納めた期間が3分の2以上あること（保険料免除期間を含む）

○死亡日が平成38（2026）年3月31日以前の場合は、死亡日に65歳未満であれば、死亡日の属する月の前々月までの1年間に、保険料の滞納期間がないこと

〈知って得する補足知識〉

遺族基礎年金の対象となる遺族としての妻には事実上の妻（内縁関係）が含まれるが、子には事実上の養子は含まれない。また、被保険者の死亡当時、胎児であった子が生まれた場合には受給対象者となる。

図表2-1-6　遺族基礎年金の支給額

子のある配偶者の遺族基礎年金額（平成30年度額）

遺　族	基本額	加算額	合計額
子が1人いる配偶者	779,300円	224,300円	1,003,600円
子が2人いる配偶者	779,300円	448,600円	1,227,900円
子が3人いる配偶者	779,300円	523,400円	1,302,700円

子のみが受給する場合の遺族基礎年金額（平成30年度額）

遺　族	基本額	加算額	合計額	1人当たりの額
子が1人のとき	779,300円	――	779,300円	779,300円
子が2人のとき	779,300円	224,300円	1,003,600円	501,800円
子が3人のとき	779,300円	299,100円	1,078,400円	359,467円

（注）上下の表とも3人目以降は1人につき74,800円が加算される

②遺族の条件（国年法37条の2）

○配偶者：死亡した人の配偶者（妻または夫）であって、18歳到達年度末までの子、または20歳未満で障害等級1級もしくは2級に該当する障害の状態にある子と生計を同じくしていること

※平成26年4月より夫も可能になった

○子：死亡した人の子であって、18歳到達年度末までの子、または20歳未満で障害等級の1級もしくは2級に該当する障害の状態にある子で、婚姻をしていない子

■遺族基礎年金額は老齢基礎年金の満額と同額

遺族基礎年金の額（図表2-1-6）は、死亡した人の加入期間や保険料納付済期間の長短に関係なく、基本額に子の加算額を合算した額となる（国年法38条）。

■第１号被保険者には独自給付がある

第1号被保険者に対する独自給付として付加年金、寡婦年金および死亡一時金がある。

①付加年金

第1号被保険者が付加保険料を納めることにより、老後に付加年金が給付される。概要は次のとおりである。（国年法43条～48条）

- ○対象者　第1号被保険者（保険料免除者、国民年金基金加入者は対象外）
- ○付加保険料　毎月400円を国民年金保険料に追加
- ○年金給付　老齢基礎年金に「200円×付加保険料納付月数」（年額）が給付される
- ○その他　老齢基礎年金の受給の繰上げ・繰下げをした場合は、付加年金も連動して繰上げ・繰下げとなる（減額率・増額率も本体の老齢基礎年金と同じ）

②寡婦年金

寡婦年金は、国民年金の第1号被保険者（自営業、農業等）である夫が死亡した場合に、遺族である妻が受給できる年金である（国年法49条～51条）。

具体的には、寡婦年金は次のすべての条件に該当することが必要である。

- ○死亡した夫が、死亡日の前月までの第1号被保険者期間としての保険料納付済期間と保険料免除期間とを合算した期間が原則として10年（平成29年8月1日より従来の25年から緩和）以上あること
- ○夫の死亡当時、夫によって生計を維持されており、婚姻関係（事実上婚姻関係と同様にあるものを含む）が10年以上継続している65歳未満の妻であること
- ○死亡した夫が、障害基礎年金や老齢基礎年金を受給していないこと
- ○妻が老齢基礎年金を受給（＝繰上げ受給）していないこと

支給期間は、遺族である妻が60歳から65歳になるまでの5年間で、有期年金である。また、年金額は、亡くなった夫が受給できるはずであった老齢基礎年金の4分の3に相当する額である。

③死亡一時金

死亡一時金は、国民年金の第1号被保険者としての保険料納付済期間の月数と一部免除期間の月数（4分の1免除は4分の3カ月、半額免除は2分の1カ月、4分の3免除は4分の1カ月で換算）とを合算した月数が36カ月以上（3年以上）ある場合に、その月数に応じて受給できる一時金である（国年法52条の2～6)。次の条件をすべて満たす必要がある。

○死亡した人は、障害基礎年金または老齢基礎年金を受給したことがない
○死亡したとき生活を同じくしていた遺族（配偶者、子、父母、孫、祖父母または兄弟姉妹）がいる
○その人の死亡により、遺族基礎年金が受給できない

また、死亡一時金を受給できる遺族の順位は、①配偶者、②子、③父母、④孫、⑤祖父母、⑥兄弟姉妹の順である。特に年齢制限はない。なお、寡婦年金が受給できるときは、どちらかの選択となる。

(3) 厚生年金保険の仕組み

●理解のためのキーポイント

○60歳台前半と65歳以降では老齢厚生年金の受給条件や構成・計算方法が異なる
○60歳台前半（特別支給）の老齢厚生年金は支給開始年齢が段階的に引き上げられている。また、一部繰上げや全部繰上げなども可能

■厚生年金保険の適用事業所とは

公的年金の2階部分にあたる厚生年金保険は、事業所を単位として適用される。法人（社長のみの１人法人も含む）や国・地方公共団体の事業所、常時5人以上の従業員が働いている個人事業所では、強制適用事業所として加入が義務づけられている（厚年法6条)。強制適用事業所以外であっても、従業員の半数以上の同意を得て事業主が申請して認可された場合には、任意適用事業所として厚生年金保険が適用される。

図表2-1-7　厚生年金保険の加入要件

〔4分の3要件〕

2つの要件を同時に満たす
・正社員の1週間の労働時間の4分の3以上
・正社員の1カ月の労働日数の4分の3以上

	1週間の勤務時間	1カ月の勤務日数	社会保険
正社員	40時間	22日	加入する
パートA	30時間　○	18日　○	加入する
パートB	24時間　●	18日　○	加入しない
パートC	30時間　○	15日　●	加入しない

○は正社員の4分の3以上　●は正社員の4分の3未満
(注)健康保険と厚生年金保険は社会保険としてセットで適用

〔社会保険の適用拡大〕平成29年4月より労使合意があれば500人以下の企業でも可

・従業員501人以上の企業に適用
・週の所定労働時間が20時間以上
・月額賃金8.8万円(年収106万円)以上
・勤務期間が1年以上見込まれる
・学生(昼間部)は対象外

なお、任意適用事業所では、加入者の4分の3以上が希望すれば厚生年金保険から脱退することができる。

■厚生年金保険への加入者（被保険者）

厚生年金保険の適用事業所に使用される70歳未満の人は、強制加入者となる（厚年法9条)。パートタイマーなどであっても、使用関係の実態に「常用的な使用関係（正社員の4分の3以上の労働時間・日数であること)」があれば強制加入者となる（図表2-1-7)。

なお、日雇・2カ月以内の期間を定めて使用される人などは適用除外となるため、適用事業所で働いていても加入者とはならない。

■70歳以降も加入できる高齢任意加入被保険者

厚生年金保険の適用事業所に使用される人は、原則として70歳に達したときに被保険者の資格を喪失する。ただし、老齢厚生年金や老齢基礎年金などの老齢給付の受給資格期間を満たしていない人は、受給資格期間を満たすまで任意加入することができる。高齢任意加入は、事業主の同意を必要としないが保険料は全額本人負担となる。ただし、事業主が同意した場合は事業主と折半で負担することができる。(厚年法附則4条の3)

■被保険者資格の取得・喪失

厚生年金保険の被保険者資格取得日は入社した日、喪失日は退職日の翌日となる。ただし、在職のまま70歳に到達したときは到達日（誕生日の前日）が喪失日となる。暦月単位でカウントするため、被保険者期間は入社月から資格喪失月の前月までとなる。(厚年法13条、14条、19条)

■保険料の計算基礎となる標準報酬月額

保険料算出等の事務の簡素化・迅速化のために、区切りのよい幅で区分した仮定的報酬（標準報酬月額）を使用して、これに実際の給料をあてはめて計算基礎としている。

標準報酬月額は8万8,000円から62万円までの31等級がある（厚年法20条)。なお、平成28年10月に、下限が1等級加わって9万8,000円から8万8,000円となり、30等級から31等級に変更された。

標準報酬月額の決め方には、資格取得時決定・定時決定・随時決定などがあるが、いったん決定した標準報酬月額は一定期間にわたり使用するため、毎月の給与に増減があっても、そのつど標準報酬月額を見直すことはない。

■厚生年金保険料は労使折半で負担

厚生年金保険料は標準報酬月額に保険料率を乗じて、月単位で計算する。一般被保険者の保険料率は、平成16（2004）年10月から1000分の139.34となり、毎年9月に1000分の3.54ずつ引き上げられた。これにより、最終的には平成29（2017）年9月に1000分の183となった。以後はそのまま固定される。

保険料は事業主と従業員が折半負担するが、保険料納付義務は事業主にあるため、毎月、事業主が従業員の給与から前月分の保険料を差し引いて事業主負担分と合わせて年金事務所に納付する（厚年法81条、82条)。

また、3カ月を超える期間ごとに支給される賞与等についても、事業主と従業員で折半負担する（厚年法89条の2）。平成15（2003）年4月以降は総報酬制が導入され、標準報酬月額・賞与等とも同じ料率により保険料が計算される。なお、賞与等については、1回につき賞与等の額150万円が上限で、1,000円未満切り捨てである。

■60歳台前半の老齢厚生年金（特別支給の老齢厚生年金）

老齢厚生年金の支給開始年齢は本来65歳からであるが、現在は65歳前から受給できる経過措置がとられている。これを60歳台前半の老齢厚生年金（または特別支給の老齢厚生年金）と呼んでいるが、65歳以降の本来の老齢厚生年金と構造が異なっている。

■60歳台前半の老齢厚生年金の受給資格

60歳台前半の老齢厚生年金を受給するには、老齢基礎年金の受給資格期間を満たし、かつ1年以上の厚生年金加入期間が必要となる。これに対して65歳以降の本来の老齢厚生年金では、老齢基礎年金の受給資格期間を満たしたうえで、1カ月以上の厚生年金加入期間があれば受給できる。

■60歳台前半の老齢厚生年金の年金額

年金額は定額部分と報酬比例部分を合計した額である。定額部分とは在職中の給与額に関係なく、生年月日と厚生年金の加入月数（被保険者月数）により算出される部分である。報酬比例部分は、在職中の平均標準報酬月額等と被保険者月数により算出される部分である。また、報酬比例部分の年金額の計算は、総報酬制導入前の被保険者期間（平成15年3月まで）と総報酬制導入以後の被保険者期間（平成15年4月以降）とでは報酬比例部分の乗率等が異なる（構成・計算は図表2-1-8、図表2-1-9参照）。

■60歳台前半の老齢厚生年金の支給開始年齢の段階的引上げ

平成6（1994）年の年金改正により定額部分は、昭和16（1941）年4月2日

図表2-1-8　老齢厚生年金の構成

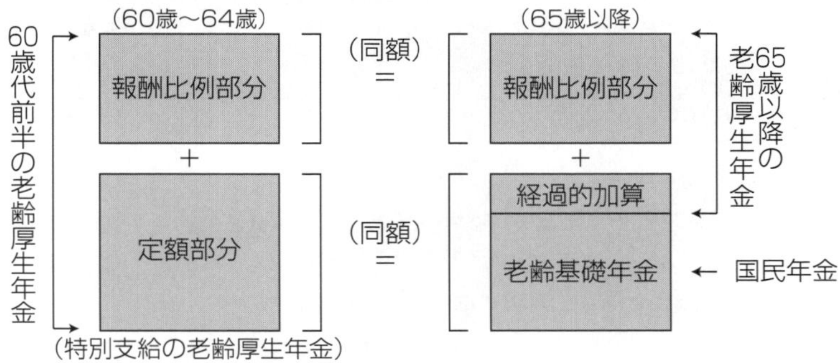

生まれ以降の人については平成13（2001）年度から2年ごとに1歳ずつ支給開始年齢が引き上げられている（女性は5年遅れ）。昭和24（1949）年4月2日生まれ以降の人は定額部分はなくなる。

さらに、平成12（2000）年の年金改正により、報酬比例部分も、平成25（2013）年度から平成37（2025）年度にかけて、支給開始年齢が60歳から65歳へ2年ごとに1歳ずつ引き上げられている（女性は5年遅れ）。最終的には昭和36（1961）年4月2日生まれ以降の人から60歳台前半の老齢厚生年金は全くなくなる予定である。スケジュールは図表2-1-10のとおりである。

■障害者・長期加入者の特例

厚生年金の障害等級3級以上の人と、厚生年金の被保険者期間が44年以上ある人については、60歳台前半の年金として通常は報酬比例部分しか受給できない場合でも、退職していれば特例により定額部分も受給できる（厚年法附則9条の2、9条の3）。

■加給年金は妻や子がいる受給者に加算

老齢厚生年金の受給権を取得したときに、扶養している妻（配偶者）や子供がいる場合に加算されるのが加給年金である。通常は、本来支給の老齢厚生年金の支給が開始される65歳から加算されるが、定額部分が支給される

図表2-1-9　老齢厚生年金額の計算

●60歳台前半の老齢厚生年金　＝　報酬比例部分　＋　定額部分
（特別支給の老齢厚生年金）　　　　　（1）　　　　（2）

（1）報酬比例部分＝①＋②

①　総報酬制導入前の被保険者期間分（平成15年3月まで）

報酬比例部分＝平均標準報酬月額×報酬比例部分の乗率×被保険者月数
（9.5～7.125／1000）

②　総報酬制導入後の被保険者期間分（平成15年4月以降）

報酬比例部分＝平均標準報酬額×報酬比例部分の乗率×被保険者月数
（7.308～5.481／1000）

（注）従前額保障の場合、報酬比例部分の乗率として、（9.5～7.125／1000）は（10～7.5／1000）、（7.308～5.481／1000）は（7.692～5.769／1000）を用い、さらに物価スライド率等を乗じる。なお、昭和12年度生まれ以降の者は従前額保障より本来水準のほうが高くなっている

（2）定額部分

定額部分＝定額単価×定額単価の乗率×被保険者期間の月数
（1,625円）（1.875～1）（最高480カ月）

●65歳以降の老齢厚生年金額　＝　報酬比例部分　＋　経過的加算
　　　　　　　　　　　　　　　　　（1）　　　　（2）

（1）報酬比例部分

報酬比例部分は60歳台前半の老齢厚生年金の式と同じ

（2）経過的加算

経過的加算＝定額部分－｛779,300円×（昭和36年4月以降で20歳以上60歳未満の厚生年金の加入期間の月数／国民年金への加入可能月数）｝

（注）1．国民年金加入可能年数は生年月日により25年～40年。昭和16（1941）年4月2日生まれ以降は40年（480カ月）
2．定額部分から差し引く部分は、老齢基礎年金額の計算式と同じであるが、厚生年金加入期間のうち20歳未満と60歳以上の部分は除かれる（昭和36年4月前は20歳以上であっても除外）

図表2-1-10　厚生年金の65歳への支給開始年齢の引上げ

生年月日 男性	生年月日 女性	60歳	61歳	62歳	63歳	64歳	65歳
昭16.4.1以前	昭21.4.1以前	報酬比例部分					老齢厚生年金
		定額部分					老齢基礎年金
昭16.4.2～昭18.4.1	昭21.4.2～昭23.4.1	報酬比例部分					老齢厚生年金
			定額部分				老齢基礎年金
昭18.4.2～昭20.4.1	昭23.4.2～昭25.4.1	報酬比例部分					老齢厚生年金
				定額部分			老齢基礎年金
昭20.4.2～昭22.4.1	昭25.4.2～昭27.4.1	報酬比例部分					老齢厚生年金
					定額部分		老齢基礎年金
昭22.4.2～昭24.4.1	昭27.4.2～昭29.4.1	報酬比例部分					老齢厚生年金
						定額部分→	老齢基礎年金
昭24.4.2～昭28.4.1	昭29.4.2～昭33.4.1	報酬比例部分					老齢厚生年金
							老齢基礎年金
昭28.4.2～昭30.4.1	昭33.4.2～昭35.4.1		報酬比例部分				老齢厚生年金
							老齢基礎年金
昭30.4.2～昭32.4.1	昭35.4.2～昭37.4.1			報酬比例部分			老齢厚生年金
							老齢基礎年金
昭32.4.2～昭34.4.1	昭37.4.2～昭39.4.1				報酬比例部分		老齢厚生年金
							老齢基礎年金
昭34.4.2～昭36.4.1	昭39.4.2～昭41.4.1					報酬比例部分→	老齢厚生年金
							老齢基礎年金
昭36.4.2以降	昭41.4.2以降						老齢厚生年金
							老齢基礎年金

（注）1. 公務員等（一元化後の厚生年金期間含む）は男女とも民間の厚生年金の男性と同じスケジュール
2. ［網掛け］は、平成30（2018）年度に60歳または65歳を迎える人のゾーン

場合は、定額部分の支給開始時点から加算される。

加給年金の受給には、まず、受給権者が次のいずれかの条件を満たすことが必要である（厚年法44条）。

○受給権者の厚生年金保険加入期間が20年以上あること

○40歳以降（女性の場合は35歳以降）の厚生年金保険加入期間が15～19年以上あること（昭和26年4月1日生まれ以前の人のみ）

次に、受給権を取得したときに、次の条件を満たす配偶者や子供が、生計を維持されていることが必要である。

○65歳未満の配偶者（内縁関係も含む）

○18歳到達年度末（18歳に達した後の最初の3月31日）までの子

○障害等級の1級または2級の状態にある20歳未満の子

加給年金の額は配偶者および2人の子まで1人につき22万4,300円であり、3人目以降の子は1人につき7万4,800円となっている（平成30年度）。

なお、配偶者（受給者が夫である場合は妻）の加給年金には、受給者の生年月日に応じて特別加算額が支給される（図表2-1-11）。

■妻の加給年金は振替加算に切り替わる

妻（配偶者）が65歳になると、加給年金は受給できなくなる。その代わりに、妻が受け始める老齢基礎年金に妻の生年月日に応じた額が加算されるのが、振替加算である（図表2-1-12）。（国年法昭和60年附則14条）

■65歳以降の老齢厚生年金

65歳以降の本来の老齢厚生年金を受給するには、老齢基礎年金の受給資格期間を満たし、かつ1カ月以上の厚生年金加入期間が必要である。年金額は報酬比例部分と経過的加算の合計額となる。経過的加算とは60歳台前半の定額部分と老齢基礎年金（昭和36年4月以降で20歳以上60歳未満の厚生年金加入期間の月数に相当する部分）との差額をいう（構成・計算は図表2-1-8、図表2-1-9参照）。

図表2-1-11　加給年金額と配偶者の特別加算額

（平成30年度）

受給者の生年月日	加給年金額	特別加算額	合計支給額
昭9.4.2 ～昭15.4.1	224,300円	33,100円	257,400円
昭15.4.2～昭16.4.1	224,300円	66,200円	290,500円
昭16.4.2～昭17.4.1	224,300円	99,300円	323,600円
昭17.4.2～昭18.4.1	224,300円	132,300円	356,600円
昭18.4.2以降	224,300円	165,500円	389,800円

（注）生年月日は配偶者ではなく受給者本人（夫）であることに注意

図表2-1-12　加給年金と振替加算の関係

〈例〉夫（受給者）昭和24年4月2日生まれ～昭和28年4月1日生まれ
妻　夫より2歳年下

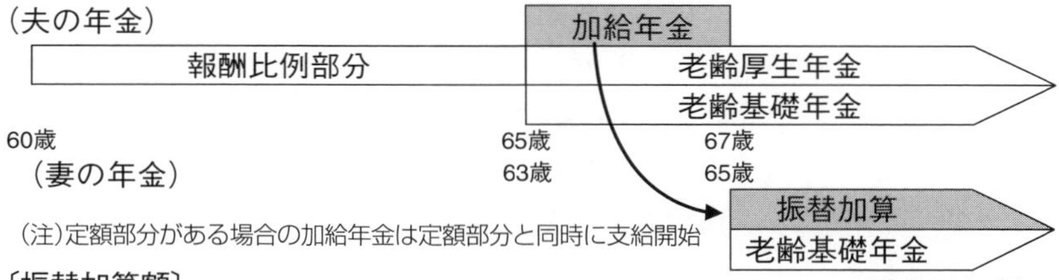

（夫の年金）
加給年金
報酬比例部分
老齢厚生年金
老齢基礎年金
60歳
65歳
67歳
（妻の年金）
63歳
65歳
振替加算
老齢基礎年金

（注）定額部分がある場合の加給年金は定額部分と同時に支給開始

〔振替加算額〕

（平成30年度）

妻の生年月日	加算額	妻の生年月日	加算額
大15.4.2～昭2.4.1	224,300円	昭27.4.2～昭28.4.1	68,860円
昭2.4.2～昭3.4.1	218,244円	昭28.4.2～昭29.4.1	62,804円
昭3.4.2～昭4.4.1	212,412円	昭29.4.2～昭30.4.1	56,748円
……省略……		昭30.4.2～昭31.4.1	50,916円
昭20.4.2～昭21.4.1	110,580円	昭31.4.2～昭32.4.1	44,860円
昭21.4.2～昭22.4.1	104,748円	昭32.4.2～昭33.4.1	38,804円
昭22.4.2～昭23.4.1	98,692円	昭33.4.2～昭34.4.1	32,972円
昭23.4.2～昭24.4.1	92,636円	昭34.4.2～昭35.4.1	26,916円
昭24.4.2～昭25.4.1	86,804円	昭35.4.2～昭36.4.1	20,860円
昭25.4.2～昭26.4.1	80,748円	昭36.4.2～昭41.4.1	15,028円
昭26.4.2～昭27.4.1	74,692円	昭41.4.2以降	なし

■老齢厚生年金の繰下げ受給が復活

平成12（2000）年改正では、60歳台後半の在職老齢年金の導入に伴い、老齢厚生年金の繰下げ受給の仕組みは廃止された。しかし、65歳以降も働く高齢者が、引退年齢に合わせて自分が希望する年齢で年金を受給開始できるように、平成19（2007）年4月より65歳以降の老齢厚生年金を繰り下げて受給できる仕組みが導入された（厚年法44条の3）。

対象者は、次のすべての条件を満たす人となっている。

① 平成19（2007）年4月以降に、65歳以降の老齢厚生年金の受給権を有する人で、66歳に到達する前に老齢厚生年金の請求をしていなかった人

② 老齢厚生年金の受給権を取得したときに、もしくは取得した日から1年を経過した日までの間に以下の受給権者となっていない人

・老齢基礎年金、付加年金、障害基礎年金を除く国民年金法による年金たる給付

・退職を事由とするものを除く他の厚生年金保険法による年金たる給付

■70歳以上の被用者に対する老齢厚生年金の支給停止

平成19（2007）年4月より、70歳以上の在職者にも在職老齢年金の仕組みが適用されることとなった。対象者は、70歳以上で厚生年金保険の適用事業所に勤務する昭和12（1937）年4月2日生まれ以降の人である。さらに、被用者年金一元化に伴い平成27（2015）年10月からは昭和12年4月1日生まれ以前の人も対象となった。

支給停止の仕組みは60歳台後半の在職老齢年金と同様である（厚年法46条）。ただし、厚生年金被保険者とはならないので保険料の徴収はない。

■従前額保障が終了

厚生年金（報酬比例部分）の、給付水準の5%引き下げが平成12年4月より実施されている。しかし、経過措置を講じ、改正後の算定式による年金額（本来水準）が物価スライドを含めた従前の算定式による年金額を下回る場

〈知って得する補足知識〉

平成19（2007）年4月から導入された老齢厚生年金の繰下げ受給では、老齢基礎年金と同時に、または別々に繰り下げることができる。なお、老齢厚生年金または老齢基礎年金の一方のみを繰下げ受給するという選択も可能である。

合には、従前の算定式による年金額が支給される。これを（物価スライド付）従前額保障と呼んでいる。平成27年度の特例水準解消に伴い、昭和12年度生まれ以降の者は５％引き下げ後の本来水準の年金額のほうがが高くなったため、平成27年度以降の年金額計算では原則本来水準の計算式が使われる。

■老齢基礎年金の一部繰上げと全部繰上げ

平成13（2001）年４月からの定額部分の支給開始年齢引き上げに伴い、60歳台前半の年金受給額を厚くするために、「繰上げ受給の老齢基礎年金」（減額される）と「60歳台前半の老齢厚生年金」（定額部分は減額されないが支給期間の総額を前倒しして均等割りするため、1年当たりの金額は減る）を同時に受給できることとした。

老齢基礎年金の繰上げは繰上げ時期で減額率は異なるものの全部を繰り上げるのが原則である。しかし、経過措置期間中に定額部分のある者（生年月日が昭和16年4月2日～昭和24年4月1日、女性は5年遅れ）は、「全部を繰り上げる方法」と「一部を繰り上げる方法」を選択できる。

全部繰上げの場合、報酬比例部分（減額なし）と全部繰上げの老齢基礎年金（減額あり）を受給し定額部分はもらえなくなる。一部繰上げの場合、報酬比例部分と定額部分（ともに減額なし）と一部繰上げの老齢基礎年金（65歳からの老齢基礎年金の一部を減額されて受給）を受給する。一部繰上げの場合、繰り上げなかった分は65歳から減額されずに支給される。

■老齢厚生年金の減額繰上げ制度も始まる

昭和28年4月2日生まれの人が60歳に達し、特別支給老齢厚生年金の報酬比例部分が61歳支給開始になったことにより、平成25（2013）年4月より老齢厚生年金も老齢基礎年金と同様に減額を伴った繰上げ支給の制度が始まった。

老齢厚生年金の減額率は、老齢基礎年金と同じで、1カ月繰り上げるごとに0.5％減額される。最終的には、65歳から60歳への5年間（30％減額）が最大になるが、報酬比例部分の移行世代は報酬比例部分支給開始年齢からの

図表2-1-13　老齢厚生年金の繰上げ支給の仕組み

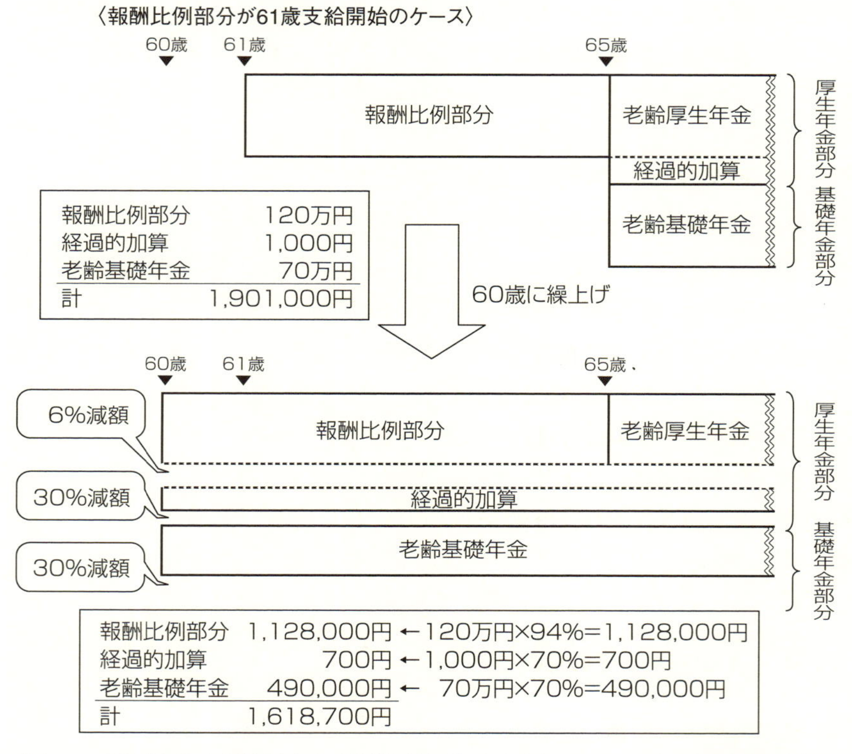

（注）１．経過的加算は老齢厚生年金（報酬比例部分）から減額されるが、減額率は老齢基礎年金と同じ減額率になる

２．法律上の考え方は、特別支給の老齢厚生年金を繰り上げるのではなく、65歳からの本来の老齢厚生年金を繰り上げることになっているので、実際の計算式は上記とは異なって複雑である。しかし、結果的には特別支給の老齢厚生年金を繰り上げた（報酬比例部分支給開始年齢からの繰上げ）のと同じ金額になる

３．繰上げ受給しても加給年金は65歳支給開始で減額はない

繰上げ月数で減額される。

仕組みの概要は図表2-1-13のとおりであるが、注意しなければならないのは、必ず老齢基礎年金も同時に繰り上げる必要があることである。老齢基礎年金は、全部繰上げしか認められないので減額率が大きくなる。報酬比例部分移行世代は老齢厚生年金と老齢基礎年金の減額率が異なる。

■60歳以降も勤めている場合に支給される在職老齢年金

60歳以降70歳になるまでの間に在職して厚生年金の被保険者になると、老齢厚生年金は、給与額（標準報酬月額）に応じて減額されたり、全額支給停止になる。このように在職しながら、受給する老齢厚生年金を在職老齢年金と呼んでいる。従来は60歳台前半だけが対象であったが、平成14（2002）年4月より60歳台後半にも対象が拡大された。

なお、総報酬制導入により、賞与（標準賞与額）も含めた総報酬月額相当額に応じて減額されたり、全額支給停止になる。総報酬月額相当額は以下の算式により求める。

$$\text{総報酬月額相当額} = \text{その月の標準報酬月額} + \frac{\text{その月以前の1年間の標準賞与額の合計額}}{12}$$

在職老齢年金の減額の仕組みは、図表2-1-14のとおりである。60歳台前半（60歳以上65歳未満）の支給停止額の計算式は総報酬月額相当額と基本月額の組み合わせによって4通りがあるが、報酬比例部分のみの受給者は総報酬月額相当額46万円（平成29年度より「47万円→46万円」に改定）以下で基本月額28万円以下の計算式に入るのが大部分である。

〈高年齢雇用継続給付〉

定年退職後も働く場合、雇用保険の加入期間が5年以上あれば60歳以上65歳未満の雇用保険加入者には、雇用保険から高年齢雇用継続給付が支給される。受給できるのは、原則として60歳以降の賃金が60歳時点の75％未満に下がった場合である。61％以下に下がったときが最大となり、賃金月額（上限あり）の15％が支給される。

図表2-1-14　在職老齢年金の基本的な仕組み

〈60歳台前半の在職老齢年金〉

①　基本月額＋総報酬月額相当額 が28万円以下
なら年金は全額支給

※基本月額とは年金月額（加給年金は除く）のこと

②　基本月額＋総報酬月額相当額 が28万円超
なら超えた額の半額が支給停止（以下の計算式）

{(総報酬月額相当額＋基本月額）－28万円}　÷2＝支給停止額
（例）総報酬月額相当額　20万円　基本月額　10万円
{(20万円＋10万円）－28万円}　÷2＝1万円（支給停止額）
受け取る年金額＝10万円－1万円＝9万円

※総報酬月額相当額46万円以下、基本月額28万円以下の場合の計算式。その他、次の3つの場合の計算式がある
「総報酬月額相当額46万円以下、基本月額28万円超」「総報酬月額相当額46万円超、基本月額28万円以下」「総報酬月額相当額46万円超、基本月額28万円超」

〈60歳台後半の在職老齢年金〉

①　老齢厚生年金月額＋総報酬月額相当額 が46万円以下
なら年金は全額支給

②　老齢厚生年金月額＋総報酬月額相当額 が46万円超
なら超えた額の半額が支給停止（以下の計算式）

{(総報酬月額相当額＋老齢厚生年金月額）－46万円}　÷2＝支給停止額
（例）総報酬月額相当額　40万円　老齢厚生年金月額　10万円
{(40万円＋10万円）－46万円}　÷2＝2万円（支給停止額）
受け取る年金額＝10万円－2万円＝8万円

（注）1．加給年金、経過的加算、老齢基礎年金は支給停止されず全額支給
2．70歳以上にも60歳台後半の仕組みで支給停止があるが、厚生年金保険料は徴収されない

高年齢雇用継続給付には、高年齢雇用継続基本給付金と高年齢再就職給付金があるが、違いはいったん雇用保険の基本手当（失業給付）を受けたかどうかであり、給付内容は同じである。

なお、在職老齢年金と高年齢雇用継続給付が同時に受けられる場合は、在職老齢年金の本来の支給停止に加えて、最大で標準報酬月額６％の年金額が支給停止になる。

■障害厚生年金を受給するための条件

ケガや病気のために一定の障害状態になったときに厚生年金から障害厚生年金が給付される。受給するための要件は次のとおりである（厚年法47条）。

①初診日の要件

障害の原因となった傷病について初めて医師診療を受けた日（初診日）に厚生年金保険の被保険者であること。

②保険料納付の要件

初診日の前日において初診日の属する月の前々月までに国民年金の被保険者期間がある場合は、保険料納付済期間と保険料免除期間を合算した期間が、その被保険者期間の3分の2以上であること。なお、平成38（2026）年3月までに初診日のある傷病については、初診日の属する月の前々月までの1年間のうちに保険料の滞納期間がないことでもよい。

③障害の程度

障害認定日（原則として治癒、症状固定または初診日から1年6カ月経過した日）において1級、2級、3級の障害状態であること。

■障害厚生年金の年金額

年金額は障害等級に応じて次のとおりである（厚年法50条）。

○1級　報酬比例部分×1.25＋配偶者加給年金

○2級　報酬比例部分＋配偶者加給年金

○3級　報酬比例部分（最低保障額58万4,500円〈平成30年度〉）

報酬比例部分の計算式は、次のようになる。

報酬比例部分＝①＋②

※ただし、被保険者月数が300カ月未満の場合は、「(①＋②) ×300÷被保険者月数」

①　総報酬制導入前の被保険者期間分（平成15年3月まで）

報酬比例部分＝平均標準報酬月額 × 報酬比例部分の乗率（7.125／1000） × 被保険者月数

② 総報酬制導入後の被保険者期間分（平成15年4月以降）

報酬比例部分＝平均標準報酬額 × 報酬比例部分の乗率（5.481／1000） × 被保険者月数

■軽い障害には障害手当金を支給

障害等級3級より軽い障害の場合には、障害手当金（一時金）が支給される。金額は物価スライドを除いた報酬比例部分の2年分（最低保障額116万9,000円〈平成30年度〉）である。（厚年法55条、57条）

■遺族厚生年金を受給するための条件

厚生年金加入中の人や厚生年金の受給権者が死亡したときに、一定の遺族に厚生年金から遺族厚生年金が給付される。受給するためには、死亡した人および遺族について以下の条件を満たすことが必要である（厚年法58条、59条）。

①死亡した人の条件

次のいずれかに該当すること（ア、イ、ウを短期要件、エを長期要件という）。長期要件にも短期要件にも該当する場合は短期要件とされるが、「別段の申出」をすれば長期要件にもできる（厚年法58条2項）。

ア．厚生年金加入中の人（厚生年金保険被保険者）

イ．厚生年金加入中に初診日がある傷病がもとで初診日から5年以内に死亡した人

ウ．1級、2級の障害厚生年金を受給できる人

エ．老齢厚生年金を受給している人または老齢厚生年金の受給資格期間を満たしている人（どちらも25年以上に限る）

ただし、ア、イのうち受給資格期間が25年未満に該当するときは、次の

図表2-1-15　遺族厚生年金の遺族の優先順位と条件

優先順位		遺族の条件
第１順位	配偶者または子	①　夫、父母、祖父母の場合は、死亡したときに55歳以上であること。ただし、支給の開始は60歳からである。 ②　子、孫の場合は、死亡したときに、18歳到達年度末までの間にあるか、または20歳未満で１級または２級の障害の状態にあり、かつ現に婚姻をしていないこと。 （注）妻には年齢条件はない
第２順位	父母	
第３順位	孫	
第４順位	祖父母	

図表2-1-16　遺族厚生年金の年金額計算

$$遺族厚生年金＝報酬比例部分（①＋②）\times \frac{3}{4}$$

①　総報酬制導入前の被保険者期間分（平成15年3月まで）

報酬比例部分＝平均標準報酬月額×報酬比例部分の乗率（7.125／1000）×被保険者月数

②　総報酬制導入後の被保険者期間分（平成15年4月以降）

報酬比例部分＝平均標準報酬額×報酬比例部分の乗率（5.481／1000）×被保険者月数

（注）１．長期要件では報酬比例部分の乗率は生年月日に応じて次のとおり
・総報酬制導入前の被保険者期間分　9.5 ～7.125／1000
・総報酬制導入後の被保険者期間分　7.308 ～5.481／1000
２．短期要件では被保険者月数が300カ月（25年）未満のときは300カ月とみなして次のように計算する
遺族厚生年金＝（①＋②）×300÷被保険者月数×3／4

保険料のいずれかの要件を満たす必要がある（保険料納付要件）。

⑴　死亡日の属する月の前々月までの加入期間内に、国民年金の保険料を納めた期間が3分の2以上あること（保険料免除期間を含む）

⑵　死亡日が平成38（2026）年3月31日以前の場合は、死亡日に65歳未満であれば、死亡日の属する月の前々月までの1年間に、保険料の滞納期間がないこと

②遺族の条件

遺族厚生年金を受給できるのは、死亡した当時、死亡した人によって生計を維持（年収850万円未満）されていた配偶者、子、父母、孫または祖父母で、優先順位・条件は図表2-1-15のとおりである。

■若年期の妻に対する遺族厚生年金が５年の有期年金化

平成19（2007）年4月1日以降に受給権が発生し、夫の死亡当時30歳未満で子を有しない妻等に対する遺族厚生年金については、5年間の有期給付とされ、次の場合に失権することとされた（厚年法63条）。

〈知って得する補足知識〉

遺族厚生年金は、夫が受給する場合は60歳になるまで支給停止である。しかし、夫が遺族基礎年金を受給できるときに限り、遺族基礎年金受給中は遺族厚生年金も同時に受けることができる。例えば、夫が55歳のときに厚生年金保険被保険者の妻を亡くし、16歳の子がいたときは、子が18歳年度末まで夫は遺族厚生年金も受給し、その後60歳になるまで支給停止となる。なお、夫が遺族年金を受給するときは収入要件（年収850万円未満）にも注意する必要がある。遺族年金や被扶養者の加算（加給年金など）には生計維持要件が問われる。公的年金でいう生計維持とは健康保険とは異なり、加算や受給の対象者が生計同一で年収850万円未満であることである。なお、未支給年金や死亡一時金の受給者には生計同一だけが問われるので収入要件はない。

・遺族厚生年金の受給権を取得した当時、30歳未満である妻で、当該遺族厚生年金と同一支給事由に基づく遺族基礎年金の受給権を有しない場合は、遺族厚生年金の受給権を有した日から5年を経過したとき
・遺族厚生年金と同一支給事由に基づく遺族基礎年金の受給権を有する妻で、30歳到達前に当該遺族基礎年金の受給権が消滅した場合は、当該遺族基礎年金の受給権消滅日から5年を経過したとき

■遺族厚生年金の年金額は老齢厚生年金の４分の３

年金額は老齢厚生年金の報酬比例部分の4分の3相当額だが、長期要件と短期要件で報酬比例部分の乗率等が異なる（図表2-1-16）（厚年法60条）。

■妻の遺族厚生年金には寡婦加算が付くことがある

遺族厚生年金を受給できる妻（夫は対象外）が、遺族基礎年金を受給できない場合に中高齢寡婦加算が付くことがある。次のどちらかの要件を満たした夫の死亡時に40歳以上の妻に支給される。なお、夫の死亡時に40歳未満でも40歳になった時点で遺族基礎年金の受給権がある妻は中高齢寡婦加算の対象となる（ただし、遺族基礎年金受給中は中高齢寡婦加算は支給停止）。
・夫の在職中の死亡（厚生年金保険被保険者の死亡）
・厚生年金被保険者期間が20年以上ある夫の死亡

中高齢寡婦加算は年額58万4,500円（平成30年度額；老齢基礎年金額の4分の3）で、妻が40歳から64歳まで支給される。また、65歳以降は経過的寡婦加算が生涯支給される。経過的加算は昭和2年4月1日生まれ以前の妻が中高齢寡婦加算と同額の年額58万4,500円（平成30年度額）で、以後若くなるごとに毎年逓減していき、生年月日が昭和30年4月2日～昭和31年4月1日の妻で1万9,507円となっている。昭和31年4月2日生まれ以降の妻には経過的寡婦加算は付かない。

■65歳を境に併給調整の仕組みが変わる

公的年金は1人1年金の原則から、支給事由（老齢、障害、遺族）の異な

図表2-1-17　65歳以降の遺族年金の併給調整

事例

- 死亡した夫の老齢厚生年金額は年額120万円
  （遺族厚生年金＝120万円×3／4＝90万円）
- 妻の老齢厚生年金額は年額24万円、老齢基礎年金は74万円
- 中高齢寡婦加算（年額60万円）、経過的寡婦加算（年額4万円）

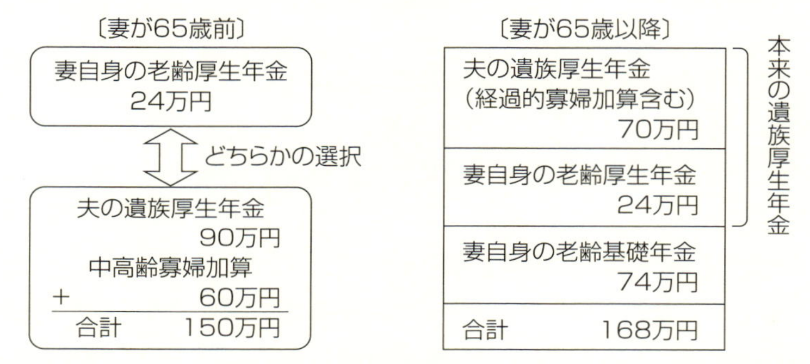

（注）65歳以降は「夫の遺族厚生年金（経過的寡婦加算含む）の3分の2＋妻自身の老齢厚生年金の2分の1」のほうが多い場合は、その額が支給される

る年金は併給されない。例えば、老齢基礎年金と老齢厚生年金は「老齢」という同じ支給事由であることから併給される。

そのため、遺族年金を受給していた人が障害年金の受給権も得た場合にはどちらかの選択となる。また、60歳から特別支給の老齢厚生年金を受給していた妻が夫の死亡により遺族厚生年金の受給権を得てもどちらかの選択になる。

こうした併給調整の仕組みは、65歳以降は緩和される例外がいくつかある。例えば、「老齢基礎年金＋遺族厚生年金」「障害基礎年金＋（老齢厚生年金または遺族厚生年金）」などの併給が可能となる。

また、妻自身に特別支給の老齢厚生年金がある場合、65歳前は夫の遺族厚生年金との選択だが、65歳以降はまず自分の老齢厚生年金を受給し、遺族厚生年金との差額部分を上乗せで遺族厚生年金として受給できる（図表2-1-17）。

■離婚等をしたときの厚生年金の分割

近年、中高齢者等の離婚件数の増加などを背景として、離婚時の厚生年金の分割が可能となる仕組みが導入された。平成19（2007）年4月からは離婚時の厚生年金の分割（合意分割）が、平成20年4月からは離婚時の国民年金第3号被保険者期間についての厚生年金の分割（3号分割）が可能となった。具体的内容は次のとおりである（厚年法78条の2、改正後の厚年法78条の13）。

①　離婚時の厚生年金（報酬比例部分）の分割（平成19年4月1日施行）

・離婚日の翌日から2年以内の請求であれば、離婚当事者の合意により、婚姻期間中の夫婦の保険料納付記録の合計の半分を限度に分割できる

・合意がまとまらない場合には、離婚当事者の一方からの求めにより、家庭裁判所が分割割合を決定できる

・平成19年4月以降に成立した離婚が対象だが、施行日以前の保険料納付記録も分割の対象となる

②　第3号被保険者期間についての厚生年金（報酬比例部分）の分割（平成20年4月1日施行）

・平成20年4月以降の第3号被保険者期間部分の配偶者の厚生年金は、次の場合に夫婦で2分の1に分割する

　ア．夫婦が離婚した場合

　イ．配偶者の所在が長期にわたって明らかでないなど分割することが必要な事情にあると認められる場合

・平成20年3月以前の第3号被保険者期間部分の配偶者の厚生年金は分割の対象とならない（平成19年ルールでの合意分割は可能）

・第3号被保険者からの請求だけで年金分割が行われ、第2号被保険者（配偶者）の同意は不要

・年金分割による年金改定は請求月の翌月から行われる。過去へ遡及することはない

・請求期限は離婚日の翌日から2年以内

(4) 共済年金の仕組みと被用者年金一元化

●理解のためのキーポイント

- ○基本的には厚生年金のルールに合わせるが、共済年金に合わせたり、経過措置でそれまでのルールを残すものもある
- ○加算などの期間要件は共済年金と厚生年金を通算するものとしないものがある
- ○職域年金は企業年金扱いの年金払い退職給付に衣替えした

■公的年金の２階部分は厚生年金だけになった

平成27（2015）年10月１日より共済組合の長期給付（共済年金）は厚生年金となった。それまでの共済年金は主に公務員を対象とした制度で、国家公務員共済組合、地方公務員共済組合、日本私立学校振興・共済事業団（私立学校の教職員が対象）の３つの組合に分かれていた。

共済年金では、老齢年金のことを退職共済年金と呼んでいる。仕組みは民間の厚生年金とほぼ同じであるが、３階部分に職域年金（職域加算、職域部分と呼ばれることもある）という独自給付を持つのが大きな特徴である。職域年金は民間の企業年金に当たるものだが、２階部分と同様に公的年金として扱われていた（図表2-1-18）。

■厚生年金保険に４つの被保険者の種別ができた

厚生年金保険の被保険者は、一元化によって新たに４つの種別に分類された。一元化前の実施機関ごとに区分されたが、従来の制度とのつながりがわかるように呼称が設けられた（図表2-1-19）。

実施事務は、従来の実施機関（日本年金機構、各共済組合）が引き続き行う。従来は共済年金と厚生年金など複数に加入歴がある場合、実施機関ごとに年金請求書を提出する必要があったが、一元化後は複数の制度の加入歴がある人も年金請求書の提出はどこか１カ所の実施機関でよくなった（ワンス

図表2-1-18　一元化による共済年金の支給構成の変化

	［一元化前］		［一元化後］
3階	職域年金	⇨	年金払い退職給付
2階	厚生年金相当額		老齢厚生年金
1階	老齢基礎年金		老齢基礎年金

（注）「厚生年金相当額＋職域年金」が共済年金制度の退職共済年金

図表2-1-19　一元化後の厚生年金保険被保険者の種別と呼称等

一元化前の該当者	種別	呼称	略称
従来の厚生年金保険被保険者	第１号厚生年金被保険者	一般厚年被保険者	一般厚年
国家公務員共済組合の組合員	第２号厚生年金被保険者	国共済厚年被保険者	公務員厚年
地方公務員共済組合の組合員	第３号厚生年金被保険者	地共済厚年被保険者	
私立学校教職員共済制度の加入者	第４号厚生年金被保険者	私学共済厚年被保険者	私学厚年

トップサービス）。ただし、該当する実施機関に提出しなければならない請求書も一部ある。例えば、障害年金の請求書は一元化後も初診日に加入していた実施機関に提出する必要がある。

ワンストップサービスは、年金相談でも可能になった。一元化後に受給権が発生する複数制度の加入歴の厚生年金については、年金事務所でも共済組合でも相談に応じることになった。

■制度の違いは原則として厚生年金に合わせる

厚生年金と共済年金はほぼ同じ仕組みであるが、いくつかの制度的差異（制度による違い）もある。一元化後は、制度的差異は原則として厚生年金

〈知って得する補足知識〉

一元化後に支給される年金は厚生年金になるが、今後もそれぞれの実施機関が支給する。例えば、厚生年金保険に５年、共済組合に30年の加入歴があれば５年分は日本年金機構から、30年分は共済組合から支給される。

に合わせることとなった。厚生年金に合わせる主な制度的差異は図表2-1-20のとおりである。

共済年金の在職年金は、厚生年金のように65歳の区切りがなく、60歳以降の全年齢に共通した支給停止の基準額（28万円；厚生年金の低在老と同じ）が設けられていた。ただし、60歳以降に民間会社に転職したり、再任用で短時間勤務になったりする場合（厚生年金保険加入）は46万円（厚生年金の高在老と同じ）が支給停止の基準額となっていた。なお、私学共済の退職共済年金受給者が60歳以降に私学共済組合員となった場合は厚生年金と同じである（65歳未満は低在老、65歳以降は高在老）。一方、厚生年金受給者が共済年金の組合員となった場合は支給停止されていなかった。

公務員の障害共済年金は、在職中は退職共済年金と同様の支給調整（低在老または高在老）が行われていた。一元化後は厚生年金に合わせるため在職支給停止はなくなる。一元化前に支給停止の受給権者も支給停止解除となる。

障害年金と遺族年金に求められる保険料納付要件（保険料納付３分の２以上または直近１年の納付）は、共済年金（障害共済年金、遺族共済年金）では求められないのが大きな特徴だった。

遺族年金では、厚生年金と共済年金の差異が大きい。遺族共済年金では遺

〈知って得する補足知識〉

民間企業の定年後の雇用延長と同様に、平成25年度から公務員にも公的年金の支給開始年齢までの再任用制度が導入されている。再任用はフルタイム勤務と短時間勤務があり、フルタイム勤務の場合は共済組合の組合員として厚年被保険者（第２号、第３号）となる。短時間勤務では、民間と同じ４分の３要件（平成28年10月以降は週20時間以上などに変更）を満たせば第１号厚年被保険者（健康保険は「協会けんぽ」）、それ以外は非適用（健康保険は任意継続または国民健康保険）となる。また、再任用職員には退職手当がないため雇用保険（短時間勤務でも民間と同じ週20時間以上などの要件を満たせば該当）に加入する。

図表2-1-20　厚生年金に合わせる主な制度的差異

事項	一元化前		一元化後
	厚生年金	共済年金	
加入年齢	70歳未満	年齢制限なし（私学共済は70歳未満）	70歳未満
保険料・年金額の算定基礎	標準報酬制（標準報酬月額、標準賞与額）	地共済は手当率制（「基本給×1.25」「期末勤勉手当」） ※国共済と私学共済は標準報酬制	標準報酬制
在職老齢年金	60歳台前半：28万円が支給停止の基準額（低在老） 60歳台後半：46万円が支給停止の基準額（高在老） ※厚年から共済の場合は支給停止なし	共済から共済の場合：28万円が支給停止の基準額（60歳以降の全年齢共通） 共済から厚年の場合：46万円が支給停止の基準額（60歳以降の全年齢共通） ※共済在職中は職域年金支給停止	60歳台前半：28万円が支給停止の基準額 60歳台後半：46万円が支給停止の基準額
障害年金の在職支給停止	なし	あり（共済在職は低在老、厚年在職は高在老）	なし
障害年金、遺族年金の保険料納付要件	あり	なし	あり
遺族の範囲	配偶者、父母、祖父母、子、孫 ・夫、父母、祖父母は55歳以上で60歳になるまで支給停止（夫が遺族基礎年金を受給できる場合は支給停止なし） ・子、孫は18歳年度末（障害児は20歳誕生日）まで	配偶者、父母、祖父母、子、孫 ・夫、父母、祖父母は年齢制限はないが60歳になるまで支給停止（夫が遺族基礎年金を受給できる場合は支給停止なし） ・子、孫は18歳年度末（障害児は年齢制限なし）まで	厚生年金の条件に統一
遺族年金の転給	なし	あり	なし
未支給年金の範囲	生計を同じくしていた3親等以内の親族	遺族（生計を維持していた配偶者、子、父母、孫、祖父母）。遺族がいないときは相続人	生計を同じくしていた3親等以内の親族
職域年金	なし	あり	なし

族となる夫、父母、祖父母に年齢制限がなく、障害児は20歳を超えても受給することができた。また、未支給年金は、厚生年金では生計同一だけが要件だったのに対し、共済年金は遺族の生計維持が求められていた。一元化後は厚生年金に合わせて遺族の範囲は広がったが、相続人（生計維持は求められないので独立生計の子などでもよい）の受給はできなくなった。

遺族共済年金の大きなメリットだった転給は廃止された。すでに遺族共済年金を受給していても、一元化（平成27年10月1日）以降に受給者が死亡すれば次順位者がいても転給はされない。

■共済年金に合わせるものもある

共済年金に合わせる場合は、おおむね一元化前の厚生年金より有利になる。共済年金に合わせる主な制度的差異は図表2-1-21のとおりである。

在職老齢年金の受給者が退職したときは、一元化前の厚生年金では資格喪失日（退職日の翌日）の翌月から在職中の期間が反映されて年金額が改定されていた。そのため、月末退職の場合は資格喪失日が翌月となり退職翌月ではなく翌々月の改定となっていた（図表2-1-22）。共済年金に合わせることにより、月末退職でも翌月から年金額が改定されることになった。

なお、退職改定の変更は在職老齢年金の支給停止解除にも適用される。在職中に一部または全部の年金額が支給停止されていた場合、支給停止が解除されるのは資格喪失日の翌月からだった。そのため、退職日が月末の場合退職した翌月は退職しているにもかかわらず支給停止の年金を受給していた。一元化後は退職日の翌月から支給停止が解除される。

一元化前の厚生年金保険と国民年金の関係では、同月内に入社と退職がある場合（同月得喪）、厚生年金保険と国民年金の保険料を二重負担していた。つまり厚生年金保険料を負担すれば国民年金第２号被保険者になるにもかかわらず、第１号被保険者としての国民年金保険料も負担する必要があった。しかも資格期間としては厚生年金の資格期間にはなるが、国民年金は変更後の種別（国年法11条の2）となるため第２号被保険者期間にはならず第１号被保険者期間となり、保険料を納めなければ受給資格期間に１カ月の空白が

図表2-1-21　共済年金に合わせる主な制度的差異

事項	一元化前		一元化後
	厚生年金	共済年金	
年金額の退職改定	資格喪失日（退職日の翌日）の属する月の翌月から改定	退職日の属する月の翌月から改定	退職日の属する月の翌月から改定
同月得喪の被保険者期間の計算	資格を取得した月に資格を喪失し、同月内に国民年金の資格を取得したときは厚生年金の資格期間とする（保険料は、厚生年金、国民年金とも負担）	資格を取得した月に資格を喪失し、同月内に国民年金の資格を取得したときは国民年金の資格期間とする（保険料は、国民年金のみ負担）	共済年金の条件に統一
年金額の年額と支払額の端数調整	年額を各支払期（年６回）の支払額に割ったとき１円未満の端数は切り捨て	１円未満の端数を切り捨てた分の合計額（年額との差額）は年度の最終支給時（２月）に加算	共済年金の条件に統一

図表2-1-22　年金額の退職改定と支給停止解除

〔退職改定〕

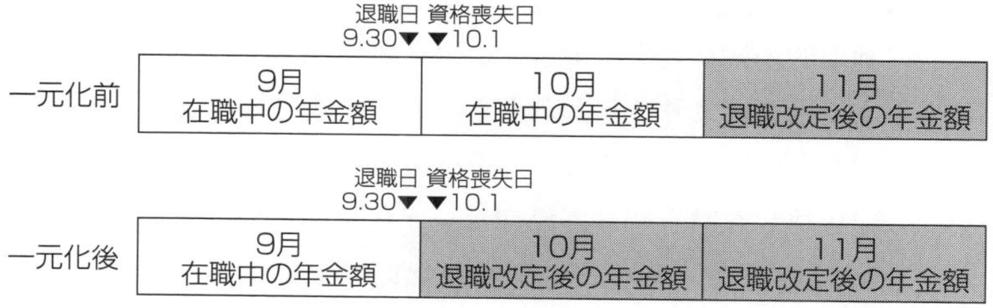

退職日 9.30▼　資格喪失日 ▼10.1

	9月	10月	11月
一元化前	在職中の年金額	在職中の年金額	退職改定後の年金額
一元化後	在職中の年金額	退職改定後の年金額	退職改定後の年金額

〔支給停止解除〕

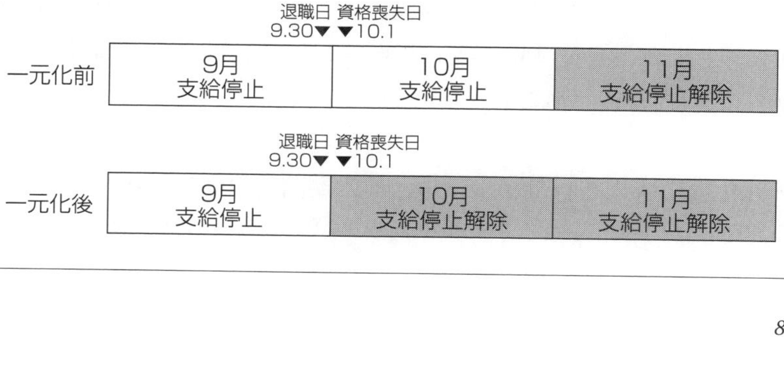

退職日 9.30▼　資格喪失日 ▼10.1

	9月	10月	11月
一元化前	支給停止	支給停止	支給停止解除
一元化後	支給停止	支給停止解除	支給停止解除

生じることになる。一方、共済年金では共済年金保険料（掛金）は徴収されずに共済年金の資格期間にもならず、国民年金保険料のみ負担して国民年金（第１号被保険者）の資格期間とされていた。

一元化後は共済年金のルールに統一された。例えば、4月1日に入社した人が4月20日に退職し、国民年金第１号被保険者となった場合、4月は国民年金保険料のみを負担し国民年金第１号被保険者期間となる。

年金額の端数調整とは、年額と各期支払額との端数調整のことである。年金額自体は年額だが、実際には年６回に分けて支払われる。そのため年額を分割計算するときに１円未満の端数が出る。例えば、老齢基礎年金779,300円の１回分の支払額は２カ月分で「779,300円÷6回＝129,883.33…円」となる。その際、１円未満は切り捨てられて129,883円が支払われる。しかし、１年間の支払いは「129,883円×6回＝779,298円」となって２円少なくなってしまう。そのため、一元化後は年度末最終支給月の２月だけは「129,883円＋2円＝129,885円」の支給として年額に合わせることになった。

■女性の支給開始年齢は一元化後もそのまま

例外的に制度的差異を残す事項もある（図表2-1-23）。女性の支給開始年齢は、厚生年金では男性より５年遅れだが、共済年金では男女同じである。しかし、時間とともに解消されるので経過措置として存続することとされた。

なお、一元化後も在職を続ける場合は一元化後の部分は新たな厚生年金になるが、支給開始年齢は一元化後の厚生年金期間（第２号～第４号厚年期間）も含めてそのままとなる。

その他、保険料率は厚生年金保険にそろえるが、当面は段階的に移行していく。一般厚年（民間の厚生年金保険）は平成29（2017）年9月に18.30％の上限に達したが、公務員共済は平成30年9月、私学共済は平成39年9月に18.30％に達して統一される。

■一元化後に導入された新ルールと加入期間合算のルール

一元化に伴い新しくなるルールや過去に厚生年金と共済年金の両制度の加

図表2-1-23　制度的差異を残す事項

事項	一元化前		一元化後
	厚生年金	共済年金	
女性の支給開始年齢の引き上げ	男性より5年遅れで実施	厚生年金の男性と同じスケジュールで実施	もとの制度と同じ

（注）一元化後の公務員等の厚生年金期間（第1号厚年除く）部分についても、女性の支給開始年齢は従来と同じ

図表2-1-24　一元化に伴う新ルールと加入期間の合算

事項	一元化前	一元化後
年金給付額（年額）の単位	100円未満を四捨五入する	1円未満を四捨五入する。老齢基礎年金の満額、加給年金などは100円未満四捨五入のまま
在職老齢年金の停止	厚生年金と共済年金それぞれの制度を適用	共済年金の受給者が一元化をまたいで在職した場合は激変緩和措置あり
加入期間の合算	特別支給の要件（1年以上）、加給年金の判定などは制度ごとに計算	両制度を合算して計算（合算して1年以上あれば特別支給受給、合算して20年あれば加給年金受給）。ただし、長期加入者の特例などは合算による計算はしない

図表2-1-25　一元化後の年金額の単位

100円単位	1円単位
老齢基礎年金（満額）	老齢基礎年金（満額以外）
	老齢厚生年金
加給年金	振替加算
配偶者の特別加算額（加給年金）	
障害基礎年金（2級）	障害基礎年金（1級）
障害厚生年金3級の最低保障額	障害厚生年金
遺族基礎年金	寡婦年金
	遺族厚生年金
中高齢寡婦加算	経過的寡婦加算

（例）400カ月の納付月数の老齢基礎年金（平成30年度額）
計算式：779,300円×400／480＝649,416.66…
一元化前：649,400円（100円単位）
一元化後：649,417円（1円単位）

入歴がある場合に注意する点がある（図表2-1-24）。

一元化前の年金額（年額の年金給付額）は、100未満を四捨五入するので100円単位（50円未満切り捨て、50円以上切り上げ）だった。しかし、一元化後は1円未満を四捨五入する1円単位（50銭未満切り捨て、50銭以上切り上げ）に変更された。ただし、例外的に100円単位のままのものもある

図表2-1-26　加入期間の合算ルール

受給資格判定期間項目	合算される	合算されない
特別支給の老齢厚生年金（1年〈12カ月〉）	○	
加給年金（20年〈240カ月〉）	○	
振替加算（20年〈240カ月〉）	○	
中高齢寡婦加算（20年〈240カ月〉）	○	
脱退一時金（外国人）	○	
長期加入の特例（44年〈528カ月〉）		○
定額部分の頭打ち計算（40年〈480カ月〉）		○
経過的加算の頭打ち計算（40年〈480カ月〉）		○
中高齢者の短縮特例（40歳以降15年）		○
船員の支給開始年齢の特例		○

(例)厚生年金加入期間５年、共済年金加入期間15年の受給者
→一元化前は厚生年金、共済年金とも加給年金の受給資格なし
一元化後は「５年＋15年＝20年」になるので加給年金の受給資格発生

(図表2-1-25)。また、老齢基礎年金のように満額は100円単位だが満額以外の場合は１円単位といったケースもある。

厚生年金保険被保険者期間と共済組合などの複数の加入期間を持つ場合は、受給資格判定で期間を合算するものと合算しないものがある（図表2-1-26)。

期間合算で発生する加算については、按分ではなく優先順位の高い年金に加算される。加給年金の場合は、加算開始時期が最も早い年金に加算され、時期が同じ場合は加入期間の長い年金に加算される。また、中高齢寡婦加算

〈知って得する補足知識〉

加給年金は、厚生年金５年、共済年金15年というように期間合算により20年の要件を満たしたときは加算される。一方、加入期間20年以上の人でも、期間合算により配偶者も20年になった場合は逆に加算されなくなる。ただし、一元化前にすでに加給年金の加算が始まっている場合はそのまま加算が続けられることとされている。振替加算も同様である。

の期間合算では加入期間が最も長い年金に加算され、長さが同じ場合は「第1号厚年→第４号厚年」の優先順位になる。

複数加入期間者が老齢厚生年金の繰上げや繰下げを行う場合は、同時に行わなければならない。

その他、複数の加入期間がある場合の障害年金、遺族年金は、細かい点に違いはあるが、それぞれの期間ごとに年金額を計算してから合算する。合計加入期間300カ月に満たない場合は、300カ月とみなして合算額をもとに計算する。とりまとめは初診日あるいは死亡日に加入していた実施機関（遺族厚生年金の長期要件は老齢厚生年金と同じくそれぞれの実施機関）が行い、年金額の決定・支給を行う。

複数の加入期間がある場合の離婚分割は、すべての期間についてまとめて分割実施や按分割合を決定しなければならない。従来のように厚生年金と共済年金で別々に分割実施や按分割合を決めることはできなくなった。

■一元化をまたがる人に在職老齢年金の激変緩和措置

在職老齢年金は、一元化後は厚生年金のルールに統一されるが、共済年金受給の在職者に配慮した激変緩和措置がとられる。激変緩和措置は、一元化の施行日（平成27年10月１日）をまたいで在職している（在職年金の対象になっている）者に限って適用される経過措置である。

図表2-1-27　在職老齢年金の激変緩和措置の対象者

（例1）昭和29年8月10日生まれの男性

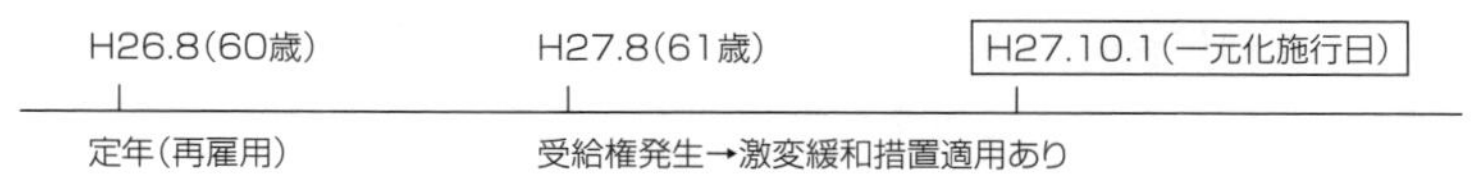

（例2）昭和29年11月10日生まれの男性

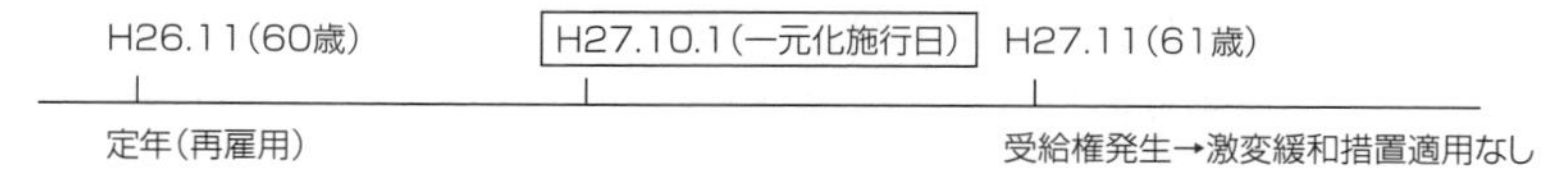

そのため、施行日後に受給権が発生して受給開始する場合は、激変緩和措置は適用されない（図表2-1-27）。

激変緩和措置の計算方法は図表2-1-28のとおりであるが、65歳前は28万円の支給停止調整開始額が35万円となり、35万円までは保障される内容である。また、65歳以降は停止額の上限が10％までとなっている。

図表2-1-28　在職老齢年金の激変緩和措置の計算方法

〔65歳未満〕

以下の3つのうち最も少ない金額が支給停止額（厚生年金、共済年金とも一元化前に支給停止がないケース）

①（総報酬月額相当額＋年金月額）－35万円
②（総報酬月額相当額＋年金月額）の10％
③通常の在職老齢年金（低在老）の計算

※①②の年金月額は厚生年金と共済年金の合計額
〔計算例〕総報酬月額相当額：20万円
厚生年金：月額2万円、共済年金：月額10万円
①（20万円＋12万円）－35万円＝▲3万円
②（20万円＋12万円）×10％＝3.2万円
③｛(20万円＋12万円）－28万円｝÷2＝2万円
以上から①が適用され支給停止はなしとなる

〔65歳以上〕

以下の2つのうち少ないほうの金額が支給停止額（厚生年金、共済年金とも一元化前に支給停止がないケース）

①（総報酬月額相当額＋年金月額）の10％
②通常の在職老齢年金（高在老）の計算

〔一元化前に支給停止がある場合の激変緩和措置の計算方法〕

一元化前に支給停止がある場合は、調整前特例支給停止額（一元化前の厚生年金と共済年金の支給停止額の合計額）を差し引いて以下の計算式となる。

①｛(総報酬月額相当額＋年金月額）－調整前特例支給停止額｝－35万円＋調整前特例支給停止額
②〔｛(総報酬月額相当額＋年金月額）－調整前特例支給停止額｝×10％〕＋調整前特例支給停止額

※上記は65歳未満のケース。65歳以上も支給停止のないケースを同様に読み替える

■職域年金は廃止されるが年金払い退職給付が新設

一元化により共済年金の職域年金（３階部分）は廃止されたが、代わりに年金払い退職給付（法律上の呼称は「退職等年金給付」）が新設された。年金払い退職給付は公的年金とは切り離され、民間の企業年金の扱いになる。なお、一元化前の加入期間部分の職域年金はそのまま支給される。

職域年金と年金払い退職給付の主な違いは図表2-1-29のとおりである。

図表2-1-29　職域年金と年金払い退職給付の比較

	年金払い退職給付	職域年金
モデル年金額	月額約1.8万円	月額約2万円
財政方式	積立方式（給付設計はキャッシュバランス方式）	賦課方式
支給	・半分は終身年金 ・半分は有期年金（20年または10年） ※有期年金は一時金選択も可	終身年金
支給開始	65歳（60歳まで繰上げ可） ※在職中は支給停止	65歳（60歳まで繰上げ可） ※在職中は支給停止
遺族給付	・終身年金部分は遺族給付なし ・有期年金部分は残余部分を一時金として支給 ※公務による死亡は公務遺族年金を支給	職域年金支給額の４分の３を支給（終身）
障害給付	なし ※公務による障害は公務障害年金を支給（在職中は支給停止）	障害年金支給
加入年齢	70歳以降も加入 ※私学共済（第４号厚年）は70歳になるまで	70歳以降も加入 ※私学共済は70歳になるまで
掛金（保険料）	別途負担（労使折半1.5%〈本人負担0.75%〉）	共済年金の掛金のみ
離婚分割	離婚分割の対象とならない	離婚分割の対象となる

(5) 公的年金制度の改革動向

●理解のためのキーポイント

○少子高齢化社会の到来により、給付と保険料負担のバランスに考慮しつつ長期に安定した制度づくりが求められている

わが国の公的年金制度は、平成28（2016）年3月末現在、加入者数約6,731万人、受給者数約4,010万人、年金支給総額は約54兆8,000億円に達している。高齢者世帯で公的年金等に100％依存する世帯の割合は、約6割に達する。

公的年金の果たす役割はますます重要になってきているといえるが、少子高齢化社会の到来により、給付と保険料負担のバランスに考慮しつつ長期に安定した制度づくりが求められている。

■多くの変更があった平成16年の年金大改正

平成16年の年金制度改正では、急速な少子高齢化の進行や、高齢者・女性などの多様な生き方・働き方などに対応するために、保険料・在職老齢年金・離婚時の年金分割などをはじめ多くの点に変更が加えられた。

●平成16（2004）年10月より施行

・厚生年金保険料率13.58％を13.934％へ引き上げ、以後毎年0.354％引き上げる。平成29（2017）年以降は18.30％で固定

・基礎年金国庫負担割合（現行3分の1）を平成21（2009）年度までに2分の1へ引き上げ（平成21年4月から開始された）

・年金額の自動調整（マクロ経済スライド）システムの導入

・標準的な年金受給世帯の給付水準は現役世代平均収入の50％以上確保

・確定拠出年金の拠出限度額を引き上げ

●平成17（2005）年4月より施行

・国民年金保険料の引き上げ

月額13,300円を280円（平成16年度価格）引き上げ13,580円とする。以

後毎年4月に280円ずつ引き上げる。平成29（2017）年以降は16,900円
・国民年金保険料未納対策、若年者に対する納付猶予制度の創設
・第3号被保険者の過去の未届期間を保険料納付済期間とする特例届出の実施
・国民年金保険料免除申請の遡及
・60歳台前半の在職老齢年金の一律2割支給停止を廃止
・育児休業中の保険料免除期間を子が1歳未満から3歳未満までに延長
・厚生年金基金の免除保険料率の引き上げ凍結解除
・厚生年金基金の解散の特例措置

●平成17年10月より施行

・確定拠出年金資産の中途引き出し要件の緩和
・企業年金間での年金資産移動が可能となる

●平成18（2006）年4月より施行

・障害基礎年金と老齢厚生年金等との併給が可能となる
・障害基礎年金等の保険料納付要件に関する特例措置の延長
・年金積立金管理運用独立行政法人の創設

●平成18年7月より施行

・国民年金保険料の免除を所得に応じて4段階へ移行

●平成19（2007）年4月より施行

・婚姻期間中の厚生年金を離婚時に夫婦で分割可能とする（合意分割）
・70歳以上の被用者の老齢厚生年金を賃金に応じて調整（減額）
・65歳以降の老齢厚生年金の繰下げ制度の導入
・65歳以降の遺族年金は妻の老齢年金を全額支給後に差額分を支給
・子のない30歳未満の妻への遺族年金を5年間の有期給付とする
・中高齢寡婦加算の支給を夫死亡時35歳から40歳の妻へ年齢を引き上げ

●平成20（2008）年4月より施行

・第3号被保険者期間にかかる厚生年金を離婚時に夫婦で2分割する（3号分割）
・保険料納付や給付見込額などの年金個人情報を定期的に通知

●平成21（2009）4月より施行

・現役加入者全員に対し「ねんきん定期便」の送付が始まる。保険料納付実績や年金額の見込みなど、年金に関する情報を誕生月に送付

〔その他平成16年改正以外の重要な改正（平成23年まで)〕

・政府管掌の厚生年金保険事業、国民年金事業は、新たに「日本年金機構」を設立し厚生労働大臣の監督のもとで機構が業務運営を担う。日本年金機構は平成22（2010）年1月発足した。従来の社会保険事務所は、年金事務所に衣替えした

・平成19年春に発覚した年金記録問題（いわゆる消えた年金問題）関連で年金時効特例法（記録漏れの分に限り5年の時効を適用しない。平成19年7月6日施行)、遅延特別加算金法（年金時効特例法による記録の訂正により支払われる時効特例給付については、現在価値に見合うように加算金を支給。平成22年4月30日施行）などが施行されている

■平成24年以降の新たな制度改正

●平成24（2012）年10月より施行

・平成24年10月から平成27年９月までの３年間に限り、時効で納めることができなかった国民年金保険料について、過去10年分まで納めることができる「後納制度」を実施

●平成25（2013）年7月より施行

・第３号被保険者の記録不整合問題（夫の退職により第３号から第１号になったにも関わらず第３号のままになっている問題）について以下のような対処をする

①不整合期間はカラ期間とする

②過去10年間の追納（特例追納）を認める（平成27年４月～同30年３月の３年間の時限措置)

③受給者の年金額を訂正（最大10％）※実施は平成30年4月から

④再発防止策として事業主、健保組合等を経由して第３号でなくなったことを届け出る（実施は平成26年12月から)

●平成25（2013）年10月より１％減額

・過去において、マイナスの物価スライドを行わず、年金額を据え置き、

現在本来の年金額より2.5％高い水準の年金額が支給されている。この特例水準を平成25（2013）年より3年間で解消する

平成25（2013）年10月より1％減額

平成26（2014）年4月より1％減額

※年金額改定の要素となる名目手取り賃金（名目手取り賃金変動率）が0.3％上がったため、差額（1％－0.3％）の0.7％のみの減額となった

平成27（2015）年4月より0.5％減額

●平成26年4月より施行（年金機能強化法の一部）

〔給付関係〕

・遺族基礎年金の父子家庭への給付を行う

※遺族基礎年金の遺族対象が、従来の「子」か「子のある妻」から「子」か「子のある配偶者」になった。第3号被保険者の妻の死亡でも、夫が年収850万円未満などの生計維持要件を満たしていれば夫に遺族基礎年金が支給される

※この改正に伴い、遺族厚生年金の「子が夫に優先して支給」が「夫が子に優先して支給」に改定された（夫が遺族基礎年金と遺族厚生年金を受給できる）。なお、会社員などの妻の死亡時に夫が55歳以上であれば夫に遺族厚生年金の受給権が発生するが、60歳になるまでは支給停止となる。改正により、夫が遺族基礎年金を受給中は遺族厚生年金も支給停止が解除されることとなった

・70歳到達後に繰下げ申出を行った場合でも、70歳時点に遡って申出があったものとみなす（申出が70歳より遅れても70歳からの増額年金が受け取れる）

※ただし、75歳を過ぎると5年の時効にかかり、5年より前の分は受け取れなくなる。また、65歳以降に受給権を獲得した場合は、受給権獲得時から5年間繰下げが可能（例：68歳で受給権が発生した場合、73歳まで繰下げが可能）

・障害年金受給権者については、請求の翌月からでなく、障害状態にあると判断されるときに遡って障害者特例による支給を行う

※例えば、障害年金を受給している人が61歳で特別支給の老齢厚生年金の受給権を取得し、62歳で障害者特例を請求した場合、61歳に遡って報酬比例部分と定額部分の障害者特例による年金が受けられる

・障害年金の額改定請求の待機期間の一部緩和

※障害が悪化した場合の障害年金額改定請求は1年間の待機期間が必要だが、障害の悪化が明らかな場合は、即時請求が可能になった

・未支給年金の請求範囲を、生計を同じくする３親等以内の親族（甥、姪、おじ、おば、子の配偶者、配偶者の父母等が新たに加わる）に拡大する

〔保険料関係〕

・厚生年金、健康保険等について、次世代育成支援のため、産前産後休業期間中の保険料免除（労使とも）を行う

・国民年金の保険料免除の遡及期間を２年間に拡大
免除（全額申請免除、一部免除、学生納付特例、若年者納付猶予）の該当範囲を「前年の所得」から「当該保険料を納付することを要しないものとすべき月（つまり２年前の時効成立の月）の属する月の前年の所得」に改正。このため、最大２年１カ月前（時効は２年前だが、納付期限は翌月末であるため）まで遡って免除申請が可能になった

※従来は、申請直前の７月（学生納付特例は４月）までだったので最大１年間しか遡れなかった

※失業や災害による特例免除も同様に２年１カ月遡っての申請が可能になった（失業・災害発生の翌々年６月まで申請可能）

・付加保険料の未納分を国民年金保険料と同様に、過去２年分まで納付可能とする

※付加保険料の申込み後の未納分が対象で、遡って加入申込みはできない。従来は、本体の国民年金保険料と異なり、納付期限（翌月末）を過ぎた付加保険料は納めることができなかった

・法定免除期間における保険料納付および前納を可能とする

※従来は、法定免除期間は保険料を納めることができなかった（追納は可能）。また、遡って法定免除になった場合、法定免除期間に納めていた保険料は還付になっていたが、改正後は納付済みのままとすることもできる

〔その他〕

・国民年金の任意加入（60歳以上の任意加入を除く）の未納期間を受給資格期間に算入する

※従来は、任意加入を申し込んでも未納であれば受給資格期間に算入されなかったが、改正後はカラ期間の扱いになる

・年金受給者が所在不明になって１カ月以上経過した場合、届出義務を世帯員に課す

●平成27（2015）年4月より実施

・マクロ経済スライドが初の実施

※平成16年10月に施行後、デフレが長引いた影響で一度も実施されなかったが、初めて実施された。スライドの調整率（現役被保険者の減少と平均余命の伸び率を反映した率）は0.9%。この結果、平成27年度の年金額は、2.3%増となるところ0.9%減額された1.4%増となった

・新たな年金記録訂正決定等の実施

※消えた年金記録問題で設置された総務省の年金記録確認第三者委員会での調査審議の業務は平成27年３月末で終了し、新たな年金記録訂正請求の受付・調査を年金事務所の窓口で行うこととなった。訂正決定等の実施は平成27年4月１日から

●平成27年10月より施行

〔被用者年金一元化法〕

・厚生年金に公務員及び私学教職員も加入し、2階部分の年金は厚生年金に統一する

・共済年金の1・2階部分の保険料を段階的に引き上げ、厚生年金の保険料率（上限18.3%）に統一する（完了は公務員平成30年9月、私学教職員平成38年9月）

〔その他〕

・後納制度終了後、過去５年間の保険料を納付できる制度を創設（平成30年９月までの時限措置）

●平成28（2016）年7月より施行

・若年者納付猶予制度の対象者を30歳未満から50歳未満に拡大（平成37年６月までの時限措置）。名称は「納付猶予制度」に変更

●平成28年10月より施行

・短時間労働者に対する厚生年金保険・健康保険の適用拡大を行う
①週20時間以上、②月額賃金8万8,000円以上、③勤務期間1年以上、④学生は適用除外、⑤従業員501人以上の企業に対して行う

・厚生年金保険の標準報酬月額が30等級から31等級に改定

※厚生年金保険の短時間労働者への適用拡大に伴い、厚生年金保険の標準報酬月額の下限に88,000円（報酬月額93,000円未満）が追加されて第１等級に。改正前の第１等級98,000円（101,000未満）は第２等級（93,000円以上101,000未満）となって以下順送り

で第31等級620,000円（605,000円以上）までとなる

・厚生年金保険加入の４分の３要件の変更と法律への明文化（厚年法12条）

※厚生年金保険（健康保険も同じ）適用が「１日または１週間の所定労働時間および１カ月の所定労働日数が通常の労働者のおおむね４分の３以上」から「１週間の所定労働時間および１カ月の所定労働日数が通常の労働者の４分の３以上」に変更。１日の基準がなくなり、「おおむね」もなくなって明確化された

●平成29（2017）年４月より施行

・短時間労働者に対する厚生年金保険等の適用拡大を500人以下の企業等でも可能とする（国・地方公共団体は規模にかかわらず適用）

※平成28年10月１日施行の501人以上の企業の①～④の適用拡大条件を労使合意があれば500人以下の企業等でも可能とする

●平成29年８月より施行

・受給資格期間25年を10年に短縮

※消費税10％実施が再延期となったため、消費税と切り離して施行

●平成30（2018）年４月より施行

・マクロ経済スライドについて年金の名目額が前年を下回らない措置を維持しながら、賃金・物価上昇の範囲内で前年度までの未調整分を含めて調整（引き下げられなかった分のキャリーオーバーが可能になる）

●平成31（2019）年４月より施行

・国民年金第１号被保険者の産前産後期間の保険料の免除。免除期間は満額の基礎年金とし、財源として国民年金保険料を月額100円程度引き上げる（国民年金保険料の上限が16,900円から17,000円に変更予定）

●平成33（2021）年４月より施行

・賃金変動が物価変動を下回る場合は賃金変動に合わせて年金額を改定する考え方を徹底

※例えば、現行は賃金と物価がともにマイナスで物価より賃金の下落が大きい場合には物価で改定されているなど現役世代に不利に働く問題がある

2. 私的年金制度

(1) 私的年金制度の概要

●理解のためのキーポイント

- ○私的年金には企業年金と個人年金がある
- ○企業年金には確定給付企業年金、確定拠出年金など4つの種類がある
- ○個人年金には保険型と貯蓄型がある

■企業年金は企業が設立・運営する年金

国が運営する「公的年金」に対して、国以外が運営する企業年金と個人年金を併せて「私的年金」という（図表2-1-30）。そのうち企業が設立、運営し、主として企業が掛金を負担する年金を「企業年金」といい、厚生年金基金、確定給付企業年金、確定拠出年金（企業型）、自社年金がある。

■個人年金は個人が任意に契約して行う年金

企業年金以外の個人が自分自身で掛金を負担する私的年金を「個人年金」という。狭義の個人年金は、個人が生命保険会社、損害保険会社、ゆうちょ銀行、全労済、JA、銀行、信託銀行、証券会社などの金融機関と任意で契約して加入する。個人年金は保険型と貯蓄型に分けられる。保険型は生命保険料控除があり、一定の要件を満たすと個人年金保険料控除が適用される。

さらに従業員が任意で加入する個人年金として、企業が制度を導入し、金融機関と財形契約を結び給与、賞与からの天引きで積み立てていく財形年金制度もある。また、確定拠出年金の個人型年金も広義の個人年金の一種である。

■中小企業退職金共済制度、特定退職金共済制度は特殊な企業年金

中小企業退職金共済、特定退職金共済は一定の要件を満たせば一時金だけ

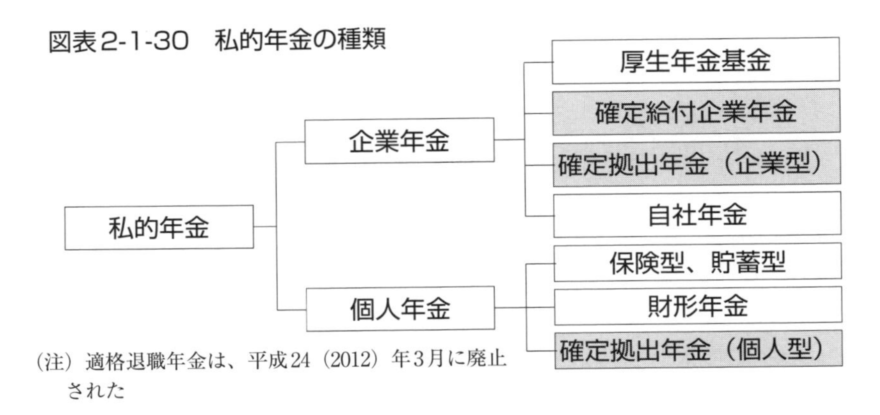

ではなく、年金としての支給も可能である。狭義の意味からは企業年金に入らないが企業が掛金を拠出している。

(2) 企業年金と退職金制度

●理解のためのキーポイント

○適格退職年金と厚生年金基金の創設により企業年金が普及
○退職一時金は会計上「賃金の後払い」として処理

■企業年金の歴史を変えた適格退職年金創設と退職金制度

適格退職年金は昭和37（1962）年の法人税法改正により創設された制度で、税制上の優遇措置があり、正式には税制適格退職年金という。また、厚生年金基金は、昭和41（1966）年の厚生年金保険法改正により創設され、厚生年金の一部を代行する仕組みを持つ制度である。

一方、わが国の退職金制度は、従業員の退職時に一時金として支払われるもので、特に第2次世界大戦後に普及した。学説上は「功労報奨説」「老後の生活保障説」「賃金の後払い説」があるが、退職給付会計上は「賃金の後払い」として処理されている。

退職金は、退職時に従業員がまとまった資金を手にすることができるというメリットがあるが、企業にとっては一度に多額の資金を用意しなければならないという負担がある。そこで、従業員の高齢化に伴って企業の資金負担が増えてきたため、企業年金に移行する企業が多くなっていった。年金化すれば資金負担を分散化できるからである。

このように諸外国と異なり、わが国の企業年金は退職金が姿を変えてきたという側面を強くもっている。特に、適格退職年金制度が発足すると企業年金を導入する動きが一気に広がった。適格退職年金は、企業にとって年金の原資を全額非課税で企業の外部で確実に積み立てられるメリットがあった。しかも、年金給付だけでなく全額を一時金で支給することもできたので、実質的に退職金制度と変わらないという画期的な制度だった。

しかし、1990年代以降の運用環境難で企業年金は重大な転換期を迎え、従業員の受給権保護が十分でない適格退職年金制度は平成24（2012）年3月で廃止され、その歴史に幕を引くこととなった。

今後は、既存制度である厚生年金基金のほかに平成15年4月から施行された確定給付企業年金法による確定給付企業年金（基金型、規約型）、確定拠出年金（企業型は平成13年10月、個人型は平成14年1月より開始）といった新企業年金が登場する中、企業年金も新しい時代に入ってきた。

(3) 国民年金基金の仕組み

●理解のためのキーポイント

○国民年金基金には地域型と職能型がある

○加入できるのは20歳以上60歳未満の第1号被保険者

※平成25年4月より60歳以上65歳未満の国民年金任意加入被保険者も加入できるようになった

○選択できる年金は、終身年金（2種類）と確定年金（5種類）がある

■国民年金基金制度と種類

国民年金基金の制度の種類には、各都道府県に1つずつ設置されている地

域型と、同じ事業の種類（例えば医師）ごとに全国に1つずつ設置されている職能型があり、どちらか1つに加入できる。なお、2019年4月より国民年金基金は「全国国民年金基金」として一本化され、都道府県別や職能型の区分はなくなる（ただし職能型3基金はそのまま存続予定）。

■加入と脱退の条件

国民年金基金に加入できるのは原則として20歳以上60歳未満の第1号被保険者である。ただし、保険料免除者、農業者年金の被保険者は除かれる。地域型か職能型どちらか1つに随時任意加入できるが、地域型から職能型に変更はできない。国民年金基金への加入は任意であるが、加入者が任意に脱退することはできない。例外として脱退できるのは、民間サラリーマンや公務員などの第2号被保険者になった場合、第3号被保険者になった場合、地域型に加入している人が他の住所に転居の場合、職能型に加入している人がその仕事をやめた場合などである。

■国民年金基金の年金の種類・掛金・支給

国民年金基金の年金の種類は、終身年金のA型・B型の2種類と、確定年金Ⅰ型・Ⅱ型・Ⅲ型・Ⅳ型・Ⅴ型の5種類の合わせて7種類がある。月額6万8,000円の範囲で何口でも加入できる。最低1口からの加入で、1口目は終身年金から選択する。2口目以降は終身年金、確定年金の7種類の中から選択する。年金合計額の半分以上が終身年金でなければならない。

終身年金の掛金は男女別に年金の種類ごとに1歳刻みで設定されており、女性の掛金のほうが男性よりやや高くなっている。確定年金の掛金も年金の

〈知って得する補足知識〉

国民年金基金連合会は、国民年金基金の中途脱退者の年金支給の代行などを行うが、確定拠出年金制度の発足後は確定拠出年金制度の個人型年金の実施主体の役割も加わった。

図表2-1-31　国民年金基金の終身年金と確定年金の内容

年金の種類		支給期間	保証期間
終身年金	A型	生涯・65歳支給開始	15年保証
	B型	生涯・65歳支給開始	なし
確定年金	Ⅰ型	15年・65歳支給開始	15年保証
	Ⅱ型	10年・65歳支給開始	10年保証
	Ⅲ型	15年・60歳支給開始	15年保証
	Ⅳ型	10年・60歳支給開始	10年保証
	Ⅴ型	5年・60歳支給開始	5年保証

種類ごとに1歳刻みで設定されているが、男女同額である。掛金は、国民年金の保険料と同様に全額社会保険料控除の対象になる。

国民年金基金の支給は国民年金の支給開始と連動し、原則として65歳からである。国民年金基金には物価スライドはない。終身年金と確定年金の支給期間は図表2-1-31のとおりである。

〈60歳以上65歳未満の加入要件〉

平成25年4月より、60歳以上でも国民年金基金に加入できるようになった。主なポイントは以下のとおりである。その他の掛金の限度額やルール、掛金が社会保険料控除になるなどは60歳未満の制度と同じである。

・60歳以上65歳未満の国民年金任意加入被保険者が加入対象者
・年金の種類は、終身年金（A型、B型）と確定年金Ⅰ型の3種類のみ
　※支給期間と保証期間は60歳未満と同じ
・掛金は加入年齢にかかわらず同額（年金の種類や性別による違いはある）
　※終身年金A型男性1口目で月額2万300円（2口目は半額）、確定年金Ⅰ型で月額7,130円（男女共通）
・年金額は加入期間（月数）によって異なる（年金の種類や性別による違いはない）
　※最長5年（60カ月）で1口目年額6万円（月額5,000円）、2口目以降年額3万円
・60歳未満の加入内容を継続することはできない（新たな加入になる）

(4) 厚生年金基金の仕組み

●理解のためのキーポイント

○厚生年金基金の設立形態は単独型、連合型、総合型がある
○法改正により、平成26（2014）年４月以降は新規の厚生年金基金の設立が認められなくなった。代行割れ基金などは解散を促され、厚生年金基金はなくなっていく流れとなっている

■厚生年金基金の設立形態

厚生年金基金は、平成26（2014）年４月１日の法改正以降急速に減少が進んでいる。厚生年金基金の概要は図表2-1-32に示したとおりである。

設立形態は平成17年４月からは、１企業が単独で設立し加入者1,000人以上の単独型、関連企業が共同で設立し加入者1,000人以上の連合型、同種同業の企業、または同地域の同種同業に関係ない企業が集まり設立する加入者5,000人以上の総合型がある。

■厚生年金基金の代行部分と代行返上

厚生年金保険の保険料の一部を国に代わって徴収、運用し給付するのを代行部分という（図表2-1-33）。代行部分に上乗せして支給する部分をプラスアルファー部分といい、代行部分の１割（平成17〈2005〉年４月以降の新規設立基金は５割）以上を給付する。代行部分を国に返す「代行返上」は平成14（2002）年４月から認められ、多くの企業が代行返上を行っている。

■企業年金連合会（平成17〈2005〉年10月から厚生年金基金連合会が名称変更）

企業年金連合会は全国の基金の合意に基づいて設立された特別法人である。基金の中途脱退者や解散した基金の加入者に対して年金給付および一時金給付を行う。

図表2-1-32　厚生年金基金制度の概要

創設	昭和41（1966）年10月
根拠法	厚生年金保険法
運営	厚生年金基金
制度の概要	厚生年金保険の給付のうち報酬比例部分の一部を代行し、さらに上乗せする給付を行う
設立	平成26（2014）年4月以降の新規設立は不可
企業規模	単独型（1,000人以上）、連合型（1,000人以上）、総合型（5,000人以上）
基金数	28基金(2018年5月1日現在)
加入員数	32万人(2018年5月1日現在)
給付水準	代行部分の原則1割(新規設立は5割)以上を給付
給付期間	原則として終身
一時金の選択	一部について可能
事業主掛金	全額損金
従業員掛金	社会保険料控除
年金受給	雑所得（公的年金等控除適用）
退職一時金受給	退職所得（退職所得控除適用）
年金積立金	代行部分の3.23倍までは非課税

図表2-1-33　厚生年金基金の代行給付の仕組み

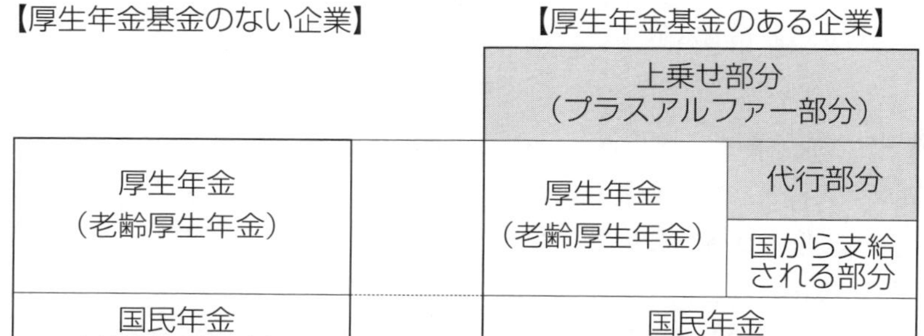

【厚生年金基金のない企業】

厚生年金
（老齢厚生年金）

国民年金
（老齢基礎年金）

【厚生年金基金のある企業】

上乗せ部分
（プラスアルファー部分）

厚生年金
（老齢厚生年金）

代行部分

国から支給される部分

国民年金
（老齢基礎年金）

■厚生年金基金の給付水準の引下げ

平成9（1997）年度より前は給付（支給）水準の引下げはできない扱いだったが、平成9年度からは、母体企業の経営状態が著しく悪化し債務超過の状態が続く見込みなど一定の要件を満たした場合に給付水準の引下げができるようになった。加入員の3分の2以上の同意（もしくは加入員の3分の2以上で組織する労働組合の同意）と加入員の3分の1以上で組織する労働組合（労働組合がある場合のみ）の同意を得ることが必要である。

また、受給者の減額（支給水準の引下げ）の場合は、全受給権者（待機者も含む）の３分の２以上の同意を得ることが必要であるとともに、一時金を希望する者には減額前の一時金（最低積立基準額相当額）を支払わなければならない。

■厚生年金基金の解散

厚生年金基金が解散する場合、企業もしくは設立事業所の大部分において経営状態が著しく悪化していることなどがあげられる。

解散手続きは、以下の①～③を得ていることが必要である。

①その基金の加入員総数の３分の２以上の同意

②全設立事業所の事業主の３分の２以上の同意

③代議員会で代議員の定数の３分の２以上の多数による議決

厚生年金基金の解散の認可基準は、従来は上記①～③とも４分の３以上の同意が必要とされていたが、法改正により平成26（2014）年４月以降はすべて３分の２に緩和された。

■厚生年金基金は法改正後１０年でほぼ消滅か

2000年代に入って進められた企業年金の再編により、厚生年金基金は代行部分返上や解散が進んでいた。しかし、残っている総合型基金の多くは解散が困難なまま財政悪化が深刻になっていた。2012年に発覚したAIJ事件では、多くの基金が運用改善を焦るあまり多大な資産を消滅させ、改めて基金の問題が浮き彫りになった。

この事件をきっかけに2013年には、厚生年金基金制度を抜本的に見直す法改正が成立し、平成26（2014）年４月より施行された。10年間で基金を再整備する内容だが、存続基金の条件は大変厳しくなり、厚生年金基金はほぼなくなるのではないかといわれている。

〈厚生年金基金見直し法の概要〉

① 厚生年金基金の新設ができない

施行日（平成26年４月１日）以降は厚生年金基金の新設を認めない。そのため、今後は厚生年金基金を導入することはできなくなった。

② 代行割れ基金の特例解散を促進

施行日から５年間は代行割れ基金の特例解散制度の緩和による解散を促進する。代行割れ基金を解散しやすくするために、特例額の国への分割納付（通常解散では最低責任準備金を一括納付）などを認める特例解散制度が従来から設けられていたが、さらに緩和措置がとられた。例えば、「事業所間の連帯債務外し」は、分割納付の際に加入していた企業が倒産すると残りの企業が連帯して負担しなければならず総合型基金解散の大きな障害になっていた。また最長納付期間も従来の最長15年から最長30年に緩和された。

③ 代行割れを防ぐ制度の強化

施行日から５年後以降は代行割れを防ぐ制度を強化する。代行割れ予備軍（代行割れはしていないが、上乗せも含めた給付に必要な資産額を満たしていない基金）に他制度への移換や解散を促進する。

④ 健全基金の存続

最低責任準備金（代行給付に必要な資産額）の1.5倍以上または最低積立基準額（上乗せも含めた給付に必要な資産額）以上の純資産の維持を満たしている基金は健全基金として存続も認める。

⑤ 中小企業退職金共済制度への移換

中退共への移換を認める。新規加入だけでなく既加入制度へも移換可能。

⑥ 解散認可基準を緩和

従来の解散認可基準は、代議員会決議、事業主・加入員の同意はいずれも４分の３以上だったが３分の２以上に緩和された。また、従来は解散の認可基準に経営の悪化が理由として必要だったが、撤廃された。

⑦　企業年金連合会への代行部分移換停止

施行日以降は厚生年金基金から企業年金連合会への解散時などの代行部分の移換が停止された。代行返上分は国に返還される。また、短期退職者の代行部分は連合会に移換せず基金本体で抱えることになる。

⑧　企業年金連合会の代行返上

施行日前に企業年金連合会に移換されている代行資産は当面、連合会による管理・支給が継続される。しかし、連合会も施行日から10年以内に代行返上し、企業年金（上乗せ部分のみ）に特化した新連合会になる。

(5) 確定給付企業年金の仕組み

●理解のためのキーポイント

- ○確定給付企業年金には、規約型と基金型がある
- ○基金型は厚生年金基金の代行部分をなくしたものとほぼ同じ制度
- ○基金型は加入者数300人以上必要だが規約型には人数要件はない

■確定給付企業年金法の創設と適格退職年金の廃止

平成14（2002）年4月から施行された確定給付企業年金法では、企業年金の新たな形態として規約型と基金型の確定給付企業年金を創設するとともに、受給権保護が不明確などの問題がある適格退職年金が廃止された。

〈知って得する補足知識〉

確定給付企業年金は従業員が掛金の一部を拠出することができ、税制上の措置では、事業主拠出は損金算入、本人拠出は生命保険料控除の対象になる。運用時は特別法人税を課税（2020年3月まで凍結）する。給付時に年金受給の場合は雑所得扱いで公的年金等控除が適用され、一時金受給の場合は退職所得扱いで退職所得控除が適用される。なお、本人拠出相当額の課税分は給付時に非課税となるが、確定拠出年金に移換した場合は課税扱いとなる。

図表2-1-34　確定給付企業年金の概要

創設	平成14（2002）年4月
根拠法	確定給付企業年金法
運営	規約型は事業主、基金型は企業年金基金
制度の概要	規約型は事業主が生命保険会社などと契約、基金型は企業年金基金を設立する。いずれも、主として事業主の拠出掛金を原資に年金資産を管理・運用し、年金給付を行う
設立	厚生労働大臣の承認（規約型）または認可（基金型）が必要
企業規模	規約型は特になし、基金型は加入者数300人以上
加入件数	13,301件（規約型12,553件、基金型748基金）※2018.4.1現在
加入員数	818万人※2017.3.31現在
給付水準	自由に設計可能
給付期間	終身または5年以上の有期年金
一時金の選択	全額可能
事業主掛金	全額損金
従業員掛金	生命保険料控除
年金受給	雑所得（公的年金等控除適用）
退職一時金受給	退職所得（退職所得控除適用）
年金積立金	特別法人税課税（2020年3月まで凍結）

確定給付企業年金の概要は図表2-1-34のとおりである。

■確定給付企業年金の規約型と基金型の仕組み

規約型も基金型も、厚生年金保険適用事業者の被保険者が対象である（図表2-1-35）。規約型は労使合意による年金規約を作成し、厚生労働大臣の承認を得る（確給法3条）。さらに企業が信託銀行、生命保険会社などと契約し、母体企業の外で年金資産の積立て・運用を行い、年金給付を行う。

基金型は労使が基金設立に合意して規約を作成し、厚生労働大臣の認可を得る。さらに厚生年金基金と同様に代議員会などをつくって運営する。従来の厚生年金基金との違いは代行部分を持たないことである。

確定給付企業年金の老齢給付の年金支給要件は終身または5年以上の有期年金である。また、規約型を設立する場合は加入者数の要件はないが、基金型を設立する場合、常時300人以上の加入者が必要である。

なお、平成23（2011）年8月10日より、確定給付企業年金の老齢給付金支給開始要件が緩和された。従来、退職要件あり（退職時から支給開始）の場合の年齢設定は50歳以上60歳未満だったが50歳以上65歳未満で設定可能になり、60歳以上の雇用延長者が退職時から支給開始できるようになった。従来は、60歳以上で退職すると規約で定める本来の年齢（65歳以下）まで受給することができなかった。

■厚生年金基金や確定拠出年金への制度間移行

確定給付型の企業年金では、制度間の移行（企業が行う年金制度の変更）が可能となっている。つまり、厚生年金基金から確定給付企業年金（規約型、基金型）、確定給付企業年金（規約型、基金型）から厚生年金基金へと制度を変更して移行し、年金資産を移換することができる。

また、確定給付型の企業年金（確定給付企業年金、厚生年金基金）の年金資産を個人ごとに分配し、確定拠出年金の企業型年金に制度移行することもできる。ただし、確定拠出年金からの年金資産の移換はできない（法改正により平成30年5月からは確定給付企業年金への移換は可能になった）。

図表2-1-35　確定給付企業年金のスキーム

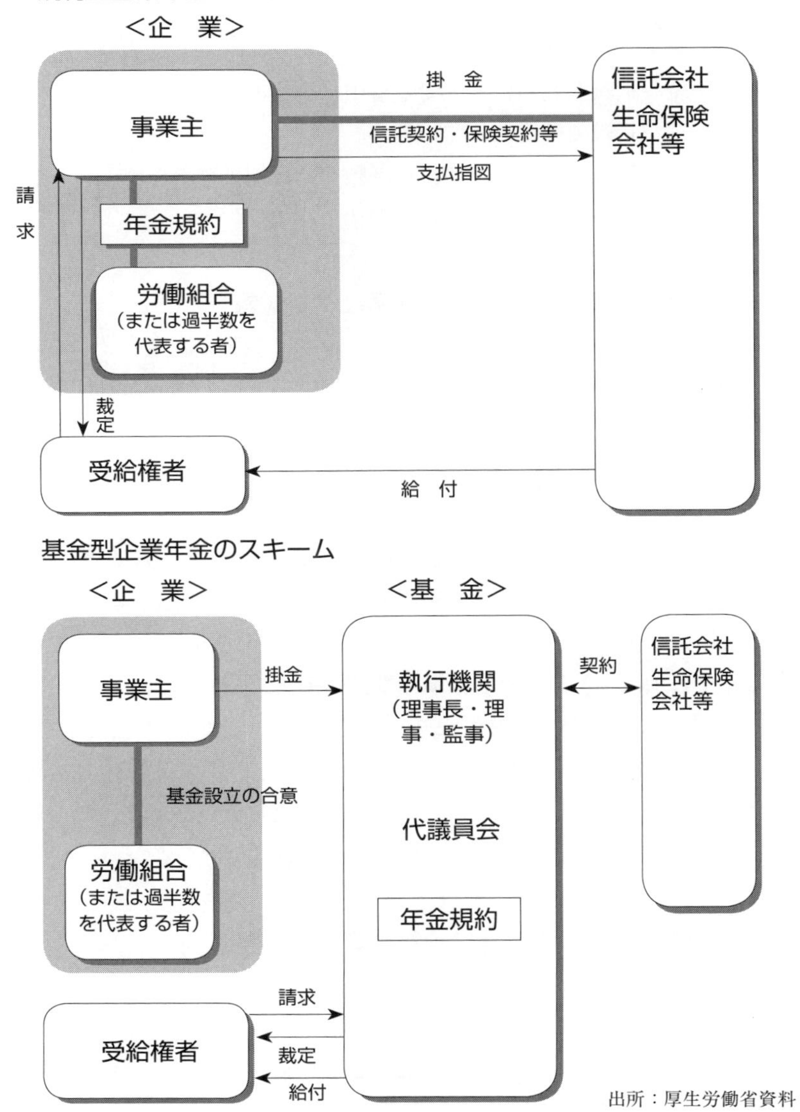

出所：厚生労働省資料

(6) 中小企業退職金共済制度

●理解のためのキーポイント

○中小企業退職金共済に加入できる中小企業の範囲は、業種、資本金、常用従業員数で規定されている
○事業主や役員（使用人兼務役員は除く）は加入できない
○掛金は月額5,000円から3万円までの16種類

■中小企業退職金共済制度は中小企業だけが対象

中小企業退職金共済制度（中退共）は、単独で退職金制度を持つことが困難な中小企業が、事業主の相互共済と国の援助によって大企業と同じように退職金を支払うことを目的とした制度である。中小企業退職金共済法に基づいて勤労者退職金共済機構が運営している。

■中小企業退職金共済に加入できる中小企業の範囲と加入できる人

中小企業退職金共済に加入できる中小企業の範囲は図表2-1-36のとおりである。事業主や役員（使用人兼務役員は除く）は加入できないが、従業員は原則として全員加入する。ただし、試用期間中の人、期間を定めて雇用される人、定年などで短期間内に退職するのが明らかな人は加入させなくてもよい。

なお、平成23年1月1日より、事業主と生計を一にする同居の親族のみを雇用する事業所の従業員も、一定の要件を満たしていれば加入できるようになった。ただし、新規加入や掛金増額時の助成は受けられない。

■中小企業退職金共済の掛金は全額事業主が負担

掛金は、全額事業主が負担し、従業員に負担させることはできない。月額5,000円から3万円までの16種類の中から選択することができる。さらにパートタイマーなどの短時間労働者には、2,000円、3,000円、4,000円の特例掛金がある（図表2-1-37）。

図表2-1-36　中小企業退職金共済に加入できる中小企業の範囲

業　種	資本金・常用従業員数
一般業種（製造業、建築業等）	3億円以下または300人以下
卸売業	1億円以下または100人以下
サービス業	5,000万円以下または100人以下
小売業	5,000万円以下または50人以下

図表2-1-37　中小企業退職金共済の掛金

5,000円	6,000円	7,000円	8,000円
9,000円	10,000円	12,000円	14,000円
16,000円	18,000円	20,000円	22,000円
24,000円	26,000円	28,000円	30,000円

◆パートタイマーの特例掛金

2,000円	3,000円	4,000円

新規加入の場合、事業主に掛金月額の2分の1（上限5,000円）を加入後4カ月目から1年間助成する。短時間労働者の特例掛金2,000円、3,000円、4,000円には、掛金の2分の1の額にそれぞれ300円、400円、500円が上乗せされる。1万8,000円以下の掛金月額を増額する場合、事業主に増額分の3分の1を増額月から1年間助成できる。掛金は全額損金になる。

〈知って得する補足知識〉

中小企業退職金共済制度（中退共）の中小企業の要件を満たさなくなったときは脱退しなければならないが、一定の要件を満たしていれば特定退職金共済制度や確定給付企業年金、確定拠出年金（企業型）へ移行することもできる（既設・新設とも可能)。一方、小規模企業共済制度は企業規模の要件を満たさなくなっても、そのまま継続して加入を続けることができる。また、法改正により、平成30年5月からは確定給付企業年金や確定拠出年金（企業型）から中退共への資産移換も可能になった。

■中小企業退職金共済の支給は長期加入者ほど有利

退職金は、「基本退職金＋付加退職金」が支給されるが、付加退職金は３年７カ月以上の加入期間がないと支給されない。支払方法には「一時金払い」「分割払い」「一部分割払い（併用払い）」の３つがある。分割払い、併用払いは、５年または10年であるが、退職日に60歳以上であることと一定以上の退職金額であるなどの要件を満たす必要がある。分割払いの支払いは２月、５月、８月、11月の年４回で、各月の15日が支払日である。

退職金は、勤労者退職金共済機構から直接、退職する従業員の預金口座に振り込まれる。ただし、掛金納付月額が1年未満の場合には退職金は支給されない。また、掛金納付月額が2年未満の場合は、掛金納付総額を下回る給付金しか支給されない。2年から3年6カ月では掛金相当額となり、3年7カ月(43カ月)から運用利息と付加退職金が加算され､長期加入者ほど有利になる。

なお、従業員（被共済者）が転職した場合、転職先に中退共制度があれば、申し出て制度通算（退職金の通算）ができる。また、特定退職金共済制度（通算契約を締結している場合に限る）があれば、特定退職金共済制度との通算も可能である。制度通算の申出は、いずれも従来は退職後２年以内だったが平成28（2016）年４月より３年以内に拡充された。

(7) 特定退職金共済制度

●理解のためのキーポイント

- ○特定退職金共済は大企業でも加入できる
- ○掛金は月額1,000円から3万円までの30種類がある
- ○事業主や役員（使用人兼務役員は除く）は加入できない

■特定退職金共済制度は商工会議所などが実施

特定退職金共済制度（特退共）は、事業主が商工会議所、商工会、市町村などの特定退職金共済団体と共済契約を結び、国の承認のもとに実施する退職金制度である。支給方法は一時金払いと年金払いがある。

図表2-1-38　特定退職金共済の掛金

1,000円	2,000円	3,000円	4,000円	5,000円
6,000円	7,000円	8,000円	9,000円	10,000円
11,000円	12,000円	13,000円	14,000円	15,000円
16,000円	17,000円	18,000円	19,000円	20,000円
21,000円	22,000円	23,000円	24,000円	25,000円
26,000円	27,000円	28,000円	29,000円	30,000円

■特定退職金共済に加入できる人、加入できる範囲

事業主や役員（使用人兼務役員は除く）は加入できないが、従業員は原則として全員加入させなければならない。ただし、事業主と生計を同一にする親族、他の特定退職金共済制度の加入者は加入できない。また実施団体によって違うが年齢要件がある（15歳以上70歳未満など）。

なお、中小企業退職金共済制度に加入していても重複して加入できる。

中小企業退職金共済制度の場合、中小企業の加入できる範囲が決まっているが、特定退職金共済制度は加入する企業の資本金、従業員数は決まっていないので大企業でも加入できる。

■特定退職金共済の掛金と支給

掛金月額は従業員1人について1口1,000円で最高30口3万円までである（図表2-1-38）。中小企業退職金共済制度のような国の助成はない。掛金は全額事業主負担になる。事業主が負担した掛金は全額損金（法人）または必要経費（個人事業主）になる。

退職金（給付金）は、商工会議所等から直接、退職した従業員に支払われる。一時金か年金で受け取ることができるが、加入10年未満の場合は一時金でしか受け取れない。

■特定退職金共済での過去勤務期間の通算取扱い

新規に加入する場合、事業主のもとで１年以上勤務している従業員についての加入前の勤務期間（過去勤務通算期間）10年を限度として、制度加入後の加入期間と通算することができる。過去勤務掛金の額は従業員１人について最高22口（2万2,000円）まで加入できる。

(8) 小規模企業共済制度

●理解のためのキーポイント

○自営業者や小規模企業の役員のための退職金制度
○従業員20人（商業・サービス業〈宿泊業・娯楽業除く〉は５人）以下の事業者が対象
○掛金は全額が小規模企業共済等掛金控除として所得控除でき、納付した掛金の範囲内で低利の貸付制度が利用できる

■加入できるのは自営業者や小規模企業の経営者

中退共や特退共が従業員のための退職金制度であるのに対し、小規模企業共済制度は個人事業主や小規模な企業の役員のための退職金制度である。常時使用する従業員が20人（商業・サービス業〈宿泊業・娯楽業除く〉は５人）以下の個人事業主や企業の役員が中小企業基盤整備機構と共済契約を結び、退職や廃業したときなどに共済金として退職金が支給される。

加入できるのは事業主と役員だが、個人事業主の場合、事業主以外に共同経営者（要件を満たせば配偶者や同居親族も可能）が２人まで加入できる。なお、満期や満額などはないので事業を継続する限り加入も継続できる。

■掛金の節税メリットと事業資金の貸付制度

掛金は1,000円以上から500円単位で自由に設定でき、最高７万円（年間84万円）まで可能である。加入後の増額や減額も任意である。前納もでき、前納すると前納減額金が受け取れる。掛金は契約者本人の収入から払い込む

ので事業上の損金算入はできないが、全額が小規模企業共済等掛金控除として所得控除できるので大きな節税メリットがある。

また、納付した累計掛金額の範囲内で事業資金などの貸付け（担保・保証人不要）が受けられる契約者貸付制度がある。

■請求事由によって受取金額が異なる

共済金（退職金）の請求事由には、共済金Ａ、共済金Ｂ、準共済金、解約手当金の４種類があり、共済金Ａが最も受取金額が多くなる。

共済金Ａは、事業から引退する場合で、法人の解散、個人事業の廃業、事業承継、個人事業主の死亡などの事由による請求である。共済金Ｂは老齢給付で、15年（180カ月）以上掛金を払い込み65歳以上であれば事業から退かなくても請求できる。法人役員の場合は役員の傷病による退任や死亡も該当する。準共済金は個人事業を法人成りして役員にならなかった場合などである。なお、配偶者・子に個人事業の全部を譲渡した場合、従来は準共済金だったが平成28年4月より共済金Ａに格上げされた。解約手当金は、任意解約である。掛金の納付月数が12カ月未満の場合、準共済金と解約手当金は受け取れない。さらに、掛金の納付月数６カ月未満の場合は、共済金Ａ、共済金Ｂも受け取れなくなる。

共済金は、「基本共済金＋付加共済金」が支給されるが、掛金納付月数が20年（240カ月）未満だと解約手当金は掛金合計額を下回る。受取方法には「一括受取り」「分割受取り」「併用」の３つがある。分割払い、併用払いは、10年または15年であるが、請求事由発生日に60歳以上であることと一定以上の受取金額であるなどの要件を満たす必要がある。分割の支給は従来年４回だったが、平成28年4月より年６回（奇数月）となった。公的年金は偶数月に支給されるので、小規模企業共済と合わせると毎月受け取ることができるようになった。

(9) 財形年金制度

●理解のためのキーポイント

○財形貯蓄は一般財形貯蓄、住宅財形貯蓄、財形年金貯蓄の３種類がある
○住宅財形貯蓄、財形年金貯蓄に加入できるのは55歳未満の従業員
○住宅財形貯蓄、財形年金貯蓄は１人１契約である

■財形貯蓄制度は国と事業主が援助する従業員の貯蓄制度

財形年金制度は、財形貯蓄制度（勤労者財産形成貯蓄制度）の中の1つである。財形貯蓄制度とは、勤労者の財産形成に対して国や事業主が援助、協力することを目的とした貯蓄制度で、一般財形貯蓄、住宅財形貯蓄、財形年金貯蓄の３種類がある（図表2-1-39）。

財形貯蓄制度に加入するためには、企業が金融機関と財形貯蓄契約を結んだうえで、希望する従業員が申し込む。積立金は、給与、賞与からの天引きによって積み立てていく。

■財形年金制度に加入できるのは55歳未満の従業員

財形貯蓄制度の積立てのうち、一般財形貯蓄は年齢制限がなく、勤労者であれば加入できるが、住宅財形貯蓄、財形年金貯蓄は満55歳未満の勤労者でなければ加入できない。住宅財形貯蓄、財形年金貯蓄は１人１契約である。

財形年金貯蓄の積立金は所得控除の対象とならない。ただし住宅財形貯蓄と合算して550万円（元利合計）まで（保険契約の場合は払込額385万円まで）は利子が非課税になる。財形年金貯蓄の積立期間中に解約することも可能であるが、目的外払い出しの場合は解約時に、すでに支払われた利子を含めて５年間遡及して課税される。

図表2-1-39　財形貯蓄制度の種類

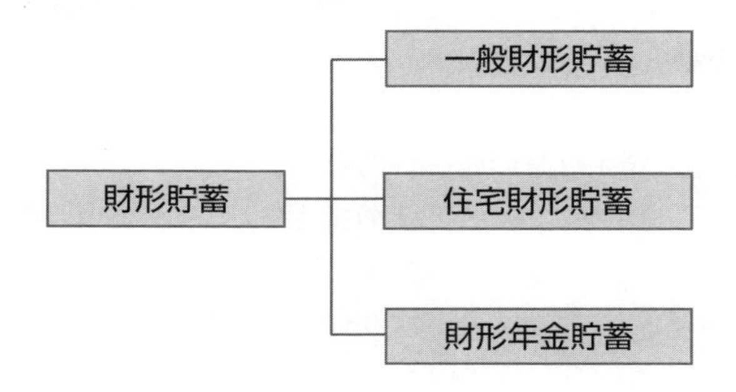

(10) 各種個人年金とその仕組み

●理解のためのキーポイント

○個人年金は保険型と貯蓄型の2種類がある
○年金の種類としては終身年金と確定年金、有期年金などがある
○保険型年金は、一定要件を満たすと年間4万円までの保険料が非課税になる

■扱う商品によって貯蓄型と保険型に分類

個人年金は、個人が生命保険会社、損害保険会社、郵便局、全労災、JA(農協)、銀行、信託銀行、証券会社などの金融機関と任意で契約して加入する。公的年金を補完し、老後の生活設計のための年金である。

個人年金には、生命保険会社、損害保険会社、郵便局、全労災、JA（農協）などの商品を扱う「保険型」と銀行・信託銀行や証券会社などの商品を扱う「貯蓄型」がある。

■終身年金と確定年金、有期年金の違い

個人年金の受け取り方には、受給者が死亡するまで生涯にわたって年金が受け取れる終身年金、5年間とか10年間とか決まった期間を受給者の生死に

かかわらず年金が受け取れる確定年金、年金受取期間は決まっているが受給者が年金受取期間中に死亡したときは、その時点で年金の支払いが終わる有期年金の3種類がある。

■保険型には個人年金保険料控除がある

個人年金のうち保険型は、10年以上の払込期間など一定の要件を満たすと保険料が最大で年間4万円まで所得控除される個人年金保険料控除が適用される。個人年金保険料控除は、一般の生命保険料控除（最大年間4万円）とは別枠である。なお、貯蓄型の個人年金には、個人年金保険料控除のような税制の優遇措置はない。生命保険料控除は、平成24（2012）年1月から控除額が改正されている（→p.318）ので注意したい。平成23年12月までの既存契約については、従来どおり最大各5万円である。

〈知って得する補足知識〉

平成26（2014）年1月から、税制措置としてNISA（ニーサ）（少額投資非課税制度）が始まった。基本的な仕組みは、毎年120万円までの非課税投資枠（NISA口座）を設定し、投資金額120万円までの株式投資や投資信託にかかる譲渡益（売却益）や配当金（分配金）を非課税とする制度である。平成35年12月まで10年間の時限制度で、非課税投資枠設定期間は最長5年間である。口座開設は順調に進んでいるが、今のところ使い勝手が悪い面があり制度改正が少しずつ図られるようだ。また、NISAは20歳以上が対象だが、平成28年4月からは20歳未満を対象としたジュニアNISAが始まった（毎年80万円、親権者が代行）。NISAでは一度売却してしまうと限度額が余っていても非課税枠を復活できないため、確定拠出年金と同様に長期投資に向く制度である。さらに、平成30年1月からは、より長期投資に向いた「つみたてNISA」も始まった。一般NISAとの違いは、非課税投資枠が毎年40万円まで最長20年間で、金融庁の承認を得た分散投資に適する投資信託の積立投資に限られることだ（同じ年に一般NISAとの併用不可）。

3. 新しい私的年金制度

(1) 確定拠出年金制度導入の背景

●理解のためのキーポイント

○導入の背景として公的年金危機、企業年金危機、退職給付会計の導入、雇用形態の変化などがある

○退職給付債務は3種類あり、わが国はこのうちPBO（予測給付債務）を採用している

■制度導入の背景となった主な要因

確定拠出年金制度導入の背景として、①少子高齢化による年金財政の見直しからの公的年金危機、②長引く不況で企業業績の低迷から企業年金の積立不足が生じたことによる企業年金危機、③平成12（2000）年度から始まった退職給付会計の導入、④終身雇用制度の崩壊による雇用形態の変化などがあげられる。

■少子高齢化の進展が高める公的年金危機

世代間扶養をベースとした公的年金は、少子高齢化が進展すればするほど、次の世代の負担が多くなり、保険料負担の増額や支給水準の引下げなどによる年金財政の見直しから公的年金に対する不安が高まっている。特に65歳以上の高年齢者の割合は年々増え、公的年金危機といわれている。

そのような環境の中での確定拠出年金の創設は、公的年金を補う老後資金づくりの自助努力の支援の1つとしての役割がある。

■積立不足がもたらした企業年金危機

厚生年金基金や適格退職年金などの企業年金は、あらかじめ給付額（支給額）を約束するので確定給付型の年金と呼ばれている。確定給付型の年金で

は、約束した給付額を支給するために予定利率と呼ばれる運用利率が設定されている。予定利率を上回れば企業の資産として上積みされるが、予定利率を下回った場合、積立不足が生じるので、企業が追加で補てんしなければならない。

日本ではそれまで多くの企業が予定利率を5.5％で設定しており、バブル前の1980年代までの資産運用ではこの予定利率を上回る運用実績をあげていた。

しかし、バブル崩壊後の株式市場の低迷と超低金利により予定利率を下回る年が増え、予定利率を下回った年は不足分が発生する。このように見込み違いによる損失を「含み損（利差損）」という。含み損の発生で積立てが不足する分を過去勤務債務という。

現在、このような環境の中での資産運用の状況では、毎年のように債務が発生することも考えられる。そうなると債務は雪だるま式に増えていく。

さらに、長引く不況で企業業績が低迷し、企業自身にこの過去勤務債務を補てんする負担能力がなくなっている。こうしたことから、企業の追加負担が不要である企業年金の導入が望まれ、確定拠出年金導入の最大の要因となった。

■退職給付会計導入で負債も時価評価

平成12（2000）年4月から国際会計基準に沿った会計基準の導入が始まり、企業年金に関する会計基準が変更されて新たな退職給付会計が導入された。新会計基準では、発生主義に基づき、退職一時金と企業年金を合わせて給与の後払いである退職給付債務とし、財務諸表に計上されるようになった。さらに時価会計に基づき、資産だけでなく負債も時価評価するようになった。

このように、発生主義と時価会計による退職給付会計では、年金資産に積立不足があると退職給付債務として計上される。このため退職給付債務の生じない確定拠出年金の導入が多くの企業で検討されるようになった。

図表2-1-40　退職給付債務の概念図

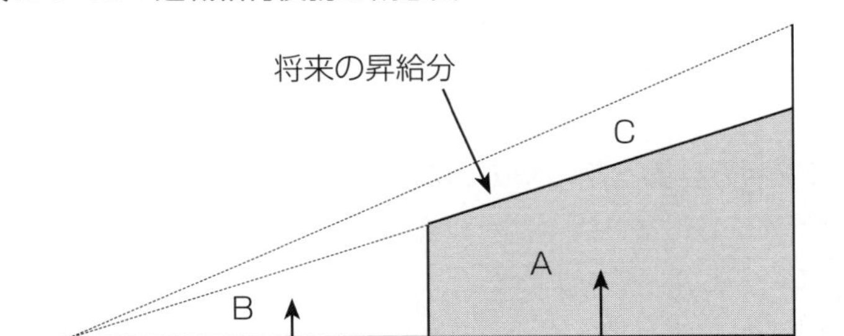

■退職給付債務と予測給付債務

退職給付債務とは、退職給付見込額（将来、従業員が退職したときに支払う額）に関して、当期までに発生している部分の現在価値のことを指す。退職給付債務には次の3種類があり、わが国はこのうち予測給付債務（Projected Benefit Obligation：PBO）を採用している（図表2-1-40）。

①確定給付債務（Vested Benefit Obligation：VBO）→A

すでに受給権を取得している従業員を対象に支払うことが確定している年金額の現在価値

②累積給付債務（Accumulated Benefit Obligation：ABO）→A+B

受給権を取得している、取得していないにかかわらず、すべての従業員を対象に勤務に応じた年金額の現在価値

〈知って得する補足知識〉

将来価値から現在価値を求めるためには、一定の金利による割引計算を行う必要があり、割引率とは、そのとき用いる金利のことである。また、将来の掛金収入や年金給付を現在価値として計算するときに用いる割引率を予定利率という。

③予測給付債務（PBO）→A+B+C

累積給付債務に将来の従業員の給与の昇給などを考慮して計算した年金額の現在価値

■退職給付債務の計算と割引率の影響

退職給付債務は各従業員につき残勤続年数に応じて割引計算を行い、全従業員について合算したものである。

このうち現在価値を求める際の割引率によって退職給付債務の額が変わってくる。割引率を大きくすると退職給付債務の額は小さくなり、割引率を小さくすると退職給付債務の額は大きくなる。

■雇用形態の変化で生じた新しい企業年金のニーズ

日本の雇用の特徴である終身雇用制度は、入社から定年退職までの雇用保証として設計されていて、賃金体系をはじめ、退職一時金や退職年金も長期勤続者に有利な給付体系となっていた。

しかし、日本の産業構造の変化により雇用の流動化が進み、転職などは一般的であるとの意識が高まってきた。そのため、終身雇用制度が崩壊し、労使双方にとって、終身雇用の賃金体系から実績による評価を重視する賃金体系が必要とされるようになってきた。

特に、優秀な人材や若年者には、賃金体系ばかりでなく、退職一時金や退職年金においても短期在職者が転職しても不利にならず、インセンティブとして雇用環境の変化に対応した企業年金のニーズが起きている。

このような中でポータビリティ（携帯性）に優れ、転職しても年金資産の持ち運びができる確定拠出年金は、時代の変化が求める制度であるといえよう。

(2) 確定拠出年金制度導入の位置付け

●理解のためのキーポイント

○ 確定拠出年金法は2001年10月1日に施行され、第1条に目的が明記されている

○ 確定給付型と確定拠出型の違いで最大のポイントは、積立不足の発生による企業の追加負担の有無

■確定拠出年金法に示された位置付け

確定拠出年金法は、平成13（2001）年6月22日成立し、同年10月1日に施行された法律である。これにより企業型は同年10月から、個人型は翌平成14年1月から導入できるようになった。確定拠出年金制度導入の背景として公的年金危機、企業年金危機、退職給付会計の導入、雇用形態の変化などがあげられる。

確定拠出年金法の第1条目的に「この法律は、少子高齢化の進展、高齢期の生活の多様化等の社会経済情勢の変化にかんがみ、個人または事業主が拠出した資金を個人が自己の責任において運用の指図を行い、高齢期においてその結果に基づいた給付を受けることができるようにするため、確定拠出年金について必要な事項を定め、国民の高齢期における所得の確保に係る自主的な努力を支援し、もって公的年金の給付と相まって国民の生活の安定と福祉の向上に寄与することを目的とする」とあり、確定拠出年金制度の位置付けが示されている。

■確定給付型と確定拠出型の違い

確定給付型の年金には、厚生年金基金や確定給付企業年金などの企業年金がある。確定拠出型の年金との最も大きな違いは、給付においては将来の年金の給付額が事前に約束されていることである。掛金は将来の給付額から逆算して設定される（図表2-1-41）。

図表2-1-41　確定給付型と確定拠出型の違い

	確定給付型	確定拠出型
給付額	事前に約束されている	運用結果によって決まる
拠出額	給付額から逆算して決まる	設定した一定の拠出額
運用リスク	企業が負う	加入者個人が負う
企業会計の扱い	債務となる	債務とならない
受給権	規定なし	勤続３年以上で全額付与
ポータビリティ	原則なし	あり

確定給付型の年金は、支給する給付額に予定利率の予測による運用収益分を加算している。かつては運用成績が良く、予定利率を上回る運用収益分が掛金の引下げにつながり、企業負担が軽減された。

しかし、昨今の低金利や株価低迷などの影響から、運用成績の不振が続くようになった。予定利率を下回れば企業は不足分の補てんをしなければならない。

それに対して、確定拠出型の年金の運用は加入者（従業員）個人が行うので、企業は掛金の負担をするだけであり、運用成績が良くても悪くても企業負担は同じである。企業は、掛金の負担さえすれば追加負担は一切生じないのが確定拠出年金の大きな特徴であり、企業が確定拠出年金の導入を急ぐ最大の理由となっている。

(3) 米国確定拠出型年金の概要とわが国制度との比較

●理解のためのキーポイント

○米国では、確定拠出型年金のうち内国歳入法401条(k)項の規定を満たすものを401kプランという
○米国にはわが国の個人型確定拠出年金に相当するIRA（個人退職勘定)、キオ・プランがある
○米国では従業員の掛金に企業が上乗せで拠出することができる（マッチング拠出）
○エリサ法は従業員の受給権保護を主な目的としている
○米国の受給権付与には5年基準と7年基準がある

■米国確定拠出型年金の概要

米国の私的年金には、企業が従業員に提供する企業年金とわが国の個人型確定拠出年金に似た個人で加入する年金、その他の年金がある(図表2-1-42)。

企業年金は確定給付型年金、確定拠出型年金、確定給付型年金と確定拠出型年金の両方の特徴を持つハイブリット型年金がある。

個人向けの年金は、退職準備向けの個人積立勘定のIRA（Individual Retirement Account：個人退職勘定)、自営業者や個人事業主を対象としたキオ・プランなどがある。

確定拠出型年金は企業が企業利益に関係なく従業員の個人別口座に毎年一定の拠出を行うマネー・パーチェス制度、企業利益の一部を従業員の個人別口座に拠出する利益配分制度（プロフィット・シェアリング・プラン)、企業利益の分配を株式で行う株式賞与制度（ストック・ボーナス・プラン)、さらに従業員貯蓄制度、従業員持株制度などがある。

これら確定拠出型年金の各制度が内国歳入法401条(k)項の規定を満たし、従業員の拠出分について課税繰り延べが認められる制度を401kプランという。

図表2-1-42　米国の私的年金制度の種類

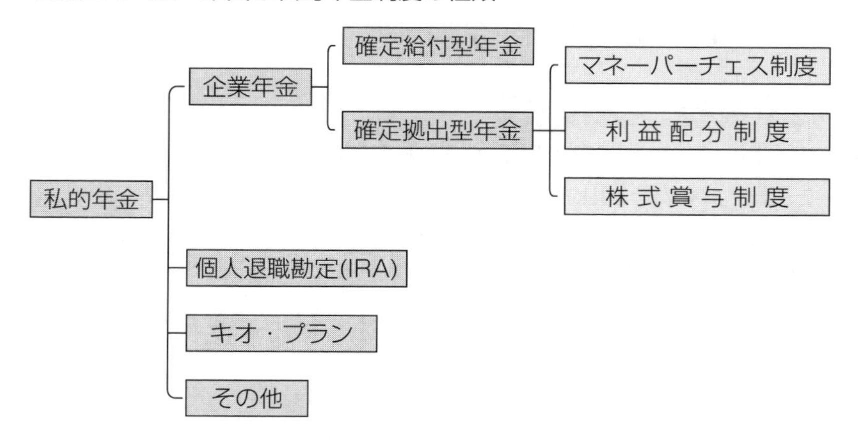

■401kプランの仕組みと主な特徴

米国の401kプランは、名前のとおり米国の税法である内国歳入法401条(k)項の規定を満たす税制適格の制度である。1990年以降、確定給付型制度が減少し、確定拠出型の401kプランが急増している。401kプランの主な特徴としては、次のことがあげられる。

① 掛金や運用益には課税されない手厚い課税優遇措置がある。

② 加入者が自分自身の個人口座を持ち、自己責任で資産を運用する。

③ 転職時に年金資産を転職先に移すことができるポータビリティがある。

④ 従業員が掛金を拠出し、従業員の拠出限度額は年間1万8,500ドル(2018年)である。また、従業員の掛金に企業が上乗せで拠出することができ、これをマッチング拠出と呼んでいる。マッチング拠出は従業員に対する魅力的なインセンティブとなっている。

⑤ 資産の引出しに関しては59.5歳に達したときまでは引き出すことができないが、大学授業料や住宅の購入費などの経済的に困窮な状態のときに10%のペナルティ課税を支払えば年金資産の一部または全部をいつでも途中で引き出すことができる。また、引出しとは別に、年金資産を担保とした借入制度もある。

■401kプランが普及した要因

近年、米国では401kプランが普及した。普及した理由は従業員にとっては拠出金に対する税制優遇措置であり、インセンティブとしての企業のマッチング拠出があるということなどがあげられる。

企業にとっても制度運営コストの低下や運用リスクを従業員が負うことなどのメリットがあげられる。

さらに受託機関のサービスとしてデイリー・バリュエーションという各運用口座の残高を毎日知ることができるサービス、デイリー・トランズアクションという運用口座間の資金移動が毎日できるサービスなど、さまざまなサービスの高度化が普及を促進したと考えられる。

わが国の確定拠出年金は、米国の401kプランをモデルとしているため、日本版401kと呼ばれるが、図表2-1-43のように大きな違いもある。

■企業年金を包括的に規制するエリサ法

米国のエリサ法（ERISA：Employee Retirement Income Security Act）とは従業員退職所得保障法といい、従業員の受給権保護を主な目的として1974年に制定された企業年金を包括的に規制する法律である。

■受給権付与には5年基準と7年基準がある

米国の401kプランの従業員拠出分は、初めから100％本人の資産になる。同様にわが国の個人型確定拠出年金の個人の拠出分も初めから100％本人の資産になる。

それに対して、米国の401kプランで企業が上乗せ拠出する企業拠出分の掛金の受給権は、5年基準か7年基準 のどちらかで100％発生する。

5年基準とは、勤続5年未満は0％、勤続5年以上で100％付与される方式である。7年基準とは、勤続3年未満は0％で、勤続3年以上で20％付与され、以降毎年20％ずつ増加して付与され、勤続4年以上で40％、勤続5年以上で60％、勤続6年以上で80％、勤続7年以上で100％付与される方式である。

わが国の確定拠出年金の企業型の事業主拠出分については勤続3年以上で

図表2-1-43　米国の401kプランとわが国の401kプラン（企業型）の違い

	米国の401kプラン	わが国の401kプラン（企業型）
法　律	内国歳入法	確定拠出年金法
加入資格	従業員	企業型を導入した企業の 原則60歳未満の従業員
拠　出	加入従業員	企業
上乗せ拠出	企業が上乗せ拠出あり	従業員の上乗せ拠出は限定的
受給権	5年基準→5年未満　0% 5年以上100% 7年基準→3年未満　0% 3年以上　20% 4年以上　40% 5年以上　60% 6年以上　80% 7年以上100%	勤続3年以上で100%付与される
途中引出し	できる（ペナルティ課税10%加算）	原則できない
借入制度	あり	なし
給付事由	59歳6カ月から	原則60歳から

100％の受給権が発生するので、米国の401kプランより加入者にとって有利になっている。

■日本の個人型確定拠出年金に相当するIRA（個人退職勘定）

IRAとはエリサ法に基づいて創設された退職準備向けの個人積立勘定である。IRAは、転職先に401kプランがない場合の受け皿として機能しており、わが国の個人型確定拠出年金と似ている。401kプランと重複して加入することも可能である。

IRAは401kプランとほぼ同じ内容だが、401kプランと比べると税引前の拠出限度額が低く、年間5,500ドルまたは所得のいずれか低い額、共働きの場合は1人当たり年間5,500ドルまでである。IRAの種類としてロールオーバーIRA、SIMPLE IRAなどがある。

SIMPLE IRAとは従業員100人以下の中小企業向けのIRAで、税引前の拠出限度額は年間1万5,000ドルである。

(4) ハイブリッド型年金制度

●理解のためのキーポイント

○ハイブリッド型年金制度とは、確定給付型と確定拠出型の両方の特徴を備えた企業年金
○わが国では、確定拠出型の特徴を持った確定給付型年金制度（キャッシュ・バランス・プラン）などが認められている
○米国には、キャッシュ・バランス・プラン以外にもさまざまなハイブリッド型年金制度がある

■ハイブリッド型年金制度の種類と特徴

ハイブリッド型年金制度は混合型と呼ばれ、確定給付型と確定拠出型の両方の特徴を備えた企業年金である。わが国では確定給付企業年金法により、キャッシュ・バランス・プランがハイブリッド型年金制度として認められた。

米国の主なハイブリッドプランは次のとおりである。

①確定拠出型の特徴を持った確定給付型プラン

（キャッシュ・バランス・プラン）

架空の個人口座が設けられ、給付額が把握できる。運用は企業が行い、運用リスクも企業が負う。米国で最も多くみられるタイプである。

②確定拠出型と確定給付型が併存するプラン

（フロア・オフセット・プラン）

確定給付で計算した掛金を加入者個人が運用する。確定給付の水準を下回った場合は差額を企業が補てんする。

③確定給付型の特徴を持った確定拠出型プラン

（ターゲット・ベネフィット・プラン）

確定給付で計算した掛金を加入者個人が運用する。確定給付の水準を下回った場合でも差額の補てんはない。

図表2-1-44　ハイブリッド型年金のメリット・デメリット

種　類	メリット		デメリット	
	企　業	個　人	企　業	個　人
キャッシュ・バランス・プラン	従業員の理解が得やすい	給付の保証がある	積立不足のリスクがある	確定給付型より給付額が少ない
フロア・オフセット・プラン	運用が下回った従業員だけに差額を補てんする	給付の最低保証がある	積立不足のリスクがある	各人の運用の巧拙により給付額に格差がつく
ターゲット・ベネフィット・プラン	積立不足のリスクがない	確定給付型の予定水準の掛金で運用できる	給付保証がないのでインセンティブ効果が薄い	従業員が運用リスクを負う

■ハイブリッドプランのメリット・デメリット

ハイブリッド型年金は、企業、従業員それぞれにメリット・デメリットがある（図表2-1-44）。

企業にとってはコストを抑制しながら一定の保証を従業員に与えるメリットがあるが、デメリットとして、制度によってはリスクの追加負担が予測しにくいなどがあげられる。従業員にとってはポータビリティや将来の年金額に目安がつけられることがメリットであるが、確定給付型年金に比べて保証水準が不利になるデメリットがある。

■「リスク分担型企業年金」がわが国の新ハイブリッド年金として登場

わが国では、キャッシュ・バランス・プランがハイブリッド型年金制度として確定給付企業年金の中で設計可能だった。平成29（2017）年1月からは、「リスク分担型企業年金」という新しいタイプのハイブリッド型年金も設計可能になった。

リスク分担型企業年金では、労使合意のうえリスク対応掛金（積立不足に対応できるように通常の掛金とは別に5年～20年で計画的に拠出）によってリスク調整する。リスク対応掛金を超える損失が発生した場合は給付額を減額できる。事業主の負担がリスク対応掛金に限定できる（追加負担が発生しない）ため、退職給付会計上は原則として確定拠出制度に分類される。

分野B　確定拠出年金制度

1．確定拠出年金制度の仕組み

(1) 確定拠出年金制度の概要

●理解のためのキーポイント

○個々の加入者が運用方法を決定する（自己責任運用）
○個人ごとに資産を管理
○ポータビリティ（年金資産の携帯性）がある
○企業は年金額を約束せず、運用収益で年金額が決まる

■確定拠出年金の特徴と年金制度上の位置付け

確定拠出年金制度は、拠出された掛金が各個人別に区分されて、将来の給付額がその掛金と運用益によって決まってくる仕組みである。従来の企業年金制度は、個人ごとの年金資産の持ち分がはっきりしておらず、運用の指図は企業が行っていたが、本制度では加入者が自ら運用の指図を行い、個人の持ち分が明確に区分される。

確定拠出年金の特徴としては、次のような点があげられる。

① 運用の方法を各加入者が決める（自己責任）。
② 年金資産が加入者ごとに管理され、各加入者が常に残高を把握することができる。
③ ポータビリティが高いので、労働力移動が激しい業界や職種の加入者（たとえば人材派遣会社、システム開発会社、中小企業など）でも、

図表2-2-1　確定拠出年金の加入から受給までの流れ
＜企業型年金のイメージ＞

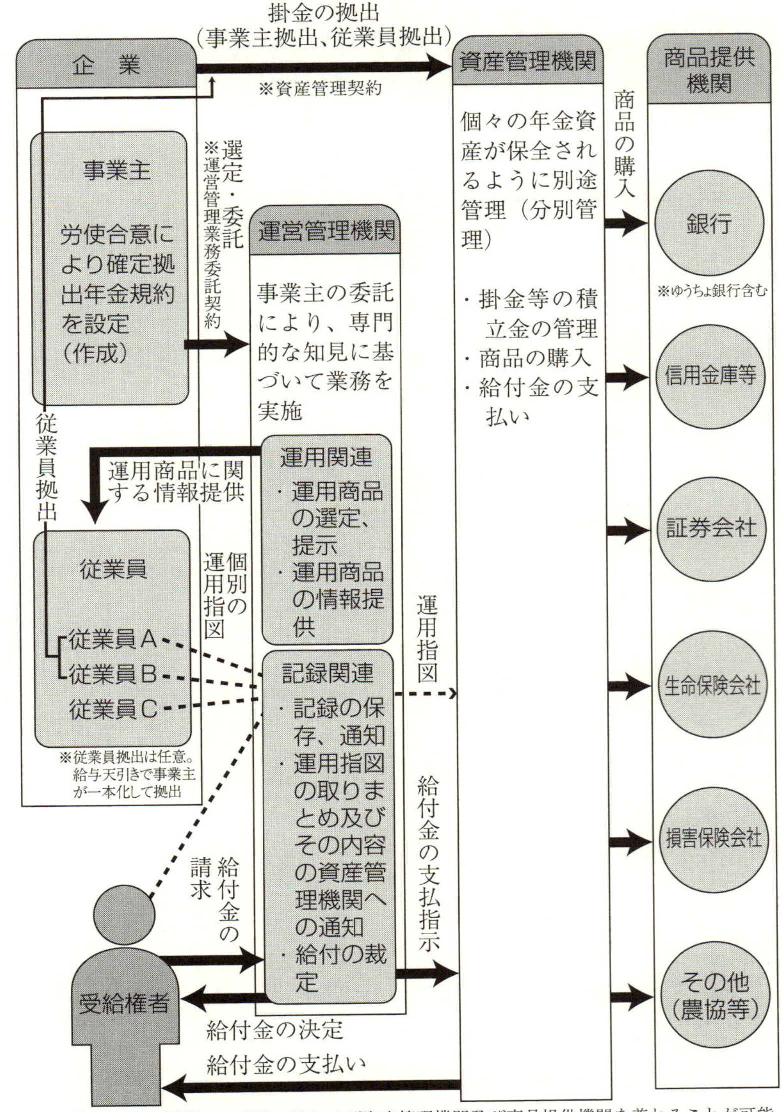

（注）運営管理機関は、要件を満たせば資産管理機関及び商品提供機関を兼ねることが可能。
また、事業主は運営管理業務を行うことが可能

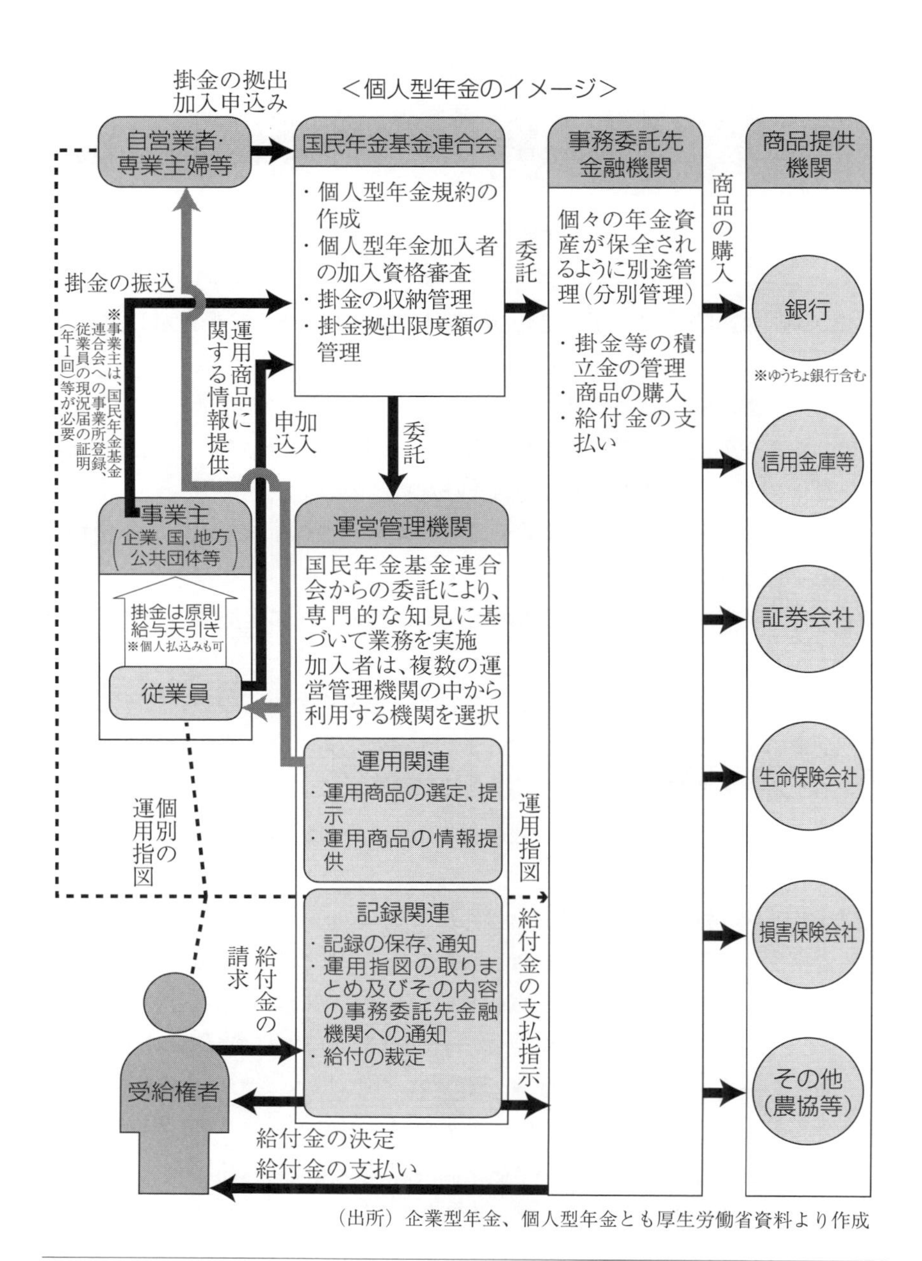

（出所）企業型年金、個人型年金とも厚生労働省資料より作成

老後の年金が確保できる。
④　企業が倒産しても、それまで拠出された年金資産は確実に加入者のものとなる。
⑤　企業にとっては、追加の負担が発生しないため、将来の掛金負担が予測できる。
⑥　掛金を算定するための複雑な数理計算が不要である。

また、確定拠出年金の年金制度上の位置付けには次のような点があげられる。

①　確定拠出年金は公的年金ではない。
②　企業や個人（公務員、専業主婦含む）が公的年金にさらに上乗せした年金が必要と考える場合の新たな選択肢の1つ。
③　企業の従業員にとっては、従来の厚生年金基金や新たな確定給付企業年金と並ぶ選択肢の1つ。
④　自営業者にとっては、従来の国民年金基金と並ぶ選択肢の1つ。

新しく確定拠出年金制度が登場したのは、企業年金改革の必要性からである。企業年金制度改革の背景としては、既存の企業年金資産の運用利回りの低下による退職給付費用の増加、新会計基準導入による積立不足の企業会計への計上、雇用の流動化、公的年金財政の悪化などがあげられる。

■確定拠出年金制度の基本的な仕組み

確定拠出年金制度は企業型年金と個人型年金の2つの型があり、そのイメージは図表2-2-1のとおり。基本的なポイントは以下のようなことである。

①　加入対象者は、企業型年金の場合、企業の原則60歳未満の従業員である。一方、個人型年金は自営業者等（国民年金第1号被保険者）、60歳未満の企業従業員や公務員、専業主婦（国民年金第3号被保険者）が加入対象となる。つまり、60歳未満の現役世代は基本的にすべて対象となる。一定の要件を満たせば企業型年金との同時加入も可能である。

図表2-2-2　確定拠出年金の給付の種類と支給

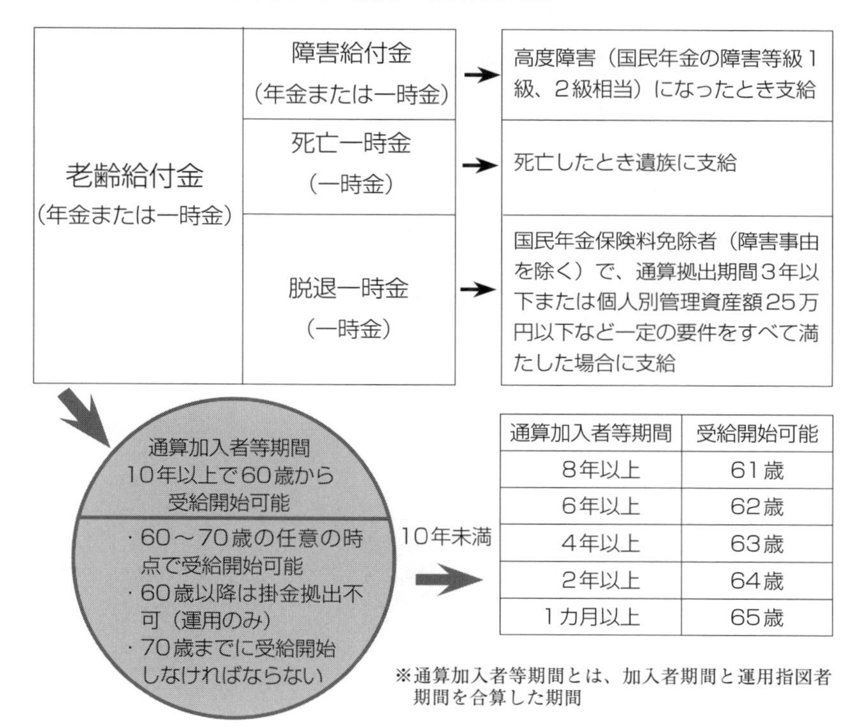

通算加入者等期間	受給開始可能
8年以上	61歳
6年以上	62歳
4年以上	63歳
2年以上	64歳
1カ月以上	65歳

※通算加入者等期間とは、加入者期間と運用指図者期間を合算した期間

〈知って得する補足知識〉

個人型年金の加入対象者拡大により、脱退一時金を受給できるケースはほとんどなくなった。①国民年金の保険料免除者（障害事由を除く）、②確定拠出年金の障害給付金の受給権者でない、③通算拠出期間3年以下または個人別管理資産額25万円以下、④企業型年金の脱退一時金の支給を受けていないことのすべてを満たす場合に資格喪失後2年以内に請求できる。なお、企業型年金の場合には個人別資産管理額が1万5,000円以下のときも、確定拠出年金の加入者・運用指図者でなければ資格喪失後6カ月以内に脱退一時金を請求できる。（法附則2条の2、3条）

図表2-2-3　確定拠出年金と確定給付型年金との比較

	確定拠出年金	確定給付型年金
制度の仕組み	加入者ごとの拠出額と運用収益をもとに、老後の年金給付が行われる	あらかじめ定められた給付額の給付に必要な掛金を、年金数理により算出して拠出する
拠出	掛金額は拠出者が拠出した額で確定する	必要となる掛金額は運用実績により変動する
年金額	企業は年金額を約束せず、運用収益により額が決定	企業が将来の年期額を約束
運用責任	加入者本人が運用指図を行い、運用責任を負う	企業が運用責任を負う
運用方法	加入者本人が決定	企業が決定
持ち分	加入者本人の持ち分が拠出時・運用時を通じて明確	制度全体で運用しており、加入者本人の持ち分は不明確
ポータビリティ	あり	ほとんどない
年金数理	年金数理は働かない	加入者全体としての年金数理が働く

② 運用は加入者自身が行う。従来の確定給付型の年金制度では将来の給付額が確定していたが、確定拠出年金制度では、加入者の運用成果によって給付額が決定する。

③ 主な給付は、老齢給付金、障害給付金、死亡一時金の3種類だが、脱退一時金の制度も認められている（図表2-2-2）。

老齢給付金は、通算加入者等期間（加入者期間＋運用指図者期間）10年以上で、60歳から受給可能である。障害給付金は、高度障害の場合に支給される。死亡一時金は、死亡したときに遺族に支給される。

脱退一時金は、確定拠出年金の加入者となれない（掛金を拠出できない）ときに資産額（個人別管理資産額）が少額の場合に請求できる。法

図表2-2-4　確定拠出年金制度の概要

		企業型年金		個人型年金	
				企業従業員	自営業者等
実施主体		厚生年金適用事業所の事業主		国民年金基金連合会	
加入		原則60歳未満の従業員（原則自動加入） ※規約に定めれば、60歳以上65未満の従業員も加入できる ※公務員を除く		任意加入 （企業型年金にマッチング拠出を導入している場合を除く企業等の60歳未満の従業員） ※公務員等含む	任意加入 （20歳以上60歳未満の国民年金第1号被保険者、第3号被保険者）
掛金の拠出	拠出者	企業、従業員本人		従業員本人＊2	本人
	拠出方法	事業主拠出……企業が拠出 加入者拠出……従業員本人が給与天引きで拠出		従業員本人の給与から天引きが原則。本人の直接払い込みも可	本人が直接払い込む
	拠出限度額	企業年金あり＊1	企業年金なし	・企業型、企業年金なし 年間27.6万円 （月額2.3万円） ・企業年金あり、公務員 年間14.4万円 （月額1.2万円）	・第1号被保険者 年間81.6万円 （月額6.8万円） ※国民年金基金との合計 ・第3号被保険者 年間27.6万円 （月額2.3万円）
		年間33万円 （月額2.75万円） ※個人型との併用 年間18.6万円 （月額1.55万円）	年間66万円 （月額5.5万円） ※個人型との併用 年間42万円 （月額3.5万円）		
年金資産の保全管理		資産管理機関		国民年金基金連合会	
離転職時の資産の移換		勤続3年以上で全額可		いつでも全額可	
税金	拠出時	損金算入（企業）、所得控除（従業員）		所得控除	
	運用時	年金資産に対して特別法人税課税（1,173%）＊3			
	給付時	年金受給は公的年金等控除適用、一時金受給は退職所得控除適用			
運用		・運用の指図（指示）は加入者が行う ・運用商品は運営管理機関が提示する3つ以上の商品（うち1つは元本確保型）から選ぶ（複数選んでよい）※平成30年5月より法改正→p.211 ・具体的な運用商品としては、預貯金、公社債、株式、保険など。公社債や株式を組み合わせた投資信託も含まれる ・最低3カ月に1回は運用商品の預け替え（種類の変更）ができる			
給付	形態	年金または一時金			
	種類	老齢給付金、障害給付金、死亡一時金、脱退一時金			
	受給開始	原則60歳（老齢給付金） ※通算加入者等期間10年未満のときは、最大65歳まで受給開始が遅れる			
途中引き出し		原則不可 ※一定の条件を満たせば脱退一時金受給可			

＊1　「企業年金」とは、厚生年金基金、確定給付企業年金などのこと
＊2　法改正により平成30年5月からは、従業員100人以下の企業では事業主が掛金を上乗せ拠出できるようになった（中小事業主掛金納付制度）
＊3　運用時の特別法人税は平成32（2020）年3月まで凍結

改正により現役世代のすべてが企業型年金か個人型年金に加入できるようになったため、極めて例外的にしか受給できない。基本的には対象となるのは国民年金保険料免除者（障害要件除く）のみで、通算拠出期間３年以下または資産額25万円などの要件を満たしていなければならない。企業の退職者については、いったん企業型年金から個人型年金に資産を移換してから請求（２年以内）するが、資産額１万5,000円以下の場合は移換せずに直接企業型年金に請求（６カ月以内）できる。

④　税制は、拠出時は非課税、運用時は原則非課税、給付時は課税の取扱いとなる。掛金は、企業拠出は全額損金となり、個人拠出は小規模企業共済等掛金控除による所得控除となる。

⑤　確定給付型年金との違いは、確定給付型年金は将来受け取る年金額を企業などが約束するものであり、確定拠出年金は加入者が自己責任により掛金を運用した結果が、そのまま年金額となるものである(図表2-2-3)。

⑥　確定拠出年金と米国の401kとの関係でみると、わが国が確定拠出年金を導入するにあたり、米国の内国歳入法401条(k)項を参考にしている。しかし、米国ではペナルティ課税を払えば比較的簡単に途中引き出しができるのに対し、わが国の確定拠出年金では原則として認められていないなど重要な相違点も目立つ。

⑦　確定拠出年金制度は実施主体、対象者、掛金の拠出の違いにより、企業型年金と個人型年金に分けられる。主な内容は、図表2-2-4に示したとおりである。

企業型年金は、60歳未満（平成26年1月からは規約に定めれば65歳未満も可能）の従業員を加入対象者とし、企業が掛金を拠出するほか、規約に定めれば従業員も掛金を拠出できる。

個人型年金は、自営業者や企業の従業員、公務員、専業主婦（国民年金第３号被保険者）を加入対象者とし、個人が掛金を拠出する。企業による拠出はできない（法改正により従業員100人以下の企業では事業主拠出が認められる)。なお、企業型年金との同時加入は企業が規約で認めれば可能である（ただし、マッチング拠出導入企業では不可)。

(2) 企業型年金の仕組み

●理解のためのキーポイント

○労使合意による規約により、従業員を加入者として制度を導入する
○掛金は企業が拠出し（規約に定めれば従業員の上乗せも可）、従業員が個別に運用する仕組みである
○原則60歳未満（規約に定めれば65歳未満）の従業員が加入でき、老齢給付金は原則60歳から受け取れる

■企業型年金における企業の役割

企業型年金では原則60歳未満の従業員が加入し、労働組合など従業員の過半数を代表する者との労使合意によって企業型年金規約を作成し、厚生労働大臣の承認を受ける（法3条、4条）。

企業と従業員は年金規約に基づいて掛金を拠出する。また、運用関連業務と記録関連業務を行うための運営管理機関、拠出金の管理を行うための資産管理機関を選定する。

さらに、企業は加入者ごとの限度額の管理、投資教育の責任も負っている。投資教育に関しては、制度の加入時ばかりでなく、加入後も各個人の知識水準やニーズに応じた必要かつ適切な措置をとらなければならない。

■運営管理機関の役割は加入者の立場に立ったサービス提供

運営管理機関は、確定拠出年金の運営に関する業務を加入者の立場で受託

〈知って得する補足知識〉

運営管理機関は、登録を受けた法人であればなることができるので、金融機関でなくてもよい。企業自身が運営管理業務をすることもでき、資産管理機関が運営管理機関を兼ねることもできる。

する役割があり、運営管理機関になるには主務大臣（厚生労働大臣および内閣総理大臣）の登録を受けることが必要である（法88条）。

企業型年金では運営管理業務の全部または一部を運営管理機関に委託することができる。運営管理業務は、確定拠出年金を実施する企業が本来自ら担当すべきであるが、一部の大手企業を除いて実際には無理がある。したがって、運営管理機関として登録している金融機関などに委託できる。委託を受けた運営管理機関は業務の一部を他の運営管理機関に再委託することも可能だが、すべてを再委託することはできない（法7条）。

運営管理業務の内容は2つに分類される。

①運用関連業務

運用関連業務としては、次のようなものがある（法2条7項）。

運用の方法（運用商品）の選定と加入者への提示では、元本確保型の運用商品を1つ以上を含めて、3つ以上の運用商品を選定し加入者に提示する（法改正→p.211）。

運用商品にかかる情報提供では加入者の運用商品選定の際に、利益の見込み、損失の可能性、過去10年間の運用実績（10年に満たない場合は当該期間の運用実績）、預金保険制度等の保全の対象の有無、商品の情報提供を行う。

②記録関連業務（レコードキーピング業務）

加入者個人ごとの持ち分にかかる記録管理では、個人情報の記録の保存、管理などを行う（法2条7項）。

加入者個人からの運用指図の取りまとめでは加入者が個別に運用指図を行うが、運用指図を取りまとめて、資産管理機関に取り次ぐ。

給付に関する事務等では、受給権者からの給付申請に基づき、給付の裁定を行い、資産管理機関に対し、給付の指示を行う。

レコードキーピング業務は確定拠出年金制度の加入者ごとの年金資産残高や記録管理、残高照会、運用商品の管理を行う業務である。このレコードキーピングの業務を行うシステム開発には莫大な資金を要するため、日本では金融機関がお互いに共同で出資し、レコードキーピング会社を個別に設立している（NRKとJIS&Tが主要2社）。

■資産管理機関の役割は外部管理による年金資産の保全

企業型年金では、企業資産や個人の資産と年金資産を区別して管理しておく必要があり、そのために資産管理機関が設置される。

これは、年金資産を企業の資産と分離することで、年金資産が企業活動に使用されたり、倒産時に差押えの対象とならないよう保全しておくためである。

資産管理機関は、企業型年金のみに設置されるもので、個人型年金にはなく、国民年金基金連合会がこの役割を担っている。この理由は個人型年金制度では年金資産は個人が拠出するもので、企業の拠出とは性格が異なるため、資産管理機関を設置する必要がないためである（実際には、金融機関に事務を委託している）。

企業は制度を導入する際、資産管理機関を選任して、労使合意に基づいて資産管理契約を締結する。資産管理機関になれる機関と契約形態は、次のものに限定されている（法8条）。

① 信託会社、信託業務を営む金融機関、厚生年金基金、企業年金基金との特定信託契約
② 生命保険会社との生命保険契約
③ 農業協同組合連合会との生命共済契約
④ 損害保険会社との損害保険契約

資産管理機関の業務の内容は、

① 企業から定期的に拠出された掛金を年金資産として分離し、会社の財産と分ける。掛金の名義は資産管理機関名義となる
② 加入者からの指図を受けた運営管理機関を通じての運用商品の選定、変更等の指図を受け、その指図に基づく契約手続きを運用商品提供機関との間で行う
③ 運営管理機関からの指示に基づき、受給権者の給付手続きを行う

などである。

資産管理機関は資金の流れを一括して受け持つ役割がある。なお、資産管理機関は、運営管理機関を兼務することはもちろん、自らが運用商品提供機関となることもできる。

信託銀行、生命保険会社等は運営管理機関、資産管理機関、運用商品提供機関になることができる。

■運用商品提供機関の役割は運用商品の実際の運用

加入者が運用する金融商品を提供する金融機関は、運用機関または運用商品提供機関と呼ばれる。加入者が年金資産を運用する商品は運営管理機関において提示されるが、実際の運用は運営管理機関の指図に基づいて運用商品提供機関が行う（法25条）。

運用商品提供機関としては、銀行（ゆうちょ銀行含む）、信用金庫等の銀行、証券会社、生命保険会社、損害保険会社、農業協同組合等がある。

(3) 個人型年金の仕組み

●理解のためのキーポイント

○自営業者等は直接、企業の従業員等は給与天引きで掛金を拠出する
○国民年金基金連合会が個人型年金の申込受付や取扱いを行う
○資産管理機関は設置されず、国民年金基金連合会がその役割を果たす

①自営業者等（国民年金第１号被保険者）、②60歳未満の企業等従業員（公務員含む）、③専業主婦（国民年金第３号被保険者）は、個人型年金に加入することができる（図表2-2-5）。

運営管理機関は企業型年金と同様の役割を担うが、資産管理機関は設置されない。これは個人の拠出金が国民年金基金連合会に拠出されたときに、年金資産が個人資産と分離されるためである。

したがって、国民年金基金連合会が加入申込みの受け付け、拠出金の取りまとめを行う。さらに国民年金基金連合会は各運用機関（運用商品提供機関）との契約や受給権者への給付の事務も行う。

ただし、資産管理業務は専門性も求められることから、これらの業務を金融機関等に委託することができる。

図表2-2-5　個人型年金の加入と掛金の払込み

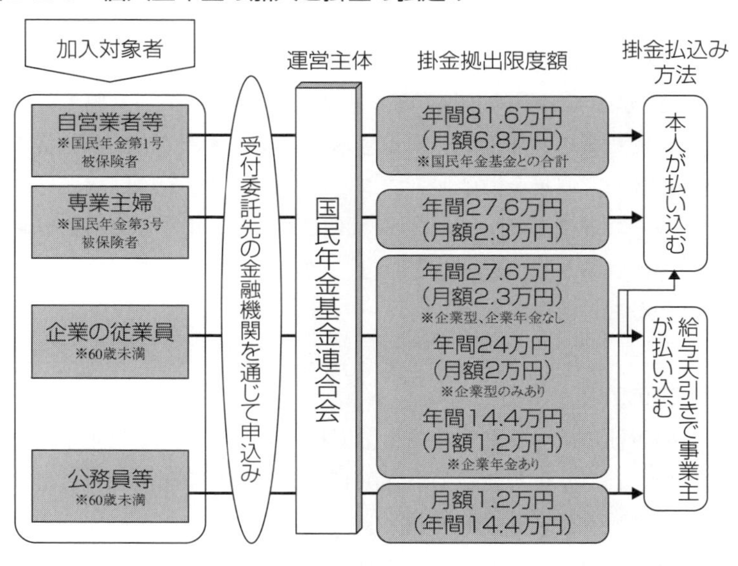

(注) 企業型年金との同時加入は企業型年金規約で定めれば可（マッチング拠出導入企業は不可）

(4) 加入対象者

●理解のためのキーポイント

○ 企業型年金の加入対象者は、厚生年金（第1号厚年）、私立学校教職員共済組合の加入者で60歳未満（規約に定めれば65歳未満）の者

○ 個人型年金の加入対象者は、自営業者等（国民年金第1号被保険者）、企業従業員等（60歳未満の厚生年金保険被保険者〈公務員等も含む〉）、専業主婦（国民年金第3号被保険者）

■企業型年金の加入対象者は60歳未満の従業員等

確定拠出年金の加入対象者は、図表2-2-6のとおりである。

このうち、企業型年金の加入対象者は、企業型の確定拠出年金制度を導入した企業の原則60歳未満の従業員等であって厚生年金保険の被保険者であり、全員の加入が原則である。ただし、規約で一定の資格を定めることができ、それに該当する従業員のみを加入対象者とすることもできる（法9条）。

ここで、「厚生年金保険の被保険者」とは、民間企業等（第1号厚年）および私立学校教職員が加入する第4号厚年の被保険者で、60歳未満の者をいう。公務員は個人型年金には加入できるが、企業型年金には加入できない。

また、一定の資格とは、次の①から④に掲げる資格であり、これら以外のものを一定の資格として定めることは、基本的には特定の者に不当に差別的な取扱いとなる（法令解釈第1-1）。

①一定の職種

一定の職種に属する従業員（企業型年金を実施する厚生年金適用事業所に使用される厚生年金保険被保険者）のみ企業型年金加入者とすること。ここでいう職種とは研究職、営業職、事務職などをいい、労働協約もしくは就業規則等において、これらの職に属する従業員に係る給与や退職金等の労働条件が、他の職に属する従業員の労働条件とは別に規定されているもの。

②一定の勤続期間

勤続期間のうち、一定の勤続期間以上（または未満）の従業員のみ企業型年金加入者とすること。

③一定の年齢

企業型年金を実施するときに、一定の年齢未満の従業員のみ企業型年金加入者とすること（合理的な理由がある場合に限る）。

一定の年齢で区分して加入資格に差を設けることは、基本的には合理的な理由がなく、認められないが、企業型年金の開始時に、50歳以上の従業員は、自己責任で運用する期間が短く、また60歳以降で定年退職しても、そのときに給付を受けられないという不都合が生じるおそれがあることから、50歳以上の一定の年齢によって加入資格を区分し、当該一定の年齢以上の従業員を企業型年金加入者とせずに、当該一定の年齢未

図表2-2-6　確定拠出年金の加入対象者

企業型年金	個人型年金
60歳未満（規約に定めれば65歳未満）の企業等の従業員 ①第１号厚生年金被保険者（民間企業等） ②第４号厚生年金被保険者（私立学校教職員共済制度の加入者）	①自営業者等（第１号加入者） 国民年金第１号被保険者（20歳以上60歳未満） ※以下の場合は加入できない ・国民年金保険料未納者（滞納者） ・国民年金保険料免除者（障害免除は除く） ・農業者年金の被保険者
	②企業従業員、公務員等（第２号加入者） 60歳未満の国民年金第２号被保険者 ・企業型年金導入企業の場合は、個人型年金の加入を認めることを規約で定める必要がある ・企業型年金でマッチング拠出がある場合は個人型年金に同時加入できない
	③専業主婦（第３号加入者） 国民年金第３号被保険者

（注）確定拠出年金に加入できない国民年金保険料免除者とは、収入が少ないなど生活困窮を理由とする免除者が該当

満の従業員のみ企業型年金加入者とすることはできるものであること。

なお、見習い期間中または試用期間中の従業員については、企業型年金加入者としないことができるものであること。

④希望する者

従業員のうち、加入者となることを希望した者のみ企業型年金加入者とすること。

以上①および②の場合は、企業型年金加入者とならない従業員については、厚生年金基金（加算部分）、確定給付企業年金または退職手当制度（退職金前払い制度を含む）が適用されていること。

また、上記③および④の場合は、企業型年金加入者とならない従業員については、確定給付企業年金（④の場合に限る）または退職手当制度（退職金前払い制度を含む）が適用されていること。

さらに、当該制度において企業型年金への事業主掛金の拠出に代わる相当な措置が講じられ、企業型年金加入者とならない従業員について、不当に差別的な取扱いを行うこととならないようにすること。

■企業型年金の加入資格の取得と喪失

企業型年金加入者は、次の①から④のいずれかに該当するに至った日に企業型年金加入者の資格を取得する（法10条）。

① 実施事業所（企業年金が実施されている事業所）に使用されるに至ったとき

② 使用される事業所または船舶が、実施事業所となったとき

③ 実施事業所に使用される者が、第1号等厚生年金被保険者（民間企業の従業員や私立学校教職員）となったとき

④ 実施事業所に使用される者が、企業型年金規約により定められている資格を取得したとき

また、企業型年金加入者は、次の（1）から（5）のいずれかに該当するに至った日の翌日、(6）に該当するに至ったときはその日に加入者の資格を喪失する（法11条）。

(1) 死亡したとき

(2) 実施事業所に使用されなくなったとき

(3) 使用される事業所または船舶が、実施事業所でなくなったとき

(4) 第1号等厚生年金被保険者でなくなったとき

(5) 企業型年金規約により定められている資格を喪失したとき

(6) 60歳（企業型年金規約において60歳以上65歳以下の一定の年齢に達したときに企業型年金加入者の資格を喪失することが定められているときは、当該年齢）に達したとき

なお、企業型年金の加入者資格の喪失は上記（1）～（6）に限られてい

〈知って得する補足知識〉

企業型年金は、60歳未満の従業員の全員加入が原則であるが、規約によって「希望する者」を加入者としている企業が多く、実質的には任意加入（選択制）になっているのが実態である。

て、制度に加入したら、自ら資格を喪失することができない。

また、企業型年金加入者の得喪（資格の取得と喪失）に関しては以下の特例がある。

・企業型年金加入者の資格を取得した月にその資格を喪失した者は、その資格を取得した日にさかのぼって企業型年金の加入者でなかったものとみなす（法12条）。

・同時に二以上の企業型年金の加入者となる資格を有する者は、法9条の規定にかかわらず、その者の選択する一の企業型年金以外の企業型年金の加入者としないものとする。この選択は資格を有するに至った日から10日以内にしなければならないことになっている（法13条）。

※なお、企業型年金の法定選択については施行令10条を参照のこと

〈企業型年金は65歳になるまで加入可能に〉

確定拠出年金（企業型、個人型）の加入者資格は60歳になるまで（60歳到達時に資格喪失）であるが、平成26（2014）年1月より企業型年金に限り、企業型年金規約に定めれば60歳以上65歳以下の一定年齢まで資格喪失を引き上げることができるように法改正された（法3条3項6号の2）。

資格喪失年齢を引き上げるには、労使合意を得て規約変更が必要であるが、対象者などの条件は以下のとおりである。

・60歳になる時点で企業型年金の加入者であること（つまり、60歳時の継続雇用者が対象であり、60歳以上で中途入社した者は加入者になれない）

・規約変更時に60歳超で企業型年金運用指図者になっていた者や年金受給中の者も在職していれば加入者になる（一時金で受給済みの者は不可）

・60歳超で再加入者となった者は退職または規約で定める受給開始年齢にならなければ受給開始できない（年金として受給中の者に限り、加入者として掛金を拠出しながら受給を継続することができる）

・60歳以降の加入期間は受給資格の通算加入者等期間から除かれる（例：60歳時点で通算加入者等期間が2年の場合、62歳まで加入しても受給開始可能年齢は64歳のままであり、63歳に早めることはできない）

■個人型年金は基本的に誰でも加入対象者となる

個人型年金は従来、自営業者等と企業年金（企業型年金、確定給付企業年金など他の企業年金）のない企業の従業員に加入対象者が限られていた。しかし、法改正により平成29（2017）年1月から大幅に加入対象者が広がり、60歳未満の現役世代の者なら基本的に誰でも加入対象者となった。

具体的には、図表2-2-6のとおりであるが、従来の対象者に加え公務員、私学厚年（私立学校教職員）、専業主婦にも加入対象が拡大された。

企業従業員は企業年金の有無に関係なく加入対象者となったが、企業型年金の導入企業については、企業型年金規約で同時加入を規定しなければ個人型年金に加入することは認められない。また、マッチング拠出導入企業では個人型年金に同時加入することはできないので、従業員がマッチング拠出と個人型年金加入を選択することはできない。確定給付企業年金など他の企業年金のみの企業であれば制約はなくなり、従業員は個人型年金に自由に加入することが可能である。

次の場合は個人型年金の資格を喪失する（法62条3項）。

個人型年金加入者は、次のいずれかに該当するに至った日（①に該当するに至ったときはその翌日、⑤に該当するに至ったときはその保険料を納付することを要しないものとされた月の初日）にその資格を喪失する。

① 死亡したとき
② 60歳に達したとき
③ 国民年金の被保険者資格を喪失したとき
④ 個人型年金運用指図者になったとき
⑤ 国民年金の保険料免除者（全額免除、一部免除、学生納付特例、納付特例）の該当者になったとき（障害による免除を除く）
⑥ 農業者年金の被保険者になったとき
⑦ 企業型年金等対象者（同時加入の規約がない制度）となったとき

■加入できなくなったときには運用指図者になれる

企業型年金の運用指図者とは、60歳（60歳以上の年齢が定められている場合は該当年齢）になり、企業型年金の加入資格を失った者や当該年金の障害給付金の受給権者であって、個人別管理資産を有している場合に運用のみを行う者である。個人型年金の運用指図者とは、個人型年金の加入資格を失った者（自己による選択含む）で、個人別管理資産を有している場合は、残高がなくなるまで運用の指図ができる者をいう（法15条、64条）。

なお、60歳未満で企業型年金にも個人型年金にも加入できなくなるケースは国民年金の保険料免除（障害事由を除く）か一定の海外移住だけである。そのため、60歳未満では、一般的には個人型年金加入資格のある者が運用指図者を選択した場合に個人型年金運用指図者となる。

一方、運用指図者資格の喪失は、次のようになっている。

＜企業型年金運用指図者（法15条3項）＞

① 死亡したとき（該当する日の翌日に喪失）

② 企業型年金に個人別管理資産がなくなったとき（該当する日の翌日に喪失）

③ 企業型年金の加入者となったとき（該当する日に喪失）

したがって、60歳に到達する前に退職したことにより、企業型年金加入者の資格を喪失した者の個人別管理資産は、企業型年金運用指図者の資格取得要件に該当しない限り、個人型年金の個人別管理資産に移換するので、企業型年金の運用指図者にならない。よって非常に限られる。

＜個人型年金運用指図者（法64条4項）＞

① 死亡したとき（該当する日の翌日に喪失）

② 個人型年金に個人別管理資産がなくなったとき（該当する日の翌日に喪失）

③ 個人型年金の加入者となったとき（該当する日に喪失）

〈知って得する補足知識〉

保険料免除者のうち、障害基礎年金の受給権者等は、個人型年金に加入することができる。この場合、国民年金保険料の納付は問われないので個人型年金の掛金だけを拠出することも可能である。

(5) 掛金と拠出限度額

●理解のためのキーポイント

○企業型年金の掛金は企業ごとの規約で定められ、企業は損金算入できる。平成24年1月からは従業員拠出（所得控除）も可能になった
○個人型年金の掛金は、自営業者等は直接拠出し、企業従業員等は原則として企業等を通じて給与天引きで拠出する
○掛金限度額は企業型年金4種類、個人型年金4種類の計8種類がある

■掛金の拠出者と拠出方法

確定拠出年金の掛金の拠出の流れは、図表2-2-7のようになっている。

図表2-2-7　掛金の拠出方法と掛金の流れ

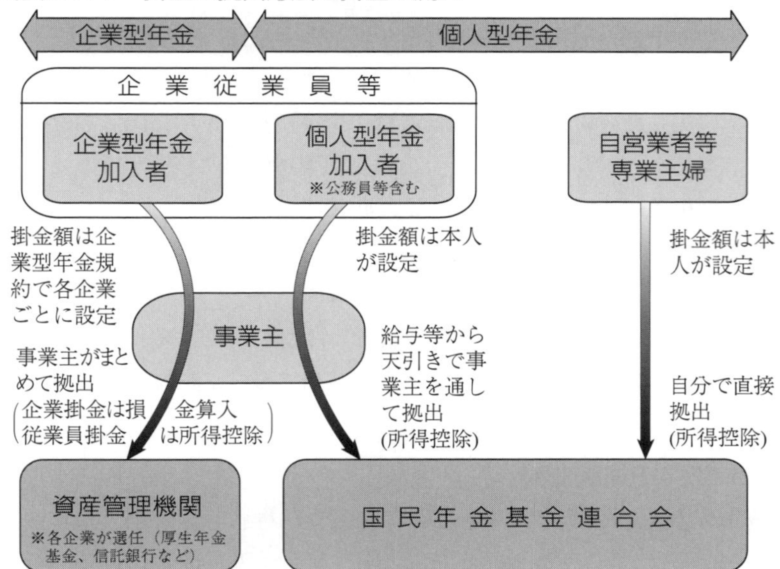

（注）企業従業員の個人型年金加入者は、直接国民年金基金連合会に納付する場合もある

図表2-2-8　掛金の拠出限度額

〈企業型年金〉

<table>
<tr><td>企業年金等がある企業</td><td>年間330,000円（月額27,500円）……個人型併用なし
年間186,000円（月額15,500円）……個人型併用あり
※企業型年金と個人型年金の掛金合計が全体の拠出限度額
企業型15,500円＋個人型12,000円＝27,500円</td></tr>
<tr><td>企業年金等がない企業</td><td>年間660,000円（月額55,000円）……個人型併用なし
年間420,000円（月額35,000円）……個人型併用あり
※企業型35,000円＋個人型20,000円＝55,000円</td></tr>
</table>

(注)1. 企業年金等とは厚生年金基金、確定給付企業年金、石炭鉱業年金基金、私学共済の年金払い退職給付のみが該当（中退共、特退共、自社年金は対象外）
2. マッチング拠出導入企業は個人型併用はできない

〈個人型年金〉

<table>
<tr><td colspan="2">自営業者など（国民年金第１号被保険者）</td><td>年間816,000円（月額68,000円）
※国民年金基金との合計額</td></tr>
<tr><td rowspan="4">企業従業員等</td><td>企業型年金、企業年金等なし</td><td>年間276,000円（月額23,000円）</td></tr>
<tr><td>企業型年金のみあり</td><td>年間240,000円（月額20,000円）</td></tr>
<tr><td>企業年金等あり
※企業型年金の有無は問わない</td><td rowspan="2">年間144,000円（月額12,000円）</td></tr>
<tr><td>公務員</td></tr>
<tr><td colspan="2">専業主婦（国民年金第３号被保険者）</td><td>年間276,000円（月額23,000円）</td></tr>
</table>

※掛金は毎月払い込み、年間の額をまとめて払い込むことはできなかったが、法改正により平成30（2018）年１月からは拠出限度額が年単位枠に変更された

①企業型年金の掛金

事業主は企業型年金の掛金（従業員掛金含む）を拠出限度額（1カ月に拠出できる上限の額）内で拠出する。毎月の掛金は、翌月末までに（法改正→p.207）資産管理機関に拠出し、加入者ごとの金額を運営管理機関（記録関連運営管理機関）に通知する（法19条、20条、21条）。拠出額は規約で定められ、企業会計上、損金算入できる。

なお、事業主掛金の算定方法については、法令解釈第1-2で定められている（355ページ巻末資料参照）。

〈知って得する補足知識〉

確定拠出年金の掛金は非課税の限度額が設定されているが、掛金の限度額を超えて、課税扱いで上乗せ拠出することはできない。

②個人型年金の掛金

個人型年金加入者は、拠出限度額の範囲内で本人が拠出する。個人ごとの設定で5,000円以上1,000円単位で選択できる。自営業者等（国民年金第1号被保険者）と専業主婦（国民年金第3号被保険者）の場合は、国民年金基金連合会に直接拠出する。また、企業の従業員（公務員等含む）の場合は、原則として企業が従業員の掛金を給与から天引きし、国民年金基金連合会に拠出する。この場合、本人の拠出に上乗せして企業が追加拠出することはできない（法改正→p.210）。個人型年金では、国民年金基金連合会が資産管理機関の役割を果たす（法68条、70条）。

■掛金の拠出限度額は８種類

確定拠出年金の掛金の拠出限度額は、図表2-2-8のように、8種類がある。

①企業型年金の拠出限度額

企業型年金の掛金拠出限度額は、他の企業年金等（確定給付企業年金など）の有無によって異なり、企業年金等がある場合は年間33万円（月額２万7,500円）、ない場合はある場合の２倍の年間66万円（月額５万5,000円）となっている（法20条、施行令11条）。

さらに、法改正により企業型年金と個人型年金の同時加入ができるようになったため、個人型年金の併用の有無によって企業型年金の掛金拠出限度額は異なり４種類になった。併用する場合には、全体の法定拠出限度額から個人型年金の拠出限度額を減じた額が企業型年金の拠出限度額となる。例えば、企業年金等がない場合、法定拠出限度額５万5,000円から個人型年金の限度額２万円を差し引いた月額３万5,000円が企業型年金の拠出限度額となる。

なお企業型年金規約で定めなければ同時加入はできない。また、マッチング拠出導入企業の場合は加入者のマッチング拠出利用の有無にかかわらず個人型年金への同時加入はできない。

②個人型年金の拠出限度額

個人型年金の掛金拠出限度額は加入対象者拡大に伴って増え複雑になった（施行令36条）。自営業者等（国民年金第１号被保険者）の月額６万8,000円

（ただし国民年金基金との合計額）と企業型年金も他の企業年金等もない企業従業員の月額２万3,000円は変更がない（ただし年単位化）。

新たな加入対象者の拠出限度額は、専業主婦（国民年金第３号被保険者）は年間27万6,000円（月額２万3,000円）である。企業年金等（企業型年金の有無は問わない）がある場合は年間14万4,000円（月額１万2,000円）となる。公務員と私学共済加入者は年金払い退職給付が企業年金等とみなされるため個人型年金の拠出限度額は月額１万2,000円である。

企業型年金と同時加入する場合の個人型年生金の拠出限度額は、企業年金等がない場合は年間24万円（月額２万円）、ある場合は年間14万4,000円（月額１万2,000円）となる。

■マッチング拠出で従業員も企業型年金への掛金拠出可能に

米国の401kプランとの大きな違いの1つに、わが国では、企業型年金に従業員本人が掛金を拠出するマッチング拠出（従業員拠出）が認められていないことがあった。

制度改正の強い要望を受けて、平成23（2011）年8月10日に年金確保支援法が公布された。同法の一環による確定拠出年金法改正によって、平成24年1月より、わが国の企業型年金でもマッチング拠出が導入できるようになった。企業がマッチング拠出を導入するには、企業型年金規約の変更手続きが必要であり、労使合意が求められる。

マッチング拠出のポイントをまとめると以下のようになる。

〈掛金拠出限度額の２つのルール〉

以下の①と②を同時に満たしていなければならない（図表2-2-9）。

①事業主掛金（企業拠出掛金）と加入者掛金（従業員拠出掛金）の合計は確定拠出年金の拠出限度額以内であること（法20条）

②加入者掛金は事業主掛金を超えることができない（法4条1項3号の2）

〈加入者掛金の拠出と設定〉

・加入者拠出は加入者1人1人が任意に決定できなければならない。加入者拠出や拠出額を事業主が強制してはならない（法19条4項）

図表2-2-9　マッチング拠出の拠出限度額ルール

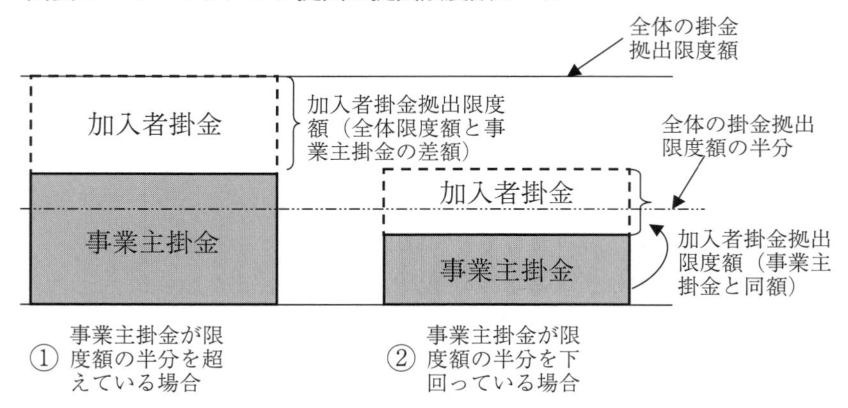

※全体の掛金拠出限度額……　月額55,000円（他の企業年金がない場合）または
月額27,500円（他の企業年金がある場合）

（例）全体の掛金拠出限度額が月額55,000円の場合
①のケース（事業主掛金３万円のとき）
加入者掛金限度額＝55,000円－30,000円＝25,000円
②のケース（事業主掛金２万円のとき）
加入者掛金限度額＝20,000円（事業主掛金額）

・加入者拠出は加入者資格を得た者すべてが利用できなければならない。加入者資格（一定の職種、勤続期間、年齢、希望する者）の違いによって加入者拠出額設定方法や変更方法に差をつけることはできない
・加入者掛金額は規約で定めるが、少なくとも2種類以上の額を設けなければならない
（例）「5,000円または1万円」「1,000円以上1,000円単位（上限まで）」「上限までの任意の額」などが可能。事業主掛金は定額、定率、併用の3通りが認められているが、加入者掛金は定額しか設定できない。「給与の○％」「企業掛金額の○％」などの設定は認められない。また「0円または1,000円」も不可
・加入者掛金額の変更は、原則として年1回（期間の区切りは規約で定める）に限られる。ただし、加入者拠出の中止・再開、企業掛金の変更による限

度額超過などは含まれない

・加入者掛金は、毎月の給与からの天引きで拠出する。事業主は天引きした加入者掛金と事業主掛金とを合わせて、翌月末までに資産管理機関に入金する。前納や追納は認められない。なお、法改正により平成30年1月からは年単位管理による拠出に変わった（→p.207）

〈加入者掛金の税制〉

・加入者が拠出した掛金は、小規模企業共済等掛金控除が適用されて全額非課税になる。ただし、加入者拠出分の掛金は本人の給与からの天引きになるため社会保険料計算上の賃金に含まれ、社会保険料軽減の効果はない

・事業主が税務処理を行って毎月の給与明細に記載して従業員（加入者）に渡し、年末調整を行う

・拠出後の事業主掛金と加入者掛金は一体となって管理されるので、運用中と受給時の税制は従来の扱いと同じ

〈事業主掛金の返還〉

・事業主掛金と加入者掛金は一体となって運用されるため、運用損で資産額が減少した場合、加入者掛金の返還をゼロにして事業主掛金を返還させることは不当に差別的な扱いに該当する

・運用損で資産額が減少した場合の事業主掛金返還については、規約によって企業掛金の算定方法を定める必要がある。例えば、運用損を企業掛金と加入者掛金で按分するとか運用損部分は企業掛金から差し引くといった方法が考えられる

(6) 運用

●理解のためのキーポイント

○リスクとリターン特性の異なる3つ以上の運用商品が提供される
○1つ以上は元本確保型商品でなくてはならない（法改正→p.211）
○自己責任原則で運用し、長期運用と分散投資が運用方針の基本

■運用方針の立て方と運用商品の決定

年金資産運用の流れは、図表2-2-10のようになる。

①長期運用と分散投資が基本

加入者は運営管理機関から提供された情報に基づいて、運用方法（以下、「運用商品」と表記）を決定する。その際は自己責任原則が適用される。したがって、大きく分類すれば、長期運用と分散投資の考え方が大切になる。

長期運用：老後資金のための年金積立てであるため、引出しは原則60歳以降である。目先の相場変動に惑わされないで、長期的視野に立った運用を行うことが大切である。

分散投資：老後資金を確実に確保するために、リスクとリターンを正しく理解し、ローリスク型の商品やハイリスク型の商品の組合せには、十分注意して適切な分散投資を行う必要がある。

②リスクとリターン特性の異なる３つ以上の商品を提供

企業型年金・個人型年金とも、運営管理機関は、リスクとリターン特性の異なる3つ以上の運用商品を加入者に提供する必要がある。そのうちの1つ以上は元本確保型の商品（法改正→p.211）でなければならない（法23条）。

さらに提供商品に関しては、利益の見込みおよび損失の可能性、その他運用の指図を行うために必要な情報を提供しなくてはならないと定められている（法24条）。注意することは、自社株を含む個別銘柄株式は、3つ以上の運用商品に含まれないことで、個別銘柄株式を提供する場合は、他に3つの運用商品を提供する必要がある。

図表2-2-10　運用指図と年金資産運用の流れ

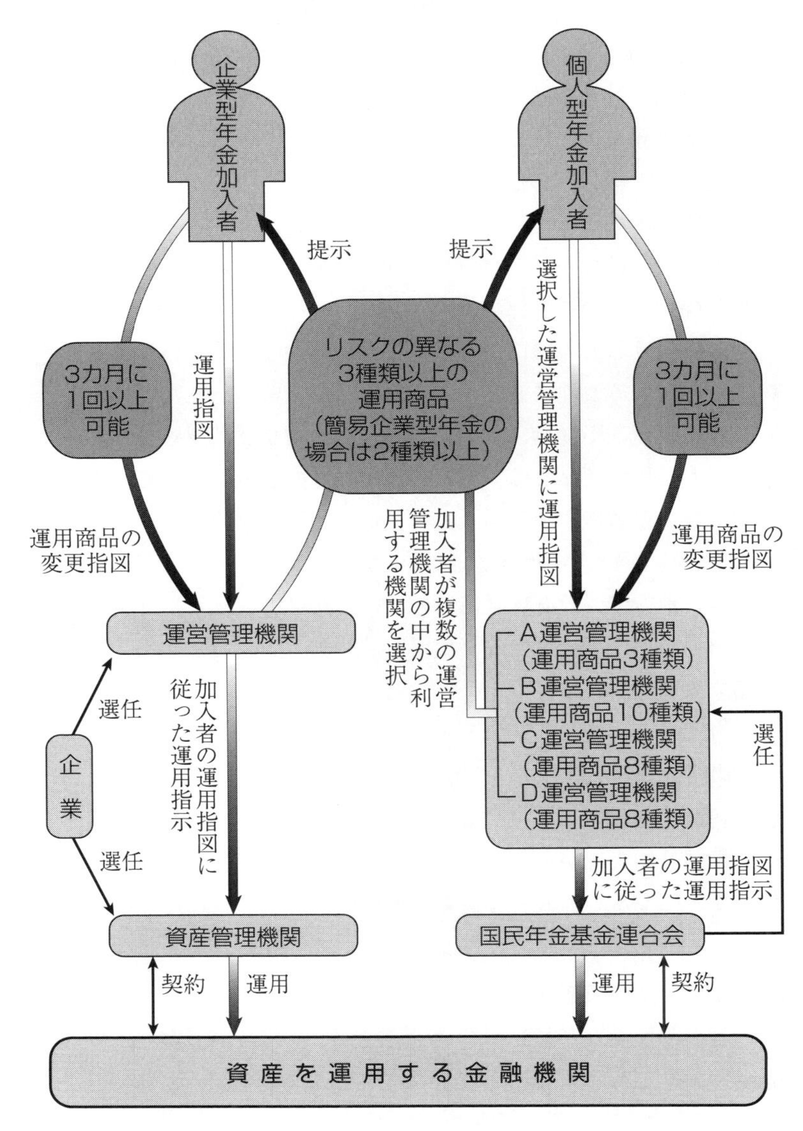

③運用商品の種類

確定拠出年金の運用商品は、「時価評価が可能で流動性に富んでいる」ことが必要とされている。また投資者の保護が図られていることも条件である。

運用商品は次のものが該当する（法23条）。

①　銀行等の預貯金

②　信託会社（銀行）の信託

③　有価証券の売買

④　生命保険会社または農協（生命共済事業）の生命保険、生命共済

⑤　損害保険会社の損害保険

⑥　前号に掲げるもののほか、投資者の保護が図られていること、その他の政令で定める要件に適合する契約の締結

上記以外の動産、不動産、金融先物、商品先物などは認められていない。

また、元本確保型商品とは、以下のようなものが定められている。

①　預貯金、金融債、金銭信託、貸付信託

※預金保険制度など法律で保護されているものに限る

②　国債、地方債、政府保証債など

③　利率保証型積立生命保険（生保）

④　積立傷害保険（損保）

■運用の指図と変更の方法

①運用指図の方法

運用の指図は加入者が行う。運用とその結果である成果は加入者自身が責任を持つことになる。加入者は運営管理機関から提示された運用商品の中か

〈知って得する補足知識〉

運用商品の変更を頻繁にやりすぎると手数料などもかかり、かえって運用効率を下げる可能性があるので注意が必要である。中長期的な運用効率の把握による変更の判断が大切である。

図表2-2-11　運用比率の変更と運用商品の変更

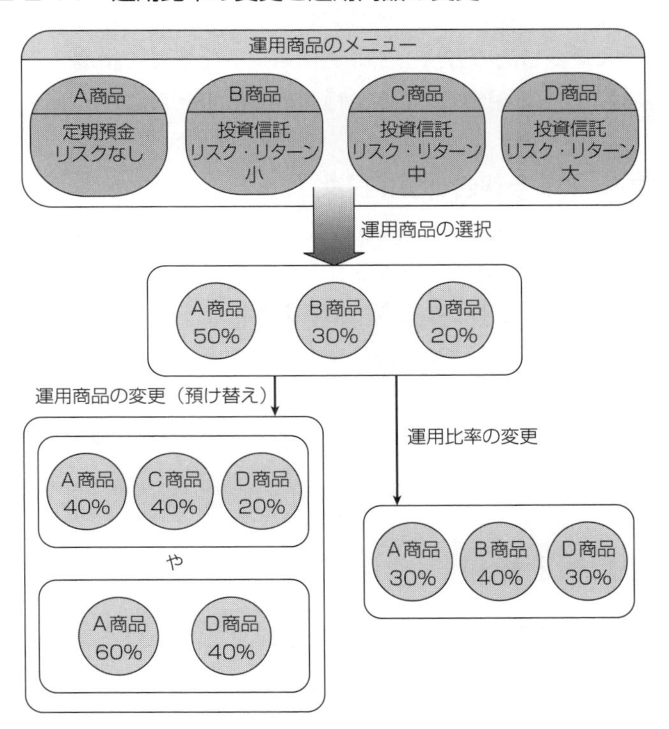

ら1つ以上の運用商品を選び、それぞれの投資比率や金額を決めて運営管理機関（記録関連運営管理機関）に指示する。これが運用の指図である（法25条）。

連絡を受けた運営管理機関は、すべての運用商品をまとめて、資産管理機関に指示するほか、運営管理機関としては、各個人別に情報を記録する。

②運用商品の変更は３カ月に１回以上可能

加入者は運用商品に対する投資比率を変更することができる。その他、運用商品の変更もできる。これらは少なくとも、3カ月に1回以上変更することが可能となっている（図表2-2-11）。

変更の具体的方法としては、以下のようなものがある。

①文書による指図の方法：郵便またはファックスで行う。

②電話による指図の方法：該当の運営管理機関あるいはコールセンターへ電話で指図する。レコードキーピング会社への指図も考えられる。

③パソコンによる指図の方法：インターネットを通じて指図する方法もある。運営管理機関の機能により、種々の方法がとられる。

■運用の実績に関する報告と情報提供

運用の実績に関する報告は、各加入者に一定の期間ごと（少なくとも1年に1回）に、運営管理機関から報告される。また、加入者は自ら運用実績や資産残高などを随時確認することもできるようになっている。

運営管理機関が提示する運用商品については、一定の情報提供が義務づけられており、加入者は資料などにより実績を知ることができる。これら資料を活用し、加入者は絶えず関心を持って年金資産の状況を把握しておく必要がある（法27条）。

(7) 受給権と給付

●理解のためのキーポイント

○企業型年金の企業拠出分は勤続3年以上で100%の受給権が得られる

○給付の種類には、老齢給付金、障害給付金、死亡一時金、脱退一時金がある

○老齢給付金と障害給付金は年金または一時金で受け取れる

○老齢給付金の受給開始年齢は原則60歳だが、加入期間10年未満だと最高65歳まで受給開始が遅れる

○給付に関する課税は給付の種類により異なる（老齢給付金は優遇課税）

■受給権の付与と給付の種類

①受給権は3年以上勤続で100%付与

将来、年金を受け取る権利のことを受給権というが、確定拠出年金の受給権は明確に定められている。企業型年金の掛金は、3年以上勤務した加入者

には全額の受給権を付与しなければならず、離・転職の際に全額の年金資産の移換を認めなければならないとされている（法4条1項7号）。したがって、3年未満の加入者の場合は、規約に基づいて、2年未満は掛金の50％といったように一定割合の受給権の付与にとどめることができる（法84条）。

一方、個人型年金の掛金は個人が拠出した掛金であるので、拠出した時点で受給権は100％加入者に帰属することになる。

なお、付与された受給権は、年金資産として移換が認められるため、解雇などの事情が発生しても、ポータビリティ（携帯性）があるのが大きな特徴である。

従来まで厚生年金基金や適格退職年金などの確定給付型の企業年金では、受給権の条件（給付権が付与される勤続年数や退職の理由など）が企業ごとに異なるため一概にいえず、それぞれの規約で定められている。

②給付の種類は４種類

確定拠出年金の給付の種類は、老齢給付金、障害給付金、死亡一時金の3種類がある（法28条）。その他に、制度に加入することができなくなった者に対して支給される脱退一時金がある（法附則3条）。

老齢給付金は原則として60歳以上で受け取ることができる。障害給付金は加入者が高度障害になったときに支給される。死亡一時金は加入者が死亡したときに遺族に支給される。

脱退一時金は制度加入期間の短い加入者や年金資産の少ない加入者が、例外的に選択できる給付である。国民年金の保険料免除者になったときのように、企業型年金にも個人型年金にも加入できなくなったときに限られる。運用指図者として継続することもできるが、一定の要件を満たす場合、希望すれば年金資産が脱退一時金として支給される（法附則3条）。

■老齢給付金の支給要件

①支給要件（法33条、34条）

確定拠出年金の加入者は、60歳以上であれば老齢給付金を受け取れる。ただし、10年以上の通算加入者等期間が必要とされている。制度への加入が遅くなったなど、60歳までに10年の加入期間に満たない場合は、加入期間に応じて61歳から65歳までの間に受給開始が遅れる。

老齢給付金を受けるための加入期間は､次の期間が通算できる(法33条2項)。

①　企業型年金、個人型年金の加入者であった期間

②　企業型年金運用指図者、個人型年金運用指図者であった期間

①、②で合算して10年に満たない期間の場合、年齢により図表2-2-12のような加入期間があれば受給できる。例えば、企業型年金の加入期間8年で、運用指図者として2年の運用期間があれば､60歳から受給できる(法33条2項)。

注意することとしては、70歳までに受給開始をしなければならないことである。これは、確定拠出年金制度は、あくまで本人への年金支給が目的であり、遺産形成の目的ではないためである（法34条)。

老齢給付金の申請と給付の流れは図表2-2-13に示したとおりである(法29条)。

②支給の方法（法35条）

①　老齢給付金は、年金として支給する

②　老齢給付金は、企業年金型年金規約でその全部または一部を一時金として支給することができることを定めた場合には、一時金として支給することができる

年金として受け取る場合は、原則として年間受取額は請求日の属する月の前月末日における個人別管理資産額の2分の1に相当する額を超えず、かつ20分の1に相当する額を下回らないこととされている。

支給予定期間は、受給権者が請求日に規約で定める月（請求日の属する月から起算して3カ月以内の月に限る）から起算して5年以上20年以下でなければならない。

〈知って得する補足知識〉

企業型年金で勤続3年未満の従業員に受給権の付与を制限できるのは、企業が拠出した掛金だけである。掛金の運用によって生じた運用益は、最初から従業員に100％の受給権が発生し、転職先に移換することができる。

図表2-2-12　10年未満の加入期間と受給開始年齢

年　齢	必要な加入期間
60歳以上61歳未満	10年
61歳以上62歳未満	8年
62歳以上63歳未満	6年
63歳以上64歳未満	4年
64歳以上65歳未満	2年
65歳以上	1カ月

図表2-2-13　老齢給付金の申請と給付の流れ

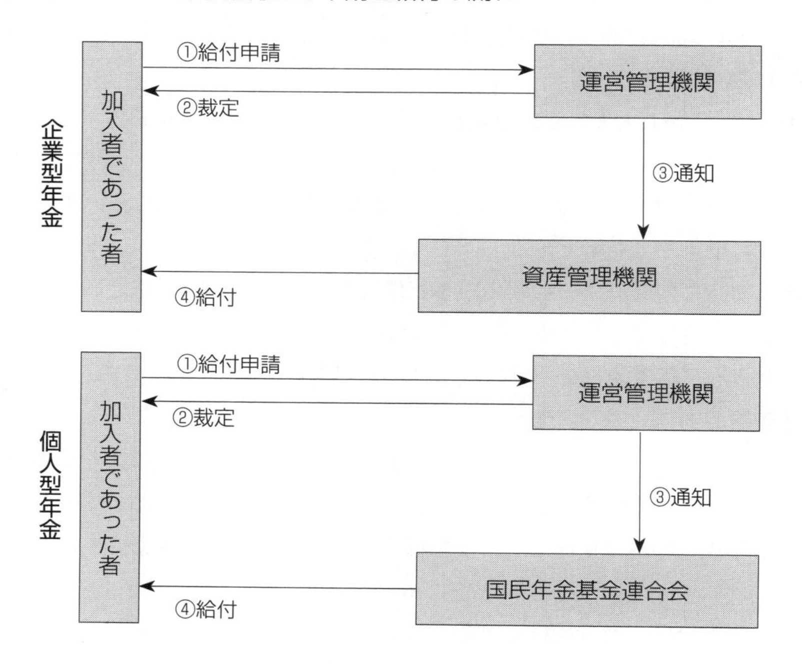

③失権（法36条）

受給権者が死亡した場合は、老齢給付金の受給権は消滅し、死亡一時金の支給要件に該当することになる。

また障害給付金の受給権者になったときは、老齢給付金の受給権は消滅して、障害給付金が支給される。

① 受給権者が死亡したとき

② 障害給付金の受給権者になったとき

③ 個人別管理資産がなくなったとき

■障害給付金の支給要件

①支給要件（法37条）

確定拠出年金の給付金は、60歳までは原則として受け取れないが、加入者が高度障害の状態（国民年金の障害1級、2級相当の障害）になったとき、60歳未満の加入者等でも障害給付金を受け取ることができる（p.368「法令解釈第7」参照）。

加入者等（60歳以上で確定拠出年金の口座に年金資産がある者を含む）が、傷病により、障害認定日（最長で初診日から1年6カ月。初診日とは初めて診察を受けた日）から70歳になるまでの間に、一定の障害状態になったときに申請して受給できる。

また初診日の前にすでに別の障害状態にあったとき、障害認定日以降（70歳になる前日まで）に2つの障害を合わせて、該当する一定の障害状態になったときも、障害給付金を受け取ることができる（法37条）。

②支給の方法（法38条）

障害給付金は年金として支給されるほか、規約に定めることによりその全部または一部を一時金として支給することができる。また、年金として受け取る額は、5年以上の一定期間ごとに受給権者の申し出によって変更できるものとされている。

障害給付金は、老齢給付金と異なり、年金として受け取る額を5年以上の一定期間ごとに受給権者の申し出によって変更できる。

③失権（法39条）

次のいずれかに該当するときは、障害給付金の受給権は消滅する。

①　受給権者が死亡したとき

②　個人別管理資産がなくなったとき

■死亡一時金の支給要件

①支給要件（法40条）

確定拠出年金の給付金は、60歳までは受け取れないのが原則であるが、前項の障害給付金と同様、老齢給付金を受け取る前に死亡した場合は、60歳未満の加入者等でも、遺族に死亡一時金が支給される。

②対象となる遺族の範囲と順位（法41条）

①　配偶者（内縁関係を含む）

②　子、父母、孫、祖父母および兄弟姉妹

※死亡時に、主として加入者の収入によって生計を維持していた者

③　②以外の親族

※死亡時に、主として加入者の収入によって生計を維持していた者

④　子、父母、孫、祖父母および兄弟姉妹で②以外の者

※死亡時に、主として加入者の収入によって生計を維持していなかった者

死亡一時金を受給できる順位は上記① → ④になる。

②と④については、子→父母→孫→祖父母→兄弟姉妹の順となる。子が3人いるなどという場合は、人数で等分して支給される。

なお、あらかじめ加入者が配偶者（内縁関係を含む）、子、父母、孫、祖父母および兄弟姉妹のうちから死亡一時金の受取人を指定して、運営管理機関に表示している場合は、その表示に従うことができる。死亡一時金を受け取る遺族がいない場合や、遺族による受け取り請求が5年間なかった場合は、死亡一時金は死亡した加入者の相続財産とみなされる（法40条）。

③支給の方法

一時金払いのみで年金払いはない。支給額は個人別管理資産の残高による。

■脱退一時金の支給要件

①支給要件（法附則３条）

確定拠出年金の給付金は、60歳になるまでは原則として受け取れないが、一定の要件を満たせば、例外的に脱退一時金の形で受給できる。個人型年金の加入対象者拡大を受けて平成29（2017）年1月1日以降に加入者資格を喪失した場合、脱退一時金を受給できるケースは一定要件を満たした国民年金保険料免除者と企業型年金の資格喪失時に資産額１万5,000円以下の２つのケースに限られることになった。

〈国民年金保険料免除者のケース〉

以下の要件をすべて満たしたとき脱退一時金が受けられる（法附則3条）。

① 国民年金保険料の免除者（障害事由を除く）であること

② 確定拠出年金の障害給付金の受給権者でないこと

③ 通算拠出期間３年以下または個人別管理資産（資産額）25万円以下であること

※上記３年には、他の企業年金等から制度移行により資産移換を受けて算入した期間含む

※上記25万円は、企業型年金で勤続３年未満の退職で事業主掛金返還があるときは、返還分を差し引いた残額

④ 確定拠出年金の最後の資格喪失日から２年以内であること

⑤ 企業型年金の資格喪失時に脱退一時金を受給していないこと

〈資産額１万5,000円以下のケース〉

以下の要件をすべて満たしたとき脱退一時金が受けられる（法附則2条の2）。

① 確定拠出年金（企業型・個人型）の加入者または運用指図者でないこと

② 資産額１万5,000円以下であること

③ 確定拠出年金の最後の資格喪失日から６カ月以内であること

※上記６カ月は、資格喪失日の翌月起算

②支給の方法

脱退一時金の請求については、個人型年金運用指図者は個人型記録関連運

営管理機関に対して、それ以外の者は、国民年金基金連合会に対して行う。

企業型年金加入者であった者が脱退一時金の請求を行うには、個人型年金運用指図者となる申し出を同時に行う。これは個人型年金に一度移換しなければならないためである。ただし、資産１万5,000円以下のケースでは加入していた企業型年金に直接請求ができる（最後に企業型年金加入者の資格を喪失してから６カ月経過していないこと）。

■脱退一時金請求の経過措置

脱退一時金の受給（中途引出し）については、平成17（2005）年10月から要件緩和が進んでいた。従来は、公務員や専業主婦、企業年金等（確定給付企業年金など）のある企業型年金が導入されていない企業の従業員など企業型年金にも個人型年金にも加入できず、運用指図者しか選択の余地がないケースが多くあったためである。

しかし、平成29（2017）年１月からは原則として60歳未満の現役世代は企業型年金か個人型年金のどちらかに加入可能となったため脱退一時金の対象となるケースはほとんどなくなった。

ただし、平成28年12月31日以前に退職などで資格喪失した者には経過措置が設けられており、以下の従来の要件を満たせば脱退一時金が受給できる。

〈資産額50万円以下のケース〉

資格喪失時に以下の要件をすべて満たしていたときは、脱退一時金が受けられる。

① 60歳未満であること
② 企業型年金の加入者でないこと
③ 個人型年金の加入資格がないこと
④ 確定拠出年金の障害給付金の受給権者でないこと
⑤ 通算拠出期間３年以下または資産額50万円以下であること
⑥ 確定拠出年金の最後の資格喪失日から２年以内であること
⑦ 企業型年金の資格喪失時に脱退一時金を受給していないこと

〈継続個人型年金運用指図者のケース〉

退職等で資格喪失後、個人型年金に加入できる者のための脱退一時金緩和策である。継続個人型年金運用指図者とは、「個人型年金加入資格のある者で、個人型年金の運用指図者となって２年経過した者」のことをいう。

資格喪失時に以下の要件をすべて満たしていたときは、脱退一時金が受けられる。

①　確定拠出年金の障害給付金の受給権者でないこと
②　通算拠出期間３年以下または資産額25万円以下であること
③　継続個人型年金運用指図者となった日から２年を経過していないこと
④　企業型年金の資格喪失時に脱退一時金を受給していないこと

■給付金の種類や受取方法によって大きく異なる課税

確定拠出年金制度では、拠出時の掛金は非課税、運用期間中の運用収益も非課税（ただし、年金資産には特別法人税が課税〈凍結中〉）となることが特徴であるが、老齢給付金を受給するときには課税される。老齢給付金の受取方法が年金でも一時金でも課税であるが、課税の扱いは異なる。なお、障害給付金は非課税、死亡一時金は相続税課税の対象となる。

受給時の課税についてまとめると次のようになっている。

老齢給付金：①年金で受給の場合は、「雑所得」（公的年金等控除）
　　　　　　②一時金で受給の場合は、「退職所得」（退職所得控除）
障害給付金：非課税
死亡一時金：みなし相続財産として相続税の課税
　　　　　　※法定相続人１人500万円まで非課税
脱退一時金：一時所得で通常の課税

(8) 離・転職時の取扱い

●理解のためのキーポイント

- ○年金資産は離・転職時に持ち運びできるポータビリティがある
- ○従来の確定給付型の年金はポータビリティがないのが大きな欠点
- ○確定拠出年金資産の移換先は、転職先の企業型年金か国民年金基金連合会

■ポータビリティ（携帯性）の確保が特長

①ポータビリティ

確定拠出年金制度の特長の1つは、離職や転職のときに自分の年金資産を自由に持ち運びができることである。これをポータビリティ（携帯性）があ

図表2-2-14　企業型年金加入者の離・転職時の年金資産の移換

転職先		加入制度	年金資産の移換
企業型年金導入企業	個人型年金の同時加入不可	転職先企業の企業型年金	転職先企業の企業型年金に移換
	個人型年金の同時加入可	転職先企業の企業型年金のみに加入	転職先企業の企業型年金に移換
		転職先企業の企業型年金と個人型年金に同時加入	転職先企業の企業型年金に移換 ※個人型年金に資産移換することはできず、個人型年金は新規加入となる
企業型年金未導入企業または公務員		個人型年金（加入者または運用指図者）	国民年金基金連合会に移換
退職して自営業者（国民年金第1号被保険者）		個人型年金（加入者または運用指図者）	国民年金基金連合会に移換
退職して専業主婦（国民年金第3号被保険者）		個人型年金（加入者または運用指図者）	国民年金基金連合会に移換

（注）個人型年金加入者が転職先で企業型年金と個人型年金に同時加入する場合は、個人型年金の資産を企業型年金へ移換しない選択もできる

るという。企業型年金においては、少なくとも3年以上勤務した企業の従業員が、離職や転職をする場合に積み立てられた年金資産は従業員自身のものとなる（図表2-2-14）。近年の勤務形態の変化や雇用状態の変化で、転職が一般化しているわが国の雇用環境にあって、このポータビリティ確保は時代に即応している優れた特長である。

一方、従来の確定給付型の年金制度では、受給権の発生まで長期間を必要とし、また年金資産が個人別に管理されていなかったため、ポータビリティがほとんど機能していなかったことも欠点であった。

②年金通算措置について（平成17年10月から実施）

平成17（2005）年10月からは、確定給付型の企業年金の資産移換が緩和され、以下のような措置が可能となった（図表2-2-15）。

① 厚生年金基金、確定給付企業年金間で、加入者の年金原資の資産移換を可能とする。この移換が困難な場合は、企業年金連合会（厚生年金基金連合会を改称）で引き受け、年金として受給できるようにする。

② 厚生年金基金、確定給付企業年金から確定拠出年金へ加入者の年金原資の資産移換を可能とする。

■年金資産の移換には５つのパターン

離・転職時の年金資産の移換については5つのケースがある。

①企業型年金に加入したときの資産の移換

Ａ企業の企業型年金加入者（加入者であった者を含む）がＢ企業の企業型年金の加入者になったとき、または個人型年金加入者（個人型年金運用指図者を含む）が、新たに企業型年金の加入者となったときは、それぞれの個人別管理資産は、新たに加入する企業型年金に移換される。

Ａ企業からＢ企業への転職の場合は、Ａ企業の資産管理機関からＢ企業の資産管理機関へ移換される。

一方、個人型年金加入者の場合は、国民年金基金連合会から入社した企業の企業型年金の資産管理機関に移換される（移換しないで個人型年金加入者または個人型年金運用指図者として継続することも可）。

図表2-2-15　ポータビリティのイメージ

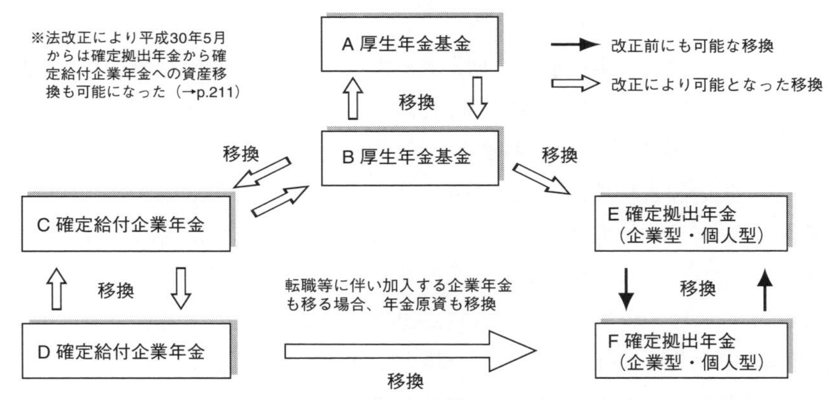

（注）1. 厚生年金基金連合会（改正後は「企業年金連合会」に改称）においては、改正前は厚生年金基金を脱退した場合にのみ移換の受入れが可能だが、改正後は確定給付企業年金などとの間でも移換の受入れが可能となる

2. いずれの場合も転職先企業の制度の規約において、移換の受入れが定められている場合に、本人のり選択によ移換することになる

（出所）厚生労働省資料

このケースは、企業型年金を実施している企業から、他の実施している企業への転職、または個人型年金加入者の企業型年金を実施している企業への転職の場合である（法80条）。

②個人型年金に加入したときの資産の移換

企業型年金の加入者が、転職などにより個人型年金の加入申し込みをしたときは、個人別管理資産は加入していた企業型年金の資産管理機関から国民年金基金連合会に移換される。

また、企業型年金の障害給付金の受給権者の場合は、個人型年金の加入申し込みと同時に、個人別管理資産の移換の申し出をしたときは、個人別管理資産は国民年金基金連合会に移換される。

このケースは、企業型年金の加入者が企業型年金を実施していない企業等に転職するとき、または個人事業主等になる場合である（法81条）。

③個人型年金運用指図者となったときの資産の移換

企業型年金の加入者であった者は、国民年金基金連合会に申し出ることによって個人型年金運用指図者となることができる。

個人別管理資産は、加入していた企業型年金の資産管理機関から国民年金基金連合会に移換される。

このケースは、企業型年金の加入者であった者が、転職や離職により掛金を拠出しないで個人型年金運用指図者になる場合である（法82条）。

④その他の場合の資産の移換

企業型年金加入者であった者の個人別管理資産が資格喪失から6カ月以内に移換されなかった場合には、資産管理機関は国民年金基金連合会にその者の年金資産を自動的に移換する。

このケースは、企業型年金加入者が退職して、6カ月以上経過した場合で、年金の移換手続きが行われなかった場合である（法83条）。

この場合、いずれ正規の手続きをする必要がある。手続きをするまでは現金化された資産を単に預かっている状態になり、運用できないだけでなく、管理手数料（月間51円）で資産が目減りしていく。

また、自動移換中の期間は確定拠出年金の加入期間とみなされないため、受取開始時期が遅くなる場合がある（最高65歳まで遅れる）。

⑤事業主への資産の返還

企業型年金加入者が、転職などで加入資格を喪失した場合、規約の定めによる返還資産額があるときは、移換する金額は、当該返還資産額を差し引いた金額となる。

資産管理機関は事業主に当該返還資産額相当額を返還することになる。

このケースは、勤続3年未満の従業員に掛金の返還を求める場合である。事業主が拠出する企業型年金の掛金は、勤続3年目までは規約で一定割合を事業主のものとして定めることができ、定めた掛金額を事業主に返還することになる（ただし、規約に定めがなければ、勤続3年未満の者も全額が移換される）（法84条）。

〈マッチング拠出による従業員拠出と事業主返還〉

事業主返還を規約で定めている企業型年金でマッチング拠出を導入している場合、運用損により資産残高（個人別管理資産額）が事業主返還分を下回ったときはどうなるだろうか。単純に資産残高の全額を事業主に返還させると加入者掛金（従業員掛金）の拠出分はすべて従業員が負担することになってしまう。

そこで、加入者掛金の返還をゼロにして事業主掛金の返還に充当させることは不当に差別的な扱いに該当するとされ、このような場合の事業主掛金原資部分の算定方法を規約で定めることが求められている（施行令2条、法令解釈第1の3（7）②)。具体的には、運用損を企業掛金と加入者掛金で按分するとか、運用損部分は企業掛金から差し引き加入者掛金は返還対象としないといった方法が考えられる。

■増え続ける自動移換が制度上の大きな課題

ポータビリティは確定拠出年金のメリットであるが、メリットを生かすどころか大きな課題となっているのが離・転職時に発生する自動移換問題である。企業型年金加入者が離・転職により加入資格を失った場合、放置しておくと資格喪失の翌月から起算して6カ月経過後に国民年金基金連合会に自動移換（強制移換）される（法83条)。しかし、自動移換者は年々増え、平成29年3月末で64万8,427人に達している。個人型年金加入者数は約43万人なので正規の加入者の約1.5倍に上る。

自動移換では、現金化された資産が、国民年金基金連合会が委託する特定運営管理機関に移換されるが、移換手数料として4,269円が資産から差し引かれる。さらに移換月の4カ月後からは、毎月51円の管理手数料も資産から差し引かれていく（図表2-2-16)。

手数料以外にも、自動移換された資産を放置しておくと次のようなデメリットがある。

・まったく運用ができないので、資産を増やせない
・老齢給付金の受給可能な年齢になっても、給付が受けられない
　※年金確保支援法により、平成26年1月から、自動移換者が70歳に達した時点で国民年金基金連合会が自動給付（一時金）できるようになった

図表2-2-16　自動移換にかかる手数料

	支払先	
	特定運営管理機関	国民年金基金連合会
自動移換時の手数料	3,240円	1,029円
自動移換後の管理手数料	月額51円	——

（注）1．特定運営管理機関とは、自動移換資産の管理を国民年金基金連合会から委託された運営管理機関
　2．自動移換後の管理手数料は、自動移換された日の属する月の4カ月後から徴収
　（例）6月12日（6月）に自動移換の場合、10月分から徴収

図表2-2-17　自動移換後の手続きにかかる手数料

	支払先	
	特定運営管理機関	国民年金基金連合会
個人型年金移換時の手数料	1,080円	2,777円
企業型年金移換時の手数料	1,080円	——
脱退一時金の受給	4,104円	——

・自動移換中の期間は、確定拠出年金の加入期間とはみなされないため、受取開始の時期が遅くなる場合がある

自動移換後の資産処理の手続きとしては、状況により以下のようなものがある。また、手続きにあたって図表2-2-17のような手数料がかかる。

・個人型年金に移換する
　→将来受給できる年金が充実するとともに、掛金金額が所得控除されるので、毎年節税になる
・企業型年金に移換する（転職先に企業型年金がある場合）
・脱退一時金として受け取る（受給要件を満たしている場合）

※法改正により平成30年5月からは、企業型年金の資格喪失後6カ月以内に転職先の企業型年金や個人型年金の加入者になったり、自動移換後に転職先の企業型年金や個人型年金加入者になったことが確認できた場合は、移換の申し出をしなくても転職先の企業型年金や個人型年金への資産移換が行われるようになった

(9) 税制上の措置

●理解のためのキーポイント

○拠出時非課税、運用時非課税、給付時課税となる
○事業主の掛金は損金扱い、個人の掛金は所得控除される
○積立期間の運用益は非課税となる
○受給時は年金受給では公的年金等控除、一時金受給では退職所得控除となる

確定拠出年金には、拠出時、運用時、受給時の3つの段階で、課税の優遇措置がある。各段階と給付金の種類による課税の優遇措置は、図表2-2-18のようになっている。

■掛金に対する税制上の扱い

企業型年金では、事業主が拠出する掛金は全額損金扱いとなり非課税である。また、従業員の給与所得金額には算入されない。つまり、いったん給与に上乗せしてから掛金を差し引くのではなく、最初から給与としては支給されなかったものとして扱われる。そのため、税務上、従業員給与から所得控除する必要はない。一方、従業員が拠出する掛金も全額非課税であるが、給与から拠出するので小規模企業共済等掛金控除による所得控除となる。

個人型年金では、加入者の拠出金は全額が小規模企業共済等掛金控除で所得控除となり非課税である。こちらも、従業員が自分の給与から掛金を拠出

〈知って得する補足知識〉

確定拠出年金（個人型年金）の掛金の所得控除は小規模企業共済等掛金控除（本人掛金のみ対象）であるが、国民年金基金の所得控除（配偶者等の掛金も対象）は社会保険料控除となる。

図表2-2-18　確定拠出年金に対する課税優遇措置

<table>
<tr><th>給付金の種類</th><th colspan="2">拠出時</th><th>運用時</th><th>受給時</th></tr>
<tr><td rowspan="2">老齢給付金</td><td>企業型</td><td>非課税
（事業主掛金は損金算入、加入者掛金は所得控除）</td><td rowspan="2">・運用益は非課税
・特別法人税（加入者個人に対してではなく、年金資産全体に対して1.173%）
※特別法人税は2020年3月まで凍結</td><td rowspan="2">①年金受給
雑所得課税（公的年金等控除適用）
②一時金受給
退職所得課税（加入期間〈通算拠出期間〉を勤続年数とみなして退職所得控除適用）</td></tr>
<tr><td>個人型</td><td>非課税
（所得控除）</td></tr>
<tr><td>障害給付金</td><td colspan="3"></td><td>非課税</td></tr>
<tr><td>死亡一時金</td><td colspan="3"></td><td>相続税課税（法定相続人1人当たり500万円まで非課税</td></tr>
<tr><td>脱退一時金</td><td colspan="3"></td><td>所得税・住民税課税
※課税優遇なし</td></tr>
</table>

するので所得控除によって非課税扱いとなる。自営業者等についても同様である。したがって自営業者等は、年間81万6,000円（最大の場合）の課税所得を減らすことができ、その節税効果は大きい。

■運用益に対する税制上の扱い

①年金資産に対する運用益は非課税

確定拠出年金制度では、将来、年金や一時金で受け取るまで掛金の運用益に対する課税は行われない。したがって、複利による有利な運用が可能となる。

②積み立てた年金資産に対しては課税

積み立てた年金掛金およびその運用益については、特別法人税が課税される。特別法人税とは確定給付企業年金や厚生年金基金の年金資産に対して課税される特別の法人税で、確定拠出年金にも適用されることになっている。

特別法人税率は1%であるが、これに法人住民税0.173%が加算されるため、1.173%の税率が積み立てた年金資産に課税される。ただし、平成32（2020）年3月まで課税は凍結されている。

図表2-2-19　公的年金等控除の額

受給者の区分	公的年金等の収入金額（Ⓐ）	控　除　額
65歳未満	130万円未満 130万円以上410万円未満 410万円以上770万円未満 770万円以上	70万円 Ⓐ×25%＋37万5,000円 Ⓐ×15%＋78万5,000円 Ⓐ×5%＋155万5,000円
65歳以上	330万円未満 330万円以上410万円未満 410万円以上770万円未満 770万円以上	120万円 Ⓐ×25%＋37万5,000円 Ⓐ×15%＋78万5,000円 Ⓐ×5%＋155万5,000円

（注）1．65歳の区分はその年の12月31日現在の年齢による
2．公的年金等控除のほかにも基礎控除、配偶者控除などがあり、その年の所得からすべての控除を差し引いた額に課税される

■受給時の給付金に対する税制上の扱い

①老齢給付金には優遇課税が適用

年金として受給する場合は、雑所得として所得税が課税される。ただ所得金額の計算では、公的年金等控除（図表2-2-19）が適用となる。

一方、一時金として受給する場合は、退職所得として所得税、住民税が課税される。所得金額の計算では、退職所得控除が適用となる（図表2-2-20）。

②障害給付金は非課税

障害給付金は所得税は課税されず、非課税の扱いである。

③死亡一時金は相続税が課税

加入者が死亡した場合は、遺族に死亡一時金が支給されるが、相続財産とされ、相続税が課税される。ただし、「法定相続人の数×500万円」が非課税で、相続財産から控除される。

④脱退一時金には優遇措置なし

所得税は一時所得として課税され、住民税も課税される。

図表2-2-20　退職所得税額の計算方法

＜税額の計算式＞

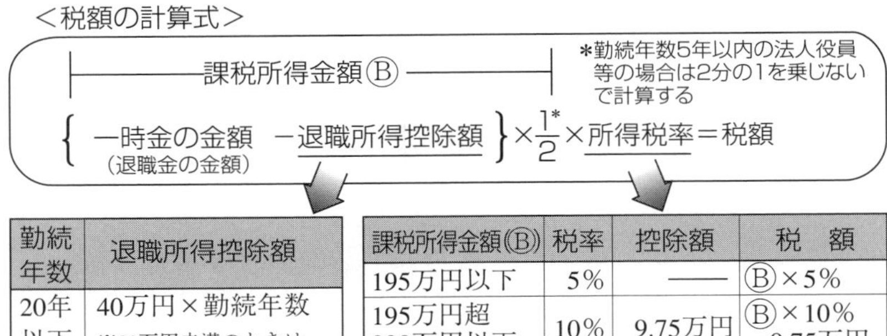

勤続年数	退職所得控除額
20年以下	40万円×勤続年数 ※80万円未満のときは80万円
20年超	800万円＋〔70万円×（勤続年数－20年）〕

課税所得金額Ⓑ	税率	控除額	税　額
195万円以下	5％	——	Ⓑ×5％
195万円超 330万円以下	10％	9.75万円	Ⓑ×10％ －9.75万円
330万円超 695万円以下	20％	42.75万円	Ⓑ×20％ －42.75万円
695万円超 900万円以下	23％	63.6万円	Ⓑ×23％ －63.6万円
900万円超 1,800万円以下	33％	153.6万円	Ⓑ×33％ －153.6万円
1,800万円超	40％	279.6万円	Ⓑ×40％ －279.6万円

（注）１．勤続年数の端数は１年に切り上げ
２．確定拠出年金の加入期間（掛金拠出期間のみ）を勤続年数とみなす

(10) 確定拠出年金規約

●理解のためのキーポイント

○一定の資格を定めることができる（研究職、新入社員からなど）
○運用の指図は少なくとも３カ月に１回は行うことができる
○国民年金基金連合会は少なくとも5年ごとに個人型年金の規約を見直す
○資産管理機関、加入者の資格などは個人型年金規約には記載しない

■企業型年金規約の記載事項

企業型年金規約は、企業型年金を導入する企業が規約を作成する（法3条）。規約は労使合意が必要である。従業員の過半数で組織する労働組合があれば

当該労働組合の、過半数で組織する労働組合がない場合は従業員の過半数を代表する者の同意を得て、厚生労働大臣の承認を受けなければならない。

規約は企業型年金を導入しようとする事業所ごとに必要となる。

規約に記載する事項は、以下のとおりである（法3条3項)。

①　事業主（企業）の名称および住所

②　実施事業所の名称および住所

②の２　簡易企業型年金を実施する場合はその旨（H30.5.1より）

③　事業主（企業）が運営管理業務の全部または一部を行う場合、その行う業務

④　事業主（企業）が運営管理業務の全部または一部を委託する場合、その運営管理機関の名称、住所、委託業務

⑤　資産管理機関の名称、住所

⑥　加入条件に一定の資格を定める場合、その資格要件

⑥の２　60歳以上65歳以下の一定の年齢に達したときに企業型年金加入者の資格を喪失することを定める場合は、その年齢に関する事項

⑦　事業主（企業）掛金の額の算定方法

⑦の２　企業型年金加入者が掛金を拠出する場合、掛金の額の決定または変更の方法、その他拠出に関する事項（マッチング拠出の定め）

⑦の３　企業型年金加入者が掛金拠出できることを定めない（マッチング拠出ができない）場合であって、個人型年金加入者になることができる場合はその旨（同時加入を可能とする定め）

⑧　運用方法（商品）の提示および運用の指図に関する事項

⑧の２　指定運用方法の提示に関する事項（H30.5.1より）

⑧の３　運用方法の除外手続きに関する事項（H30.5.1より）

⑨　企業型年金の給付額および支給の方法

⑩　3年未満で退職した場合、事業主（企業）への返還資産額の算定方法

⑪　企業型年金の実施に関する事務費の負担方法

⑫　その他政令で定める事項

政令で定める事項には、次の事項が定められている（施行令3条)。

① 運営管理業務の委託契約に関する事項
② 資産管理契約に関する事項
③ 事業主掛金に関する事項
④ 企業型年金の加入者掛金の納付に関する事項
⑤ 一般的な投資教育の内容および方法について
⑥ 企業年金制度、退職手当制度から資産の移換に関する事項
⑦ 確定給付企業年金等からの脱退一時金相当額等の移換に関する事項
⑧ 確定給付企業年金または中小企業退職金共済制度への資産の移換に関する事項（H30.5.1より）
⑨ 企業型年金の事業年度に関する事項

■企業型年金規約の承認基準

企業型年金規約は上記の事項を定めることが必要であるが、以下の承認基準が定められている（法4条）。主なものは次の事項である。

① 加入者とするための一定の加入資格を定める場合、特定の加入者について、不当に差別的でないこと
② 事業主（企業）掛金は、定額または給与に一定の率を乗ずる方法、その他これに類する方法により算出した額とすること
③ 企業型年金加入者および企業型年金運用指図者による運用の指図が、少なくとも3カ月に1回行うことができること
④ 企業型年金加入者が資格を喪失した日において、使用された期間が3年以上ある場合、または障害給付金の受給権を有する場合、その資産が移換されるときは、個人別管理資産の全額移換のポータビリティが確保されること

■企業型年金規約の変更

事業主（企業）が規約の変更をする場合、規約の作成と同じように、厚生労働大臣の承認を得なければならない。また、変更したときは遅滞なく厚生労働大臣に届け出なければならない。労使の合意も必要である。なお、規約

変更時における軽微な変更の手続きの簡素化が平成16年10月に実施された。軽微な変更のうち、特に軽微と思われる変更については、労使合意は不要で、厚生労働大臣に届け出ることで足りることになった。該当するのは、事業主、運営管理機関などの住所変更などである（法5条、施行規則5条）。

■個人型年金規約の記載事項

個人型年金を実施するためには、国民年金基金連合会が規約を作成し、厚生労働大臣の承認を受けなければならない（法55条）。規約の変更は、個人型年金規約策定委員会の議決を経て、厚生労働大臣の承認を受ける。

連合会の業務の特徴は、5年ごとに加入者数、企業型年金の実施状況、国民生活の動向などを勘案して規約の内容を検討し、必要があれば規約を変更しなければならないとされ、制度の硬直化をなくそうとしている点にある。

規約に定めるべき事項は次のとおりである（法55条2項）。

①　国民年金基金連合会の名称および住所

②　運営管理業務を委託する運営管理機関の名称、住所、行う業務

③　個人型年金加入者および個人型年金運用指図者の運営管理機関の指定に関する事項

④　個人型年金加入者が拠出する掛金の額の決定または変更の方法に関する事項

④の２　中小事業主掛金納付制度の事業主掛金に関する事項（H30.5.1より）

⑤　運用方法（商品）の提示、運用の指図に関する事項

⑤の２　指定運用方法の提示に関する事項（H30.5.1より）

〈知って得する補足知識〉

企業型年金の規約は企業型年金の数だけ存在するが、個人型年金は実施主体が国民年金基金連合会しかないので、個人型年金規約も連合会が作成する規約１つしかない。

⑤の３　運用方法の除外手続きに関する事項（H30.5.1より）
⑥　給付額および支給の方法に関する事項
⑦　事務費の負担に関する事項
⑧　その他政令で定める事項

政令で定める事項には、次の事項が定められている（施行令27条）。

①　個人型年金規約策定委員会に関する事項
②　運営管理業の委託に係る契約に関する事項
③　積立金の管理や運営に関する契約に係る預金通帳、有価証券等の保管に関する事務の委託を受けた者の名称、住所およびその行う業務、ならびにその契約に関する事項
④　個人型年金加入者掛金の納付の方法に関する事項
⑤　中小事業主掛金の納付に関する事項（H30.5.1より）
⑥　一般的な投資教育の内容および方法
⑦　企業型年金からの脱退一時金の国民年金基金連合会への移換に関する事項
⑧　確定給付企業年金への資産の移換に関する事項（H30.5.1より）
⑨　個人型年金の事業年度に関する事項
⑩　公告に関する事項

■個人型年金規約の承認基準

個人型年金規約の承認申請があった場合、以下の承認基準がある（法56条）。

①　提示される運用方法（商品）は、3つ以上のリスク・リターン特性の異なるものであること
②　個人型年金加入者および個人型年金運用指図者による運用の指図は少なくとも3カ月に1回は行うことができること
③　給付額の算定方法が基準に合致していること
④　提示される運用商品の数や種類などが、特定の者について不当に差別的でないこと

(11) 加入者のメリット・デメリット

●理解のためのキーポイント

○税制上のメリットが大きく、転職時のポータビリティがある
○自己責任原則で運用するため、運用結果が明確に反映される
○将来の給付額が確定しないというデメリットがある

■企業型年金加入者のメリット

加入者側にとってのメリットには、次のようなものがある。

①税制上のメリット

〈拠出時〉

事業主掛金は損金算入、加入者掛金は所得控除となる。

〈運用時の複利効果〉

運用益は非課税となるので、資産の増加が早まる複利効果が期待できる。ただし、加入者全体の資産に特別法人税が課税されるため、複利効果が減少する（2020年3月まで課税は凍結中)。

〈給付時の優遇税制適用〉

年金の給付時には、一時金として受け取る場合は退職所得控除、年金として受け取る場合には公的年金等控除が適用されるので、通常の所得よりも、手取額が多くなる。

②転職時のポータビリティがある

3年以上勤務すれば無条件で全額を持ち運ぶことができる。転職先の企業型年金あるいは国民年金基金連合会に資産を移し換えながら、税制上のメリットを受けて継続した運用ができる。

③運用上のメリット

加入者は運営管理機関から提示された3種類以上の運用商品の中から自己責任で商品を選択し、運用指図をしていくことができるので、運用次第で他人よりも大きな資産をつくる可能性が持てる。

さらに個人残高が容易に把握できるので、自分の年金資産や運用状況をい

つでも把握することができる。

■個人型年金加入者のメリット

加入者にとって、個人型年金のメリットとしては、税制上のメリット、転職時のポータビリティ、運用上のメリットなどは企業型年金と同じである。

その他のメリットとして次のようなものがある。

①自営業者の拠出限度額が大きい

自営業者等（国民年金第1号被保険者）の場合は、他の加入者に比べて拠出限度額が月額6万8,000円（年間81万6,000円）と格段に大きくなっている。年金の資産づくりに有利なのはもちろん、毎年の節税効果も大きい。国民年金基金との合計額とはいえ、夫婦であれば年間163万2,000円もの所得控除が受けられる。

②拠出額の増減ができる

企業型年金の事業主掛金は、事業主（企業）が拠出額を決めるので、加入者自身が変更することはできない。しかし個人型年金の場合は、1年に1回変更することができる。

③転職時のポータビリティ

特に個人型年金は、本人が拠出するので、企業型年金と異なり、いつ転職しても勤続年数に無関係に、全額を移換することができる。

〈知って得する補足知識〉

確定拠出年金は、既存制度からの移行時に企業に大きなコスト負担がかかるが、積立不足による追加負担がなくなる、就業規則の改定により必然的に人事制度の見直しができるなど長期的な視点では、コスト軽減になる可能性もある。

■加入者のデメリット（企業型年金、個人型年金）

加入者にとっての確定拠出年金のデメリットには、次のようなものがある。

①運用リスクの負担

自己責任で運用するため、運用結果が悪くても、企業からの補てんがない。そのため、資産を減少させるリスクがある。

②運用知識が必要

自己責任で運用の成果をあげるためには、基礎的な投資理論や運用商品などの知識を身につける必要があり、投資ノウハウを得るための自助努力が求められる。

③給付額が確定しない

運用の成果で給付額が左右されるため、受給開始するまで年金資産が確定しない、そのため、老後の生活設計が立てにくい。特に住宅ローンの返済などの見込みが立てにくい。

④途中引出しができない

原則として、60歳になるまでは途中で引き出せない。さらに年金資産を担保として、借入れすることもできない。つまり、急な資金が必要な場合に対応できない。

(12) 企業のメリット・デメリット

●理解のためのキーポイント

○積立不足や後発債務は発生しないシステムである
○優秀な人材を確保できる（中途採用に適している）
○従業員のモラールアップにつながる
○導入時・運営時のコストがかかる

■企業のメリット

企業が確定拠出年金を導入する場合の企業側のメリットは次のようなものがあげられる。

①積立不足の解消と後発債務が発生しないこと

従来の確定給付型の年金制度では、企業が利回りを保証しているため、現状のような低金利、株式相場の不振のもとでは、年金資産に積立不足（後発債務）が発生する。さらに平成12（2000）年度以降の新会計基準では、この積立不足を退職給付債務として開示することが義務づけられたため、企業の格付けにも大きな影響を与えることになった。

確定拠出年金では、企業は掛金を拠出した段階で将来の給付保証義務を免れ、その後は加入者が自己責任で運用するため、企業には後発債務が発生しない。

②事業主（企業）が拠出する掛金は、全額損金算入できる

事業主（企業）の拠出限度額は以下のとおりである。拠出限度額の範囲内で拠出した掛金は、全額が損金算入の扱いである。

企業年金等あり	年間33万円（月額2万7,500円）
企業年金等なし	年間66万円（月額5万5,000円）

③優秀な人材確保ができる

雇用の流動化が進んでいるが、離・転職の際にポータビリティがあるため、中途採用者にも不利にならない。中小企業にとっても、優秀な人材確保に役

立つものと期待できる。

④年金数理計算が不要

確定給付型の年金では複雑な年金数理計算があり、専門家である年金数理人が必要であった。確定拠出年金では、導入後は必要とされない。

⑤従業員のモラールアップ

従来の企業年金制度では、企業年金などは賃金の後払いの性格であったため、従業員側では支給の時点まで、その恩恵がわからないことが多かった。

確定拠出年金では、運用を自己責任で行うので、運用商品として自社株のファンドを組み入れれば自社の株価への関心も高くなり、企業業績にも注目するようになる。その結果としてモラールアップにつながる。

■企業のデメリット

企業側のデメリットとしては、次のようなものがあげられる。

①運用実績が上がっても掛金の削減はできない

運用実績に関係なく、掛金が一定であるため、運用実績が好調でも、掛金負担を減少させることはできない。

②既存の年金制度からの移行の負担が大きい

退職一時金、厚生年金基金、確定給付企業年金といった確定給付型の年金などから確定拠出年金に移行する場合には、変更時の保証、積立不足の解消などといった移行にかかるコストの負担が大きい。

③導入時・運営時にかかるコストが大きい

導入時のコンサルティングのコスト、導入後の加入者教育コスト、運営上のコストなど、コストが高い。

④従業員への投資教育の負担が大きい

確定拠出年金では、掛金を従業員が自己責任のもとに資産運用を行い、運用の結果として生じるリスクも従業員が負う。

したがって導入にあたっては、投資教育、資料の提供、相談などの受け付けを行うように努める義務がある。

この加入者教育の充実が企業側の課題である。

(13) 既存の退職給付制度からの移行

●理解のためのキーポイント

○厚生年金基金、確定給付企業年金に積立不足がないことが移行条件
○最もやりやすいのは退職一時金からの移行
○厚生年金基金や確定給付企業年金からの移行は複雑なのでアウトラインをつかむ
○移行に必要な諸規則は規約で定める

■既存の退職給付制度の仕組み（長期勤続優遇の退職給付）

わが国の退職給付制度の一般的なカーブは、入社後しばらくは緩やかで、15年目くらいからきつくなり、いったん上昇してからまたゆるくなるという長期勤続者に有利となるＳ字型のカーブになっている。そのため、ある時点で一斉に切り替えるということは難しく、全体の公平性を保ちながら、確定拠出年金に切り替えていくという作業が必要である。

■既存制度からの移行のステップ

既存の退職給付制度から確定拠出年金に移行するステップの例としては、以下のようになる（図表2-2-21）。

①導入方針の明確化

自社の退職給付制度（または退職金規定）の現状と問題点を整理し、確定拠出年金の導入目的を明確にする。導入目的としては、次のようなものが考えられる。

○退職給付債務の軽減または解消（積立不足対策）
○退職給付水準の再検討
○雇用流動化に対応した制度の導入

いずれにしても、わが国の場合、企業年金は賃金の後払い的な性格が強く、既存の退職一時金や企業年金水準と密接な関係がある。これらの退職給付と

図表2-2-21　確定拠出年金への移行の流れ

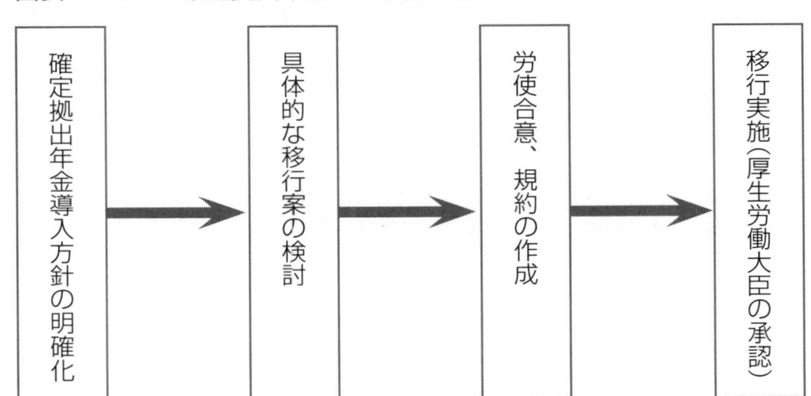

の関係を明らかにしておく必要がある。

②具体的な移行案の検討

導入方針に従った移行案を作成する。移行に伴って発生する債務の解消方法や加入者の公平性確保などの処理案を具体化しておく。一方的に企業側に有利、従業員側に不利といった偏りのないように配慮する。企業型年金規約の素案も作成する。

③労使合意

移行案および企業型年金規約の素案を労使協議にかけて、従業員側の同意を得る。

④移行の実施

労使合意の内容に従って制度設計を行い、必要な手続きを経て、移行を行う。移行にあたっては、一般従業員への十分な説明を行う。

■既存制度からの移行の条件

① 厚生年金基金や確定給付企業年金で積立不足がないこと（減額を行い条件を満たすことも可能）

② 一部移行する場合は、移行対応部分（額）の減額を行う

③　移換限度額の撤廃

従来は移換される資産の中で、企業型年金加入者の各個人別管理資産に充当する額は、基準日の属する月前に企業型年金加入者が事業主に使用された期間（過去勤務期間）の各月について、事業主が掛金を拠出するものとした拠出限度額に標準的な運用利回りを掛けて算出された利息相当分を加えた額の合計額とされていた。

ただ、過去期間分の年金原資が、移換限度額を超える場合、超過した部分を確定拠出年金に移行できず、移行メリットが生かされない場合があった。

しかし、平成16年10月からこの移換限度額が撤廃されて、過去期間分の年金原資はすべて確定拠出年金に移行できるようになった。

■厚生年金基金からの移行

厚生年金基金を廃止して、確定拠出年金へ全部移行する場合は、国に代行部分（厚生年金の一部分）を返上し、基金を解散しなければならない。また、厚生年金基金の給付額を減額し、それに見合った部分を確定拠出年金に移行することもできる。ただし、年金資産額が一定の基準（最低積立基準額など）を下回っている場合は、移行部分を一括拠出して、移行部分の積立不足をなくす必要がある（図表2-2-22）。

■確定給付企業年金からの移行

確定給付企業年金を全部解約して、確定拠出年金へ全部移行する場合と、一部解約して、一部移行する場合がある（図表2-2-23）。

移行のルールは、代行部分がないだけで、積立不足の処理など基本的には厚生年金基金の移行と同じである。

■退職一時金からの移行

退職一時金から確定拠出年金へ移行する場合は、確定給付企業年金や厚生年金基金からの移行とは異なって、一度に全部を年金資産として移行することはできない。これは退職一時金制度では企業の資産と分離された資産がなく、資産の移行にあたっては新たに企業が年金資産を拠出する必要があるためである。したがってその拠出に際しては、数年に分けて拠出することになる（図表2-2-24）。移行に際して基準となるのは、現在までの退職金の自己都合退職要支給額である。

退職一時金を減額して一部を移行する場合は、減額する前後の自己都合退職要支給額の差額が、確定拠出年金へ移行する額となる。

移行する額は制度移行の年度の翌年度から3～7年の間で均等に分割して行う（実務上は移行年度を含めて4～8年に分割して行うことになる）。

■退職一時金の移換額の例

退職一時金の移換額の求め方を事例を使って具体的に示してみよう。次の事例の企業の退職一時金の年金資産を、最長の8年で確定拠出年金へ移換した場合、1年間に移換する額はいくらになるだろうか。

〈事例〉
自己都合退職要支給額（差額）　移行日に2億円あった
2億円 ÷ 8年 = 2,500万円（初年度移換額）
ただし、他の企業年金制度からの移換分はなかった場合

退職一時金は、退職給与引当金の廃止で企業の節税メリットがなくなることから、確定拠出年金への移行が考えられる。

図表2-2-22　厚生年金基金から確定拠出年金への移行

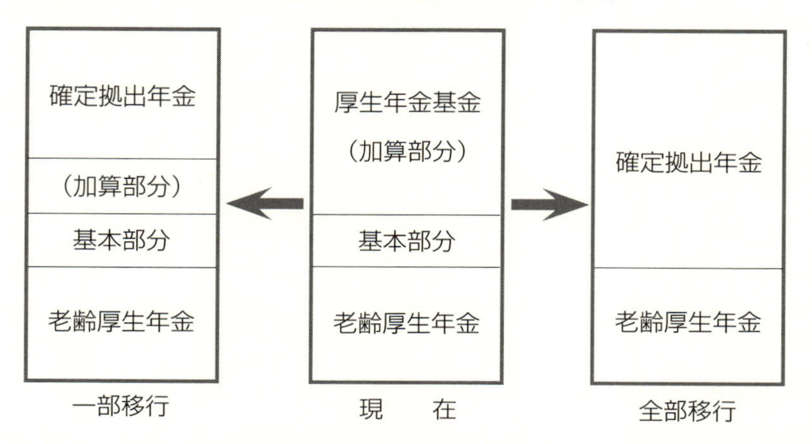

図表2-2-23　積立不足のある確定給付企業年金から確定拠出年金への移行

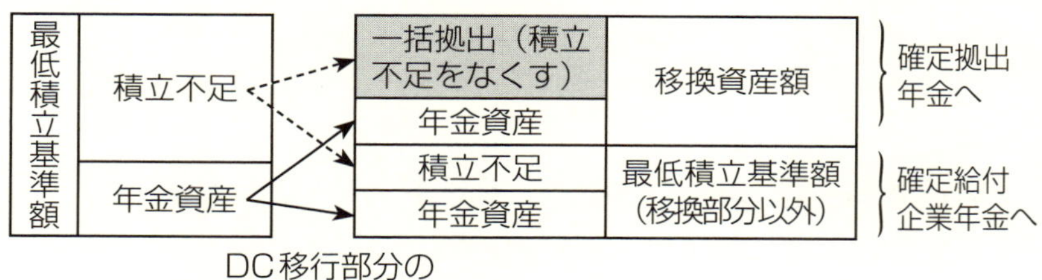

（注）確定給付企業年金法施行規則の改正（H24.1.31）により、確定拠出年金への移行の際の積立不足は、DC移換部分の積立不足を一括拠出すればよくなった（厚生年金基金も同じ）。改正前は積立不足全額を一括拠出で解消する必要があった

図表2-2-24　退職一時金から確定拠出年金への移行

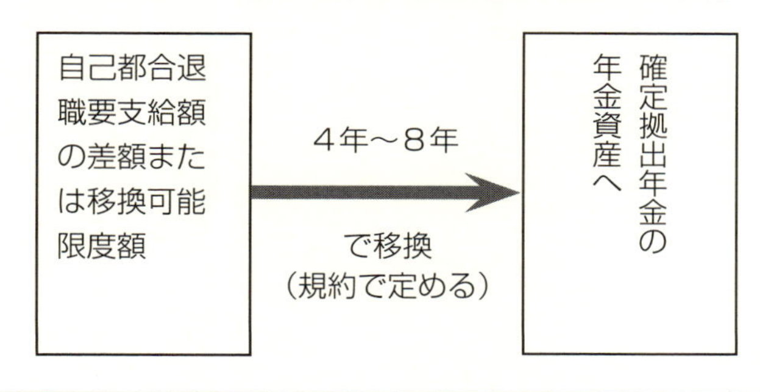

2. コンプライアンス

(1) 事業主の責務と行為準則

●理解のためのキーポイント

○事業主は加入者等に対し、運用に関する資料提供、投資教育を行う
○事業主は運営管理機関や資産管理機関と契約を締結する
○事業主の行為準則は、忠実義務と個人情報保護義務がある
○事業主には禁止行為も多く存在する

■事業主には投資環境を整備する責務がある

事業主に重い責務としては、運用に際しての義務がある。

事業主（企業）は企業型年金の加入者および企業型年金運用指図者に対して、運用の指図に必要な年金資産の運用に関する基礎的資料の提供、その他投資教育などを行うよう努めなければならない。

また、厚生年金適用事業所に雇用される個人型年金加入者に対しては、企業は必要とされる協力や個人型年金規約に基づく諸要件を満たすよう努めることが求められる。要約すれば、加入者が自己責任で運用するために必要な投資知識を得るための投資環境を整備することが企業に求められる。

こうした責務を怠った結果として生じた加入者の損失に対しては、企業の責任が問われる。

〈知って得する補足知識〉

事業主（企業）、運営管理機関、資産管理機関は、確定拠出年金の受託者として、それぞれ加入者に対して責任を負っている。運営管理機関や資産管理機関は、企業の契約先だからといって、加入者に対する受託者としての責任を免れることはできない。

■事業主には行為準則が定められている

企業型年金の運営にあたって、事業主には、加入者の利益を守るために行為準則として忠実義務と個人情報保護義務が定められている（法43条）。

①忠実義務

企業は、法令等や企業型年金規約を遵守し、加入者等（加入者、運用指図者、受給権者）のために忠実に業務を遂行しなければならない（法43条1項）。

②個人情報保護義務

加入者の氏名、住所、生年月日、個人別管理資産額等の個人に関する情報は、本人の同意があるなど正当な事由があるとき以外は、業務の遂行に必要な範囲を超えて保管または使用してはならない（法43条1項）。

■資産管理機関、運営管理機関への委託

企業は、確定拠出年金の年金資産を企業の資産と切り離して管理する必要があり、外部の資産管理機関と資産管理契約を締結する。資産管理機関となることができるものは、信託会社（信託銀行を含む）、企業年金基金、生命保険会社（国内、国外を含む）、農業協同組合連合会（該当事業を行うもの）、損害保険会社（国内、国外を含む）に限定されている。したがって一般の銀行や証券会社は資産管理機関になることはできない。

一方、運営管理業務では、全部または一部を企業が運営管理機関に委託することができる。さらに、企業から委託された運営管理機関は、一部を再委託することもできる（全部の再委託は不可）。

運営管理機関は主務大臣の登録を受けた法人がなることができる。具体的には、銀行、証券会社、保険会社が中心になる。

■事業主（企業）の禁止行為

事業主は次のことは禁止とされている（法43条）。

① 自己や第三者の利益を図る目的を持ち、運営管理契約や資産管理契約を締結すること

② その他加入者等の保護に欠けるものとして、厚生労働省令で定める行為を行うこと

②のその他加入者等の保護に欠けるものとして、厚生労働省令で定める行為とは次のとおりである。

- ○ 自己または企業型年金加入者等以外の第三者の利益を図る目的を持って、運営管理業務の委託に係る契約または資産管理契約を締結すること
- ○ 運用関連業務を委託した確定拠出年金運営管理機関に、企業型年金加入者に対して、提示した運用商品のうち特定のものについて指図を行うことを勧めたり、また指図を行わないように勧めること
- ○ 企業型年金加入者等に、特定の運用の商品について指図を行うことを勧めたり、また指図を行わないように勧めること
- ○ 企業型年金加入者等に対して、自己または企業型年金加入者等以外の第三者に運用の指図を委託するように勧めること
- ○ 企業型年金加入者等が自己に係る運営管理業務を行う確定拠出年金運営管理機関等を選択できる場合に、特定の確定拠出年金運営管理機関を選択するように勧めること
- ○ 企業型年金加入者等が自己に係る運営管理業務を行う事業主と確定拠出年金運営管理機関の中から選択できる場合に、事業主が行う運営管理業務に関する事項であって、企業型年金加入者等の判断に影響を及ぼすこととなるものについて、故意に真実を告げなかったり、不実のことを告げたりすること

また、事業主が運営関連業務を行うものである場合には、次の行為はしてはならないとされている。

- ○ 自己または加入者以外の第三者の利益を図る目的を持って、特定の運用商品を選定すること
- ○ 企業型年金加入者に対し、提示した運用商品に関して、不実のことを告げ、もしくは利益または損失が生じることが確実であると誤解させるおそれのある情報を提供し、運用の指図を行わせること
- ○ 企業型年金加入者に対し、提示したいずれかの運用商品と他の運用の商品を比較して不実のことまたは誤解させるおそれのあることを告

げ、または表示すること
○企業型年金加入者等に対し、提示した運用商品に関する事項で、運用の指図の際の判断に影響を及ぼすような重大なものについて、故意に事実を告げず、もしくは不実のことまたは誤解させるおそれのあることを告げ、または表示すること

(2) 運営管理機関、資産管理機関の行為準則

●理解のためのキーポイント

○運営管理機関の主な責務は、忠実義務や個人情報保護義務である
○運営管理機関の禁止行為は、損失補償、損失補てん、特別利益の提供、特定の運用商品の提示や指図等である
○運営管理機関が責任を果たさなかった場合、罰則が科せられる

■運営管理機関の行為準則

①運営管理機関の責務

運営管理機関は、制度を適正に運営する役割を負っている。厳しく責任を問われることになるため、忠実義務や個人情報保護義務、中立的な立場から運用商品を選定する義務が課されている（法99条）。

②運営管理機関の行為準則

〈忠実義務〉

運営管理機関は、法令や運営管理規約を遵守し、加入者等のために忠実に業務を遂行しなければならない。

〈個人情報保護義務〉

運営管理機関は、加入者等の個人に関する情報を保管し、または使用するにあたり、業務に必要な範囲内で保管し、使用しなければならない（ただし本人の同意がある場合や正当な事由がある場合は目的外の利用が認められる）（法99条）。

③運営管理機関の禁止行為

運営管理機関に対して、主に下記の禁止事項が定められている（法100条）。

○損失補償……掛金の運用の結果が未だ発生していない時点で、運営管理機関が運営管理契約を結ぶ際に、損失補償の約束をすること
○損失補てん……実際に生じた損失の一部または全部を補てんするもので、現金だけでなく財産上の利益も、補てんとみなされる
○特別利益の提供……運営管理契約を締結する際に、特別利益の提供を約束すること
○特定の運用商品の提示や指図等……特定の運用商品を勧めたり、運用の指図を行うこと

運営管理機関の主な禁止行為を列挙すると下記のようになる。

○運営管理契約を締結するに際し、その相手方に対して、加入者等の損失の全部または一部を負担することを約すること
○運営管理契約を締結するに際し、その相手方に対して、加入者等または当該相手方に特別の利益を提供することを約すること
○運用関連業務に関し生じた加入者等の損失の全部もしくは一部を補てんし、または当該業務に関し生じた加入者等の利益に追加するため、当該加入者等または第三者に対し、財産上の利益を提供し、または第三者をして提供させること（自己の責めに帰すべき事故による損失の全部または一部を補てんする場合を除く）
○運営管理契約の締結について勧誘をするに際し、またはその解除を妨げるため、運営管理業務に関する事項であって、運営管理契約の相手方の判断に影響を及ぼすこととなる重要なものとして政令で定めるものにつき、故意に事実を告げず、または不実のことを告げること
○自己または加入者等以外の第三者の利益を図る目的を持って、特定の運用商品を加入者等に対し提示すること
○加入者等に対して、提示した運用商品のうち特定のものについて指図を行うこと、または行わないことを勧めること（投資顧問業者等が事業を営むものとして明示して行う場合を除く）

○その他、加入者等の保護に欠け、もしくは確定拠出年金運営管理業の公正を害し、信用を失墜させるおそれのあるものとして主務省令で定める行為（いわゆる営業職員、役員、営業所長が運用関連業務を兼務することの禁止など）

■運営管理機関に対する罰則

運営管理機関等は確定拠出年金制度が健全に維持され、加入者を保護するために所定の責任を課せられる。責任が果たされなかった場合、それぞれの状況に応じた罰則が科せられる。

また罰則が科せられない場合でも、行政処分や民事上の損害賠償の対象となることがあることにも留意する必要がある。

罰則の程度は以下のようになっている。

①３年以下の懲役もしくは300万円以下の罰金、または併科（法118条）

○厚生労働大臣の登録を受けずに運営管理業を営んだ者
○不正の手段により厚生労働大臣の登録を受けた者
○自己の名義で他人に運営管理機関を営ませた者
○運営管理契約締結時に加入者等の損失を負担することを約し、または加入者等、契約の相手方に特別の利益を提供することを約し、運用管理業務で生じた損失補てん、利益の上乗せのため、財産上の利益を提供した者

②１年以下の懲役もしくは100万円以下の罰金または併科（法119条）

○運営管理契約の締結の勧誘、解除の防止に関して、相手方の判断に影響を及ぼす事項につき、故意に事実を告げず、または不実のことを告げた者
○厚生労働大臣の業務の停止命令に違反して運営管理業を営んだ者

③６カ月以下の懲役または50万円以下の罰金（法120条）

○企業型年金実施事業主で、厚生労働大臣の命令に基づく報告をせず、もしくは虚偽の報告をし、または当該職員の質問に答弁をせず、もしくは虚偽の陳述をし、もしくは検査を拒み、妨げ、拒否した者
○運営管理業の登録申請書、誓約書に虚偽の記載をした者
○運営管理業務に関する帳簿書類の作成、もしくは保存をせず、または虚

偽の帳簿書類を作成した者

○運営管理業務に関する報告書を提出せず、または虚偽の記載をした報告書を提出した者

○厚生労働大臣の要請に基づく運営管理業務の状況に関する報告書を提出しなかった者

④50万円以下の罰金（法121条）

○運営管理機関で登録申請書に記載した内容に変更があった場合で当該変更の届出をしなかったとき

○運営管理機関で主務省庁で定められた様式の標識を掲示しなかったとき

○運営管理機関が書類を備えおかず、もしくは加入者等の求めに応じて閲覧させなかったとき

○運営管理機関が厚生労働大臣の業務改善命令に従わなかったとき

■資産管理機関の行為準則

資産管理機関は、法令および資産管理契約を遵守し、企業型年金加入者のために、忠実に業務を遂行しなければならない。

個人型年金の場合は、国民年金基金連合会が資産管理機関の役割を担う。行為準則については、基本的に企業型年金の資産管理機関と同様であるが、運営管理業務を運営管理機関に委託しなければならないものとされる(法44条)。

(3) 投資情報提供・運用商品説明上の留意点

●理解のためのキーポイント

○情報提供を行うものは、事業主、国民年金基金連合会および前記の委託を受けた運営管理機関である

○運用商品に関する情報の提供は、主として運営管理機関の責任において実施される

○事業主は導入に際しての環境の整備に協力するよう努めなければならない

■提供しなければならない投資情報の内容

確定拠出年金は、加入者等が自己責任で運用する制度である。

したがって自己責任を負うためには、加入者等が適切な投資判断を行うための知識や情報を十分に提供することが必要である。

事業主の責務として確定拠出年金法22条で投資教育の提供が定められていたが、いわゆる努力義務規定であり、努力しなくても罰則はない。もちろん、努力しないことにより加入者に損失が出た場合は、民法上の損害賠償の訴訟を起こされる可能性はあるが、事業主の過重な負担を配慮した規定だった。

しかし、投資教育の実情は加入時教育のみ実施が5割程度という状況をふまえ、年金確保支援法により、平成23（2011）年8月10日から「継続的実施」が条文に明記された（法22条2項）。罰則はないものの近年、投資教育の中でも継続教育が重視される状況に対応した改正措置である。

事業主等は加入者に対して、次のような情報の提供をしなければならない。

①事業主等が行う情報提供について（法22条の規定の具体的内容）

1. 確定拠出年金制度の具体的内容

○わが国の年金制度の概要および年金制度における確定拠出年金の位置づけ

○確定拠出年金の概要

○加入対象者と拠出限度額

○運用商品の範囲、提示方法、預け替え機会の内容

○給付の種類、受給要件、給付の開始時期および給付の受け取り方法

○加入者等が転職、離職した場合の資産の移換の方法

○拠出、運用および給付の各段階における税制措置の内容

○事業主、国民年金基金連合会、運営管理機関および資産管理機関の行為準則（責務および禁止行為）の内容

2. 金融商品の仕組みと特徴

預貯金、信託商品、投資信託、債券、株式、保険商品等それぞれの金融商品についての次の事項。

○金融商品の性格または特徴

○金融商品の種類
○期待できるリターン
○考えられるリスク
○投資信託、債券、株式等の有価証券や変額保険等については、価格に影響を与える要因等

3. 資産の運用の基礎知識
○資産の運用を行うにあたっての留意点（金融商品の仕組みや特徴を十分認識した上で運用する必要があること）
○リスクの種類と内容（金利リスク、為替リスク、信用リスク、価格変動リスク、インフレリスク等）
○リスクとリターンの関係
○長期運用の考え方とその効果
○分散投資の考え方とその効果

②運営管理機関が行う情報提供について

運営管理機関は加入者等に情報を提供する場合には、各運用商品ごとに次の情報を提供する（法24条、施行規則20条）。

○運用商品の内容に関する情報
○運用商品に係る、過去10年間（10年に満たない場合には当該期間）の利益または損失の実績
○運用商品を選択し、または変更した場合に必要となる手数料その他の費用の内容および負担の方法に関する情報
○預金保険制度、保険契約者保護機構などの保護の内容
○金融商品の販売等に関する法律に規定する重要事項に関する情報
○その他加入者等が運用の指図を行うために必要な情報

■運用商品説明上の留意点

①運用商品に関する情報提供の内容

（法令解釈）

運営管理機関（運営管理業務を営む事業主を含む）が加入者等に対し運用

商品に関する情報提供を行う場合には、運用商品ごとに、元本確保型の運用商品であるか否かを示したうえで、情報の提供を行う。

○預貯金（金融債を含む）について
○信託商品について
　商品名、信託期間、運用の基本方針等、収益金の計算方法、予想配当率
○有価証券について
　目論見書の交付
○生命保険、生命共済および損害保険について
　保険または共済契約の種類、一般勘定または特別勘定に属するものの区別、金額の算定方法、予定利率、支払い事由など

上記については、説明書類等の交付ないし縦覧が義務づけられている。ただし、有価証券の目論見書については、加入者等の求めがあった場合は次の3種類の提供方法が選択できることになっている。

○書類の交付
○電磁的方法により内容を提供する方法
○実施事業所の事務所または確定拠出年金運営管理機関に係る営業所に備えておき、加入者等の縦覧ができる方法による

②情報提供の方法

事業主等は加入者等に対して、資料の提供、ビデオの配布、説明会の開催などによって、資産運用に関する情報の提供を行う。また加入者等からの質問や照会などについては、速やかに対応しなければならない。

③事業主の協力

事業主が運営管理機関等に情報の提供を委託する場合は、事業主は加入者等への資料の配布、就業時間中における説明会の実施、説明会会場の整備など、できる限りの協力が求められ、環境づくりが必要とされる。

(4) 受託者責任とは

●理解のためのキーポイント

○受託者責任とは加入者の受給権を守るための企業の義務
○受託者責任では、忠実義務と善管注意義務の2点が重要
○米国では、プルーデントマン・ルールと呼ばれている義務のこと

■受託者の範囲と受託者責任

受託者とは、受益者の代理人として受益者の利益のために行動し、目的を達するために幅広い裁量権を与えられている者のことである。

確定拠出年金の場合は、受益者が加入者と運用指図者、受給権者であるため、受託者は制度を運営している企業や国民年金基金連合会がまず該当する。さらに運営管理機関や資産管理機関なども該当する。

受託者には加入者等の受給権を守るための受託者責任があり、さまざまな義務がある。特に重要なものが「忠実義務」と「善管注意義務」である。

①忠実義務

受託者責任の忠実義務とは、受託者が受益者の利益のためにのみ行動する義務をいう。この義務は、受託者が受益者と利益相反する立場になることを禁じていることで、たとえば、企業が有力取引先の商品を優先的に確定拠出年金の運用商品として提供したりすると、忠実義務違反となる。

②善管注意義務

善管注意義務とは、民法の委任契約に定められているもので、善良な管理者としての注意義務に相当するものである。

米国ではプルーデントマン・ルールと呼ばれている義務のことである。

■わが国の受託者責任

受託者責任は、米国では法律（従業員退職所得保障法＝エリサ法という）で定められているが、わが国では「厚生年金基金の資産運用関係者の役割及

び責任に関するガイドラインについて」の中で示されている（平成9〈1997〉年度、厚生労働省より出された）。

(5) エリサ法とプルーデントマン・ルール

●理解のためのキーポイント

○エリサ法では加入資格、受給権の付与と受託者責任の明確化が重要
○受託者責任に関しては4つの義務が規定されている
○プルーデントマン・ルールとは、日本では善管注意義務に該当する

■エリサ法の規定と受託者責任

エリサ法（ERISA：Employee Retirement Income Security Act／従業員退職所得保障法）は米国の企業年金を包括的に規制する法律で、それ以前は内国歳入法が企業年金を規制する法律として存在していた。

エリサ法の主な目的は、企業年金の加入者の受給権の保護と年金資産運用の安全性確保である。エリサ法の内容のうち、主なものは次のとおりである。

①加入資格と受給権の付与

エリサ法は、年金制度への加入資格を定め、21歳以上かつ勤続1年以上のすべての従業員に加入資格を与えることになっている。また、年金受給権を明らかにして、従業員の拠出金については100％の受給権の即時付与、企業の拠出金についても、従業員に有利なものとすることが義務づけられた。

〈知って得する補足知識〉

わが国には、米国のエリサ法のような企業年金全体を包括するルールを定めた企業年金法はない。わが国の企業年金は、厚生年金保険法（厚生年金基金）、確定給付企業年金法、確定拠出年金法によって、制度の種類ごとに規制されている。

図表2-2-25　エリサ法で規定される受託者責任を果たすための４つの義務

注意義務	忠実義務
プルーデントマン・ルール（PrudentMan Rule） ↓ 当然の能力を持つ人が当然の行動をする義務 ↓ （例） 適切な資産運用のできるプロが適切な投資ポートフォリオを組んで資産運用を行う	加入者（受給者）の利益に忠実であること ↓ 受託者や第三者の利益を意図した行動の禁止 ↓ （例） 事業者の利益に資産を流用したり子会社の取引の便宜を図って利益をあげたりしてはならない
自己執行義務	**分別（ぶんべつ）管理義務**
資産は自分で直接運用する（ただし、有利な運用ができるときは再委託してもよい）	受託した資産は自らの資産とは分けて管理する

②受託者責任に関する４つの義務

エリサ法の内容のうち、受託者責任に関しては図表2-2-25の4つの義務が規定されている。

■プルーデントマン・ルールとは善管注意義務のこと

プルーデントマン・ルール（注意義務）とは、エリサ法に規定される受託者責任に関する義務の1つである。

プルーデントマンとは、直訳すれば「慎重な人」とか「思慮深い人」といった意味がある。つまりプルーデントマン・ルールとは、年金制度の運営にあたって思慮深い人（プルーデントマン）なら誰もが行う、注意、能力、慎重さ、勤勉さを発揮して行動する義務があることである。

慎重は、必ずしも安全志向の意味ではない。例えば、加入者から指図された投資信託のポートフォリオを組む場合、安全重視で組むことではなく、専門知識、能力を持ったプロなら当然やるべきことを行うという意味である。

図表2-2-26　確定拠出年金に関する最近の法制度改正

〈年金確保支援法（H23.8.10公布）による確定拠出年金法の一部改正〉

	改正項目	施行日
①	事業主による継続的投資教育実施義務を明文化（罰則規定はなし）	H23.8.10
②	住基ネットから加入者の住所情報の取得を可能とする（他の企業年金制度でも同様の措置をとる）	H23.8.10
③	企業型年金に従業員拠出（マッチング拠出）を可能とする ・従業員拠出分は全額所得控除（小規模企業共済等掛金控除）の対象とし、非課税とする ・従業員拠出分は企業拠出分と合わせて拠出限度額（月額51,000円または25,500円）の範囲内とし、企業拠出分を超えないようにする	H24.1.1
④	企業型年金の加入年齢を従来の60歳になるまでから、65歳になるまでに引き上げ（企業が年金規約により60歳～64歳の加入年齢を柔軟に定められる）	H26.1.1
⑤	国民年金基金連合会への自動移換者に対する給付が可能となった。従来は、年金加入者でも運用指図者でもないため給付はできなかった。法改正により、70歳時点で個人型年金加入者とみなして自動的に給付可能になった	H26.1.1
⑥	脱退一時金の支給要件の緩和（個人型年金加入資格のある企業型年金脱退者に対して、個人型年金運用指図者になってから２年経過後、通算拠出期間３年以下または資産額25万円以下の者が追加）	H26.1.1

〈確定拠出年金掛金拠出限度額の改正〉

改正項目	施行日
企業型年金　他の企業年金なし　51,000円→55,000円（年間66万円） 他の企業年金あり　25,500円→27,500円（年間33万円） ※個人型年金の掛金は変更なし	H26.10.1

制度創設以来の大幅改正が実施された確定拠出年金

■個人型年金への加入対象者の拡大（平29.1.1施行）

従来、確定拠出年金に加入できなかった第３号被保険者や公務員などの個人型年金への加入を可能とする。企業型年金と個人型年金の重複加入（同時加入）も可能とする。

加入対象者	他の企業年金（厚生年金基金、確定給付企業年金等）	企業型年金	個人型年金への加入	
			改正前	改正後
60歳未満の企業の従業員（公務員を除く厚生年金保険被保険者）	あり	あり	×	○
		なし	×	○
	なし	あり	×	○
		なし	○	○
60歳未満の私学共済加入者		あり	×	○
		なし	×	○
自営業者等（20歳以上60歳未満の国民年金第１号被保険者）			○	○
公務員			×	○
国民年金第３号被保険者（専業主婦）			×	○

（注）企業型年金加入者が個人型年金に重複加入する場合には、企業型年金規約に定めることが必要。なお、マッチング拠出を実施している場合には個人型年金には重複加入できない

■確定拠出年金の掛金拠出単位を月単位から年単位に変更（平30.1.1施行）

改正前の確定拠出年金の掛金拠出は月単位となっているが、年単位に変更した。これにより、ボーナス時払いなど掛金の柔軟な拠出が可能になった。掛金拠出の法律の規定は、「各月につき拠出」から改正後は「年１回以上、定期的に拠出」となった。納付期限も企業型年金は「翌月末日まで」から「企業型年金規約に定める日」に、個人型年金は「翌月26日」から「拠出区分期間（毎月〈12区分〉から年１回〈１区分〉まで任意に設定できる）の最後の月の翌月26日」に変更された。

掛金拠出の年単位管理でいう１年間（年間拠出限度額の範囲）とは12

月分から翌年11月分となる（掛金拠出単位期間）。納付期限が翌月末になるため実際の拠出では1月から12月の納付で管理される。

具体的な掛金設定の流れは、以下のとおりである。

① 年間の拠出限度額を12等分した額が月間の限度額となる。累計額が月間限度額の総額を超えない範囲で任意に設定できる。

（例）年間拠出限度額276,000円÷12カ月＝23,000円（月間限度額）

12月分	1月分	2月分		10月分	11月分
23,000円	23,000円	23,000円	……	23,000円	23,000円

1カ月目の限度額

2カ月目の累計限度額（46,000円）

3カ月目の累計限度額（69,000円）

12カ月目の累計限度額（276,000円）※年間限度額

② まず、年間の拠出期間の区分（拠出区分期間）を決め、拠出額の配分を決める。以下の例の年間拠出限度額は276,000円とする。

（例1）拠出区分期間は12区分で毎月23,000円ずつ均等拠出

（例2）拠出区分期間は12区分で毎月10,000円ずつ拠出し、5月分（6月拠出）と11月分（12月拠出）は各78,000円上乗せ拠出する。

※ 5月分までの累計限度額＝23,000円×6カ月＝138,000円
4月分までの累計拠出額＝10,000円×5カ月＝50,000円
5月分の拠出可能限度額＝138,000円－50,000円＝88,000円
5月分の拠出額＝10,000円＋78,000円＝88,000円

※11月分までの累計限度額＝23,000円×12カ月＝276,000円
10月分までの累計拠出額＝188,000円
12月分の拠出可能限度額＝276,000円－188,000円＝88,000円
12月分の拠出額＝10,000円＋78,000円＝88,000円

（例3）拠出区分期間は「12月分から5月分」と「6月分から11月分」の2区分とし、1期目は126,000円、2期目は150,000円拠出する。

※ 5月分までの累計限度額＝23,000円×6カ月＝138,000円
1期目の拠出額（6月拠出）＝126,000円

※11月分までの累計限度額＝23,000円×12カ月＝276,000円
10月分までの累計拠出額＝126,000円（1期目の拠出額）
2期目の拠出可能限度額＝276,000円－126,000円＝150,000円
2期目の拠出額（12月拠出）＝150,000円

その他、以下のような注意点がある。

・拠出区分期間を設定する場合は、最後の月の翌月に納付（拠出）する。例えば、12月～5月と6月～11月の2区分の場合、第1期目は6月、第2期目は12月に納付する年2回の拠出となる。6月より前の月（4

〈改正後の掛金拠出限度額〉

加入者の種類	拠出限度額	
	改正前	改正後
企業型年金（他の企業年金なし）	月額55,000円 （年額66万円）	事業主掛金：年額42万円 （月額35,000円） 個人型年金：年額24万円 （月額20,000円） ※合計で改正前の拠出限度額と同じ
企業型年金（他の企業年金あり）	月額27,500円 （年額33万円）	事業主掛金：年額186,000円 （月額15,500円） 個人型年金：年額144,000円 （月額12,000円）
他の企業年金（企業型年金なし）、公務員		個人型年金：年額144,000円 （月額12,000円）
国民年金第３号被保険者（専業主婦）		個人型年金：年額276,000円 （月額23,000円）

（注）企業型年金も他の企業年金もない企業の従業員、国民年金第１号被保険者の拠出限度額は改正前と変更ないが、年額単位の拠出管理になった

月など）に納付することはできない

・拠出額は拠出ごとに同額でなくてもよい。例えば、毎月拠出でも３カ月ごとに増額したり、年２回ボーナス月は増額するなどである。ただし、掛金拠出単位期間（１年間）で拠出配分をあらかじめ設定しておく必要がある

・拠出区分期間の区分や拠出額は均等でなくてもよい。例えば、12月～３月と４月～11月など任意に区分できる。また12月～５月と６月～11月の均等の２区分でも第１期は10万円、第２期は15万円などが可能である。ただし、拠出時の累計限度額の範囲でなければならない

・年間拠出限度額は各月の累計限度額となるので、拠出期間の期末にまとめて拠出することはできるが、期初にまとめて拠出する前納はできない。そのため、年１回拠出の場合は11月分（12月納付）に限られる

・拠出区分期間と拠出額はあらかじめ設定した区分や額で拠出しなければならない。そのため、２月分を拠出できなかったため３月にまとめて２カ月分を拠出するといった追納もできない。拠出できなかった月の分は累計限度額が積み上がらないほか、通算加入者等期間や通算拠出期間には算入されない。第１号加入者（自営業者など）が国民年金の保険料未納月である場合も同様である

・累計限度額と実際の掛金拠出額との差額は、拠出単位期間（１年間）

内に限り繰り越せる。例えば12月分～5月分で10万円の差額がある場合、残りの6月分～11月分の拠出額に上乗せできる。ただし、掛金拠出単位期間（1年間）をまたがって繰り越すことはできない
・拠出区分期間と拠出額は年1回、変更できる
・個人型年金の掛金設定の下限5,000円以上も拠出区分期間内の月数の累計となるので拠出区分期間を毎月以外に設定した場合は注意が必要である。例えば、3カ月を拠出区分期間とした場合、「5,000円×3＝15,000円」以上に掛金を設定する必要がある
・個人型年金の場合、国民年金基金連合会の毎月の手数料103円は拠出月についてのみ徴収されるので、6カ月を拠出区分期間としたような場合は拠出月の1回のみ103円が徴収される
・マッチング拠出を実施している場合、事業主掛金と加入者掛金の拠出区分期間は同じでなくてもよい

■個人型年金加入者への事業主の追加掛金納付（平30.5.1施行）

個人型年金へ加入している従業員について、中小企業（従業員100人以下）の事業主の追加掛金納付を可能とする（個人型年金への中小事業主掛金納付制度）。
・企業年金を実施していない中小企業が対象
※ここでいう企業年金とは、企業型年金、確定給付企業年金、厚生年金基金。なお、公務員と私学厚年は年金払い退職給付が企業年金とみなされる
・事業主掛金納付を導入する場合は労働組合等の同意が必要
・事業主掛金は定額のみ（一定の資格を設けた場合は資格別設定は可能）
・個人型年金加入者は、個人型年金の拠出限度額（月額23,000円相当）と事業主掛金との差額の範囲内で自分の掛金を任意に設定できる
（例）事業主掛金月額10,000円の場合、加入者掛金は月額13,000円以内
・掛金は加入者掛金と事業主掛金を合わせて事業主が納付

■中小企業向け簡易企業型年金を創設（平30.5.1施行）

従業員100人以下の中小企業を対象に簡易企業型年金制度を創設する。設立手続等が大幅に緩和され、実施企業の事務負担等が軽減される。
・第1号等厚生年金被保険者（一般厚年〈会社員〉、私学厚年）が100人以下の中小企業が対象（導入は労働組合等の同意が必要）
・通常の企業型年金のような一定の資格を定めることは不可（全員加入）
・事業主掛金は定額のみ
・加入者掛金は1つでもよい

・運用商品の提供は２本以上35本以下
・制度導入時の提出書類は企業型年金規約等に簡素化し、運営管理機関委託契約書、資産管理契約書等は省略できる

■確定拠出年金の運用の改善（平30.5.1施行）

運用商品数が多すぎるため加入者の運用商品選択の障害になっていることから、運用商品数の抑制等を行う。また、あらかじめ定められた指定運用方法により分散投資効果が期待できる商品設定ができる規定を整備する。

・運用商品提供数は35本以内
・提示商品はリスク・リターン特性の異なる３つ以上（簡易企業型年金は２つ以上）の商品（元本確保型商品が含まれていなくてもよい）
　※元本確保型商品を提示する場合には、それ以外に２つ以上（簡易企業型年金は１つ以上）の提示が必要
・商品除外規定は、運用商品を廃止する場合、従来の「選択者（当該商品を選択している者）全員の同意が必要」から３分の２の同意が必要に緩和
・指定運用方法（デフォルト商品）の規定では、特定期間（最初の掛金納付日から３カ月以上で規約で定める期間）、猶予期間（特定期間経過日から２週間以上で規約に定める期間）を経過しても運用指図がない場合、指定運用方法での運用が開始できる。改正前は掛金納付時点で運用指図がないとデフォルト商品での運用が開始できた
・継続投資教育を改正前の「配慮義務」から努力義務へ強化

■確定拠出年金からのポータビリティ拡充（平30.5.1施行）

確定拠出年金から確定給付企業年金や中小企業退職金共済制度（中退共）への資産移換（年金資産の持ち運び）を可能とする（ポータビリティの拡充）。改正前は確定給付企業年金から確定拠出年金への資産移換は認められていたが、確定拠出年金の資産を確定給付企業年金へ移換することはできなかった。

・改正後も個人型年金と中退共間の資産移換はできない
・確定給付企業年金や企業型年金から中退共への資産移換は、企業の合併等の場合に限られる
・中退共から確定給付企業年金や企業型年金への資産移換は、改正前は中小企業でなくなった場合だけだったが、企業の合併等の場合も可能となった

分野C　投資に関する知識

1．投資の基本

(1) リスクの定義と計算

●理解のためのキーポイント

○投資における「リスク」とは期待収益率に対するブレのこと
○リスクを表す尺度は標準偏差
○標準偏差は正規分布図と密接に関係している
○リスクは価格変動のリスクとそれ以外のリスクに大別できる

■投資におけるリスクとは「危険」ではなくブレの大きさ

我々が通常リスクという言葉を使用する場合、「危険」という意味で用いている。しかし、投資でいうリスクは、投資した金融商品の収益率（リターン）に対する不確実性を意味し、期待した収益率に対するブレのことをいう。「危険」のようにマイナスの意味だけでなくプラスのブレもある。

つまり、ブレが小さければリスクは低いので、不確実性の度合いも低く、逆にブレが大きければリスクは高くなり、不確実性の度合いも高いものとなる。例えば、債券はあらかじめ収益率（リターン）が定められているため、不確実性が低くリスクも低いが、株式は将来の株価を予測することは難しいため不確実性は高く、リスクも高いということができる。

■リスクは標準偏差で表す

投資におけるリスクとは、投資した金融商品が将来においてどのような収益率（リターン）をあげるのかの不確実性を示している。不確実性が高い場合にはリスクが高く、逆にそれが低い場合にはリスクが低いといっても、どういった状態を意味しているのかが認識しにくい。

したがって、これを数学的に認識する手法として、標準偏差を用いる。標準偏差とは、期待収益率（期待リターン）に対するブレの大きさである。

○標準偏差を求める計算式

$$リスク（標準偏差）=\sqrt{\frac{(r_1-r)^2+(r_2-r)^2+\cdots\cdots+(r_n-r)^2}{n}}$$

r：期待収益率（期待リターン）
r_i：各期の収益率（リターン）（i=1、2、3、4、……、n）
n：期間

この式をわかりやすくすると、次のようになる(第2期までとする)。

$$\sqrt{\frac{(第1期の収益率\ -\ 期待収益率)^2+(第2期の収益率\ -\ 期待収益率)^2}{期間数（2期）}}$$

この式において、各期の収益率から期待収益率を差し引いて2乗する意味は、各期の収益率が期待収益率よりも小さい場合、マイナスとなってしまうことを避けるためである。その上で、2乗した数字を元の数字の大きさに戻すためルート計算（平方根を求める）をする。

そこで、数値例を用いて標準偏差（リスク）の計算をしてみることにする。

(例1)

・第1期の収益率　10%
・第2期の収益率　2%
・第3期の収益率　6%
・第4期の収益率　18%

のときの標準偏差（リスク）は、

$$\sqrt{\frac{(10\%-8\%)^2+(2\%-8\%)^2+(6\%-8\%)^2+(18\%-8\%)^2}{4}}$$

=6%となる。

（例2）

・第1期の収益率　30％
・第2期の収益率　13％
・第3期の収益率　 4％
・第4期の収益率　 7％
のときの標準偏差（リスク）は、

$$\sqrt{\frac{(30\% - 8\%)^2 + (13\% - 8\%)^2 + (4\% - 8\%)^2 + (7\% - 8\%)^2}{4}}$$

≒ 11.5％となる。

（例1）および（例2）とも4期間とし、期待収益率（期待リターン）は8％とする。

このように、期待収益率が同じであっても、（例2）のほうが（例1）よりも標準偏差（リスク）が大きいということが数学的に理解できる。

■標準偏差は正規分布図と密接な関係がある

図表2-3-1は、期待収益率（期待リターン）を頂点とする山型の形であり、正規分布図という。また、この図において期待収益率（10％）に対するブレが標準偏差であるが、±1標準偏差に入る確率は約68％、±2標準偏差に入る確率は約95％となる。

（例3）

期待収益率（リターン）が10％、標準偏差が5％である場合
±1標準偏差の値は5％から15％でその範囲に入る確率は約68％
±2標準偏差の値は0％から20％でその範囲に入る確率は約95％

■リスクの種類には価格変動のリスクとそれ以外のリスクがある

リスクは、さまざまな種類があり、価格の変動によるリスクとその他のリスクの2つに大きく分けられる。

図表2-3-1　標準偏差と正規分布図との関係

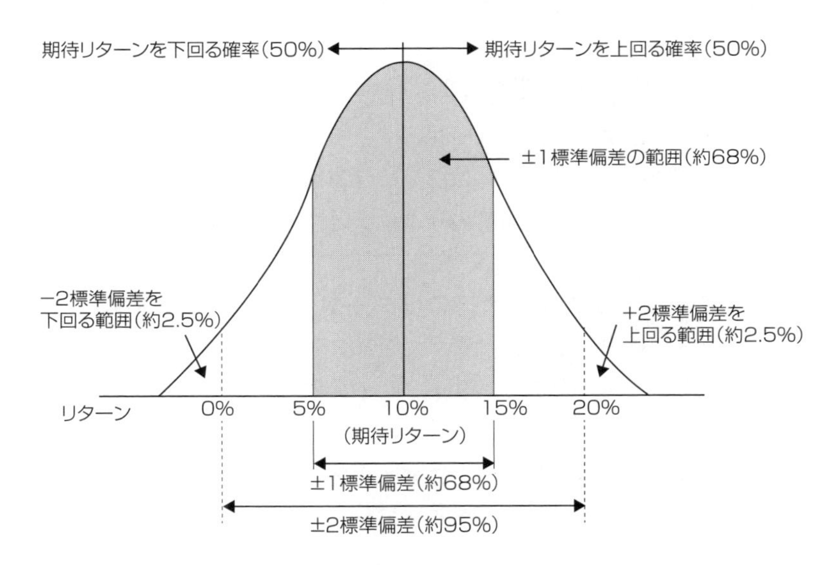

価格の変動によるリスクは、価格変動リスク（価格の変動により、将来の価格が変動するリスク）、金利変動リスク（市場金利の変動により、金融商品の価格が変動するリスク）、為替変動リスク（為替レートの変動により、円換算の価格が変動するリスク）の3つに細分される。

その他のリスクは、信用リスク（企業の倒産などにより、元本や利息の支払いに問題が生じるリスク）、インフレリスク（物価の上昇により、資産価値が目減りするリスク）、流動性リスク（換金するのに、手数料や時間がかかるリスク）、カントリーリスク（投資した国がもつ固有のリスク）などがある。

(2) リターンの計算

●理解のためのキーポイント

○リターンはプラスのリターンとマイナスのリターンがある
○複数期間の平均リターンの計算には算術平均と幾何平均がある
○期待リターンは一定期間のリターンと確率がわかれば計算可能

■プラスのリターンとマイナスのリターン

リターン（収益率）とは、投資した金額に対してどれだけの収益額をあげたかの割合を示すものである。リターンの分類とリターンを求める計算式は図表2-3-2のとおりである。

リターンにはプラスのリターンとマイナスのリターンがあり、前者はさらにインカムゲインとキャピタルゲインに分けられる。インカムゲインは、株式においては配当金、債券においては額面に対する利子、預貯金においては元本に対する利息・利子が該当する。キャピタルゲインは株式や債券などの購入価格と売却価格との差額（売却益）が該当する。

一方、キャピタルロスは、キャピタルゲインとは逆に株式や債券などの購入

図表2-3-2　リターンの分類と計算式

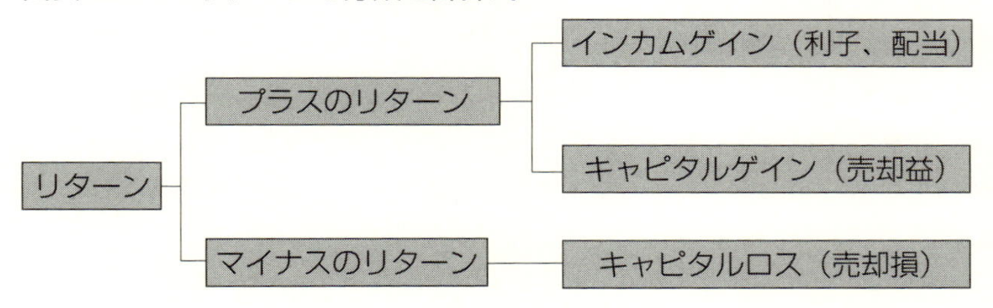

○リターンの計算式

リターン（収益率）＝ 投資収益額　÷（当初）投資金額

価格と売却価格との差額（売却損）が該当し、これはマイナスのリターンである。

■複数期間の平均リターンを求める算術平均と幾何平均

ある1期間のリターンを計算する場合には、前記におけるリターンの計算式で算出できる。それでは、複数の期間の平均リターンを計算する場合はどのような方法があるのだろうか。これには2つの方法があり、算術平均と幾何平均がある。

算術平均による計算方法は、各期間のリターンを合計し、その期間数で割ったものである。幾何平均による計算方法は、各期間までの累積リターンを平均したものである。

算術平均は、各期間のリターンが等しい確率で起こる場合の将来確率を表しているので、将来のリターンを考えるのに適している。これに対して、幾何平均は、過去におけるリターンの伸び率を表しているので、過去の平均リターンを考えるのに適している。

なお、算術平均と幾何平均の関係は、算術平均のほうが常に幾何平均以上の値となる。算術平均と幾何平均が等しくなるのは、第１期２％、第２期２％、第３期２％といったように全期間が同じ数値のときである。

■将来の平均的なリターンである期待リターンの計算

株式や投資信託に投資した場合、将来の一定期間のリターンはどのくらいになるかはわからない。リターンが10％になるかもしれないし、あるいは－5％になってしまうかもしれない。

ここで、すべてのリターンの確率を考えて平均的に期待できるリターンを期待リターンという。期待リターンは、一定期間のリターンと確率がわかれば計算することができる。

○複数期間の平均リターンを求める計算式

<算術平均>

$$\frac{r_1 + r_2 + r_3 + \cdots\cdots + r_n}{n}$$

<幾何平均>

$$\sqrt[n]{(1+r_1)(1+r_2)(1+r_3)\cdots\cdots(1+r_n)}-1$$

r_i：各期のリターン（i＝1、2、3、4、……、n）　n：期間

この式をわかりやすくすると、次のようになる（第4期までとする）。

<算術平均>

（第1期の収益率＋第2期の収益率＋第3期の収益率＋第4期の収益率）÷ 期間数

<幾何平均>

$$\sqrt[4]{(1+\text{第1期の収益率})(1+\text{第2期の収益率})(1+\text{第3期の収益率})(1+\text{第4期の収益率})}-1$$

n＝4期のケース

そこで、数値例を用いて算術平均と幾何平均の計算をしてみることにする。

（例4）

4期間のリターンが次のとおりである。

第1期　12％　　第2期　15％　　第3期　－5％　　第4期　－8％

このときの算術平均と幾何平均を求めなさい。

算術平均は、

（12％＋15％－5％－8％）÷ 4 ＝ 3.5％となる。

幾何平均は、

$$\sqrt[4]{(1+0.12)(1+0.15)(1-0.05)(1-0.08)}-1$$

≒3.0％となる。

○期待リターンを求める計算式

$$(r_1 \times P_1) + (r_2 \times P_2) + (r_3 \times P_3) + \cdots\cdots + (r_n \times P_n) = \sum_{i=1}^{n} r_i \times P_i$$

r_i：i番目の収益率（i＝1、2、3、4、……、n）　　n：期間

P_i：i番目の収益率の確率、$\sum_{i=1}^{n} P_i = 1$

この式をわかりやすくすると、次のようになる（ケース3までとする）。

（ケース1の収益率×ケース1の収益率の確率）＋（ケース2の収益率×ケース2の収益率の確率）+(ケース3の収益率×ケース3の収益率の確率）

（注）「ケース1の収益率の確率＋ケース2の収益率の確率＋ケース3の収益率の確率」の合計は必ず1となる。

そこで、数値例を用いて期待リターンの計算をしてみることにする。

（例5）

1年後の株式のリターンが、

ケース1　8%になる確率が10%（=0.1）
ケース2　6%になる確率が20%（=0.2）
ケース3　4%になる確率が30%（=0.3）
ケース4　2%になる確率が40%（=0.4）

である場合の期待リターンは、

(8%×0.1)＋(6%×0.2)＋(4%×0.3)＋(2%×0.4)＝4%

となる。

(3) リスクとリターンの関係

●理解のためのキーポイント

○リスクが高い商品はリターンも高く、リスクが低い商品はリターンも低くなる

■リスクとリターンはトレードオフの関係にある

リスクが低く、リターンが高い金融商品は存在するのだろうか？　このような金融商品であれば、誰でもこぞって購入するであろう。しかし、そんな金融商品は現実には存在しない。

リスクが高い金融商品であればリターンも高く、リスクが低い金融商品であればリターンも低い。このことをリスクとリターンがトレードオフの関係にあるという。投資の際、同じ金融商品でリスクが同じであれば、リターンの高い金融商品を選択し、リターンが同じであれば、リスクの低い金融商品を選択することが求められる。リスク・リターンの関係を整理すると、ハイリスク・ハイリターンの金融商品（株式など）、ミドルリスク・ミドルリターンの金融商品（債券など）、ローリスク・ローリターンの金融商品（預貯金など）の3種類に分類される（図表2-3-3）。

図表2-3-3　リスク・リターンの関係による金融商品の分類

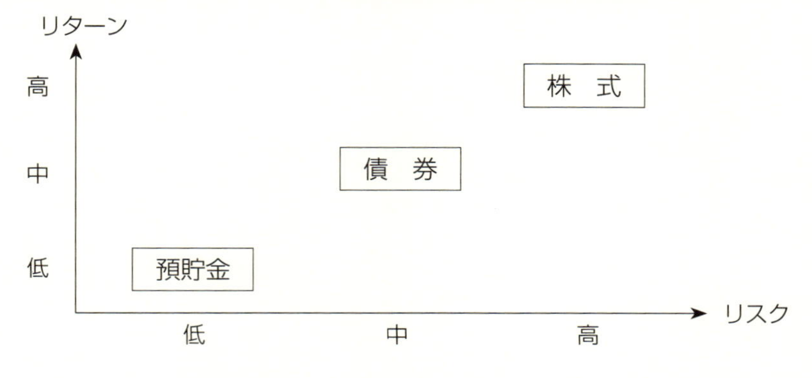

(4) 貨幣の時間価値（現在価値と将来価値）

●理解のためのキーポイント

○貨幣の現在の価値と将来の価値は異なる
○将来価値は利回り(終価係数)、現在価値は割引率(現価係数)で計算
○終価係数と現価係数は互いに逆数の関係にある

■投資は現在価値と将来価値の認識が不可欠

現在の100万円と1年後の100万円は価値が異なる。超低金利時代の今日でさえ、年利0.01%の定期預金100万円を金融機関で預けた場合、1年後には若干ではあるが税引き前で100円の利息がつくことからも明白である。つまり、現在の100万円と1年後の100万100円は同じ価値をもっていることになる。

ところで、確定拠出年金は長期にわたる運用となるため、10年後、20年後の目標となる積立額（将来価値）を定め、初期投資として現在いくらの資金が必要なのか（現在価値）を知ることが必要となってくる。このことからもわかるように、現在価値と将来価値の認識が不可欠である。

■将来価値は利回りで、現在価値は割引率で求める

将来価値は、初期投資に対する利回りで求めることができる。例えば、100万円の金融資産を年利2%、10年複利で運用した場合に求められる金額が将来価値（終価）となる。

また、将来価値が100万円で、運用利率（金利）と運用期間がわかっていれば、現在価値（現価）は将来価値を逆算して求めることができ、この逆算を割引率という。つまり、将来価値は利回りを、現在価値は割引率を用いることにより計算することができる。

ここで、現在価値（現価）に乗じる利回りを終価係数（図表2-3-4)、将来価値（終価）に乗じる割引率を現価係数（図表2-3-5）という。

なお以下でこのような係数を使う場合、複利計算であることを前提とする。

図表2-3-4　終価係数表

		運用利率（%）				
		1%	2%	3%	4%	5%
期間（年）	1	1.0100	1.0200	1.0300	1.0400	1.0500
	2	1.0201	1.0404	1.0609	1.0816	1.1025
	3	1.0303	1.0612	1.0927	1.1249	1.1576
	4	1.0406	1.0824	1.1255	1.1699	1.2155
	5	1.0510	1.1041	1.1593	1.2167	1.2763
	6	1.0615	1.1262	1.1941	1.2653	1.3401
	7	1.0721	1.1487	1.2299	1.3159	1.4071
	8	1.0829	1.1717	1.2668	1.3686	1.4775
	9	1.0937	1.1951	1.3048	1.4233	1.5513
	10	1.1046	1.2190	1.3439	1.4802	1.6289
	11	1.1157	1.2434	1.3842	1.5395	1.7103
	12	1.1268	1.2682	1.4258	1.6010	1.7959
	13	1.1381	1.2936	1.4685	1.6651	1.8856
	14	1.1495	1.3195	1.5126	1.7317	1.9799
	15	1.1610	1.3459	1.5580	1.8009	2.0789
	20	1.2202	1.4859	1.8061	2.1911	2.6533
	25	1.2824	1.6406	2.0938	2.6658	3.3864
	30	1.3478	1.8114	2.4273	3.2434	4.3219

図表2-3-5　現価係数表

		運用利率（%）				
		1%	2%	3%	4%	5%
期間（年）	1	0.9901	0.9804	0.9709	0.9615	0.9524
	2	0.9803	0.9612	0.9426	0.9246	0.9070
	3	0.9706	0.9423	0.9151	0.8890	0.8638
	4	0.9610	0.9238	0.8885	0.8548	0.8227
	5	0.9515	0.9057	0.8626	0.8219	0.7835
	6	0.9420	0.8880	0.8375	0.7903	0.7462
	7	0.9327	0.8706	0.8131	0.7599	0.7107
	8	0.9235	0.8535	0.7894	0.7307	0.6768
	9	0.9143	0.8368	0.7664	0.7026	0.6446
	10	0.9053	0.8203	0.7441	0.6756	0.6139
	11	0.8963	0.8043	0.7224	0.6496	0.5847
	12	0.8874	0.7885	0.7014	0.6246	0.5568
	13	0.8787	0.7730	0.6810	0.6006	0.5303
	14	0.8700	0.7579	0.6611	0.5775	0.5051
	15	0.8613	0.7430	0.6419	0.5553	0.4810
	20	0.8195	0.6730	0.5537	0.4564	0.3769
	25	0.7798	0.6095	0.4776	0.3751	0.2953
	30	0.7419	0.5521	0.4120	0.3083	0.2314

○将来価値と現在価値を求める計算式

①将来価値を求める計算式

$$S_n = S_0 \times (1+r)^n$$

S_0：現在価値　S_n：将来価値　r：利子率　n：年数　$(1+r)^n$：利回り

この式をわかりやすくすると、次のようになる。

現在価値（現価）×終価係数（利回り）＝将来価値（終価）

②現在価値を求める計算式

$$S_0 = S_n \times \frac{1}{(1+r)^n}$$

S_0：現在価値　S_n：将来価値　r：利子率　n：年数　$\frac{1}{(1+r)^n}$：割引率

この式をわかりやすくすると、次のようになる。

将来価値（終価）× 現価係数（割引率）＝ 現在価値（現価）

そこで、数値例を用いて将来価値と現在価値の計算をしてみることにする。

（例6）

100万円の金融商品を、年利2%で10年間運用した場合の将来価値はいくらになるか。

この例では、将来価値を求めるので、上記①の式を用いる。

現在価値(初期投資額)は100万円、終価係数表を用いると、2%と10年の交点である終価係数(利回り)は1.2190なので、10年後の将来価値(終価)は、100万円×1.2190＝1,219,000円となる。

（例7）

年利2％で10年後に100万円にするためには、現在いくらの資金が必要となるか。

この例では、現在価値を求めるので、前記②の式を用いる。

10年後の将来価値が100万円なので、現価係数表を用いると、2％と10年の交点である現価係数（割引率）は0.8203であり､現在価値（現価）は、100万円×0.8203＝820,300円となる。

■終価係数は現価係数の逆数である

先ほど述べたように終価係数は､現在価値（現価）に乗じる利回りであり、現価値係数は、将来価値（終価）に乗じる割引率である。

（例8）

100万円の資金を年利1％で5年間運用した場合の将来価値は、数式で表すと、100万円×（1＋0.01）^{5}であり、終価係数表を用いると、100万円×1.0510＝1,051,000円となる。

それでは、年利1％で5年後に1,051,000円にするにはいくらの資金が必要だろうか。数式で表すと、1,051,000×1／（1＋0.01）^{5}であり、現価係数表を用いると、1,051,000円×0.9515≒100万円となる。

（注）現価係数表を用いてもちょうど100万円とならないのは、実際は小数点第5位を四捨五入している関係である

〈知って得する補足知識〉

終価係数や現価係数は、試験では巻末に係数表として記載されているが、電卓で簡単に計算できる。例えば、上記（例8）の終価係数は、1.01×で＝を4回押すと1.051010…となる。また、現価係数は、終価係数の値を÷＝で計算すれば0.951465…となる。

（注）電卓の機種により操作が異なる場合がある

このように、終価係数と現価係数の関係をみると、終価係数は現価係数の逆数であることが上記の計算からわかる。

○終価係数と現価係数の関係

1÷現価係数＝終価係数

1÷終価係数＝現価係数

(5) 終価と現価の考え方

●理解のためのキーポイント

○終価と現価は途中に資金移動がないときの考え方

○年金現価と年金終価は途中に資金移動があるときの考え方

○減債基金係数と資本回収係数を合わせて6つの係数がある

■年金終価は定期的な積立てをするときの将来価値

将来価値は、現在価値に終価係数を乗じて計算される。ただし、この場合の現在価値は、初期の投資額のみで途中の積立てはない。それでは、一定期間にわたり、毎年一定の金額の積立てをした場合の将来価値（積立合計額）はどのように計算されるのであろうか。そこで、年金終価という概念が出てくる。

年金終価とは、年金終価係数（図表2-3-6）を用いることにより計算できる。年金終価係数は、後で述べる年金現価係数（図表2-3-7）とともに期首払いと期末払いの2種類あるが、過去のDCプランナー試験では、期首払いのみ出題されているので、本書では断りのない限り、期首払いのみで説明をする。

○年金終価を求める計算式

$$積立額 \times \frac{(1+r)^{n+1} - (1+r)}{r}$$

r：利子率　　n：年数

この式をわかりやすくすると、次のようになる。

積立額×年金終価係数＝積立合計額（年金終価）

そこで、数値例を用いて年金終価の計算をしてみることにする。

（例9）

金融商品を毎年5万円、10年間にわたって積み立てた場合、積立合計額（年金終価）はいくらになるか。ただし、年利2%とする。

毎年、一定金額を積み立てることから年金終価を求めることになる。年金終価係数表を用いると、2%と10年の交点である年金終価係数は11.1687なので、積立合計額（年金終価）は、5万円×11.1687＝558,435円となる。

■年金現価は定期的な年金額を受け取るときの原資

それでは、一定期間にわたり、毎年一定額の金額を受け取りたい場合の現在価値（原資）はどのように計算されるのであろうか。このような場合においては、年金現価という概念が出てくる。年金現価とは、年金現価係数を用いることにより計算できる。

〈知って得する補足知識〉

年金終価係数や年金現価係数も、試験では巻末に係数表として記載されているが、終価係数や現価係数と同様に電卓で簡単に計算できる。例えば、金利1％で5年の年金終価係数を求めたい場合には、終価係数表1％の欄の5年までの係数を累積していけば、年金終価係数になる。また、年金現価係数は、1％＋前年までの現価係数の合計で求めることができる。例えば、金利2％で5年の年金現価係数を求めたい場合には、1％＋現価係数表2％の欄の4年までの係数を累積していけば、年金現価係数になる。

図表2-3-6　年金終価係数表〔期首払い〕

		運用利率（%）				
		1%	2%	3%	4%	5%
期間（年）	1	1.0100	1.0200	1.0300	1.0400	1.0500
	2	2.0301	2.0604	2.0909	2.1216	2.1525
	3	3.0604	3.1216	3.1836	3.2465	3.3101
	4	4.1010	4.2040	4.3091	4.4163	4.5256
	5	5.1520	5.3081	5.4684	5.6330	5.8019
	6	6.2135	6.4343	6.6625	6.8983	7.1420
	7	7.2857	7.5830	7.8923	8.2142	8.5491
	8	8.3685	8.7546	9.1591	9.5828	10.0266
	9	9.4622	9.9497	10.4639	11.0061	11.5779
	10	10.5668	11.1687	11.8078	12.4864	13.2068
	11	11.6825	12.4121	13.1920	14.0258	14.9171
	12	12.8093	13.6803	14.6178	15.6268	16.7130
	13	13.9474	14.9739	16.0863	17.2919	18.5986
	14	15.0969	16.2934	17.5989	19.0236	20.5786
	15	16.2579	17.6393	19.1569	20.8245	22.6575
	20	22.2392	24.7833	27.6765	30.9692	34.7193
	25	28.5256	32.6709	37.5530	43.3117	50.1135
	30	35.1327	41.3794	49.0027	58.3283	69.7608
	35	42.0769	50.9944	62.2759	76.5983	94.8363

図表2-3-7　年金現価係数表〔期首払い〕

		運用利率（%）				
		1%	2%	3%	4%	5%
期間（年）	1	1.0000	1.0000	1.0000	1.0000	1.0000
	2	1.9901	1.9804	1.9709	1.9615	1.9524
	3	2.9704	2.9416	2.9135	2.8861	2.8594
	4	3.9410	3.8839	3.8286	3.7751	3.7232
	5	4.9020	4.8077	4.7171	4.6299	4.5460
	6	5.8534	5.7135	5.5797	5.4518	5.3295
	7	6.7955	6.6014	6.4172	6.2421	6.0757
	8	7.7282	7.4720	7.2303	7.0021	6.7864
	9	8.6517	8.3255	8.0197	7.7327	7.4632
	10	9.5660	9.1622	8.7861	8.4353	8.1078
	11	10.4713	9.9826	9.5302	9.1109	8.7217
	12	11.3676	10.7868	10.2526	9.7605	9.3064
	13	12.2551	11.5753	10.9540	10.3851	9.8633
	14	13.1337	12.3484	11.6350	10.9856	10.3936
	15	14.0037	13.1062	12.2961	11.5631	10.8986
	20	18.2260	16.6785	15.3238	14.1339	13.0853
	25	22.2434	19.9139	17.9355	16.2470	14.7986
	30	26.0658	22.8444	20.1885	17.9837	16.1411
	35	29.7027	25.4986	22.1318	19.4112	17.1929

○年金現価を求める計算式

$$受取額 \times \frac{\{(1+r)^n - 1\}(1+r)}{r(1+r)^n}$$

r：利子率　　n：年数

この式をわかりやすくすると、次のようになる。

受取額×年金現価係数＝原資（年金現価）

そこで、数値例を用いて年金現価の計算をしてみることにする。

（例10）

60歳から10年間、毎年120万円の年金を受け取りたい。この場合、60歳時にいくらの原資が必要になるか。ただし、年利2%とする。

毎年、一定金額を受け取ることから年金現価を求めることになる。年金現価係数表を用いると、2%と10年の交点である年金現価係数は9.1622なので、原資（年金現価）は、120万円×9.1622＝10,994,640円となる。

■減債基金係数と資本回収係数という係数もある

以上のことをさらに発展させて、次のことを考えてみよう。将来の原資を一定額積み立てたい場合、毎年一定の金額をいくら積み立てればよいのであろうか。この場合では、減債基金係数という係数を用いることにより計算される。減債基金係数は、年金終価係数の逆数である。

○毎年の積立額を求める計算式

原資 ÷ 年金終価係数 ＝ 毎年の積立額

そこで、数値例を用いて毎年の積立額の計算をしてみることにする。

（例11）

現在、35歳である。60歳時までの25年間の間に老後の生活資金として1,500万円積み立てたい。毎年いくら積み立てればよいか。ただし、年利2%とする。

将来の原資がわかっているので、毎年の積立額を求めることになる。
この場合、減債基金係数を用いることになるが、試験では、年金終価係数の逆数を用いることで求められる。よって、毎年の積立額は、1,500万円 ÷ 32.6709 ≒ 459,124 円となる。

また、原資を一定期間にわたって取り崩したい場合、毎年一定の金額をいくら取り崩せるのかの計算は、資本回収係数という係数を用いることにより計算される。資本回収係数は、年金現価係数の逆数である。

○毎年の取り崩し額を求める計算式

原資 ÷ 年金現価係数＝毎年の取り崩し額

そこで、数値例を用いて毎年の取り崩し額の計算をしてみることにする。

（例12）

現在、60歳で2,000万円の原資がある。60歳から20年間の間に老後の生活資金として毎年一定額を取り崩したい。毎年いくら取り崩すことができるか。ただし、年利2%とする。

現在の原資がわかっているので、毎年の取り崩し額を求めることになる。この場合、資本回収係数を用いるが、減債基金係数と同様に、試験では、年金現価係数の逆数を用いることで求められる。よって、毎年の取り崩し額は、2,000万円 ÷16.6785 ≒ 1,199,149円となる。

図表2-3-8　年金終価係数表（期末払い）

期間（年）	運用利率（%）					
	1%	2%	3%	4%	5%	6%
1	1.0000	1.0000	1.0000	1.0000	1.0000	1.0000
2	2.0100	2.0200	2.0300	2.0400	2.0500	2.0600
3	3.0301	3.0604	3.0909	3.1216	3.1525	3.1836
4	4.0604	4.1216	4.1836	4.2465	4.3101	4.3746
5	5.1010	5.2040	5.3091	5.4163	5.5256	5.6371
6	6.1520	6.3081	6.4684	6.6330	6.8019	6.9753
7	7.2135	7.4343	7.6625	7.8983	8.1420	8.3938
8	8.2857	8.5830	8.8923	9.2142	9.5491	9.8975
9	9.3685	9.7546	10.1591	10.5828	11.0266	11.4913
10	10.4622	10.9497	11.4639	12.0061	12.5779	13.1808
11	11.5668	12.1687	12.8078	13.4864	14.2068	14.9716
12	12.6825	13.4121	14.1920	15.0258	15.9171	16.8699
13	13.8093	14.6803	15.6178	16.6268	17.7130	18.8821
14	14.9474	15.9739	17.0863	18.2919	19.5986	21.0151
15	16.0969	17.2934	18.5989	20.0236	21.5786	23.2760
20	22.0190	24.2974	26.8704	29.7781	33.0660	36.7856
25	28.2432	32.0303	36.4593	41.6459	47.7271	54.8645
30	34.7849	40.5681	47.5754	56.0849	66.4388	79.0582
35	41.6603	49.9945	60.4621	73.6522	90.3203	111.4348

図表2-3-9　年金現価係数表（期末払い）

期間（年）	運用利率（%）					
	1%	2%	3%	4%	5%	6%
1	0.9901	0.9804	0.9709	0.9615	0.9524	0.9434
2	1.9704	1.9416	1.9135	1.8861	1.8594	1.8334
3	2.9410	2.8839	2.8286	2.7751	2.7232	2.6730
4	3.9020	3.8077	3.7171	3.6299	3.5460	3.4651
5	4.8534	4.7135	4.5797	4.4518	4.3295	4.2124
6	5.7955	5.6014	5.4172	5.2421	5.0757	4.9173
7	6.7282	6.4720	6.2303	6.0021	5.7864	5.5824
8	7.6517	7.3255	7.0197	6.7327	6.4632	6.2098
9	8.5660	8.1622	7.7861	7.4353	7.1078	6.8017
10	9.4713	8.9826	8.5302	8.1109	7.7217	7.3601
11	10.3676	9.7868	9.2526	8.7605	8.3064	7.8869
12	11.2551	10.5753	9.9540	9.3851	8.8633	8.3838
13	12.1337	11.3484	10.6350	9.9856	9.3936	8.8527
14	13.0037	12.1062	11.2961	10.5631	9.8986	9.2950
15	13.8651	12.8493	11.9379	11.1184	10.3797	9.7122
20	18.0456	16.3514	14.8775	13.5903	12.4622	11.4699
25	22.0232	19.5235	17.4131	15.6221	14.0939	12.7834
30	25.8077	22.3965	19.6004	17.2920	15.3725	13.7648
35	29.4086	24.9986	21.4872	18.6646	16.3742	14.4982

■6つの係数の整理

ここでは、6つの係数（終価係数、現価係数、年金終価係数、年金現価係数、減債基金係数、資本回収係数）が出てきた。これら係数の使い方は慣れないと、どの係数を使っていいのかわからない。そこで、これら6つの係数を整理することにする。

①**終価係数**：現在価値を一定利率で運用した場合の将来価値を求める際に使用する
②**現価係数**：将来価値を一定利率で割り引いた場合の現在価値を求める際に使用する
③**年金終価係数**：一定期間にわたり、毎年一定の金額の積立てをした場合の将来価値（積立合計額）を求める際に使用する
④**年金現価係数**：毎年一定額の金額を受け取りたい場合の現在価値（原資）を求める際に使用する
⑤**減債基金係数**：将来の原資を積み立てたい場合、毎年一定の金額の積立額を求める際に使用する
⑥**資本回収係数**：現在の原資を一定期間にわたって取り崩したい場合、毎年一定の金額の取り崩し額を求める際に使用する

〈知って得する補足知識〉

年金終価係数と年金現価係数は、期首払いと期末払いの2種類がある。過去のDCプランナー認定試験における巻末の係数表は、期首払いのみ記載されている。それでは、期末払いの計算がもし本試験で出題された場合、どのように対処したらよいかといえば、年金終価係数の場合は、1年目は1で、2年目以降は終価係数表の1年目以降を加算していけば求めることができる。また、年金現価係数の場合は、現価係数表の1年目以降を加算していけば求めることができる（図表2-3-8、2-3-9参照）。

(6) 分散投資の目的と効果

●理解のためのキーポイント

○リスクが異なる金融商品を組み合わせることでリスクを低減できる
○分散投資の方法は金融商品の銘柄分散だけではない
○分散投資によっても市場リスクは除去できない

■分散投資はリスクが異なる金融商品を組み合わせることが基本

リスクが異なる複数の金融商品を組み合わせることをポートフォリオという。金融資産には何らかのリスクがあるが、ポートフォリオを組むことで、ある金融商品のリスクと他の金融商品のリスクが互いに相殺しあう。その結果、全体としてのリスクが低減するのである。

つまり、単一の金融商品の投資ではリスクを低減できないので、複数の金融商品をより多く分散投資することによってリターンの低下を抑えながらリスクの低減を図るのである。

金融商品別では預貯金、債券、株式の順でリスクおよびリターンが高くなっていく。これら資産の効率的なポートフォリオを組むことにより分散投資を行えば、リスクの低減がなされる。なお、投資信託は分散投資の効果を小口の資金で利用することが可能な仕組みとなっている。

■分散投資の方法として代表的なものが５種類ある

そもそもなぜ、分散投資を行うのだろうか。1つの金融商品に全額を投資した場合、企業の倒産などが生ずればその価値はないものになってしまうが、分散投資を行えば損失は限定的なものになる。このように、分散投資を行うことにより、損失を最小限にとどめることができるのである。

分散投資は、さまざまな方法があるが、ここでは代表的なもの（銘柄分散、セクター分散、資産分散、地域〈国・通貨〉分散、時間分散）の5種類を説明する。

図表2-3-10　国内債券と国内株式の動き

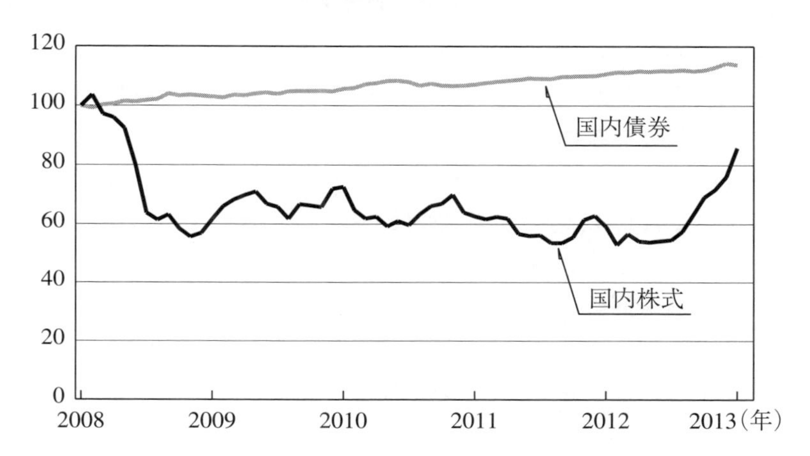

（注）1. 2008年4月を100とした指数の推移
2. 国内株式は東証株価指数（TOPIX）、国内債券は国債の推移

①銘柄分散

相関係数の小さい個別の銘柄を分散投資することである。相関係数が小さいということは個々の銘柄の価格変動が異なるので、こうした銘柄を分散投資することを銘柄分散といい、リスクの低減を図ることができる。

②セクター分散

例えば株式で、電機株のみに投資するより金融株も加えて投資するほうがリスクの低減を図ることができる。このほかにも企業規模（大型株・小型株）や成長性（グロース株・バリュー株）の違いに着目して分散投資を行う方法がある。

また、債券においても国債のみに投資する場合とそれに加えて社債に投資する場合とでは、後者のほうが国債と社債とに分散されて投資されることになるので、リスクの低減を図ることができる。同様に、債券でも残存期間（短期・中期・長期）や信用格付け（投資適格・投機的）の違いを利用する方法もある。以上のような投資の分散の方法をセクター分散という。

③資産分散

株式において、上記①の銘柄分散を行うことに加え、②のセクター分散を行えば、さらにリスクの低減を図ることができる。しかし、これ以上のリスクの低減を図るためには、株式ポートフォリオ以外の違う金融資産のポートフォリオに投資する方法が考えられる（図表2-3-10）。

すなわち、株式ポートフォリオに加えて債券ポートフォリオに投資することにより、これまで以上に分散投資によるリスクの低減を図ることができるのである。こうした分散投資の方法を、資産分散という。

④地域（国・通貨）分散

株式において、日本株式と外国株式とでは経済状況や為替レートが異なるために、異なる動きをする。以前にみられた米国株式の株高と日本株式の株安は、顕著な例であるといえる。債券においても同様のことがいえる。

このように、国内で資産分散を図るよりも為替レートが異なる海外の株式や債券を加えて投資することにより、いっそうのリスクの分散を図ることができる（図表2-3-11、2-3-12）。この分散投資の方法を、地域（国・通貨）分散という。

⑤時間分散

同じ時期に金融商品を投資した場合と違う時期に金融商品を投資した場合とではどちらのほうのリスクが高いといえるだろうか。やはり、前者における同じ時期に金融商品を投資した場合のほうが、リスクは高いと直感的に認識できるであろう。

したがって、金融商品を投資する場合、一時期に投資するよりも時間をずらして投資するほうがリスクの分散を図ることができる。この分散投資の方法を、時間分散という。なお、後述するドルコスト平均法は、この時間分散の1つの方法である。

■分散投資によっても除去できないリスクがある

金融商品は、分散投資をすることによってリスクを低減できる。ただし、

図表2-3-11　国内株式と外国株式の動き

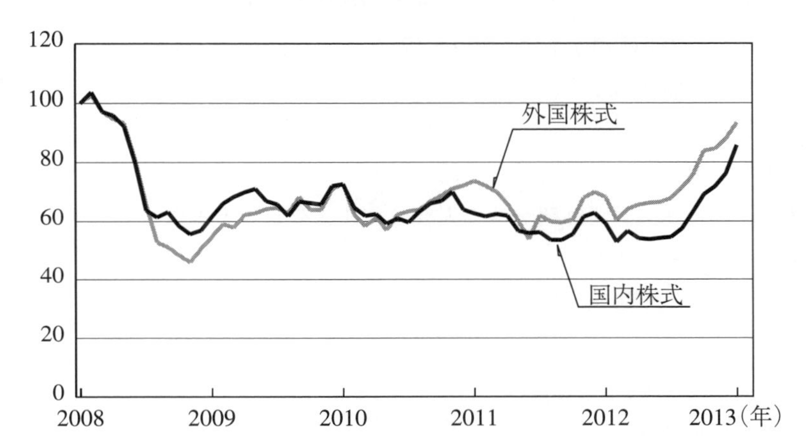

（注）1. 2008年４月を100とした指数の推移
2. 国内株式は東証株価指数、外国株式（円換算）は日本を除く先進国株式（米英、ドイツなど欧米諸国と香港、オーストラリアなど）の推移

図表2-3-12　国内債券と外国債券の動き

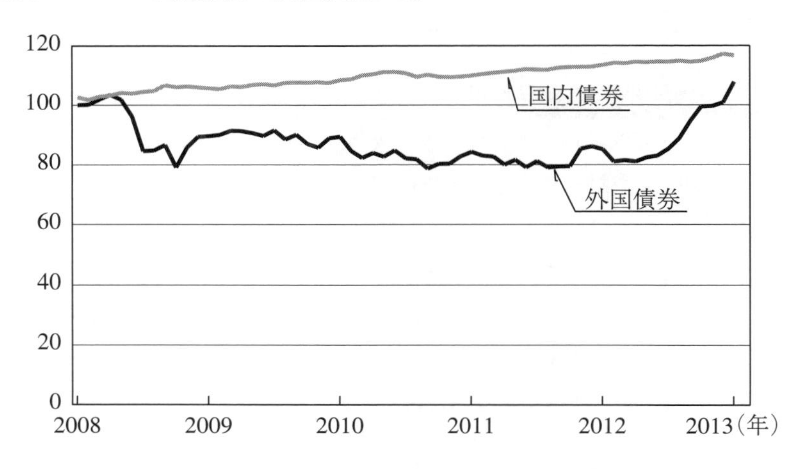

（注）1. 2008年４月を100とした指数の推移
2. 国内外とも国債の推移。外国債券（円換算）は日本を除く先進国国債（米英、ドイツなど欧米諸国に一部他地域含む）の推移

リスクは完全に除去することはできない。

リスクは、市場（システマティック）リスクと固有（アンシステマティック）リスクの2種類があり、後者の固有リスクは、分散投資を行うことにより、低減可能であるが、前者の市場リスクは、分散投資を行っても除去することはできない。

株式を例にとると、投資する銘柄を増やして分散投資していくこと（銘柄分散）により、個別銘柄が持つ固有のリスクを低減することができる。このリスクを固有リスクという。しかし、株式市場特有のリスクはどんなに分散投資を図っても除去することはできない。こうしたリスクを市場リスクという。

○分散投資と市場リスクおよび固有リスクの関係
市場リスク⇒分散投資を行ってもリスク除去不可能
固有リスク⇒分散投資を行うことによりリスク低減可能

(7) ドルコスト平均法

●理解のためのキーポイント
- ○ドルコスト平均法とは時間分散効果を利用した分散投資
- ○定額購入を続けることで平均購入単価を安くできる

■ドルコスト平均法は、時間分散効果が働く

リスクを低減させる方法には分散投資と長期投資がある。株式のように日々価格が変動する金融商品は、特に時間を分散してかつ長期に投資する方法がリスクを低減させるために必要になる。

ドルコスト平均法は、金融商品を一定金額・一定期間にわたり購入していく方法で、時間分散効果が働く。この方法で長期にわたれば、長期投資の効果もあるので、リスクを低減する効果がさらに強くなる。

■定額購入は定量購入よりも平均購入単価が安くなる

ドルコスト平均法は、金融商品を一定金額・一定期間にわたって購入していく方法である。すなわち、金融商品の価格が安いときは数量を多く購入することができ、その価格が高いときは数量を少なく購入するようになるので、平均購入単価が平準化される。

似た方法として、金融商品を一定数量・一定期間にわたって購入するということがあるが、ドルコスト平均法のほうが、一定数量購入よりも平均購入単価が安くなる。

そこで、数値例を用いて両者の比較をしてみることにする（例13）。

計算例をみてもわかるとおり、ドルコスト平均法のほうが、定量購入の場合と比較して平均購入単価が低くなる。

（例13）

5期、定額（1万円）と定量（100口）を購入した場合の平均購入単価の比較する

○ドルコスト平均法（定額購入の場合）

購入時期	単価	購入口数	購入金額
第1期	100円	100口	10,000円
第2期	105円	95.2口	10,000円
第3期	93円	107.5口	10,000円
第4期	110円	90.9口	10,000円
第5期	92円	108.7口	10,000円
購入金額合計			50,000円
購入口数合計		502.3口	
平均購入単価	99.54円		

○定量購入の場合

購入時期	単　価	購入口数	購入金額
第1期	100円	100口	10,000円
第2期	105円	100口	10,500円
第3期	93円	100口	9,300円
第4期	110円	100口	11,000円
第5期	92円	100口	9,200円
購入金額合計			50,000円
購入口数合計		500口	
平均購入単価	100円		

2. 運用商品の理解

(1) 預貯金の特徴と留意点

●理解のためのキーポイント

○預貯金は確定拠出年金の代表的な元本確保型商品
○利回りは低いが長期間運用すると複利効果が大きくなる
○ペイオフ導入により完全な安全性は失われた
○預金保険制度の対象となるかならないかに注意する

■預貯金は元本確保型商品である

預貯金とは、銀行・ゆうちょ銀行などの元本確保型の金融商品である。元本が確保されるため、安全性が最も高い金融商品である。しかし、利回りが相対的に低いローリスク・ローリターン商品のため、投資商品としては魅力に乏しい。

預貯金はインフレが生じた場合、実質的な価値が目減りしてしまうことから、老後における生活資金には向いていない。

ところで、確定拠出年金法23条（平成30年5月の改正前）において「運用商品を少なくとも3つ以上提示し、そのうち1つ以上は元本確保型商品でなければならない」ことが定められており、この元本確保型商品の1つが預貯金である。預貯金とそれ以外の金融商品とを組み合わせることにより、預貯金をリスクヘッジに利用することを制度は考えているのである。

■預貯金の金利には単利と複利がある

預貯金は、商品により金利の付き方が異なり、単利と複利の2種類がある。単利とは、元本のみに利息がつくものであり、複利とは、元本とその金利分を加えた分にさらに金利がつくもので、いわゆる利息が利息を生む。単利と複利は運用期間が短い場合にはそれほど受取額に差はつかない。ただ、確定拠出年金のように長期間にわたって毎月積み立てる場合には、複利の運用効果が顕著に出てくる。

○元利合計を求める計算式（単利）

元利合計＝元本＋（元本×年利率×運用期間）

そこで、数値例を用いて単利による元利合計の計算をしてみることにする。

（例1）

> 100万円の預金を5年間預けた場合の元利合計を求めなさい。ただし、単利で計算し、年利は4％とする。

この場合の元利金合計は、100万円＋（100万円×0.04×5年）＝120万円となる。

○元利合計を求める計算式（複利）

元利合計＝元本×（1＋年利率）^{n}

n：運用期間

そこで、数値例を用いて複利による元利合計の計算をしてみることにする。

（例2）

> 100万円の預金を5年間預けた場合の元利合計を求めなさい。ただし、複利で計算し、年利4％とする。

この場合の元利金合計は、100万円×（1＋0.04）^{5}＝1,216,653円となる。ここで、（1＋0.04）^{5}は終価係数であることがわかる。

■預貯金はさまざまな分類方法がある

預貯金は、払い出し方法の観点から銀行の普通預金やゆうちょ銀行（郵便局）の通常貯金などのようにいつでも出し入れ可能な流動性預金（要求払い預金）と銀行の定期預金やゆうちょ銀行の定額貯金のように一定期間は原則として払い出し不可能な定期性預金の2つに分けられる。

また、金利が固定か変動かの観点で、預け入れ時の金利が満期まで変わらない固定金利商品と預け入れ期間中においても金利の見直しがある変動金利商品とに分けることもできる（図表2-3-13）。このほかにも、利息の支払い方法による分類、換金性による分類（図表2-3-14）などもある。

図表2-3-13　固定金利商品と変動金利商品

固定金利商品	定期預金、期日指定定期預金、定額貯金、長期利付国債など
変動金利商品	変動金利定期預金、MMF、中期国債ファンドなど

（注）預貯金以外の金融商品を含む

図表2-3-14　換金性による分類

換金性	金融商品
いつでも換金可能	普通預金、通常貯金
いつでも換金可能だがペナルティあり	スーパー定期、大口定期預金
一定期間経過後、ペナルティなしで換金可能	期日指定定期預金、定額貯金、中期国債ファンド、MMF
原則として、全期間換金不可能	外貨定期預金

（注）預貯金以外の金融商品を含む

■日本国内に本店のある金融機関は預金保険制度の対象となる

預金保険制度は、金融機関が破綻した場合における預金者の保護を目的としている。日本国内に本店のある金融機関は預金保険制度に加入することが義務づけられており、預金額に応じた保険料を預金保険機構に支払っている。

もし、金融機関が破綻した場合は、預金者１人当たり元本1,000万円とその利息が保険金として支払われる。なお、民営化前の郵便貯金は預金保険制度の対象となっていないが、国が元本と利子を保証している。

■ペイオフにより預金も全額完全保証ではなくなった

平成14（2002）年の4月までは、民間の金融機関が破綻した場合、預金は全額保護されていた。しかし、平成14年の4月以降に定期性預金（定期預金など）、平成17（2005）年の４月以降に流動性預金（普通預金など）のペイオフ凍結が解除された。

ペイオフ凍結が解除されると、１金融機関につき元本1,000万円とその利息までしか保護されず、あとは破綻した金融機関の資産の状況により配当金が支払われることになる。

また、預金が1,000万円以下であっても金融機関の破綻によって口座が凍結され、すぐに引き出せない可能性もある。そのため、預金の引き出しに時間を要する場合には、普通預金１口座当たり60万円までの仮払いを預金保険機構から受けることができるようになっている。

なお、ペイオフ凍結解除後も、決済用預金（無利息、要求払い、決済サービスの提供という３条件を満たす預金で「当座預金」や「個人向けの決済用普通預金」が該当する）は全額保護されている。外貨預金、譲渡性預金（CD）、元本補填契約（保護預かり契約）のない金融債などはペイオフの対象外なので保護の対象にはならない。

ペイオフ制度は、確定拠出年金とも関係があり、加入者が運用商品として預金を選択し、この運用商品を提供している金融機関が破綻した場合は、ペイオフの対象となる（しかも通常の預金より保護の優先順位が低い）ので注意が必要である。

(2) 債券投資の特徴と留意点

●理解のためのキーポイント

○債券とは国や企業が発行する調達資金の借用証書
○株式は返済義務がないが、債券は返済義務がある
○債券は期限まで持つことも中途売却もできる
○債券は投資商品としてはミドルリスク・ミドルリターン商品
○社債は格付けによって利回りが変わってくる

■債券は償還期限と利子があらかじめ定められている

債券とは、国や企業が投資家から資金を調達する際の借用証書である。例えば、国が発行する借用証書が国債であり、企業が発行する借用証書が社債である。債券のほかに、投資家から資金を調達する手段として株式がある。債券と株式の違いは、図表2-3-15のようになる。

株式は投資家が企業経営に参加できるという側面を持っているので、株式は企業にとって自己資本であり、企業は投資家から調達した資金を返済する必要はない。投資家が企業に投下した資金を回収したい場合には、株式を他の投資家に譲渡する。

また、出資した投資家に対する配当は企業の業績に応じてなされるので、あらかじめ決められておらず、仮に利益が発生しない場合は投資家に配当しなくてもかまわない。

これに対して、債券は投資家に対する借入れであるため償還期限があり、国や企業などは定められた期間に投資家から借り入れた資金を返済しなければならない。また、利子は、国債などはもちろん社債であっても、企業業績にかかわらず、固定金利の場合、あらかじめ定められた利率による金額を支払わなければならない。このほか、半年ごとに金利が見直される変動金利タイプの国債（個人向け国債）が平成15（2003）年から登場した。なお、債券は、図表2-3-16のように分類できる。

図表2-3-15　債券と株式の違い

	債　券	株　式
返済義務	あり	なし
利子・配当の支払い	定められている	企業の業績による

図表2-3-16　債券の分類

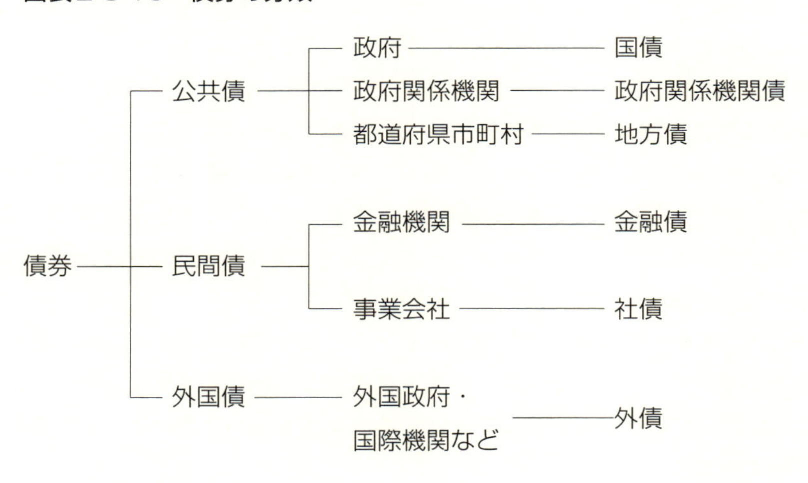

■債券は利付債と割引債がある

債券は、一定の期間ごとに利子が支払われるか否かで2種類に区分される。利子が支払われる債券を利付債といい、債券本体に利子支払いのための利札（クーポン）がついている。債券の所有者はこの利札と交換に利子を受け取ることができる。

一方、利子が支払われない債券を割引債といい、利子が支払われない代わりに、額面より低い価格で発行され、満期償還日には額面で受け取ることができる。つまり、割引債は利子そのものが支払われない。発行価格と額面の差額が、利子に相当するのである。

■債券は中途購入や中途売却が可能である

債券は、以下の①から④までのすべてが可能である。

① 新規に発行された債券（新発債）を購入し、満期償還日まで持ち続ける

② すでに発行されている債券（既発債）を中途で購入し、満期償還日まで持ち続ける

③ 新発債を購入し、中途で売却して売却益（キャピタルゲイン）を得る

④ 既発債を購入し、中途で売却して売却益（キャピタルゲイン）を得る

もちろん、上記4つすべての場合で利子収入（インカムゲイン）は得ることができる。ただし、既発債を購入する場合、購入価格は市場での取引価格となるため、思わぬ高値で購入する可能性や中途売却の場合は、売却益（キャピタルゲイン）でなく売却損（キャピタルロス）を生じる可能性もあるので、注意が必要である。

なお、債券は預貯金よりも利回りがよく株式よりも安全性が高いため、ミドルリスク・ミドルリターンの金融商品といえる。

■債券価格は主に市場の金利と需給関係に影響を受ける

債券価格は、個別株式の価格と同様に上昇したり下落したりしている。そこで、債券価格はどのような要因で変動するのかをみていくことにする。

第1に、市場金利の動きに影響される。

債券は、一般に発行時に利率が決定され、満期償還日まで変わらない固定金利の金融商品である。ところが、市場における金利は日々動いている。このことから、市場の金利が上昇した場合、債券の利率は満期償還日まで一定であるので、債券の利率が市場金利より劣ることになる。その結果、投資家は金利の魅力が薄い債券を売却して金利の高い他の金融商品を購入するため、債券が売られ価格は下落する。

反対に、市場の金利が下落した場合、債券の利率が市場金利に比べ勝ることになる。その結果、投資家は金利の魅力がある債券を購入するため、債券が買われ価格は上昇する。

第2に、需給関係に影響される。債券の需要が高まれば価格は上昇し、反対に債券が供給過剰であれば価格は下落する。なお、市場金利と債券の関係を示すと以下のようになる。

> 市場金利が上昇　→　債券は売られ、債券価格は下落
> 市場金利が下落　→　債券は買われ、債券価格は上昇

■債券の代表的な利回りの計算は４種類ある

債券におけるリターンは、利付債の場合、一定の期間ごとに利子が支払われるインカムゲインと中途で売却した場合のキャピタルゲインに大別される。このとき、どのくらいのリターンがあるのかを購入価格で割ることにより、リターンの割合を知ることができる。この割合を利回りといい、異なった投資金額においても比較することが可能である。

利付債の利回り計算は、投資期間（時期）により以下のように計算方法が異なる（図表2-3-17）。

図表2-3-17　投資期間（時期）と利回り

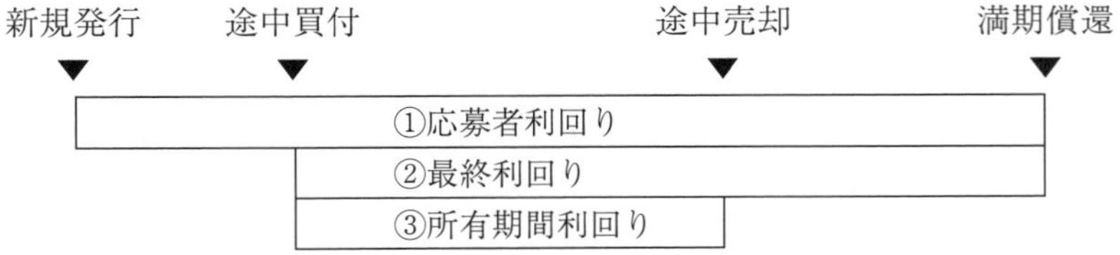

新規発行 ▼　途中買付 ▼　途中売却 ▼　満期償還 ▼

期間	利回り
新規発行～満期償還	①応募者利回り
途中買付～満期償還	②最終利回り
途中買付～途中売却	③所有期間利回り

（注）以下の償還期間、残存期間、所有期間等はすべて年単位に直すことが必要

①応募者利回り

応募者利回りとは、新発債を購入し、満期償還期限日まで所有した場合の利回りの計算である。

$$応募者利回り(\%) = \frac{表面利率(年利) + \dfrac{額面 - 購入価格}{償還期間}}{購入価格} \times 100$$

（例3）

額面100円の新発債を98円で購入し、満期償還日まで所有した場合の応募者利回りは何％になるか。ただし、年利4％とし、償還期間は10年とする。

ここでの応募者利回りは、

$$\frac{4\% + \dfrac{100円 - 98円}{10年}}{98円} \times 100 \fallingdotseq 4.29\%$$となる。

②最終利回り

最終利回りとは、既発債を時価で購入し、満期償還日まで所有した場合の利回りの計算である。

$$最終利回り(\%) = \frac{表面利率(年利) + \dfrac{額面 - 購入価格}{残存期間}}{購入価格} \times 100$$

（例4）

額面100円の既発債を102円で購入し、満期償還日まで所有した場合の最終利回りは何％になるか。ただし、年利2％とし、残存期間は5年とする。

ここでの最終利回りは、

$$\frac{2\% + \dfrac{100円 - 102円}{5年}}{102円} \times 100 \fallingdotseq 1.57\%$$となる。

③所有期間利回り

所有期間利回りとは、債券を満期償還日まで所有せず、途中売却した場合の利回りの計算である。

$$\text{所有期間利回り（\%）} = \frac{\text{表面利率（年利）} + \dfrac{\text{売却価格} - \text{購入価格}}{\text{所有期間}}}{\text{購入価格}} \times 100$$

（例5）

額面100円の新発債を99円で購入し、5年後に101円で売却した場合の所有期間利回りは何%になるか。ただし、年利3%とする。

ここでの所有期間利回りは、

$$\frac{3\% + \dfrac{101\text{円} - 99\text{円}}{5\text{年}}}{99\text{円}} \times 100 \fallingdotseq 3.43\%\text{となる。}$$

④直接利回り

直接利回りとは、購入した債券の金額に対して毎年いくらの利息があるかの利回りの計算である。

直接利回り（%） ＝ 表面利率（年利） ÷ 購入価格 × 100

（例6）

額面100円の債券を99円で購入した場合の直接利回りは何%になるか。ただし、年利3%とする。

ここでの直接利回りは、3% ÷99円 ×100 ≒ 3.03%となる。

■債券購入の判断は格付けが重要視される

債券を購入する場合の留意点は、その債券の持つ格付けが重要視される。債券の格付けとは、発行されている債券ごとに元利金支払いの確実性の程度を独立した第三者である格付機関が記号などにより評価し、投資家に公開するものである（図表2-3-18）。

格付機関は多数存在するが、世界的に有名なのはムーディーズ社とスタンダード＆プアーズ社（S＆P）の2社である。なお、債券の格付けは、格付機関によって異なることに注意することが必要となる。

図表2-3-18　債券の格付記号と定義

ムーディーズ	他　社	定　　義	適否分類
Aaa	AAA	最も優れている	投資適格
Aa1	AA+	総合的に優れている	
Aa2	AA		
Aa3	AA-		
A1	A+	中級の上位	
A2	A		
A3	A-		
Baa1	BBB+	中級	
Baa2	BBB		
Baa3	BBB-		
Ba1	BB+	投機的な要素を含む	投機的（投資不適格）
Ba2	BB		
Ba3	BB-		
B1	B+	好ましい投機対象としての適正さに欠ける	
B2	B		
B3	B-		
Caa1	CCC+	安全性が低い	
Caa2	CCC		
Caa3	CCC-		
Ca	CC	非常に投機的	
C	C	最も低い	
D	D	債務不履行状態	

低い
リスク
高い

一般的に、格付機関において格付けが高い場合、信用力も高いことを示しており、投資した金額が満期償還日には確実に返済される可能性が非常に高い。そのため、利回りは低いものとなる。

反対に、格付けが低い場合は、信用力も低いことを示しており、格付けが低くなればなるほど投下した資金を回収できなくなるリスクが出てくる。そのため、債券を発行する企業などはリスクに見合った高い利回りにしないと投資家は購入しない可能性がある。

こうした、リスクに見合った分、利回りを高く設定することをリスクプレミアムといい、国債などの基準となる利回りとの差がこれに該当する。利回りは一般に、格付けが高くなるほど低く、格付けが低くなるほど高くなる。また、償還までの期間が短いほど低く、長いほど高くなる。

なお、社債を発行している企業が倒産した場合は、デフォルト（支払い不能）の危険性がある。したがって、格付けが低い企業に債券を投資する場合は、利回りの高さだけに気を奪われないことが投資家に求められる。

(3) 株式投資の特徴と留意点

●理解のためのキーポイント

○株式は代表的なハイリスク・ハイリターン商品
○日経平均株価と東証株価指数（TOPIX）は株式市場の代表的な指標
○株式の個別銘柄を測る5つの投資尺度を活用する
○自社株投資はメリットとデメリットがある

■株式投資は分散投資と長期投資が重要である

株式は、預貯金や債券と比較してリスクが高いが、リターンも高いというハイリスク・ハイリターンの金融商品である。したがって、高いリスクをヘッジするためには、分散投資を行うことと長期にわたる投資が重要となる。

分散投資をする意味は、単一銘柄だけに投資し、その企業が倒産した場合のリスクを考えればわかるであろう。また、長期投資をする意味も、株式は20年・30年と長期に保有していると預貯金や債券の利回りを上回っていることが数字的に実証されていることからもわかるであろう。

以上からもわかるように、株式はハイリスク・ハイリターンの金融商品であるが、分散投資と長期投資を行えば、リスクを相当程度減らすことができ、預貯金や債券と比べて高い収益性を得ることができるのである。

■株価は主に企業業績と市場の金利に影響を受ける

債券の価格は、主に市場の金利と需給関係により影響を受けるが、株価は、主に将来の企業業績と市場の金利により影響を受けることになる。

将来の企業業績が良くなると予想される場合は、投資家は値上がり益を狙うために株式を購入する。その結果、株価は上昇する。反対に将来の企業業績が悪くなると予想される場合は、投資家は値下がりのリスクを回避するために株式を売却し、株価は下落する。

また、市場の金利が上昇した場合、投資家はリスクの少ない金融商品にシフトしてリターンを確保するため、ハイリスクの株価は下落するが、市場の金利が下落した場合、投資家はリスクを考慮してもハイリターンが期待できる株式に投資するため、株価は上昇する。

■株式市場にはさまざまな指標がある

株式市場には、個別銘柄の株価の値上がりや値下がりだけでなく、さまざまな投資指標が存在する（図表2-3-19）。代表的なものが、単純平均株価、東証株価指数（TOPIX）および日経平均株価（日経225）である。以下、順を追って説明する。

①単純平均株価

単純平均株価は、上場している銘柄の株価を合計し、銘柄数で割ったものである。平均的な株価水準をみるには適しているが、欠点として、株式分割における株価の権利落ちが考慮されていないため、連続性がなくなってしまうことや、値がさ株（株価の高い株）の影響を受けやすいことなどがある。

②東証株価指数（TOPIX）

東証株価指数（TOPIX）は、東京証券取引所第1部に上場している全銘柄の株価に浮動株式数のウエイトを乗じて計算された株価指数である。

東証株価指数は、単純平均株価と異なり、加重平均であるため、値がさ株の影響を受けにくいことと市場における資産価値全体の推移をみるのに適している。しかし、欠点として、東京証券取引所第1部に上場している全銘柄が対象となるため、あまり取引のない銘柄の値動きも指数として反映されてしまうことや大型株（時価総額の大きい株）の影響を受けやすいことがある。

③日経平均株価（日経225）

日経平均株価（日経225）は、東京証券取引所第1部に上場している代表的な225銘柄を対象としており、これらの株価を平均して、権利落ちや銘柄の入れ替えなどの修正を加えた平均株価である。日経平均株価は、相場水準の連続性をとらえるためには適しているが、欠点として、対象が225銘柄と少ないことと値がさ株の影響を受けやすいことがある。

図表2-3-19　株式投資の主要指標

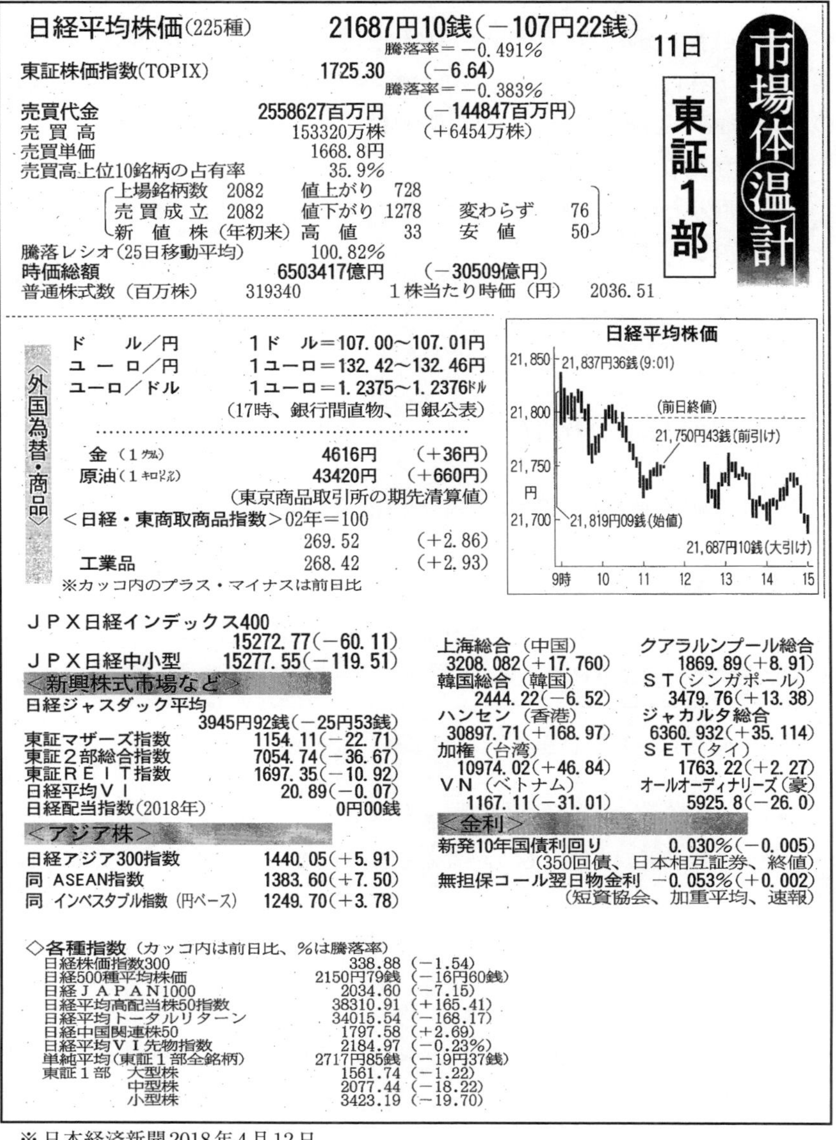

市場体温計　東証1部　11日

日経平均株価(225種)	**21687円10銭**	**(−107円22銭)**
	騰落率＝−0.491%	
東証株価指数(TOPIX)	**1725.30**	**(−6.64)**
	騰落率＝−0.383%	
売買代金	**2558627百万円**	**(−144847百万円)**
売買高	153320万株	(＋6454万株)
売買単価	1668.8円	
売買高上位10銘柄の占有率	35.9%	

上場銘柄数	2082	値上がり	728		
売買成立	2082	値下がり	1278	変わらず	76
新値株(年初来)		高値	33	安値	50

騰落レシオ(25日移動平均)	100.82%	
時価総額	**6503417億円**	**(−30509億円)**
普通株式数(百万株)	319340	1株当たり時価(円)　2036.51

〈外国為替・商品〉

ドル／円	**1ドル＝107.00〜107.01円**
ユーロ／円	**1ユーロ＝132.42〜132.46円**
ユーロ／ドル	**1ユーロ＝1.2375〜1.2376ドル**

(17時、銀行間直物、日銀公表)

金(1グラム)	**4616円**	**(＋36円)**
原油(1キロリットル)	**43420円**	**(＋660円)**

(東京商品取引所の期先清算値)

<日経・東商取商品指数>02年＝100

	269.52	(＋2.86)
工業品	268.42	(＋2.93)

※カッコ内のプラス・マイナスは前日比

日経平均株価

21,850　21,837円36銭(9:01)
21,800　(前日終値)
21,750円43銭(前引け)
21,750
円
21,700　21,819円09銭(始値)
21,687円10銭(大引け)
9時　10　11　12　13　14　15

JPX日経インデックス400	**15272.77(−60.11)**
JPX日経中小型	**15277.55(−119.51)**

<新興株式市場など>

日経ジャスダック平均	**3945円92銭(−25円53銭)**
東証マザーズ指数	**1154.11(−22.71)**
東証2部総合指数	**7054.74(−36.67)**
東証REIT指数	**1697.35(−10.92)**
日経平均VI	**20.89(−0.07)**
日経配当指数(2018年)	**0円00銭**

<アジア株>

日経アジア300指数	**1440.05(＋5.91)**
同 ASEAN指数	**1383.60(＋7.50)**
同 インベスタブル指数(円ベース)	**1249.70(＋3.78)**

上海総合(中国)	**3208.082(＋17.760)**
韓国総合(韓国)	**2444.22(−6.52)**
ハンセン(香港)	**30897.71(＋168.97)**
加権(台湾)	**10974.02(＋46.84)**
VN(ベトナム)	**1167.11(−31.01)**
クアラルンプール総合	**1869.89(＋8.91)**
ST(シンガポール)	**3479.76(＋13.38)**
ジャカルタ総合	**6360.932(＋35.114)**
SET(タイ)	**1763.22(＋2.27)**
オールオーディナリーズ(豪)	**5925.8(−26.0)**

<金利>

新発10年国債利回り	**0.030%(−0.005)**
	(350回債、日本相互証券、終値)
無担保コール翌日物金利	**−0.053%(＋0.002)**
	(短資協会、加重平均、速報)

◇各種指数(カッコ内は前日比、%は騰落率)

日経株価指数300	338.88	(−1.54)
日経500種平均株価	2150円79銭	(−16円60銭)
日経JAPAN1000	2034.60	(−7.15)
日経平均高配当株50指数	38310.91	(＋165.41)
日経平均トータルリターン	34015.54	(−168.17)
日経中国関連株50	1797.58	(＋2.69)
日経平均VI先物指数	2184.97	(−0.23%)
単純平均(東証1部全銘柄)	2717円85銭	(−19円37銭)
東証1部　大型株	1561.74	(−1.22)
中型株	2077.44	(−18.22)
小型株	3423.19	(−19.70)

※日本経済新聞2018年4月12日

■株式の個別銘柄を測る投資尺度もいろいろある

個別銘柄の株式に投資する場合、購入するか否かの判断材料として何らかの尺度が必要である。この尺度として代表的なものに、配当利回り、配当性向、PER（株価収益率）、PBR（株価純資産倍率）、ROE（自己資本利益率）の5つがある。以下、順を追って説明する。

①配当利回り

配当利回りとは、株価に対する1株当たりの配当の割合である。計算式で表すと次のようになる。

配当利回り（%）＝1株当たりの配当金 ÷ 株価

（例7）

株価が500円で、1株当たりの配当金が10円とする場合の配当利回りはいくらか。

配当利回り（%）＝10円 ÷500円＝2%となる。

②配当性向

配当性向とは、会社の税引き後利益に対する配当金総額の割合である。計算式で表すと次のようになる。

配当性向（%）＝配当金総額 ÷ 税引き後利益

（例8）

税引き後利益が1億円で、配当金総額が2,000万円とする場合の配当性向はいくらか。

配当性向（%）＝2,000万円 ÷1億円＝20%となる。

③PER（株価収益率）

PER（株価収益率）とは、株価が1株当たりの税引き後利益に対して何倍であるかを表したものである。一般的に、PERが高い場合は株価が割高であるといわれ、PERが低い場合は株価が割安であるといわれる。

しかし、この基準はあくまでも目安であり、絶対的なものではないことに注意する必要がある。PERを計算式で表すと次のようになる。

PER ＝株価 ÷1株当たりの税引き後利益

（例9）
　株価が1,500円で1株当たりの税引き後利益が50円の場合のPER（株価収益率）はいくらか。
　PER ＝ 1,500円 ÷50円＝30となる。

④PBR（株価純資産倍率）

PBR（株価純資産倍率）とは、株価が1株当たりの純資産に対して何倍であるかを表したものである。ここで、純資産とは会社の自己資本を意味する。一般的に、PBRが1に近づくほど株価が割安であるといわれるが、PERと同様に、この基準はあくまでも目安であり、絶対的なものではないことに注意する必要がある。PBRを計算式で表すと次のようになる。

PBR ＝株価 ÷1株当たりの純資産

（例10）
　株価が200円で1株当たりの純資産が100円の場合のPBR（株価純資産倍率）はいくらか。
　PBR ＝ 200円 ÷100円＝2となる。

⑤ROE（自己資本利益率）

ROE（自己資本利益率）とは、自己資本に対する税引き後利益の割合である。ROEが高いほど、株主から集められた資本が効率的に運用されていることを意味している。

※ROEは、以前は「株主資本利益率」と呼ばれていたが、2006年5月の会社法改正に伴う会計基準改正で、「自己資本利益率」と呼ばれるようになった。BS（貸借対照表）の資本の部に新株予約権や少数株主持分が記載されることになり、こうした純粋な資本以外のものを除いて自己資本とすることとされたためである

ROEを計算式で表すと次のようになる。

ROE（%）＝税引き後利益 ÷ 自己資本 ×100

（例11）

税引き後利益が2,000万円で、自己資本が5,000万円の場合のROE（自己資本利益率）はいくらか。

ROE（%）＝2,000万円 ÷5,000万円 ×100＝40%となる。

■自社株投資は二重のリスクの可能性がある

株式に投資する場合、分散投資と長期投資が重要であると先に説明した。それに加えてPER、PBR、ROEなどの投資尺度を検討することも必要になってくる。個別株式に投資する場合、投資した企業が自社であるときは、メリットとデメリットに留意する必要がある。

メリットとしては、自社の業績が上がった場合、リターンとしての株価の上昇と配当金が増加することが考えられるが、デメリットとしては、自社が倒産した場合、株式が無価値となるだけでなく給与も支給されないという二重のリスクの可能性がある。このようなデメリットは、2001年に破綻した米国のエンロン社などをみても明らかである。

ところで、確定拠出年金法は、施行令15条1項3号レにより個別企業の株式を運用商品として提供することを認めているが、個別企業の株式を提示し

〈知って得する補足知識〉

PER、PBR、ROEこれら3つの投資尺度はそれぞれ独立しているのではなく、相互に密接な関係がある。PER＝PBR÷ROE、PBR＝PER×ROE、ROE＝PBR÷PERという関係が成り立つからである。過去の本試験でもPER、PBR、ROEの関係が出題されているが、これら3つの計算式は基本であるので、今後も何らかの形で出題される可能性が非常に高いといえる。

た場合はそのほかに運用商品を少なくとも3つ以上提示しなければならないとされている。つまり、個別企業の株式は運用商品として提示はできるものの、運用商品の数には数えられない点に気をつけなければならない。なお、個別企業の債券も同様である。

(4) 投資信託の特徴と留意点

●理解のためのキーポイント

○投資信託は商品そのものが分散投資でできている
○投資信託は組み合わせ次第で無数のリスク・リターンの異なる商品ができる
○投資信託は株式と債券をさまざまな比率で組み合わせている

■投資信託には３つの特徴がある

投資信託とは、不特定多数の投資家から小口の資金を集めてファンド（基金）を形成し、投資の専門家である運用担当者が株式や債券などに、スケールメリットを生かしながら分散投資し、その成果としての収益が投資家に分配される仕組みである。ただし、投資信託は元本が保証されておらず、収益は運用実績による。

以上からわかるように、投資信託は主に以下のような3つの特徴をもっている。

①小口の資金でも株式や債券に投資することが可能

通常、株式や債券を購入する場合、最低でも10万円以上の資金が必要である。株式は売買単位の引き下げをした企業が増えたとはいえ、単位株で数百万円拠出しないと購入できない株式もまだある。

その点、投資信託は、1万円程度から購入することができる。また、多数の投資家から集めた小口の資金をまとめて運用するので、スケールメリットを生かすことができる。

②投資の専門家が運用

投資信託は、投資の専門家（ファンドマネジャー）が運用する。ファンドマネジャーは投資に関する知識やノウハウをもっているので、一般の投資家よりも優れた運用成果としての収益をあげる可能性が極めて高い。

③分散投資に最適

投資信託はリスクを低減させるため、さまざまな金融商品に分散投資する。つまり、リスクやリターンの性質が異なるバラエティに富んだ投資信託が設定されることになる。

また、投資信託と同様な金融商品を個人で設定するには多額の資金を必要とするが、投資信託では多数の投資家から集めた小口の資金をまとめて運用するので、分散投資を行う資金が十分用意できる。

なお、分散投資をすることでリスク低減を図る投資信託は、確定拠出年金では運用商品として加入者から相当程度選択される可能性が高いといえる。

■投資信託の仕組みは契約型と会社型の２種類がある

投資信託の仕組みは、従来わが国では契約型しかなかった。契約型の投資信託は、受益者（投資家）、販売会社（証券会社など）、委託者（投資信託委託会社）、受託者（信託銀行）の4者から構成され、信託契約に基づいて運営されている（図表2-3-20）。以下でこれら4者はどのような役割を果たしているのかをみることにする。

①受益者（投資家）

受益者は、委託者が発行した受益証券を購入して、出資額に応じた運用成果としての収益を受け取る。

②販売会社（証券会社など）

販売会社は、受益者に投資信託を販売、受益証券の交付を行うとともに収益の分配金の支払いや受益証券の買い取りなども行う。

③委託者（投資信託委託会社）

委託者は、受託者と信託契約を締結し、信託財産の運用の指図を行うことが、最も重要な業務となる。このほかに、受益証券の発行、信託財産におけ

図表2-3-20　投資信託（契約型）の仕組み

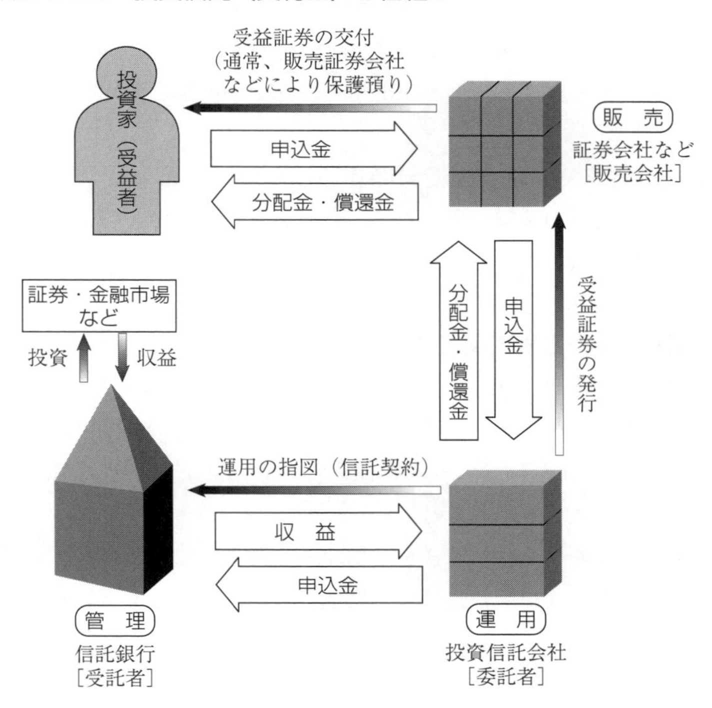

る帳簿書類の作成などの業務がある。

④受託者（信託銀行）

受託者は、委託者の指図に基づき、受益者から集められた資金で株式や債券などの売買を行うことや信託財産としての資産の保管と管理を行う。なお、信託財産は受託者の名義である。

また、受託者は信託財産を自己の財産とは別個に管理することが義務付けられており、受託者が破綻した場合であっても信託財産は何ら影響を受けない。

一方、会社型はわが国において平成10（1998）年12月から導入されることになった。投資資産の運用を目的とする投資法人を設立し、発行された証券を投資家に購入してもらい、投資家は、投資法人が運用して得た運用益を配当の形で受け取る仕組みで、証券取引所に上場されているものもある。

会社型の代表的なものに、現在米国で主流となっているミューチュアルファンドがある。なお、会社型は、発行された証券の払い戻しの有無により、オープンエンド型とクローズドエンド型の2つに分けることができる。

■投資信託はさまざまな方法で分類することができる

投資信託は、商品の種類が多いため、さまざまな方法で分類がなされている。どのように分類にされるかにより、投資信託の商品の特質がある程度わかることになる。

①公社債投資信託と株式投資信託

公社債投資信託とは、国債、地方債、社債といった日本の債券に限らず、外国の債券も含めて運用を行う投資信託をいう。代表的な商品として、中期国債ファンド、MMF（マネー・マネジメント・ファンド）、MRF（マネー・リザーブ・ファンド）がある。

公社債投資信託の特徴は、株式を一切組み入れないことである。株式をたとえ少しでも組み入れた場合には、公社債投資信託ではなく、後述する株式投資信託となる。

公社債投資信託は、リスクの低い債券で運用されるため安全性が比較的高いとされるが、元本が保証されるものではなく、外国債の場合においては為替リスクなどにも気をつけなければならない。

株式投資信託とは、投資対象に株式を含めて運用を行う投資信託をいう。つまり、投資対象に株式が少しでも含まれている場合は、すべて株式投資信託に該当する。

株式投資信託においては、株式中心に運用するものばかりでなく、株式の組入比率を70%未満とし、債券との組入比率を適度に行うバランス型などがある。なお、株式中心に運用される場合にはリターンが高い反面、リスクも高いことに注意が必要である。

②単位型（ユニット型）投資信託と追加型（オープン型）投資信託

単位型投資信託とは、投資家の投資信託の購入時期が募集期間中だけで、

図表2-3-21　公社債投資信託および株式投資信託と単位型と追加型の関係

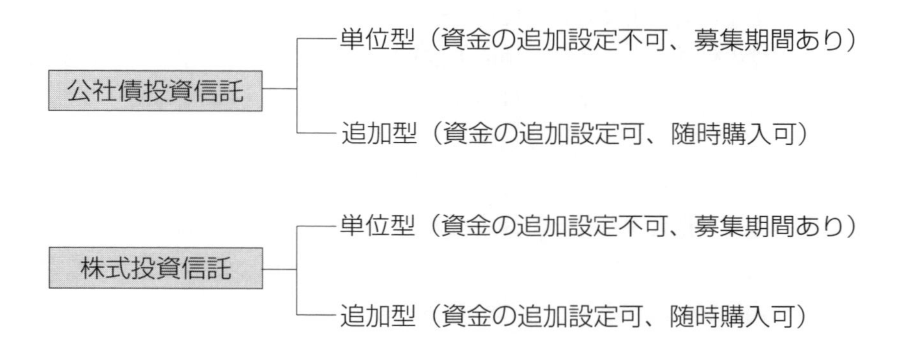

この資金をもとに、途中新たな追加設定を行わずに償還期限まで運用するものである。また、新たな追加設定がないことから、安定したファンドの運用をするために一定の期間は解約に応じないクローズド期間が設けられている。

単位型投資信託は、さらに同じタイプの商品を毎月募集する定時定型とその時々に応じて募集するスポット型の2つに分けられる。

追加型投資信託とは、単位型投資信託とは異なり、投資家がいつでも購入したり解約することができるものである。また、償還期限は定められていないものが多く、定められている場合でも10年以上である。中期国債ファンド、MMF、MRFが追加型投資信託に該当する。

なお、公社債投資信託においても株式投資信託においても単位型と追加型がある（図表2-3-21）。

③分配型投資信託と無分配型投資信託

分配型投資信託とは、一定期間（通常1年）ごとに運用によって生じた成果を分配するものであり、無分配型投資信託とは、運用によって生じた成果を一定期間ごとに分配するのではなく、償還期限や途中で解約したときにまとめて分配するものである。

④投資対象による分類

投資信託は、国内に投資するか海外に投資するかなど、分散投資の観点からさまざまな投資対象に対して投資を行う。

公社債投資信託においては、国内の債券に投資するタイプや海外の債券に投資するタイプ、国内および海外の債券を組み合わせて投資するタイプなどがある。

また、株式投資信託においても、公社債投資信託と同様に国内の株式および海外の株式に投資すること、株式組入比率、株価指数に連動させることなど投資対象をどのようにするかにより、さまざまな種類に分類される。なお、参考に株式投資信託がどのように分類されているかを図表2-3-22に示しておく。

⑤インデックス（パッシブ）運用とアクティブ運用

投資信託は運用方法により、インデックス（パッシブ）運用とアクティブ運用の2種類に分かれる。

インデックス（パッシブ）運用とは、投資対象におけるベンチマーク（指標）と連動する運用成績を目指すものである。ベンチマークとは、東証株価指数（TOPIX）や日経225など市場を代表する指数などをいう。また、この運用は市場のインデックスにどれだけ連動させることができるかであり、コンピュータを用いて効率化できるため、手数料は安くなっている。

アクティブ運用とは、ファンドマネジャーが、投資対象におけるベンチマークを上回る運用成績を目指し、独自の判断に基づき運用を行うものである。ただ、投資家の支払うコスト面からすると、ファンドマネジャーが積極的に運用し、より高い成果を目指すことから、インデックス運用に比べると手数料が割高なものとなる。

■リスク・リターンの分類は５段階である

投資信託は、リスクやリターンの異なる株式や債券などに投資する金融商品である。こうした性質を有しているため、投資家は、投資信託を購入するにあたりどの程度のリスク・リターンがあるかわからない。

図表2-3-22　株式投資信託の分類

国内株式型

国内株式を中心に投資

一般型
大型株型（上場株式数2億株以上）
中小型株型
店頭株型
業種別選択型
ミリオン型（累積投資専用ファンドの一種）

国際株式型

外国株式を中心に投資

一般型（国や地域を限定しないもの）
北米型
アジア・オセアニア型
欧州型
中南米型
アフリカ型

バランス型

株式と債券をバランスよく組み合わせ
株式の組入比率70％未満

転換社債型

主に転換社債に投資
株式の組入比率30％以下

インデックス型

インデックス（株価指数）に連動する成果を目指す

日経225連動型、日経300連動型
TOPIX連動型
その他インデックス連動型

業種別インデックス型

主要対象業種別
株式の組入比率70％以上

建設・不動産株型、医薬品・食品株型、化学・繊維・紙パルプ株型、石油・非鉄株型、鉄鋼・造船株型、電機・精密株型、自動車・機械株型、商業株型、金融株型、公益株型

派生商品型（デリバティブ型）

先物やオプションなどの派生商品（デリバティブ商品）を活用
最もハイリスク・ハイリターン

限定追加型

設定後の一定期間のみ新規資金の追加が可能なもの

（注）証券投資信託協会による分類

図表2-3-23　投資信託のリスク・リターン分類

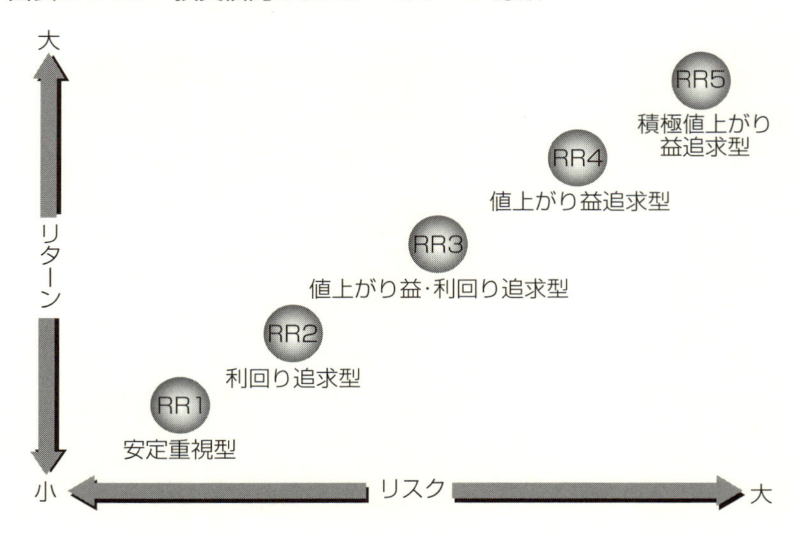

そこで、投資信託協会は「リスクとリターン」を認識する目安として、「リスク・リターン」(RR) の5段階における分類を設定している。リスク・リターン分類は、RR1からRR5までに分かれており、数字が大きくなるほどリスク・リターンが高くなる (図表2-3-23)。

①RR1 (安定重視型)

安定した利回りを目標としたファンドであり、預貯金に近いリターンが確保できるが、元本が保証されているわけではない。

②RR2 (利回り追求型)

利回りの向上を目標としたファンドであり、公社債を中心に運用する。

③RR3 (値上がり益・利回り追求型)

値上がり益の追求と利回りの向上を目標としたファンドであり、公社債を中心に株式も組み入れて運用する。

④RR4 (値上がり益追求型)

値上がり益の追求を目標としたファンドであり、株式を中心に運用する。

図表2-3-24　スタティック・アロケーション型

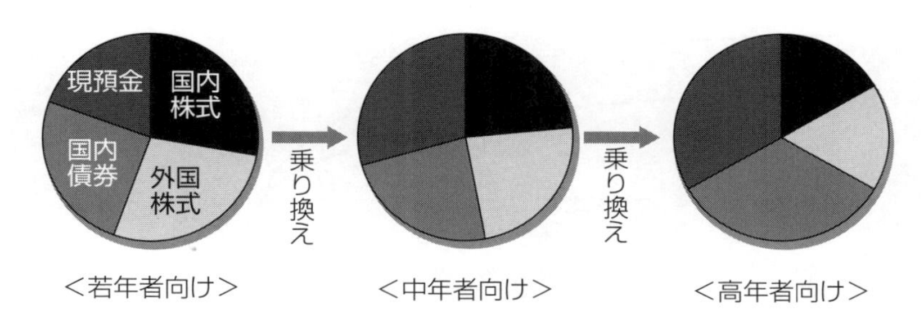

（注）世代ごとに資産配分の異なる複数のファンドの中から自身の判断で選択

⑤RR5（積極値上がり益追求型）

積極的な値上がり益の追求を目標としたファンドであり、大きなリターンを狙えるデリバティブ（金融派生）商品にも投資する。

■ライフサイクルファンドは確定拠出年金に適した商品である

ライフサイクルファンドとは、老後における生活資金を確保するため、年齢などに応じて投資する資産構成を変化させながら、長期にわたり運用していくファンドで、確定拠出年金に適した商品といえる。ライフサイクルファンドには、スタティック・アロケーション型とターゲット・イヤー型の2種類がある。

スタティック・アロケーション型（図表2-3-24）とは、リスク・リターンの異なる複数のファンドの中から、投資家自身の判断によりファンドを選択して、年齢の上昇とともに、リスクの許容度に応じたファンドへ乗り換えていくタイプである。

具体的に説明すると、世代（例えば30代・40代・50代）ごとに複数のファンドが用意されており、その中から自分のリスク許容度に応じたファンドを選択し、ライフサイクルに合わせて乗り換えていくのである。一般に、若い世代においてはリスク・リターンが比較的高い株式などを中心としたファンドが多く、年齢が上昇するに伴い、リスク・リターンが比較的低い預貯金

図表2-3-25　ターゲット・イヤー型

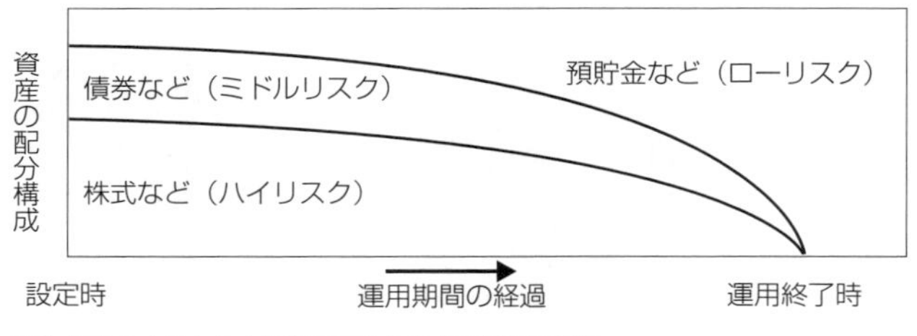

（注）年齢の上昇とともに資産配分構成が自動的に変化

や債券など安定的運用のファンドが多く設定されている。

ターゲット・イヤー型（図表2-3-25）とは、ひとたびファンドを購入すれば、後は自動的に、投資家のライフサイクルに合わせて資産の配分が変化していくタイプである。

具体的に説明すると、あらかじめ運用が終了する年度の複数のファンドが用意されており、その中から投資家自身のライフサイクルに合ったファンドを選択する。一般に、若い世代においてはリスク・リターンが比較的高い株式などを中心とした資産のファンドが設定され、年齢が上昇するに伴い、リスク・リターンが比較的低い預貯金や債券などを中心とした資産へと自動的に変化していく。

〈知って得する補足知識〉

新しいタイプの投資信託で注目されているものとして、ファンド・オブ・ファンズとETF（上場投資信託）がある。ファンド・オブ・ファンズとは、投資家が投資したファンドから、さらに複数のファンドへ投資することである。ファンド・オブ・ファンズの特徴は、ファンドマネジャーが強い専門分野ごとにファンドの投資ができることである。一方、ETFとは、東証株価指数（TOPIX）や日経225などの株価指数に連動させることを目的に運用される投資信託で、一般の株式と同様に証券取引所で売買ができる。

(5) 保険商品の特徴と留意点

●理解のためのキーポイント

○生命保険の商品と損害保険の商品がある
○GICなどは確定拠出年金では元本確保商品

■生命保険の商品としてはGICと変額年金保険がある

GIC（Guaranteed Interest Contract）とは、利率保証型積立生命保険のことである。3～10年の一定期間、定められた利率で運用されるため、加入者が満期まで解約しなければ、元本は保証される。しかし、加入者が中途解約したときは、解約控除金が差し引かれる場合があるので、元本を下回る可能性がある。なお、確定拠出年金の運用商品として、利率保証型積立生命保険は元本確保型商品とされる。

変額年金保険とは、運用実績に応じて積立金が変動する保険である。この保険は、通常の一般勘定で運用されるのではなく特別勘定で運用されるため、運用成績などにより給付金額は変動する。

■損害保険の商品としては利率保証型積立傷害保険がある

利率保証型積立傷害保険とは、利率保証型積立生命保険と同様、一定期間定められた利率で運用され、加入者が満期まで解約しなければ、元本は保証される。しかし、加入者が中途解約したときは、保険会社によって払込保険料を下回るケースと下回らないケースのどちらの場合もある。

また、利率保証型積立傷害保険の特徴は、ケガにより死亡した場合、死亡保険金が支払われる点である。なお、利率保証型積立生命保険同様、利率保証型積立傷害保険も確定拠出年金の運用商品としての元本確保型商品とされる。

(6) 外貨建商品の特徴と留意点

●理解のためのキーポイント

○ 外貨建商品には外貨預金・外国債券・外国投資信託・外国株式の4種類がある
○ 為替レートの適正水準の考え方として絶対的購買力平価と相対的購買力平価がある

■外貨建商品の特徴は為替相場の影響と為替手数料

外貨建ての金融商品とは、円表示ではなく外貨で表示されるものをいう。外貨建商品には、外貨預金・外国債券・外国投資信託・外国株式があり、どの外貨建商品も為替相場の影響を受けることと為替の手数料がかかることが特徴である。

①外貨預金

外貨預金とは、外貨（米ドル・英ポンドなど）での預金をいい、外国に本店のある銀行だけでなく、国内の銀行などでも取り扱っている。外貨預金のメリットは、一般にわが国よりも高い預金利率で運用することができる点にある。デメリットとしては外貨預金は預金保険制度による保護がないことなどがある。

このように、外貨預金は国内に比べ一般に預金利率が高いが、預貯金と異なり、金融機関が破綻した場合には預金は保護されないという特徴がある。

②外国債券

外国債券とは、海外の国や企業で発行される債券をいい、外貨建てで発行されるものがほとんどであるが、円建てのものもある。外国債券は、高い利回りの債券がある反面、アルゼンチン債で起きたようにカントリーリスクの問題があることにも留意しなければならない。

③外国投資信託

外国投資信託とは、ファンドの国籍が海外にあるものをいい、この大半が外貨建てにより発行されている。また、国内投資信託の中にも外貨建てで発行されているのものがある、外貨建てで発行されているこれらの投資信託を外貨建投資信託という。

④外国株式

外国株式とは、海外の企業が発行している株式をいう。外国株式は、東京証券取引場に上場されている銘柄は日本円で売買できるが、上場企業の相次ぐ撤退により数少なくなってきている。したがって、そのほかの外国株式を購入する場合、外貨での株式購入となる。

外国株式は一般的に国内株式と異なる値動きをするため分散投資には適しているといわれる反面、手数料が国内株式と比べ割高なのと、投資する企業の情報量が絶対的に少ない点に留意しなければならない。

■為替レート予測に使われる絶対的購買力平価と相対的購買力平価

外貨建ての金融商品を取引する場合には、為替レートを必ず考慮しなければならない。金融商品を購入するとき、為替のレートが円高で、売却するときは円安であれば為替差益を得ることができるが、このような予想どおりにはいかないのが常である。

そこで、為替レートの適正な水準を予測することで為替のリスクを回避しようとする考え方のひとつに購買力平価がある。購買力平価には、絶対的購買力平価と相対的購買力平価の2種類がある。

①絶対的購買力平価

絶対的購買力平価とは、世界的なハンバーガーチェーンのハンバーガーや飲料メーカーの飲料などのように、同じ商品をわが国と為替レートの対象となる国が、いくらで購入することができるかを調べることにより、為替レートの動きを予測しようとするものである。

②相対的購買力平価

相対的購買力平価とは、絶対的購買力平価のように個別の商品価格を比較するのではなく、インフレ率と為替レートが連動しているという考え方により為替レートの動きを予測しようとするものである。つまり、わが国と為替レートの対象となる国の購買力平価から為替レートが乖離している場合はいずれ購買力平価に近づくと予想することで、為替のリスクを回避しようとするものである。

3. アセットアロケーションの考え方

(1) 相関係数

●理解のためのキーポイント

○分散投資の効果は相関係数を使って数値化できる
○相関係数が－１に近づくほどリスクが低減する

■相関係数は組み合わせた金融商品の相関関係を示す

分散投資の重要性は理解できた。それでは、リスクが異なる複数の金融商品にやみくもに分散投資をした場合でもその効果が図れるのであろうか。この疑問に対し、解決する手段が相関係数である。

相関係数とは、金融商品間における価格変動の動きの連動性を数値化したものである。相関係数は、＋１から－１の間の値を必ずとり、正の相関関係の場合は0を超えて１まで、負の相関関係の場合は－１から０未満まで、相関関係がない場合は0となる。

つまり、相関係数が0より大きい場合には対象となる金融商品の価格変動は同じ動きがみられ、分散投資の効果が小さいといえる。また、相関係数が0より小さい場合には対象となる金融商品の価格変動は異なる動きがみられ、分散投資の効果が大きいといえる。さらに、相関係数が0の場合は対象となる金融商品の価格変動は連動性がないため、無相関となる。

以上から、相関係数が－１に近づくほど分散投資の効果が大きくなるので、この効果を効率的なものとするためには、相関係数が－１に近い金融商品の組み合わせにすればよいことになる。

また、相関係数を用いた2資産間のポートフォリオのリスクの計算式は次ページのようになる。

○2資産間のポートフォリオのリスクを求める計算式

$$\sigma_P = \sqrt{(W_A{}^2 \times \sigma_A{}^2) + (W_B{}^2 \times \sigma_B{}^2) + 2 \times \rho_{AB} \times W_A \times W_B \times \sigma_A \times \sigma_B}$$

σ_P：ポートフォリオのリスク
W_A、W_B：資産A、資産Bの投資比率
σ_A σ_B：資産A、資産Bのリスク
ρ_{AB}：リターンの相関係数

この式をわかりやすくすると次のようになる。

$$\sqrt{(\text{資産Aの投資比率}^2 \times \text{資産Aのリスク}^2) + (\text{資産Bの投資比率}^2 \times \text{資産Bのリスク}^2) + 2 \times \text{リターンの相関係数} \times \text{資産Aの投資比率} \times \text{資産Bの投資比率} \times \text{資産Aのリスク} \times \text{資産Bのリスク}}$$

そこで、簡単な相関係数の数値例を用いて2資産間のポートフォリオのリスクを計算してみることにする。

（例1）

	資産A	資産B
投資比率	50%	50%
期待リターン	6%	12%
リスク	10%	20%

①相関係数が−0.2の場合
2資産間のポートフォリオのリスク

$$= \sqrt{(0.5^2 \times 10^2) + (0.5^2 \times 20^2) + 2 \times (-0.2) \times 0.5 \times 0.5 \times 10 \times 20} \fallingdotseq 10.25\%$$

②相関係数が−0.4の場合
2資産間のポートフォリオのリスク

$$= \sqrt{(0.5^2 \times 10^2) + (0.5^2 \times 20^2) + 2 \times (-0.4) \times 0.5 \times 0.5 \times 10 \times 20} \fallingdotseq 9.22\%$$

図表2-3-26　期待リターン、リスク、相関係数の関係

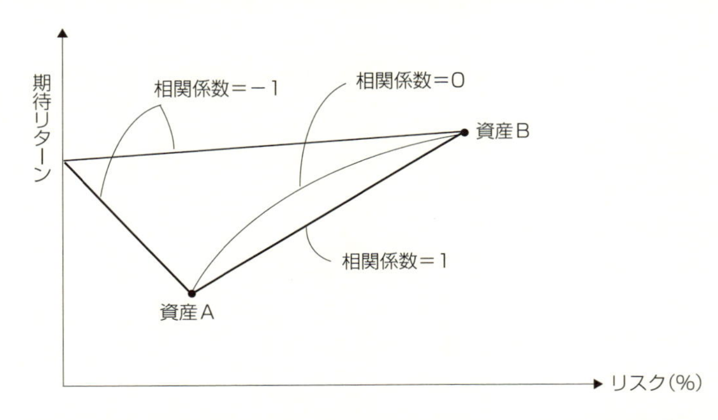

（例1）の①、②の計算結果をみてもわかるとおり、相関係数が－1に近づくほどポートフォリオのリスクが低減していく。また、これはそれぞれのリスクを単純に投資比率を乗じて合計した場合〔（例1）では、15%〕よりも小さくなることもわかる。こうして、相関係数を1から－1まで変化させると図表2-3-26のようになる。

○相関係数のまとめ

相関係数（ρ）の値	2つの金融商品の価格変動	分散投資効果
ρ＝1	完全に同じ方向に動く	なし
0＜ρ＜1	同じ方向に動く傾向がある	小
ρ＝0	まったく無関係に動く	無相関
－1＜ρ＜0	反対方向に動く傾向がある	大
ρ＝－1	完全に反対方向に動く	最も大

〈知って得する補足知識〉

2資産間の相関係数の値は、2級レベルでは直接求めることはあまりないが、参考までに載せておく。

○2資産間の相関係数の値を求める計算式

相関係数＝2資産間の共分散÷2資産間のリターンの標準偏差の積

(2) リスク許容度

●理解のためのキーポイント

○リスク許容度が投資方法に大きな影響を与える
○リスク許容度を決める要因には年齢要因や収入・資産要因がある

■リスク許容度は投資家によって異なる

投資の世界においてリスクとは、金融商品の収益率に対するブレのことである。ブレが大きいほどリスクは高く、反対にブレが小さいほどリスクは低い。

ブレが大きいということは、高いリターンが得られる反面、高いリスクを覚悟しなければならず、ブレが小さいということは、低いリスクですむ反面、低いリターンしか得られない。つまり、リスクとリターンはトレードオフの関係であり、ローリスク・ハイリターンの組み合わせはないのである。

ところで、投資家はそれぞれの年齢、資産、収入などが異なるため、リスクの取り方は一様ではない。高いリスクを好む投資家もいれば、低いリスクしか好まない投資家もいる。このように、投資家各人が投資をする際、どこまでのリスクを取ることができるかを示す尺度をリスク許容度という。リスク許容度が高い投資家は、株式などのハイリスク・ハイリターン型の金融商品へ積極的に投資することになるだろうし、リスク許容度が低い投資家は、預貯金などのローリスク・ローリターン型の金融商品へ安定的に投資することになる。

■リスク許容度を決める要因はさまざまである

リスク許容度は、投資家によって異なるということは先に述べた。それでは、投資家のリスク許容度を決める要因としてどのようなものがあるのかをみてみよう。要因としては、さまざまなものがあるが、重要なものとして次の２つがある。

①年齢要因

若いときはこれから先、数十年という長い投資期間があるため、一時期において運用成績が悪い場合であっても、リスクが長期間の投資により平準化される。また、高いリターンを得られるチャンスがまだ多くあるので一般的にはリスク許容度が高く、積極的な運用を行うことになる。

一方、退職が近づいてきた年齢になった場合、投資期間が短いので、ひとたび運用に失敗すれば、それを挽回するチャンスが非常に難しい。そのため、一般的にはリスク許容度が低く、安定的な運用を行うことになる。

②収入・資産要因

収入や資産が多い投資家は、老後における生活資金をほぼ確保しているので、余裕資金で運用することが通常である。運用に失敗したとしてもそれほど老後の生活資金に影響がないため、一般的にはリスク許容度が高い。

それに対して、収入や資産がそれほど多くない投資家は、金融商品を運用することにより老後の生活資金を確保していかなければならない。運用に失敗すると老後の生活資金に影響を及ぼす可能性があるため、一般的にはリスク許容度は低いものとなる。

(3) 運用方針の決定

●理解のためのキーポイント

○運用方針の決定は資産運用プロセスのPlan（計画）の段階である
○目標となる資金の設定は現在の収支状況の認識から始まる
○資金達成目標とリスク許容度を検討して調整する

■資産運用は３段階のプロセスを繰り返す

資産を運用していくプロセスは、Plan（計画）、Do（実行）、See（検討）の3段階であり、これらの段階を繰り返していく。

3つの段階で最も重要なのが、運用のための情報を集め、分析し、計画するPlanである。運用方針の決定は、投資目標の決定とともに、ここに該当する。Doは、運用する金融商品の資産配分の決定および実際にこれらの金融商品を購入することであり、後述するアセットアロケーションはこの段階である。また、Seeは、運用した計画を検討し、問題があれば見直すことである。見直しは、投資対象や市場環境の変化、ライフプランの変化などによってなされる。

つまり、Planがしっかりなされていないと実際の運用がうまくいかないケースが多い。そのため、慎重にPlanを行う必要がある。

■まず目標となる資金を設定する

確定拠出年金を始めるにあたってまず必要なのは、目標となる資金を設定することである。目標額を設定するためには、前提として、現在の収支状況の認識と将来における収支予測が必要となってくる。現在の収支状況を認識するということは、保有資金や資産を把握することであり、将来における収支予測を加味することである。

これらのことを考慮することにより、老後における必要な生活資金がある程度おおまかに判明する。このうち、確定拠出年金でどれだけの資金が必要となるかを決めるのである。また、確定拠出年金の運用は長期にわたるため、運用環境や運用者自身の状況が変化していくことも考慮していかなければならない。

■資金達成目標とリスク許容度を検討する

目標となる資金を達成するための投資額がある程度具体的になったら、運用者（加入者）自身のリスク許容度の範囲内であるかを検討しなければならない。いくら目標となる金額を達成しようとしても、運用者自身のリスク許容度が範囲を超えていれば、「絵に描いた餅」に終わってしまう。そこで、運用者自身のリスク許容度の範囲を超えた資金達成目標であるなら、確定拠出年金以外の資金も含めた資金計画の再検討が必要となってくる。

(4) アセットアロケーションとは

●理解のためのキーポイント

- ○アセットアロケーションとは運用する資産配分比率を決定するプロセス
- ○アセットアロケーションはリスク許容度に応じて変わる
- ○決定したアセットアロケーションも運用しながら見直しが必要

■アセットアロケーションで運用成果の90%が決まる

アセットアロケーションとは、投資家の投資目的に合わせ、運用資産の配分を決定するプロセスをいう。リスク・リターンの異なる複数の金融商品を組み合わせるのがポートフォリオであるが、アセットアロケーションによる投資資産の配分比率が適正でなければ、分散投資の効果が十分である最適なポートフォリオとはいえない。

ところで、アセットアロケーションにおいては、アセットクラスという概念が必要となる。アセットクラスとは、リスク・リターンの特性が同じである金融資産をまとめて1つのグループにすることであり、一般的には、国内株式、国内債券、外国株式、外国債券、短期金融商品（預貯金など）の5つのグループに分けられる。

アセットアロケーションは、アセットクラスをどのように配分するかである。運用成果の約90%は、アセットアロケーションによる資産配分比率で決まるといわれているので、アセットアロケーションは、投資の世界では非常に重要である。

■アセットアロケーションはリスク許容度と密接な関係がある

リスク許容度が高いということは、投資家が株式を中心として積極的に運用することであり、反対に、リスク許容度が低いということは、投資家が預貯金を中心として安定的に運用することである。このことは、アセットアロケーションにもあてはまり、投資家のリスク許容度が高ければ、株式の配分比率が高いハイリスク・ハイリターン型で積極的に投資することになり、リスク許容度が低ければ、預貯金の配分比率が高いローリスク・ローリターン型で安定的に投資することになる。

以上から、アセットアロケーションはリスク許容度と密接な関係があることがわかる。

■アセットアロケーションの見直しは状況に応じて行う

アセットアロケーションは、いったん投資をしてしまえば最後まで見直しをしなくてもよいかというとそうではない。というのは、投資対象や市場自体の変動などにより、初めに構築した資産配分比率などが適切でなくなってくる可能性が出てくるからである。

そこで、アセットアロケーションの見直しを検討するのだが、このタイミングは、一定期間ごとに定期的に行うということではなく、状況に応じてアセットアロケーションの見直しが必要と判断された場合に限り行う。

アセットアロケーションの見直し（調整）には、「リバランス」と「リアロケーション」の2つの方法がある（詳細は298ページ参照）。

リバランスとは、運用しているうちに変化した資産の配分比率を当初設定した配分比率に戻すことである。アセットアロケーション（配分比率）自体は適正だという判断になる。

一方、リアロケーションとは、当初設定した配分比率そのものを変える調整である。アセットアロケーション自体が適正でなくなったという判断で、配分比率を設定し直す。設定し直した配分比率に合わせて調整を行い、新たなアセットアロケーションで運用していく。

(5) 有効フロンティアの考え方

●理解のためのキーポイント

○効率的ポートフォリオは期待リターンに応じて無数にある
○最適ポートフォリオはリスク許容度と有効フロンティアとの交点

■効率的ポートフォリオの集合が有効フロンティア

一般に、同じ期待リターンを得るためには、リスクを最小にする資産配分の組み合わせを求めることが効率的であるし、同じリスクであれば期待リターンを最大にする資産配分の組み合わせを求めることが効率的である。このような期待リターンとリスクの最適な資産配分の組み合わせを効率的ポートフォリオという。

アセットアロケーションにおいては、期待リターン、リスク、資産間の相関係数がわかれば、効率的ポートフォリオを計算により求めることができる。効率的ポートフォリオは、期待リターンが少しでも変化すれば、リスクもそれに合わせて変化する。つまり、効率的ポートフォリオは、期待リターンに応じて無数に存在し、この無数に存在する組み合わせの集合が、有効フロンティアと呼ばれる曲線となる（図表2-3-27）。

ただし、効率的ポートフォリオの計算の基礎となる期待リターン、リスク、資産間の相関係数は、将来の予測値なので信頼性に欠ける面があり、気をつけなければならない。

有効フロンティアは、2資産の場合は、図表2-3-27のような曲線となるが、このような考え方を発展させて、さらに3資産、4資産と広げていくと、有効フロンティアは左上方に広がりをみせる（図表2-3-28）。

■最適ポートフォリオは有効フロンティアから選択する

有効フロンティアは、効率的ポートフォリオの集合であるので、有効フロンティアの曲線上を選択すれば、どこでも最適なポートフォリオとなる。た

図表2-3-27　有効フロンティアの図

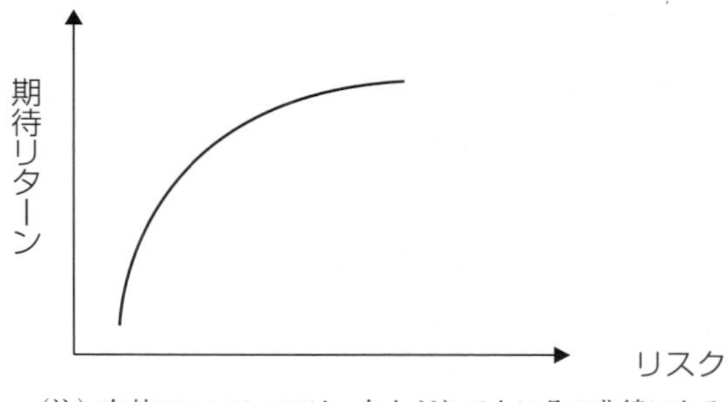

（注）有効フロンティアは、右上がりで上に凸の曲線になる

図表2-3-28　多資産に広げた場合の有効フロンティア

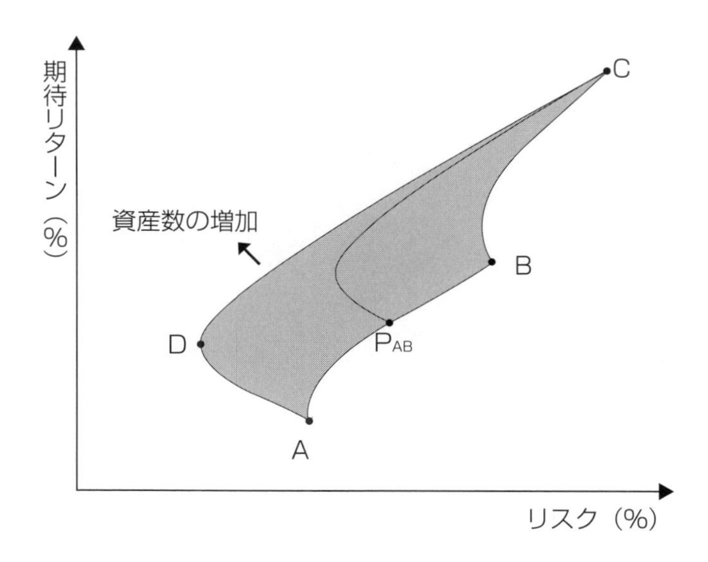

だし、どこでも最適なポートフォリオであるといっても、投資家にはリスク許容度がある。

このため、これを超えたポートフォリオは、期待リターンがいくら高いものであっても選択することはできないのである。つまり、投資家は、最適ポートフォリオを有効フロンティアの曲線上から選択するのであるが、リスクの許容度を考慮しなければならないため、この許容度と有効フロンティアの曲線との交点が最適ポートフォリオとなる。

ここでも注意してほしいのは、有効フロンティアの基礎となる効率的ポートフォリオの信頼性であり、有効フロンティア上の最適ポートフォリオは絶対的でないことに留意すべきである。

4. 投資判断のための評価指標

(1) 投資指標・投資分析情報

●理解のためのキーポイント

○代表的な投資指標はベンチマーク、格付け、投資信託評価、パフォーマンス評価の4種類

○自分に必要な投資情報を見極めることが重要

■投資指標とは投資の判断となる材料

投資家が金融商品の運用を行う場合、目標となる成果を獲得することが目的となるため、やみくもに投資しても意味がない。このことから、投資の判断を適切に行うことが必要となり、投資の判断となる材料を入手しなければならない。

投資の判断となる材料を投資指標といい、代表的なものとしてベンチマーク、格付け、投資信託評価、パフォーマンス評価の4種類がある。特に、確定拠出年金においては、運用商品として、数多くの性質の異なる投資信託が提示される可能性が高い。したがって、これら4種類の投資指標は投資を行うにあたり重要な判断材料となるので、十分にこれらの内容を理解することが求められる。

■投資情報は無料で入手できる場合が多い

投資家が金融商品の投資をするか否かの判断材料として、投資に関する情報が必要となる。投資情報は、さまざまな媒体で公表されており、簡単に入手することができる。さらに、インターネットであれば、有料のサイトも中にはあるが、たいていの投資情報はタイムリーにかつ無料で入手できる場合が多い（図表2-3-29）。

そのほか、新聞・雑誌、公的機関、証券会社や投資信託会社など投資に関

図表2-3-29　投資情報の情報源

①新聞・雑誌……最も手軽で身近な情報源。特に、日本経済新聞などの経済紙は全体的な動向をつかむ基本的なツール。そのほか、株式などの投資情報の専門新聞や専門雑誌は市場に直接結びついた情報が得られる
②公的資料……政府や日本銀行、証券取引所、投資信託協会などの団体が公表している資料
③投資サービス提供会社……証券会社、投資信託会社、銀行、保険会社などの資料や直接得られる情報
④インターネット……自宅で24時間収集可能なので便利。特に株式や投資信託に関してはインターネットの情報が充実している

係のある企業からも投資情報を入手できる。ただ、ここで注意しなければならない点は投資情報に限らず、世の中にはたくさんの情報が氾濫しているため、自分にとって何が必要な情報であり、何が必要でない情報であるかを見極めることがたいへん重要で、投資の世界においても同様のことがいえる。

(2) ベンチマーク

●理解のためのキーポイント

○ベンチマークとは運用評価の基準を示す指標
○株式以外のベンチマークを利用するのは困難

■株式には多くのベンチマークがある

投資信託の運用は、インデックス（パッシブ）運用とアクティブ運用の2種類があり、インデックス運用においては、ベンチマークに連動させることが目標であり、アクティブ運用においては、ベンチマークを上回ることが目標である。

ベンチマークとは、投資信託の場合、運用評価の基準となる指標のことをいう。つまり、ベンチマークは、これを用いることによって、投資信託の成

果がいいのか悪いのかを判断することができる。

株式の場合、国内外多くのベンチマークがあり、国内における代表的なベンチマークは、日経平均株価（日経225）と東証株価指数（TOPIX）の2種類である。一方、海外におけるベンチマークは、米国においてはニューヨークダウやS＆P500の指数が有名である。なお、ニューヨークダウは単純な平均をベースとしており、S＆P500は加重平均をベースとしている。その他の指数としては、英国におけるFT100やドイツのDAX、香港のハンセン指数、モルガン・スタンレー社のMSCIなどがある。

■株式以外のベンチマークはあまりない

上記で述べたように株式には、国内外においてたくさんのベンチマークがあるが、株式以外のベンチマークは誰でも使うことができるものがあまりない。国内投資信託において、数少ないベンチマークの1つとして、モーニングスター社が発表している各種指数がある。また、海外投資信託においては、海外市場の株価指数をベンチマークとするのが一般的とされる。

最後に、債券であるが、わが国の債券市場は発展途上の段階であり、個人の投資家が債券指数を用いて分析するのは、非常に難しいといえる。

(3) 格付け

●理解のためのキーポイント

- ○債券の格付けは企業における債券の信用リスクを評価したもの
- ○債券の格付けが高ければ利回りが低く、債券の格付けが低ければ利回りは高い
- ○株価の格付けと債券の格付けが一致するとは限らない

■債券の格付けは格付機関によって評価されている

債券は、新規で購入した場合、通常5年後または10年後などの満期償還日には額面額が償還されることが通常である。「通常」と書いたのは、債券に

図表2-3-30　主な格付機関のホームページ

●ムーディーズ・ジャパン
http://www.moodys.co.jp/
●スタンダード&プアーズ東京
http://www.standardandpoors.co.jp/
●格付投資情報センター（R&I）
http://www.r-i.co.jp/
●日本格付研究所
http://www.jcr.co.jp/

投資した額が、発行企業の倒産などでデフォルト（支払い不能）のリスクにより回収できない可能性があるからである。

債券の利子は、預貯金より高いミドルリターンであるが、投資した金額が企業の倒産などにより回収不能になれば意味がない。そこで、投資した債券が確実に回収できるかどうかを判断する機関があれば、投資家はデフォルトのリスクを軽減することができる。

この判断をするのが、債券発行企業などとは独立した中立的な立場の第三者機関である。この機関は、対象となる企業などをさまざまな角度から分析することにより信用リスクを判断して、簡単なアルファベット・数字・＋や－などの記号を用いて債券の元利金支払いの確実性（信用リスク）の度合いをひと目でわかるように表示する。この表示のことを格付けといい、格付けを判断する機関を格付機関という。

格付けは、格付機関によって異なるが、格付けが高いほど信用リスクは低く、反対に格付けが低いほど信用リスクは高いものとなる。また、格付けは、一般に社債の格付けを指すが、そのほかにもさまざまな種類の格付けがある。主なものとして、発行体格付け、銀行財務格付け、ファンド信用格付けなどがある。

なお、格付機関は日本においては、㈱日本格付投資情報センター（R＆I）

と㈱日本格付研究所（JCR）、海外においては、ムーディーズ社とスタンダード＆プアーズ（S＆P）社などが代表的である。各格付機関のホームページ（図表2-3-30）には、格付けに関する基礎的な解説や利用方法などがあり、債券を投資するにあたっては、債券発行企業の信用リスクを判断するのに参考になる。

■債券の格付けの高さと利回りは反比例する

債券の格付けは、格付けが高いほど安全性が高く、反対に格付けが低いほど安全性は低いものとなる。

つまり、高い格付けの企業は社債を償還する確実性が高いため、低い利回りで社債を発行でき、低い格付けの企業は社債を償還する確実性が低いため、高い利回りで社債を発行せざるを得ない。利回りとは、社債発行企業にとってコストであるため、低い利回りで社債を発行する企業は低コストですみ、高い利回りで社債を発行する企業は、高コストになってしまうことを意味している。

例えば、格付機関が社債企業の格付けを下げると、社債の安全性がこれまでよりも低くなったと判断されるため、社債の利回りを上げなければならず、コストの増加になってしまうのである。投資家にとってみれば、社債の利回りが高くなれば高リターンを期待できるが、それに伴いデフォルトのリスクも高くなってしまう。

以上からもわかるように、ほかの社債に比べて利回りが高い場合には、投下した資金が回収できない可能性があるので、利回りだけに関心を払わずに格付けを考慮して投資しなければならない。一般に、トリプルB（BBB）以上が投資適格格付け、ダブルB（BB）以下は元利金支払いに問題があるとされているため、投機的格付けとされている。なお、ダブルB以下の債券をジャンク債という。

■格付けを利用するときの４つの注意点

社債の格付けを判断する際、注意しなければならない点が4つある。

第1に、格付けは信用リスクのみで判断されたもので、社債がもっている他のリスク（価格変動リスクや流動性リスクなど）は判断外とされている。

第2に、同一企業が発行した社債であっても、発行時期や発行内容により同じ格付機関でも格付けが異なる場合がある。

第3に、同一の社債でも、格付機関により異なる場合がある。

最後に、格付けはいったん格付けがなされたら償還されるまで、同一ではなく、企業をとりまく経営環境が大きく変化した場合には、格付けはそのつど変更される。

■株価の格付けは投資判断の目安として発表されている

株価の格付けは、信用リスクを判断する社債の格付けとは異なり、個別銘柄が株式指標（日経平均株価や東証株価指数）に対して、6カ月から1年後の間に、どの程度上回ったり下回ったりするかの予想を数字やアルファベットなどで示したものである。

また、株価格付けと社債の格付けは、格付けの対象が当然異なっているため、例えば株価の格付けが高く、社債の格付けが低い、またはその逆であることもありうるので、両者の格付けは必ずしも一致するとは限らない。

(4) 投信評価

●理解のためのキーポイント

○投資信託評価機関は独自の投資信託の評価を行っている
○投資信託評価機関では数値に基づく定量評価で評価している
○定量評価の代表はシャープレシオとインフォメーションレシオ

■投資信託評価機関は3段階で投資信託の評価を行う

投資家が投資信託を選択する際の判断の資料として、民間の投資信託評価機関が発表する投資信託情報がある。

投資信託評価機関は、投資信託の比較情報を投資家に提供するために、第三者的な立場から客観的な投資信託の評価をすることを目的とした機関で、投資信託協会から発表されるデータの提供に基づき、ファンドを独自の判断で分析・評価し、公開などを行っている。

投資信託評価機関が行う投資信託の評価方法はどこもほぼ同じで、3段階ある。第1段階として、相対評価をするために、投資方針による類似の投資信託をグループ化すること、第2段階として、運用成果を計算すること、第3段階として、計算の結果を表示することである。

投資信託評価機関における評価結果の表示は、各機関によって異なるが、米国のモーニングスター社が発表している星の数による5段階評価を採用しているのが一般的である。

■投資信託の評価は定量評価と定性評価の２種類がある

投資信託の評価方法には、数値に基づいた定量評価と数値に基づかない定性評価の2種類がある。

定量評価は、シャープレシオとインフォメーションレシオ（情報レシオ）が代表的であり、そのほかのものとしてベンチマーク比較、ユニバース比較などがある。

また、定性評価は長期的な視点に基づくもので、運用哲学、運用プロセス、ポートフォリオ、人材、運用成果の5つが重要であり、これらを英語の頭文字をとり5つのPと呼んでいる。

定性評価は質に関する評価で数値化できないという問題点があるため、ほとんどの投資信託評価機関は、投資信託の評価を定量評価で行っている。しかし、定量評価に定性評価も加味した総合的な評価をすることが必要であるといえる。

■投資信託の評価情報には３つの注意点がある

投資信託の情報を利用するにあたり、注意しなければならない点が3つある。

第1に、1つの銘柄に対して複数の投資信託評価機関の評価方法を比較しても意味がない。というのは、投資信託評価機関の評価方法は独自であり、各機関に微妙な違いがあるからである。

第2に、評価の計算方法も評価機関ごとに異なり、こうして出された結果の評価を比較しても評価方法と同様、意味がない。

最後に、投資信託評価機関の評価は、過去の評価であり、将来についてはどうなるかわからない。過去の評価も大事であるが、将来を保証するものでは必ずしもないので、将来における投資の意思決定を誤らないようにしなければならない。

(5) パフォーマンス評価

●理解のためのキーポイント

○投資信託のパフォーマンスを把握する方法として運用報告書が重要
○シャープレシオやインフォメーションレシオの値が大きいほど投資信託のパフォーマンス評価は高くなる

■運用報告書による投資信託のパフォーマンス把握

投資信託のパフォーマンスを把握するための1つの方法として、運用報告書がある。運用報告書とは、一般に年1回の決算期ごとに投資家に送られて

〈知って得する補足知識〉

投資信託のパフォーマンス評価は、ほかにもあるが、ベンチマーク比較とユニバース比較がよく知られている。ベンチマーク比較とは、基準となるベンチマークをあらかじめ定めておき、パフォーマンスが、そのベンチマークと比較して上回ったか下回ったかを相対的に比較する方法である。ユニバース比較とは、類似した収益率をそれぞれ25%ずつの4つのグループに分け、パフォーマンスが4つのグループのうち、どのグループに位置するかを相対的に比較する方法である。

くるが、決算期の関係から年2回作成されるものもある。

運用報告書の内容としては、運用実績、運用状況と今後の運用方針、1単位当たりの費用の明細、主要な売買銘柄、組入有価証券明細票、損益の状況などが記載されており、運用商品のパフォーマンスを把握するためには重要である。

■無リスク資産に対する評価を示すシャープレシオ

投資信託は、主として定量評価に基づき評価されるが、同じリターンでもリスクが異なるので、単純にリターンを比較してもパフォーマンス評価はできない。そこで、リスク調整後のリターンで比較することになる。

定量評価のリスク調整後リターンの代表的な指標の1つとしてシャープレシオがある。

シャープレシオとは、ファンドのリターンからリスクフリーレート（安全〈無リスク〉資産のリターン）を差し引き、ファンドの標準偏差（リスク）で割ったものである。

リスクフリーレートとは、定期預金のようにリスクを取る必要のない資産のリターン（利息）のことである。リスクフリーレートを差し引くことによ

○シャープレシオを求める計算式

$$\text{シャープレシオ} = \frac{\text{ファンドのリターン} - \text{リスクフリーレート}}{\text{ファンドの標準偏差（リスク）}}$$

（例1）ファンドのリターン　7％
　　　リスクフリーレート　2％
　　　ファンドの標準偏差　20％

$$\text{シャープレシオ} = \frac{7\% - 2\%}{20\%} = 0.25$$

ってファンドの超過リターンが求められ、それを標準偏差で割ることによってリスク１単位当たりの超過リターンが得られる。

つまり、無リスク資産に対してどれだけリターンが上回ったかを示すことになる。そのため、シャープレシオの値が大きいほど優れたパフォーマンスであったと評価される。

■アクティブリターンの評価を示すインフォメーションレシオ

シャープレシオと並んで使われるリスク調整後リターンの指標に、インフォメーションレシオ（情報レシオ）がある。インフォメーションレシオとは、ファンドのリターンからベンチマークのリターンを差し引き、ファンドのトラッキングエラーで割ったものである。

ベンチマークは、株式投資信託なら運用目標とする株価指数などとなる。シャープレシオがリスクフリーレートを差し引いた無リスク資産に対する超

〈知って得する補足知識〉

シャープレシオの分子のリスクフリーレートは、選択した指標（定期預金金利にするか国債の利回りにするかなど）をすべてのファンドに共通に使用するので、全ファンドのパフォーマンスを横並びで比較できる。

しかし、ファンドマネジャーの腕前を反映できない弱点がある。例えば、日本株式のみとか、国内外の株式・債券の割合を半々になどファンドによって運用ルールが異なったり制限があれば、ファンドマネジャーのスキルを正しく反映した横並びの比較にならなくなる。

それを改善した指標がインフォメーションレシオであり、年金運用などをする機関投資家の世界で使われている。インフォメーションレシオは、設定したベンチマークに対してリスク当たりのアクティブリターンを測定できるので、ファンドマネジャーの評価も反映できる。ただし、ベンチマークが同じでないと横並びの比較は困難である。

○インフォメーションレシオを求める計算式

$$インフォメーションレシオ = \frac{ファンドのリターン - ベンチマークのリターン}{ファンドのトラッキングエラー}$$

（例２）ファンドのリターン　７％
ベンチマークのリターン　５％
ファンドのトラッキングエラー　10％

$$インフォメーションレシオ = \frac{7\% - 5\%}{10\%} = 0.2$$

過リターンの評価であったのに対し、インフォメーションレシオではベンチマークリターンを差し引くのでアクティブリターンの評価となる。

ファンドのトラッキングエラーとは、アクティブリターンの標準偏差ということになる。ベンチマークをリスクフリーレートにすればトラッキングエラーはファンドの標準偏差と同じになる。

シャープレシオと同じく、インフォメーションレシオの値が大きいほど優れたパフォーマンスであったと評価される。

分野D ライフプランニングとリタイアメントプランニング

1．ライフプランニングの基本的な考え方

(1) ライフプランニングに必要な知識

●理解のためのキーポイント

○ライフプランは本人とその家族を含めて考える生涯計画である
○ライフデザインはライフプランを作成する前に把握する
○人生の3大資金とは「教育資金」「住宅購入資金」「老後資金」
○ライフプランニングにとって、キャッシュフロー・マネジメントとアセットアロケーションは非常に重要である

■ライフプランとは狭義には資金プランを指す

ライフプランとは、生涯にわたって充実した人生を送るために、個人とその家族を含めて考える生涯計画とか人生設計といったものである。

広義としてのライフプランは「資金プラン」(結婚、教育、住宅、老後資金などのプラン)、「健康プラン」(健康管理、心の健康)、「生きがいプラン」(仕事、趣味、ボランティア活動など) の3つに大きく分類される。

このうち、DCプランナーが主として関わるのは「資金プラン」(狭義のライフプラン) である。ただし、「資金プラン」は、貯蓄、保険、税金、年金などの知識だけでなく、「健康プラン」「生きがいプラン」とも密接な関係があるので、これらを総合的に把握してライフプランを作成することが必要である。

■ライフデザインを把握してからライフプランを作成

ライフプランは、夢や希望をかなえ充実した人生を送るために、いつ、どのくらいの資金が必要なのかを把握し、それに合わせて資金をどのように準備していくかを設計することである。したがって、ライフプランを作成する前に「自分や家族の夢、希望」「どのような人生を送りたいか」などを具体的にデザインしてみることが必要である。例えば、事業をやりたい、趣味を充実して暮らしたい、海外で暮らしたいなど人それぞれに異なる。

このデザインのことをライフデザインといい、ライフデザインを把握することなくライフプランを作成しても、その人の希望する人生とは、かけ離れたライフプランになってしまう。このように、ライフデザインをライフプラン作成前に把握することは非常に重要である。

■ライフイベントと人生の３大資金

ライフデザインを把握できたら、ライフステージごとにライフイベントを列挙し、ライフイベント表を作成する。ライフイベントには、結婚、出産、子供の教育、マイホーム取得、子供の結婚などがある。そのイベントに伴い、特に金額が大きく、準備時間を要する「教育資金」「住宅購入資金」「老後資金」を人生の3大資金という（図表2-4-1）。

ライフプランを作成するには人生の3大資金をバランスよく計画に取り入れることが重要である。特に、DCプランナーは老後資金プランと関係が深いが、3大資金はもちろん、3大資金以外の日常の生活資金も考慮する必要

図表 2-4-1　ライフイベントの中心的な資金

人生の３大資金	教育資金	：教育方針によって費用が違う
	住宅購入資金	：返済可能額で住宅ローンを設計
	夫婦の老後資金	：最低限の生活費……月額約22万円
		ゆとりある生活費…月額約35万円
		単身者の生活費……上記の約６割

がある。また、病気や事故に備えて生命保険や損害保険を活用するなどライフプラン全体の中で老後資金プランを設計しなければならない。

■教育資金はデータを参考に予測する

教育資金プランを立てる重要なポイントは教育に対する考え方である。これを明確にすれば教育資金プランを立てやすくなる。

教育資金はデータを参考に予測でき、出費の時期や期間がわかるのが特徴で、18年から22年といった長期の資金計画である（図表2-4-2）。結婚後、子供が生まれたときにすべてを決定する必要はないが、子供の成長とともに少しずつ考えて、教育資金を準備すべきである。

教育資金のつくり方としては、預貯金、一般財形貯蓄、教育積立郵便貯金、子供保険、投資信託などがある。また、教育資金が不足しているときは、教育ローンや奨学金などの利用も考えられる。なお、平成25（2013）年4月に新設された「教育資金の一括贈与に係る贈与税の非課税措置（平成31年3月31日まで)」で祖父母等から子・孫（いずれも30歳未満）に教育資金の贈与（子・孫1人につき1,500万円まで）も活用できる。その他、平成28年4月から始まったジュニアNISAも選択肢のひとつである。

■住宅購入資金プランは返済可能金額を基準に設計

住宅の購入はライフプラン全体に大きな影響を及ぼすライフイベントであり、一生涯賃貸で暮らすか、マイホームを購入するかの選択によって資金計画が大きく異なる（図表2-4-3)。

特に住宅を購入する場合は購入プランを綿密に立て、実行していくことが必要であり、ポイントとしては購入したい物件より、購入できる物件を取得することである。購入できる物件とは頭金（自己資金）と住宅ローンの合計額で判断し、借りることができる金額ではなく、返済できる金額を基準にして決めることが重要である。その他、頭金のつくり方として両親からの資金援助、住宅財形貯蓄、住宅積立貯金（郵便局）等があり、それぞれ比較検討して購入プランに合った手段を選択する。

図表2-4-2　世帯主の年齢別にみた教育費の状況

(平成27年)

	消費支出(A)	教育費(B)		教育関係費(C)		世帯人数
			B/A		C/A	
平　均	287,373円	10,995円	3.8%	17,210円	6.0%	3.02人
34歳以下	255,139円	9,501円	3.7%	12,237円	4.8%	3.45人
35～39歳	279,356円	15,059円	5.4%	20,053円	7.2%	3.79人
40～44歳	302,275円	22,325円	7.4%	29,126円	9.6%	3.78人
45～49歳	337,927円	33,088円	9.8%	47,756円	14.1%	3.67人
50～54歳	350,230円	30,088円	8.6%	52,713円	15.1%	3.39人
55～59歳	330,290円	14,857円	4.5%	27,139円	8.2%	3.09人
60～64歳	295,921円	3,289円	1.1%	6,190円	2.1%	2.82人
65～69歳	283,531円	834円	0.3%	2,273円	0.8%	2.59人
70歳以上	239,454円	530円	0.2%	1,427円	0.6%	2.44人

(注) 1. 全国、二人以上世帯、年平均1カ月の支出額
　　2. 教育関係費は、教育費に、給食費、制服、定期券代などを加えたもの
(出所) 金融広報中央委員会「暮らしと金融なんでもデータ」。原資料は総務省「家計調査年報」

図表 2-4-3　年間収入別住宅取得必要資金

(平成 28 年)

	必要資金総額		
		自己資金の割合	借入金の割合
収入はない	3,150万円	7.9%	92.1%
300万円未満	2,458万円	44.5%	55.5%
300万円 ～　500万円未満	2,912万円	31.3%	68.7%
500万円 ～　750万円未満	3,091万円	30.1%	69.9%
750万円 ～1,000万円未満	3,691万円	33.5%	66.5%
1,000万円 ～1,200万円未満	4,000万円	55.1%	44.9%
1,200万円以上	5,058万円	44.4%	55.6%

(出所) 金融広報中央委員会「家計の金融行動に関する世論調査」(二人以上世帯調査) 平成28 (2016) 年

■老後資金プランは老後の３大資金を考慮して設計する

老後生活を送るための資金としては、「生活資金」だけでなく、「予備資金」「ゆとり資金」が必要になる。これらを老後の3大資金という。老後の3大資金は人生の中で用意するもので、「教育資金」「住宅購入資金」などのイベントに必要な資金とは別に、日常の生活費の収支をコントロールしながら準備するものである（図表2-4-4、図表2-4-5、図表2-4-6）。

また、老後のいちばんの不安は、「健康」と「生活資金の不足」であり、この不安は年齢が高くなるほど増加してくる。これに対しては、医療を中心とした保険で生活習慣病などのリスクをカバーするほか、40歳代、50歳代からの財形年金や個人年金など、老後の生活資金は自助努力の積み重ねがたいへん重要になってくる。

■収支と貯蓄残高の管理に必要なキャッシュフロー・マネジメント

ライフプランニングを行うには、さまざまな知識が必要になるが、特に重要なものにキャッシュフロー・マネジメントがある。キャッシュフロー・マネジメントとは収支と貯蓄残高の管理をしていくことであり、ライフサイクルに沿って収支と貯蓄残高の管理を続けるための基本となるものである。

■金融資産のアセットアロケーションの重要性

ライフプランニングを行う際には、ライフプランで最適な資金計画を立てて余剰資金を生み出すだけではなく、長期的な資産形成を考え、安全性と収

〈知って得する補足知識〉

ライフプランにおいて、人生の3大資金とは、「教育資金」「住宅購入資金」「老後資金」であるが、「結婚資金」を加えて4大資金ということもある。試験では、この4大資金がすべて出題されている。また、老後の資金を見積もる場合には、「生活資金」「予備資金」「ゆとり資金」を考慮して見積もる必要があるので注意すること。

図表2-4-4　老後の準備資金

（平成28年）

		準備しておけばよいと考える金額	実際の金融資産保有額
平均		2,016万円	1,078万円
年齢別	20歳代	1,746万円	184万円
	30歳代	2,155万円	395万円
	40歳代	2,029万円	588万円
	50歳代	2,181万円	1,128万円

（注）「年金支給時に最低限準備しておけばよいと考える金融資産額」を質問
（出所）金融広報中央委員会「家計の金融行動に関する世論調査」［二人以上世帯調査］

図表2-4-5　老後における生活資金源

（平成28年）

市郡規模別	20大都市	中都市	小都市	郡部	全体
就業による収入	44.4%	43.6%	41.4%	43.8%	43.2%
公的年金	79.4%	78.7%	79.4%	79.9%	79.2%
企業年金、個人年金、保険金	40.2%	40.0%	38.1%	37.0%	39.3%
金融資産の取り崩し	28.6%	26.5%	26.7%	24.1%	26.8%
利子・配当所得	2.5%	2.8%	2.4%	2.6%	2.6%
不動産収入（家賃、地代等）	6.2%	4.9%	4.3%	2.3%	4.8%
子どもなどからの援助	3.9%	4.2%	5.3%	3.2%	4.3%
国や市町村などからの公的援助	4.6%	5.1%	3.9%	4.9%	4.7%
その他	4.5%	4.6%	4.3%	3.4%	4.4%

（注）3項目以内での複数回答
（出所）金融広報中央委員会「家計の金融行動に関する世論調査」［二人以上世帯調査］

図表2-4-6　ライフサイクルと人生の3大資金

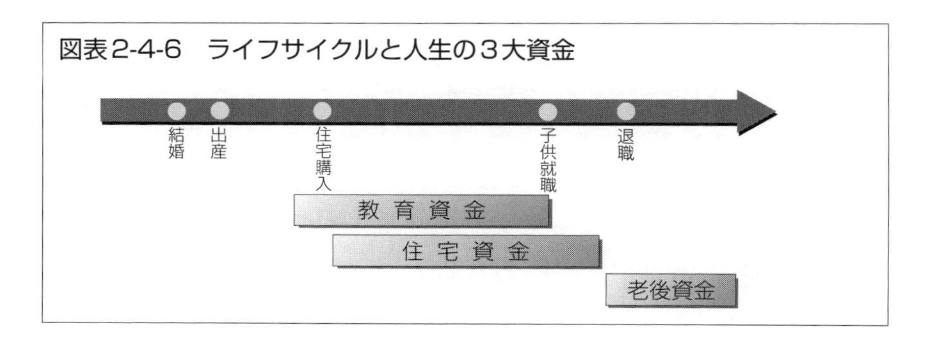

益性のバランスを考えながら資産を配分することがたいへん重要である。

これがアセットアロケーション（資産配分比率）であり、アセットアロケーションのやり方によって資産の成長は大きく異なってくる。最適なアセットアロケーションにするには、各人の投資期間、リスク許容度などを考慮し、各人のライフプランに基づいて決定することが重要である。

(2) ライフプランの立て方

●理解のためのキーポイント

○ライフプランニング時には、顧客のできるだけ正確な情報収集を行う
○キャッシュフロー分析では年間収支と貯蓄残高が重要
○ライフプランは定期的なチェックと状況に応じた見直しが必要

■ライフプランニングの手順

ライフプランニングでは、顧客のライフデザインを把握したうえでライフプランを作成していく。手順としては、以下のようになる（図表2-4-7）。

手順1では、顧客が何を希望し、どのように生きたいかを知るために面談を行い、質問シートに記入してもらって、顧客の情報を得る。質問シートには、家族構成、収入、生活費、貯蓄高、持ち家、賃貸住宅、ローンの有無、子供の教育費、結婚援助資金、保険契約の種類、離転職、退職後の生活費、年金などの質問事項を入れて、資金の状況を明らかにする。

手順2では、顧客にライフイベントを列挙してもらい、そのイベントに対して、どのくらいの資金が必要なのかを見積もる。

手順3では、現状の支出（日常生活費）、収入（可処分所得）、資産（時価）を把握する。次に、将来の支出、収入を予想してキャッシュフロー表を作成し、キャッシュフロー分析を行う。重要なポイントは、貯蓄額がマイナスにならないかのチェックで、継続してマイナスになるなら改善が必要である。

手順4では、キャッシュフロー分析をもとに問題点を発見し、解決策を提案する。それに付随してキャシュフロー表を修正するが、修正する根拠を顧

図表 2-4-7　DC プランナーのライフプランニングの手順（例）

手順	項目	内容
手順１	顧客の希望の把握	顧客が希望する人生設計を把握する ※質問シートと面談により情報を得る
手順２	必要資金の把握	何に対して、いつ、どのくらいの資金が必要なのかを把握する ※ライフイベント表の作成
手順３	キャッシュフロー分析	キャッシュフロー表を作成し、キャッシュフロー分析を行う ※全期間の収支と貯蓄残高のバランスをチェック
手順４	提案書の提出	キャッシュフロー分析の結果をもとにして問題点の指摘と対策前・対策後のキャッシュフロー表を顧客に説明
手順５	実行の援助	実行にあたっての具体的な手助けや助言、必要な知識、情報の提供
手順６	メンテナンス	定期的なチェックと必要に応じての見直し

客に十分理解してもらうことが大切である。

手順５では、顧客に解決策を実行するのに必要な知識、情報、注意点などをアドバイスし、実行の援助を行う。

手順６では、ライフプランの定期的なチェックと、経済情勢、家族状況などの大きな変化に応じてプランの見直しを適宜行う。

(3)　キャッシュフロー表の作成法

●理解のためのキーポイント

- ○キャッシュフローとは、年度ごとの家計の収支と貯蓄残高のこと
- ○キャッシュフロー表はキャッシュフローを生涯の一定期間にわたって1つの表にまとめたもの
- ○キャッシュフロー表を分析することにより、ライフプランに基づいた問題点を発見できる

■キャッシュフローとキャッシュフロー表

キャッシュフローとは、各年度ごとの家計の収支と貯蓄残高のことであり、これを生涯の一定期間にわたって1つの表にまとめたものがキャッシュフロー表である（図表2-4-8）。

キャッシュフロー表に記入されている現在の収支や将来の収支予測、現在の貯蓄残高と将来の貯蓄残高の予測などを分析することによって、ライフプランに基づいた問題点を発見し、改善策を考えるのである。

■キャッシュフロー表の作成手順

キャッシュフロー表の作成手順は、①家族構成と年齢の記入、②家族全員のライフイベントの記入、③現状の支出（日常の生活費）、収入（可処分所得）、資産（取り崩しができるものを時価評価する）の記入、④将来の収支予測（賃金、物価の変動を考慮）の記入、⑤現在の貯蓄残高と将来の貯蓄残高の予測の記入といった作業になる。

図表 2-4-8　キャッシュフロー表（例）

経過年数			1	2	3	4	5	6	7	8	9	10
西　暦			'18年	'19年	'20年	'21年	'22年	'23年	'24年	'25年	'26年	'27年
家族構成	夫		52歳	53歳	54歳	55歳	56歳	57歳	58歳	59歳	60歳	61歳
	妻		48歳	49歳	50歳	51歳	52歳	53歳	54歳	55歳	56歳	57歳
	長男		19歳	20歳	21歳	22歳	23歳	24歳	25歳	26歳	27歳	28歳
	長女		17歳	18歳	19歳	20歳	21歳	22歳	23歳	24歳	25歳	26歳
ライフイベント	夫								車買い替え		定年退職	海外旅行
	妻											
	長男					大学卒業						結婚
	長女			大学入学				大学卒業			結婚	
収入	給与	変動率1%	750	758	765	773	780	788	796	804	812	
	退職金										2000	
	公的年金	1%									180	182
	企業年金										40	40
	その他											
	収入合計		750	758	765	773	780	788	796	804	3032	222
支出	生活費	1%	400	404	408	412	416	420	425	429	433	437
	住居費		150	150	150	150	150	150	150			
	教育費		150	450	300	150	150					
	車								150			
	生命保険		40	40	40	40	40	40	40	40	40	
	その他										200	150
	支出合計		740	1044	898	752	756	610	765	469	673	587
年間収支			10	-286	-133	21	24	178	31	335	2359	-365
貯蓄残高			700	414	281	302	326	504	535	870	3229	2864

（注）1．金額の単位は万円
　　2．住宅ローンは58歳で返済完了、大学は入学一時金150万円、結婚補助は長女200万円、長男100万円
　　3．理解の便宜上、公的年金の支給開始を60歳とするなどしている

(4) キャッシュフロー・マネジメントと資産積立プラン

●理解のためのキーポイント

○キャッシュフロー・マネジメントとは、生涯にわたる収入と支出の計画管理（コントロール）をすること
○キャッシュフロー分析はキャッシュフロー表以外の事項も分析する
○積立プランを作成する際には、アセットアロケーションとリスク許容度の取り方が重要

■キャッシュフロー・マネジメントとキャッシュフロー分析

キャッシュフロー・マネジメントとは、生涯にわたる収支と貯蓄残高をコントロールすることである。総合的なキャッシュフロー分析をすることにより、生涯の収支と貯蓄残高をコントロールしていくのである。

キャッシュフロー分析は、キャッシュフロー表だけでなく、キャッシュフロー表では読み取れないローンの契約内容、保険契約の内容、金融資産のバランスなどを含めて総合的に分析をする。この分析をもとにして、資産確保のために、投資商品の選択、資産運用の方法を決定して、積立プランを作成する。

〈知って得する補足知識〉

ライフプランで考える可処分所得とは、年収から直接税（所得税、住民税）や、社会保険料（公的年金、公的医療保険、公的介護保険、雇用保険の保険料）を控除した金額である。給与所得者で、可処分所得からさらに生命保険料、損害保険料などが給与から控除されている場合には、手取り収入と可処分所得が、同じにならないので注意する。

図表 2-4-9　ライフプランとライフプランニング全体のイメージ図

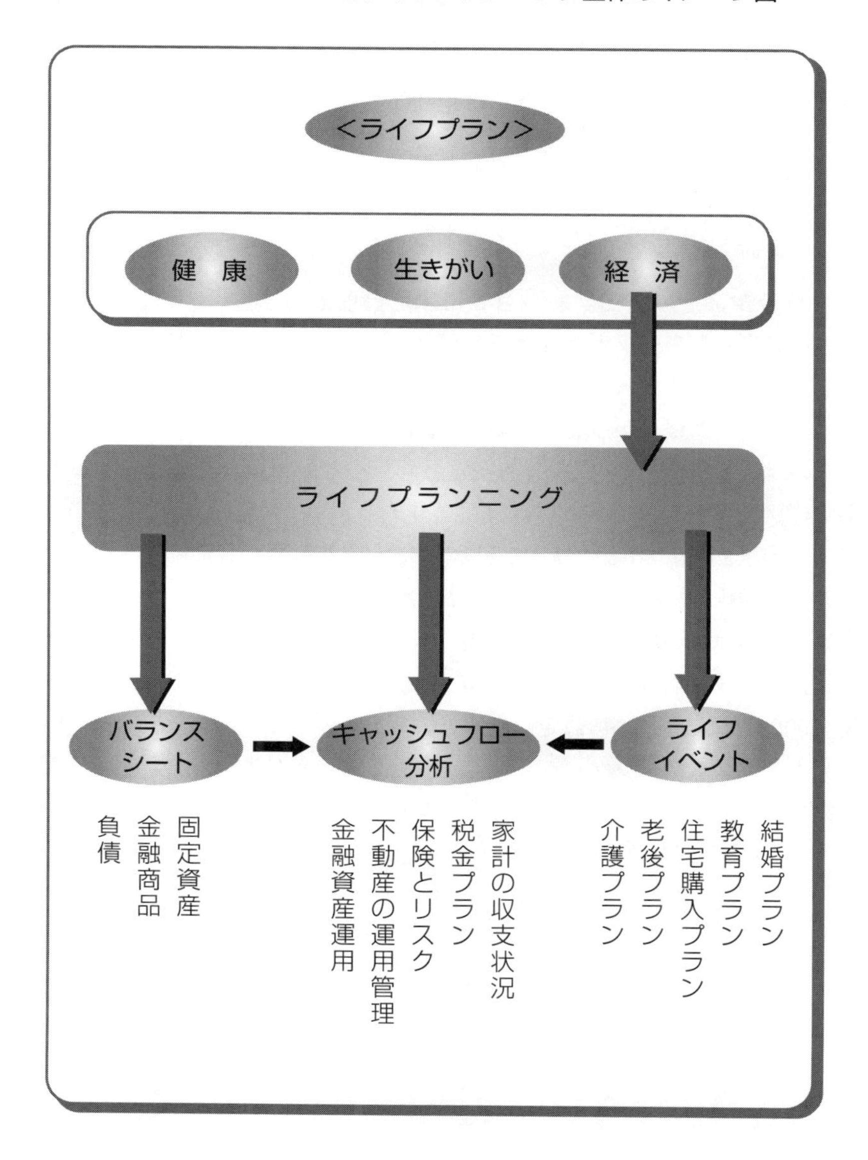

■積立プランに影響を与える２つの要素

積立プランで重要なことは、アセットアロケーション（金融資産の配分）とリスク許容度である。リスク許容度に応じて、投資可能な資産配分の組み合わせが異なり、リスク許容度の取り方によっては、必要資金が準備できないことがある。その場合には、今一度、人生の目標を達成するのには何が重要なのか、何が不足しているのかを確認しながら、ライフプラン全体を検討する必要がある（図表2-4-9）。

■リバランスとリアロケーションによる資産配分調整

当初設定したアセットアロケーション（資産配分）は、時間の経過とともに時価変動などによって変化していく。そのため、当初の配分との乖離の確認と見直し（調整）が必要になる。調整には２つの方法がある。

１つは、「リバランス」で当初設定と乖離した配分比率を元に戻すことである。例えば、当初設定が「A資産（株式）10％、B資産（債券）30％、C資産（定期預金）60％」だった配分が、「A資産８％、B資産20％、C資産72％」に乖離した場合、元の配分比率に戻す調整を行う。

もう１つは、「リアロケーション」で、当初設定の配分比率そのものを変える調整である。上記と同じケースの場合、「A資産15％、B資産35％、C資産50％」の配分比率に設定し直す方法である。

リバランスもリアロケーションも、取引コストが発生するなどがあるため頻繁に行うのではなく、定期的に行う程度でよいとされている。

当初設定	乖離	リバランス後	リアロケーション後
A資産：10%	A資産：　8%	A資産：10%	A資産：15%
B資産：30%	B資産：20%	B資産：30%	B資産：35%
C資産：60%	C資産：72%	C資産：60%	C資産：50%

2. リタイアメントプランニングと確定拠出年金

(1) ライフプランとリタイアメントプランの関係

●理解のためのキーポイント

○リタイアメントプランとは定年後（現役引退後）のライフプランのこと
○平均寿命が延びたため、老後の生活は20年から30年の長期になる
○老後の生活費は公的年金だけでは不足する
○老後の生活費の不足分は自助努力で準備する必要がある

■ライフプランとリタイアメントプランの必要性

リタイアメントプランとは、定年後（現役引退後）のライフプランのことであり、自分の希望する老後を実現するためにリタイアメントプランニングをする。リタイアメントプランニングは、次のようなことに対処するために必要となる。

① 平均寿命（0歳時の平均余命）が男性約81歳、女性約87歳と延び、60歳時の平均余命は男性約24歳（84歳）、女性約29歳（89歳）となった。そのため、勤労所得なしで、長い引退後の生活を支えなくてはならなくなった（図表2-4-10）

② 介護保険制度の地域格差、特別養護老人ホームの不足など、高齢者の増加に対して、ライフケアをする制度や設備が不足している

③ 公的年金保険料が上昇する一方、支給額は低下していくので、老後の生活費は公的年金だけでは不足する

■老後の生活費を把握する

60歳の人の平均余命は男性約24年、女性約29年（厚生労働省「簡易生命表」平成28年）である。引退後収入が減っても20年から30年の老後の生活

図表2-4-10　平均寿命と60歳時の平均余命

	男性	女性
平均寿命	80.98歳	87.14歳
60歳時の平均余命 (平均余命加算後)	23.67歳 (83.67歳)	28.91歳 (88.91歳)

(出所) 厚生労働省平成28年「簡易生命表」

図表2-4-11　老後に最低限必要な1カ月の生活費

消費支出	月平均額	構成比
食料	64,827円	27.3%
住居	14,700円	6.2%
光熱・水道	18,851円	7.9%
家具・家事用品	9,017円	3.8%
被服及び履物	6,675円	2.8%
保健医療	15,044円	6.3%
交通・通信	25,256円	10.6%
教育	1円	0.0%
教養娯楽	26,303円	11.1%
その他(交際費など)	57,016円	24.0%
合計	237,691円	100%
税・社会保険料等	29,855円	―
支出計	267,546円	―

(出所) 平成28年『家計調査年報』総務省
(注) 1. データは高齢夫婦無職世帯(夫65歳以上、かつ妻60歳以上の夫婦のみで、世帯主が無職の世帯)による
2. 構成比は端数調整による誤差がある

図表2-4-12　ゆとりある老後の生活費(月額)

(単位：万円／月)

		最低限の生活費	ゆとりのある生活費	ゆとりのための上乗せ額
平均		22.0	34.9	12.8
世帯年収別	300万円未満	20.3	32.3	12.0
	300万円以上500万円未満	21.5	33.8	12.3
	500万円以上700万円未満	22.4	35.3	12.9
	700万円以上1,000万円未満	22.8	35.8	12.9
	1,000万円以上	25.4	40.5	15.1
市郡規模別	大都市	22.9	35.3	12.4
	中都市	22.0	34.5	12.5
	小都市	21.3	34.5	13.2
	郡部	21.6	36.3	14.7

(注) 1. 調査対象：全国(400地点)　18〜69歳の男女個人4,056人
2. 調査時期：2016年4月2日〜6月3日
3. 大都市…13大都市
中都市…13大都市を除く人口10万人以上の都市
小都市…人口10万人未満の都市
郡部…大・中・小都市以外の地域
(出所) 生命保険文化センター「生活保障に関する調査」。同調査は3年ごとに実施

図表 2-4-13　高齢者世帯の所得の推移

（単位：万円、％）

	総所得	稼働所得	公的年金・恩給	財産所得	年金以外の社会保障給付金	仕送り・企業年金・個人年金・その他の所得
2005年 （平成17年）	301.9 (100.0)	54.5 (18.1)	211.9 (70.2)	15.7 (5.2)	2.5 (0.8)	17.2 (5.7)
2012年 （平成24年）	309.1 (100.0)	55.7 (18.0)	211.9 (68.5)	22.2 (7.2)	2.5 (0.8)	16.8 (5.4)
2015年 （平成27年）	308.4 (100.0)	65 (21.1)	201.6 (65.4)	22.9 (7.4)	1.9 (0.6)	16.9 (5.5)

（注）1．調査対象：世帯票については全国約29万世帯、所得票については全国約3万世帯
　　2．調査時期：2016年6～7月
　　3．（　）内は構成比
　　4．2015年の数値は、熊本県を除いたもの
（出所）厚生労働省「国民生活基礎調査」2016年

がある。

リタイアメントプランを立てるにあたって必要なことは、引退後の必要生活費と自己の収入の把握である。老後の生活費には個人差があるが、平均月額約27万円、最低生活費約22万円、ゆとりある生活費約35万円である（図表2-4-11、図表2-4-12）。

老後の収入の柱である公的年金のモデルは、月額22万1,277円（平成30年度額）である（夫が厚生年金に40年加入し、妻が専業主婦）。この額を受給できれば、最低生活費を賄えるわけだが、実際の公的年金の平均受給額は、年間約200万円、月当たり約16万7,000円（図表2-4-13）なので、不足分を企業年金や自助努力でカバーしなくてはならない。そこで、リタイアメントプランの作成が重要になってくる。

(2) リタイアメントプランの作成

●理解のためのキーポイント

○老後の生活費は夫婦で現役時代の生活費の7割から8割
○老後の収入は、収入見込みがはっきりしているものだけを見積もる
○キャッシュフロー表は、平均寿命から数年先まで作成する

■リタイアメントプランの作成手順

リタイアメントプラン作成の手順例は、以下のようになる（図表2-4-14）。

手順1では、老後はどのような生活を送りたいかをイメージする。海外旅行に行きたい、ボランティア活動で生きがいを見つけたいなど。

手順2では、現状を把握する。現在の収支、貯蓄残高、資産内容、借入金などをチェックする。

手順3では、老後生活の必要資金を見積もる。現在の高齢者の資料を参考にしながら老後生活の必要資金を見積もる。一般的には夫婦で現役時代の7割から8割、単身者の場合5割から6割といわれている。また、老後の医療費は現在より増加し、介護費用も加わる可能性があることに注意する。

手順4では、老後の収入を見積もる。収入見込みがはっきりしているものだけを見積もる。退職金、満期保険金、公的年金、企業年金、個人年金などが見積もりに含まれるが、株式の配当などは不確実な収入なので除く。

手順5では、キャッシュフロー分析をする。平均寿命から数年先までの資金計画を立てキャッシュフロー表を作成して分析する（図表2-4-15）。

手順6では、キャッシュフロー分析によって収支、貯蓄などの金融資産の増減などをチェックして問題点を洗い出す。資金不足の場合は、資産運用の方法や投資配分等についての改善策を検討しなければならない。

以上が、リタイアメントプラン作成の手順例であるが、実際の手順の過程では健康管理、介護負担、相続対策などを含めて総合的にリタイアメントプランを作成する必要がある。

図表 2-4-14　リタイアメントプランの作成手順（例）

手順1	老後の希望を把握	老後はどのような生活を送りたいかをできるだけ具体的にイメージする。
手順2	現状を把握	現在の収支、貯蓄残高、資産内容、借入金などをチェックする。
手順3	老後生活の必要資金の把握	現在の高齢者の資料を参考にして、老後生活の必要資金を見積もる。一般的には夫婦で現役時代の７割から８割といわれている。
手順4	老後の収入の把握	収支見込みがはっきりしているものだけを見積もる。株式の配当など不確実な収入は除く。
手順5	キャッシュフロー分析	平均寿命から数年先までの資金計画を立ててキャッシュフロー表を作成し、キャッシュフロー分析をする。
手順6	問題点に対する改善案	キャッシュフロー分析によって洗い出された問題点に対して改善案を作成し、実行する。

図表 2-4-15　リタイアメントプランのキャッシュフロー表（例）

	経過年数		1	2	3	4	5	6	7	8
	西　暦		'18年	'19年	'20年	'21年	'22年	'23年	'24年	'25年
家族構成	夫		60歳	61歳	62歳	63歳	64歳	65歳	66歳	67歳
	妻		56歳	57歳	58歳	59歳	60歳	61歳	62歳	63歳
	長男		30歳	31歳	32歳	33歳	34歳	35歳	36歳	37歳
	長女		28歳	29歳	30歳	31歳	32歳	33歳	34歳	35歳
ライフイベント	夫		定年退職	海外旅行	車買い替え		海外旅行	住宅改修		海外旅行
	妻									
	長男			結婚						住宅取得
	長女		結婚							
		変動率								
収入	給与		750							
	退職金		1500							
	公的年金	2%	300	306	312	318	325	331	338	345
	企業年金		100	100	100	100	100	100	100	100
	その他									
	収入合計		2650	406	412	418	425	431	438	445
支出	生活費	2%	280	286	291	297	303	309	315	322
	住居費							1000		
	教育費									
	車				150					
	生命保険		40	40	40	40	40	40	40	40
	その他		200	200			100			1100
	支出合計		520	526	481	337	443	1349	355	1462
	年間収支		2130	-120	-69	81	-18	-918	83	-1017
	貯蓄残高		4630	4510	4441	4522	4504	3586	3669	2652

（注）1．金額の単位は万円。1年目の期初貯蓄残高は2,500万円
　　　2．結婚補助は長女200万円、長男100万円、住宅取得補助は長女、長男とも各1,000万円、海外旅行は3年に一度100万円、車買い替えは6年に一度150万円

9	10	11	12	13	14	15	16	17	18	19	20
'26年	'27年	'28年	'29年	'30年	'31年	'32年	'33年	'34年	'35年	'36年	'37年
68歳	69歳	70歳	71歳	72歳	73歳	74歳	75歳	76歳	77歳	78歳	79歳
64歳	65歳	66歳	67歳	68歳	69歳	70歳	71歳	72歳	73歳	74歳	75歳
38歳	39歳	40歳	41歳	42歳	43歳	44歳	45歳	46歳	47歳	48歳	49歳
36歳	37歳	38歳	39歳	40歳	41歳	42歳	43歳	44歳	45歳	46歳	47歳
車買い替え						車買い替え					
	国民年金受給開始	海外旅行			海外旅行		住宅改修	海外旅行			海外旅行
	住宅取得										
351	438	447	456	465	474	484	493	503	513	523	534
100	100	100	100	100	100	100					
451	538	547	556	565	574	584	493	503	513	523	534
328	335	341	348	355	362	369	377	384	392	400	408
							500				
150						150					
40	40	40	40	40	40	40	40	40	40	40	40
	1000	100			100			100			100
518	1375	481	388	395	502	559	917	524	432	440	548
-67	-837	66	168	170	72	25	-424	-21	81	83	-14
2585	1748	1814	1982	2152	2224	2249	1825	1804	1885	1968	1954

3．妻は65歳から国民年金（老齢基礎年金）年額80万円受給、企業年金は毎年100万円で15年間
4．理解の便宜上、公的年金の支給開始を60歳とするなどしている

(3) 公的年金の受給額計算

●理解のためのキーポイント

○公的年金だけでは、ゆとりある老後の生活は送れない
○退職から余命までの不足額の合計を求めて、退職時の必要積立額を明らかにする
○退職時の必要積立額をいつから、いくら積み立てるかを決めるのが重要なポイント

■公的年金額と老後の生活費の不足額

高齢者世帯の生活費は、家族構成、資産保有の状況などによって異なるが、ゆとりある老後生活を送るためには、どのくらいの資金が必要なのかを把握する必要がある。

前述したように、ゆとりある老後の生活費は月額約35万円である。これに対して、退職後の収入は公的年金が中心である。公的年金で確保できる金額は、老齢基礎年金（国民年金の保険料を40年間納付）で月額約6万5,000円、夫婦2人で月額約13万円である。

これに厚生年金の加入期間がある人は厚生年金が加算される。加算額は、厚生年金に加入していた月数とその間の給与によって異なるが、平均額は月額約9万円で老齢基礎年金月額約13万円に厚生年金月額約9万円を足して月額約22万円が夫婦2人に支給される。

ゆとりある老後の生活費は月額約35万円なので比較すると、

○夫、妻がともに国民年金の場合

350,000円 － 130,000円 ＝ 220,000円（不足額）

○夫が厚生年金、妻が国民年金の場合

350,000円 － 220,000円 ＝ 130,000円（不足額）

となる。高齢者世帯の実際の年金受給額の平均は月額約16万7,000円（厚生労働省「国民生活基礎調査」平成27年）なので、一般的にはこれより不足

額が多くなるものと思われる。

■老後の生活費の不足額と積立額の計算

公的年金だけでは老後の生活費が不足するので、これを補わなければならない。そこで、退職から余命（平均寿命から想定）までの不足額の合計を求めて、退職時の必要額を明らかにする。そして、確定拠出年金制度などを利用して退職前から積み立てを始めるのである。いつから、いくら積み立てるかを決めることがリタイアメントプランの重要なポイントである。

運用商品の配分や積立期間を変えることによって多様なプラン設定が可能になり、老後の生活費の充足だけではなく、公的年金の支給開始年齢が65歳になったときのつなぎ資金や、退職直後から5年間は旅行を頻繁にするなどの趣味や生きがいの資金確保の計算などにも使える。

〈老後の生活費の不足額と必要資金積立額の求め方の手順〉

①　老後の生活費（1年分）と公的年金（1年分）の差額を求める

老後の生活費（1年分）－公的年金（1年分）＝年間不足額

②　定年時点（現役引退時）の年金原資（必要資金）を求める

年間不足額×年金現価係数（老後期間、想定運用利率）＝年金原資

※老後期間＝定年時から想定余命まで

③　年金原資を満たすための積立額を求める（毎年の積立額）

年金原資÷年金終価係数（積立期間、想定運用利率）＝毎年積立額

※試験では減債基金係数表はないので年金終価係数から求める

※年金原資×減債基金係数＝毎年の積立額でも求めることができる

〈知って得する補足知識〉

試験では減債基金係数表、資本回収係数表の表示はないので、減債基金係数と資本回収係数の意味を知っておけばよい。計算は、減債基金係数は年金終価係数の逆数、資本回収係数は年金現価係数の逆数で計算できるようにしておく。

では、具体的に事例で求めてみよう。

≪事例≫

老後の生活費	60歳から年額300万円（月額25万円）必要
公的年金額	年額200万円（月額16万7,000円）
老後期	25年（85歳まで）
運用利率（年利）	2%（想定運用利率）
積立期間	20年（40歳から60歳まで）

①　不足額を求める

300万円（老後の生活費）－200万円（公的年金額）＝100万円（年間不足額）

②　年金原資（60歳時点の必要額）を求める

100万円×19.9139（年金現価係数25年、2%）≒1,991万円（年金原資）

③　年金原資を満たすために、毎年の積立額を求める

1,991万円÷24.7833（年金終価係数20年、2%）≒803,364円（毎年の積立額）

以上から不足額を満たすための原資は60歳時点で約1,991万円必要であり、40歳から20年間でこの額を貯めるには、毎年約80万3,370円を積み立てればよいことがわかる。ただし、ここでは、課税・手数料等については考慮していない。

※年金終価係数表及び年金現価係数表は227ページ参照

(4) 退職一時金・年金に係る税金

●理解のためのキーポイント

○確定拠出年金では掛金拠出期間が退職所得控除額の勤続年数になる
○確定拠出年金の運用指図期間は退職所得控除の勤続年数に含まない
○退職所得は原則、他の所得と切り離して課税される「分離課税」

■退職所得に対する課税の仕組みと計算

退職所得とは、退職により受け取る退職一時金や退職手当、退職給与、確定拠出年金の一時金などの所得をいい、これらを合算したものが退職所得の収入になる。また、確定拠出年金は掛金拠出期間を勤続年数とみなすが、運用指図者の期間は勤続年数とみなさないので、退職所得控除の計算には注意が必要である。

なお、前払退職金、確定拠出年金の脱退一時金は、税法上一時所得になり、50万円の一時所得控除しか適用されない。

退職所得と税金の計算

（退職所得の収入－退職所得控除額）×2分の1※ ＝退職所得（課税対象額）
退職所得 × 税率（所得税、住民税） ＝税額
※平成25年1月より、勤続年数5年以内の法人役員等は2分の1を乗じないで計算する

退職所得控除額表

勤続年数	退職所得控除額
20年以下	40万円 × 勤続年数（最低保障80万円）
20年超	{70万円 ×（勤続年数－20年）} + 800万円

（注）勤続1年未満の端数は1年に切り上げる

では、具体的に事例で求めてみよう。

≪事例≫

確定拠出年金の掛金拠出期間が29年1カ月ある60歳の人が、2,000万円を一時金で受け取った場合の税額、税引き後の受取額を求める。ただし、税率は所得税、住民税それぞれ10%とし、復興特別所得税は考慮しないものとする。

①退職所得控除額の計算

{70万円×(30年－20年)}＋800万円＝1,500万円……退職所得控除額

（注）勤続1年未満の端数は切上げになるので勤続年数は30年になる

②退職所得（課税対象額）の計算

（2,000万円－1,500万円）×2分の1＝250万円……………退職所得

③税額の計算

所得税の計算　250万円×10%＝25万円

住民税の計算　250万円×10%＝25万円

25万円＋25万円＝50万円…………………………………税額

分離課税なので50万円が源泉徴収され課税は終了する。

④税引き後所得の計算

2,000万円－50万円＝1,950万円 …………………税引き後受取額

〈知って得する補足知識〉

試験では退職所得控除額表と退職所得（課税対象額）を求める計算式は表示されていない。表と計算式は必ず記憶して、退職所得控除額と退職所得金額を求められるようにしておかなければならない。試験には毎回のように出題されているので、合否を分ける可能性がある。

■公的年金等に対する課税の仕組みと計算

国民年金、厚生年金、厚生年金基金、適格退職年金、確定給付企業年金、確定拠出年金などは、「公的年金等に係る雑所得」とみなされ、一定額以上になると所得税が課税される。

ただし、「公的年金等の受給者の扶養親族等申告書」を提出すれば、公的年金等控除、配偶者控除などの控除が受けられ、年金額から公的年金等控除額（図表2-4-16）や基礎控除額などを差し引いた額が一定額に満たない場合は課税されない。

では、公的年金等控除額、税額、税引き後受取額を具体的に事例で求めてみよう（試験では公的年金等控除額表、税率は表示される）。

図表2-4-16　公的年金等控除額表

65歳未満	
公的年金等収入金額	公的年金等控除額
130万円未満	70万円
130万円以上～410万円未満	公的年金等収入金額×25%＋37万5,000円
410万円以上～770万円未満	公的年金等収入金額×15%＋78万5,000円
770万円以上	公的年金等収入金額×5%＋155万5,000円

65歳以上	
公的年金等収入金額	公的年金等控除額
330万円未満	120万円
330万円以上～410万円未満	公的年金等収入金額×25%＋37万5,000円
410万以上～770万円未満	公的年金等収入金額×15%＋78万5,000円
770万円以上	公的年金等収入金額×5%＋155万5,000円

≪事例≫

確定拠出年金から毎年100万円、厚生年金から毎年110万円を受給する人の60歳のときの税引き後受取額を求める。ただし、公的年金等控除額以外の所得控除は110万5,000円、税率は20%（所得・住民税）とし、復興特別所得税は考慮しないものとする。

使用する計算式は、次のようになる。

公的年金等収入金額　－（公的年金等控除額＋その他の所得控除額）
＝課税対象額

課税対象額×税率＝税額

①60歳のときの公的年金等控除額（図表2-4-16参照）

100万円＋110万円＝210万円（公的年金等収入金額）

210万円×25%＋37万5,000円＝90万円……公的年金等控除額

②60歳のときの課税対象額

210万円－（90万円＋110万5,000円）＝9万5,000円……課税対象額

③60歳のときの税額

9万5,000円×20%＝1万9,000円…………税額

④60歳のときの税引き後の受取額

210万円－1万9,000円＝208万1,000円……税引き後受取額

〈知って得する補足知識〉

平成22年度の税制改正により、生命保険料控除が改組され平成24年1月以降の契約から以下のようになった。

区　分	旧制度控除限度額		新制度控除限度額	
	所得税	住民税	所得税	住民税
一般生命保険料	5万円	35,000円	4万円	28,000円
介護医療保険料	——	——	4万円	28,000円
個人年金保険料	5万円	35,000円	4万円	28,000円
計	10万円	7万円	12万円	7万円

（注）住民税の合計は7万円が限度額

(5) リタイアメントプランニングにおけるアセットアロケーション

●理解のためのキーポイント

○ライフプラン同様、リタイアメントプランニングにおいてもアセットアロケーションは非常に重要
○アセットアロケーションは投資期間とリスク許容度を確認しながら決定する
○リスク許容度は年齢だけでなく各人によって異なるので、投資期間なども含めて総合的に決定する

■投資期間とリスク許容度を確認しながら決定

リタイアメントプランニングにおいてアセットアロケーションは非常に重要であり、各人の投資期間とリスク許容度を確認しながらアッセトアロケーションを決定しなければならない。

一般的には投資期間が長くとれる人（若い人）はリスク許容度が高く、リスクの高い投資資産の配分比率を上げてハイリターンを目指すことも可能である。また、投資期間が短い人（高齢者）ほどリスク許容度が低いので、リスクの低い投資資産の配分比率を上げて安定的なリターンを目指すことが望ましい。

しかし、リスク許容度は、年齢、所有資産の規模、公的年金や企業年金の受給予定額、ローンの有無、ライフイベントに対する資金などの客観的要素と、個人の希望やリスクに対する考え方などの主観的要素も反映させて決めなくてはならない。また、時間が経過することによって以前はリスク許容度が低い人であっても、リスク許容度の高い人に変わる場合もあり、その逆もありうる。

このような点を考慮して一人一人に合わせたアセットアロケーションを決めることが重要である。

(6) リタイアメントプランニングと確定拠出年金

●理解のためのキーポイント

○確定拠出年金は「課税繰り延べ効果」と「複利効果」のダブルメリットがある
○「課税繰り延べ効果」と「複利効果」は長期になればなるほど効果が出てくる
○確定拠出年金は原則60歳まで資産の途中引き出しができない

■確定拠出年金は資産成長を速めるメリットがある

確定拠出年金はリタイアメントプランニングで活用できる優れた制度である。

第1に税制優遇で「課税繰り延べ効果」、第2に長期の運用としての「複利効果」というメリットがある。確定拠出年金の拠出金は拠出時非課税で、給付時まで課税が繰り延べられるため、長期の資産運用では大きな違いになって表れる（図表2-4-17）。

例えば一般的な預貯金の場合、その利子には20％の源泉分離課税が課せられるが、この20％の源泉分離課税が、長期にわたって課せられないので資産の成長のスピードが速くなる。つまり、確定拠出年金は「課税繰り延べ効果」と「複利効果」が重なることにより、投資期間が長期になればなるほど大きなメリットがあるのである。

■確定拠出年金の注意点は60歳前の必要資金の確保

確定拠出年金は資産づくりにおいて優れた制度であるが、注意しなければならない点がある。それは、原則として60歳まで資産の途中引き出しができないことである。

人生には緊急に資金が必要なときが多々ある。例えば、住宅ローンの返済資金の不足、不慮の事故、病気、失業などが、60歳未満で発生したときの資

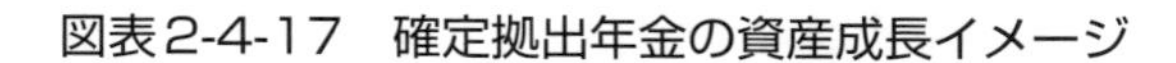
図表2-4-17　確定拠出年金の資産成長イメージ

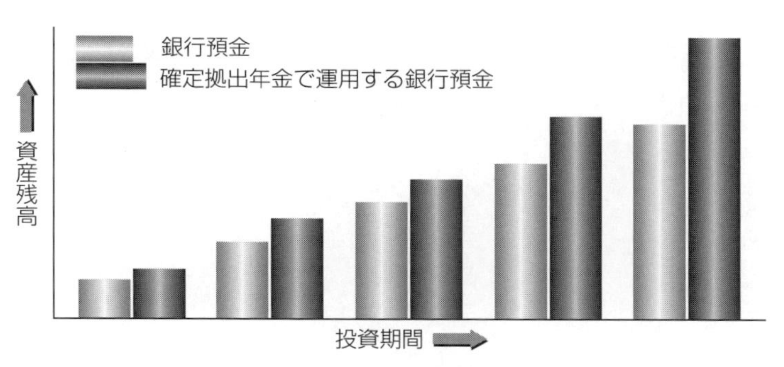

（注）1. 同じ銀行預金を確定拠出年金の投資商品として運用した場合の資産成長差のイメージ
2. 同じ原資でも課税の分だけ毎回の拠出額が異なり、運用収益の差も広がっていく

金には確定拠出年金の資産は利用できない。ただ単に、メリットだけにとらわれては支障をきたすことがあるので、リタイアメントプランを作成するときは、確定拠出年金のメリット、デメリットを考慮に入れて、必要資金の確保に支障をきたさないようにプランを立てなければならない。

資料編

●確定拠出年金法

●〈通達〉確定拠出年金並びにこれに基づく
政令及び省令について（法令解釈）

平成13年8月21日年発第213号

※条文中の実線下線部分は今回改正された部分（平成30年5月時点）
点線下線部分は前回改正された部分（平成29年5月時点）
文字のアミ（□）部分は平成30年5月1日施行部分

※本書収録法令および確定拠出年金法施行令、確定拠出年金法施行規則、確定給付企業年金法の内容確認は厚生労働省のHPで可能
http://wwwhourei.mhlw.go.jp/hourei/html/hourei/contents.html

（法令）

確定拠出年金法

制定 平成13年6月29日法律第88号
最終改正 平成30年5月1日

目次

第一章　総則

（目的）

第一条　この法律は、少子高齢化の進展、高齢期の生活の多様化等の社会経済情勢の変化にかんがみ、個人又は事業主が拠出した資金を個人が自己の責任において運用の指図を行い、高齢期においてその結果に基づいた給付を受けることができるようにするため、確定拠出年金について必要な事項を定め、国民の高齢期における所得の確保に係る自主的な努力を支援し、もって公的年金の給付と相まって国民の生活の安定と福祉の向上に寄与することを目的とする。

（定義）

第二条　この法律において「確定拠出年金」とは、企業型年金及び個人型年金をいう。

2　この法律において「企業型年金」とは、厚生年金適用事業所の事業主が、単独で又は共同して、次章の規定に基づいて実施する年金制度をいう。

3　この法律において「個人型年金」とは、連合会が、第三章の規定に基づいて実施する年金制度をいう。

4　この法律において「厚生年金適用事業所」とは、厚生年金保険法（昭和二十九年法律第百十五号）第六条第一項の適用事業所及び同条第三項の認可を受けた適用事業所をいう。

5　この法律において「連合会」とは、国民年金基金連合会であって、個人型年金を実施する者として厚生労働大臣が全国を通じて一個に限り指定したものをいう。

6 この法律において「厚生年金保険の被保険者」とは、六十歳未満の厚生年金保険の被保険者をいい、「第一号等厚生年金被保険者」とは、厚生年金保険の被保険者のうち厚生年金保険法第二条の五第一項第一号に規定する第一号 厚生年金被保険者（以下「第一号厚生年金被保険者」という。）又は同項第四号 に規定する第四号 厚生年金被保険者（以下「第四号厚生年金被保険者」という。）をいう。

7 この法律において「確定拠出年金運営管理業」とは、次に掲げる業務（以下「運営管理業務」という。）の全部又は一部を行う事業をいう。

一 確定拠出年金における次のイからハまでに掲げる業務（連合会が行う個人型年金加入者の資格の確認に係る業務その他の厚生労働省令で定める業務を除く。以下「記録関連業務」という。）

イ 企業型年金加入者及び企業型年金運用指図者並びに個人型年金加入者及び個人型年金運用指図者（以下「加入者等」と総称する。）の氏名、住所、個人別管理資産額その他の加入者等に関する事項の記録、保存及び通知

ロ 加入者等が行った運用の指図の取りまとめ及びその内容の資産管理機関（企業型年金を実施する事業主が第八条第一項の規定により締結した契約の相手方をいう。以下同じ。）又は連合会への通知

ハ 給付を受ける権利の裁定

二 確定拠出年金における運用の方法の選定及び加入者等に対する提示並びに当該運用の方法に係る情報の提供（以下「運用関連業務」という。）

8 この法律において「企業型年金加入者」とは、企業型年金において、その者について企業型年金を実施する厚生年金適用事業所の事業主により掛金が拠出され、かつ、その個人別管理資産について運用の指図を行う者をいう。

9 この法律において「企業型年金運用指図者」とは、企業型年金において、その個人別管理資産について運用の指図を行う者（企業型年金加入者を除く。）をいう。

10 この法律において「個人型年金加入者」とは、個人型年金において、掛金を拠出し、かつ、その個人別管理資産について運用の指図を行う者をいう。

11 この法律において「個人型年金運用指図者」とは、個人型年金において、その個人別管理資産について運用の指図を行う者（個人型年金加入者を除く。）をいう。

12 この法律において「個人別管理資産」とは、企業型年金加入者若しくは企業型年金加入者であった者又は個人型年金加入者若しくは個人型年金加入者であった者に支給する給付に充てるべきものとして、一の企業型年金又は個人型年金において積み立てられている資産をいう。

13 この法律において「個人別管理資産額」とは、個人別管理資産の額として政令で定めるところにより計算した額をいう。

第二章 企業型年金

第一節 企業型年金の開始

第一款 企業型年金規約

（規約の承認）

第三条 厚生年金適用事業所の事業主は、企業型年金を実施しようとするときは、企業型年金を実施しようとする厚生年金適用事業所に使用される第一号等厚生年金被保険者（企業型年金に係る規約において第三項第六号の二に掲げる事項を定める場合にあっては、六十歳に達した日の前日において当該厚生年金適用事業所に使用される第一号等厚生年金被保険者であった者で六十歳に達した日以後引き続き第一号厚生年金被保険者又は第四号厚生年金被保険者であるもの（当該規約において定める六十歳以上六十五歳以下の一定の年齢に達していない者に限る。）のうち政令で定める者を含む。以下この項において同じ。）の過半数で組織する労働組合があるときは当該労働組合、当該第一号等厚生年金被保険者の過半数で組織する労働組合がないときは当該第一号等厚生年金被保険者の過半数を代表す

る者の同意を得て、企業型年金に係る規約を作成し、当該規約について厚生労働大臣の承認を受けなければならない。

2　二以上の厚生年金適用事業所について企業型年金を実施しようとする場合においては、前項の同意は、各厚生年金適用事業所について得なければならない。

3　企業型年金に係る規約においては、次に掲げる事項を定めなければならない。

一　企業型年金を実施する厚生年金適用事業所の事業主（次項及び第五項、第四十七条第五号、第五十四条の五、第五十五条第二項第四号の二、第七十条、第七十一条並びに第七十八条を除き、以下「事業主」という。）の名称及び住所

二　企業型年金が実施される厚生年金適用事業所（以下「実施事業所」という。）の名称及び所在地（厚生年金保険法第六条第一項第三号に規定する船舶（以下「船舶」という。）の場合にあっては、同号に規定する船舶所有者の名称及び所在地）

二の二　第五項に規定する簡易企業型年金を実施する場合にあっては、その旨

三　事業主が運営管理業務の全部又は一部を行う場合にあっては、その行う業務

四　事業主が第七条第一項の規定により運営管理業務の全部又は一部を委託した場合にあっては、当該委託を受けた確定拠出年金運営管理機関（第八十八条第一項の登録を受けて確定拠出年金運営管理業を営む者をいう。以下同じ。）（第七条第二項の規定により再委託を受けた確定拠出年金運営管理機関を含む。）の名称及び住所並びにその行う業務

五　資産管理機関の名称及び住所

六　実施事業所に使用される第一号等厚生年金被保険者（次号に掲げる事項を定める場合にあっては、第九条第一項ただし書の規定により企業型年金加入者となる者を含む。同項を除き、以下同じ。）が企業型年金加入者となることについて一定の資格を定める場合にあっては、当該資格に関する事項

六の二　六十歳以上六十五歳以下の一定の年齢に達したときに企業型年金加入者の資格を喪失することを定める場合にあっては、当該年齢に関する事項

七　事業主が拠出する掛金（以下「事業主掛金」という。）の額の算定方法その他の拠出に関する事項

七の二　企業型年金加入者が掛金を拠出することができることを定める場合にあっては、当該掛金（以下「企業型年金加入者掛金」という。）の額の決定又は変更の方法その他その拠出に関する事項

七の三　企業型年金加入者が掛金を拠出することができることを定めない場合であって、当該企業型年金加入者が個人型年金加入者となることができることを定めるときは、その旨

八　運用の方法の提示及び運用の指図に関する事項

九　企業型年金の給付の額及びその支給の方法に関する事項

十　企業型年金加入者が資格を喪失した日において実施事業所に使用された期間が三年未満である場合において、その者の個人別管理資産のうち当該企業型年金に係る事業主掛金に相当する部分として政令で定めるものの全部又は一部を当該事業主掛金に係る事業主に返還することを定めるときは、当該事業主に返還する資産の額（以下「返還資産額」という。）の算定方法に関する事項

十一　企業型年金の実施に要する事務費の負担に関する事項

十二　その他政令で定める事項

4　第一項の承認を受けようとする厚生年金適用事業所の事業主は、厚生労働省令で定めるところにより、当該承認に係る申請書に、次に掲げる書類（当該事業主が運営管理業務の全部を行う場合にあっては、第四号に掲げる書類を除く。）を添付して、厚生労働大臣に提出しなければならない。

一　実施する企業型年金に係る規約

二　第一項の同意を得たことを証する書類

三　実施事業所に使用される第一号等厚生年金被保険者が企業型年金加入者となること

について一定の資格を定める場合であって、当該実施事業所において確定給付企業年金（確定給付企業年金法（平成十三年法律第五十号）第二条第一項に規定する確定給付企業年金をいう。以下同じ。）又は退職手当制度を実施しているときは、当該確定給付企業年金及び退職手当制度が適用される者の範囲についての書類
四　運営管理業務の委託に係る契約書
五　第八条第二項に規定する資産管理契約の契約書
六　その他厚生労働省令で定める書類
5　厚生年金適用事業所の事業主が次に掲げる要件に適合する企業型年金（第十九条第二項及び第二十三条第一項において「簡易企業型年金」という。）について、第一項の承認を受けようとするときは、厚生労働省令で定めるところにより、前項第三号から第五号までに掲げる書類及び同項第六号に掲げる書類（厚生労働省令で定める書類に限る。）の添付を省略することができる。
一　実施事業所に使用される全ての第一号等厚生年金被保険者（厚生労働省令で定める者を除く。）が実施する企業型年金の企業型年金加入者の資格を有すること。
二　実施する企業型年金の企業型年金加入者の資格を有する者の数が百人以下であること。
三　その他厚生労働省令で定める要件
6　前各項に定めるもののほか、企業型年金に係る規約の承認に関し必要な事項は、政令で定める。

（承認の基準等）

第四条　厚生労働大臣は、前条第一項の承認の申請があった場合において、当該申請に係る規約が次に掲げる要件に適合すると認めるときは、同項の承認をするものとする。
一　前条第三項各号に掲げる事項が定められていること。
二　実施事業所に使用される第一号等厚生年金被保険者が企業型年金加入者となることについて一定の資格を定めた場合であって、当該実施事業所において確定給付企業年金又は退職手当制度を実施しているときは、当該資格は、当該実施事業所において実施されている確定給付企業年金及び退職手当制度が適用される者の範囲に照らし、特定の者について不当に差別的なものでないこと。
二の二　六十歳以上の一定の年齢に達したときに企業型年金加入者の資格を喪失することを定めた場合にあっては、当該年齢は、六十五歳以下の年齢であること。
三　事業主掛金について、定額又は給与に一定の率を乗ずる方法その他これに類する方法により算定した額によることが定められていること。
三の二　前条第三項第七号の二に掲げる事項を定めた場合にあっては、各企業型年金加入者に係る企業型年金加入者掛金の額が当該企業型年金加入者に係る事業主掛金の額を超えないように企業型年金加入者掛金の額の決定又は変更の方法が定められていること。
四　提示される運用の方法の数及び種類について、第二十三条第一項及び第二項の規定に反しないこと。
五　企業型年金加入者及び企業型年金運用指図者（以下「企業型年金加入者等」という。）による運用の指図は、少なくとも三月に一回、行い得るものであること。
六　企業型年金の給付の額の算定方法が政令で定める基準に合致していること。
七　企業型年金加入者が資格を喪失した日において実施事業所に使用された期間が三年以上である場合又は企業型年金加入者が当該企業型年金の障害給付金の受給権を有する場合について、その者の個人別管理資産が移換されるときは、その全てを移換するものとされていること。
八　その他政令で定める要件
2　厚生労働大臣は、前条第一項の承認をしたときは、速やかに、その旨をその申請をした事業主に通知しなければならない。
3　事業主は、前条第一項の承認を受けたときは、遅滞なく、同項の承認を受けた規約（以下「企業型年金規約」という。）を実施事業所に使用される第一号等厚生年金被保

険者に周知させなければならない。

4　事業主は、厚生労働省令で定めるところにより、企業型年金規約を実施事業所ごとに備え置き、その使用する第一号等厚生年金被保険者の求めに応じ、これを閲覧させなければならない。

5　厚生労働大臣は、前条第三項第七号の三に掲げる事項を定めた規約について同条第一項の承認をしたときは、厚生労働省令で定める事項を連合会に通知しなければならない。

（規約の変更）

第五条　事業主は、企業型年金規約の変更（厚生労働省令で定める軽微な変更を除く。）をしようとするときは、その変更について厚生労働大臣の承認を受けなければならない。

2　前項の変更の承認の申請は、実施事業所に使用される第一号等厚生年金被保険者の過半数で組織する労働組合があるときは当該労働組合、当該第一号等厚生年金被保険者の過半数で組織する労働組合がないときは当該第一号等厚生年金被保険者の過半数を代表する者の同意を得て行わなければならない。

3　前項の場合において、実施事業所が二以上であるときは、同項の同意は、各実施事業所について得なければならない。ただし、第一項の変更がすべての実施事業所に係るものでない場合であって、規約において、あらかじめ、当該変更に係る事項を定めているときは、当該変更に係る実施事業所について前項の同意があったときは、当該変更に係る実施事業所以外の実施事業所についても同項の同意があったものとみなすことができる。

4　前条の規定は、第一項の変更の承認の申請があった場合について準用する。この場合において、同条第三項中「第一号等厚生年金被保険者」とあるのは、「第一号等厚生年金被保険者（企業型年金運用指図者に係る事項に重要な変更を加えたときは、企業型年金運用指図者を含む。）」と、同条第五項中「について」とあるのは「について当該事項に係る」と読み替えるものとする。

第六条　事業主は、企業型年金規約の変更（前条第一項の厚生労働省令で定める変更に限る。）をしたときは、遅滞なく、これを厚生労働大臣に届け出なければならない。

2　第四条第三項並びに前条第二項及び第三項の規定は、前項の変更について準用する。ただし、当該変更が同条第一項の厚生労働省令で定める軽微な変更のうち特に軽微なものとして厚生労働省令で定めるものである場合においては、同条第二項及び第三項の規定は、準用しない。

第二款　運営管理業務の委託等

（運営管理業務の委託）

第七条　事業主は、政令で定めるところにより、運営管理業務の全部又は一部を確定拠出年金運営管理機関に委託することができる。

2　確定拠出年金運営管理機関は、政令で定めるところにより、前項の規定により委託を受けた運営管理業務の一部を他の確定拠出年金運営管理機関に再委託することができる。

3　運営管理業務の全部又は一部を行う確定拠出年金運営管理機関が欠けることとなるときは、事業主は、当該全部若しくは一部の運営管理業務を自ら行い、又は当該運営管理業務を承継すべき確定拠出年金運営管理機関を定めて当該運営管理業務を委託しなければならない。

4　事業主は、第一項の規定により確定拠出年金運営管理機関に運営管理業務の全部又は一部を委託した場合（第二項の規定により再委託した場合を含む。）は、少なくとも五年ごとに、運営管理業務の実施に関する評価を行い、運営管理業務の委託について検討を加え、必要があると認めるときは、確定拠出年金運営管理機関の変更その他の必要な措置を講ずるよう努めなければならない。

5　前各項に定めるもののほか、運営管理業務の委託に関し必要な事項は、政令で定める。

（資産管理契約の締結）

第八条　事業主は、政令で定めるところにより、給付に充てるべき積立金(以下「積立金」という。）について、次の各号のいずれかに掲げる契約を締結しなければならない。
一　信託会社（信託業法（平成十六年法律第百五十四号）第三条又は第五十三条第一項の免許を受けたものに限る。以下同じ。)、信託業務を営む金融機関又は企業年金基金を相手方とする運用の方法を特定する信託の契約
二　生命保険会社（保険業法（平成七年法律第百五号）第二条第三項に規定する生命保険会社及び同条第八項に規定する外国生命保険会社等をいう。以下同じ。）を相手方とする生命保険の契約
三　農業協同組合連合会（全国を地区とし、農業協同組合法（昭和二十二年法律第百三十二号）第十条第一項第十号の事業のうち生命共済の事業を行うものに限る。）を相手方とする生命共済の契約
四　損害保険会社（保険業法第二条第四項に規定する損害保険会社及び同条第九項に規定する外国損害保険会社等をいう。以下同じ。）を相手方とする損害保険の契約
2　前項各号に規定する者は、正当な理由がある場合を除き、同項各号に掲げる契約(以下「資産管理契約」という。）の締結を拒絶してはならない。
3　資産管理機関が欠けることとなるときは、事業主は、別に資産管理契約の相手方となるべき者を定めて、資産管理契約を締結しなければならない。
4　資産管理契約が解除されたときは、当該解除された資産管理契約に係る資産管理機関は、速やかに、当該資産管理契約に係る積立金を事業主が定めた資産管理機関に移換しなければならない。
5　前各項に定めるもののほか、資産管理契約の締結に関し必要な事項は、政令で定める。

第二節　企業型年金加入者等

(企業型年金加入者)

第九条　実施事業所に使用される第一号等厚生年金被保険者は、企業型年金加入者とする。ただし、企業型年金規約で六十歳以上六十五歳以下の一定の年齢に達したときに企業型年金加入者の資格を喪失することを定めたときは、六十歳に達した日の前日において当該実施事業所に使用される第一号等厚生年金被保険者であった者で六十歳に達した日以後引き続き当該実施事業所に使用される第一号厚生年金被保険者又は第四号厚生年金被保険者であるもの（当該一定の年齢に達していない者に限る。）のうち六十歳に達した日の前日において当該企業型年金の企業型年金加入者であった者その他政令で定める者についても企業型年金加入者とする。
2　実施事業所に使用される第一号等厚生年金被保険者が企業型年金加入者となることについて企業型年金規約で一定の資格を定めたときは、当該資格を有しない者は、前項の規定にかかわらず、企業型年金加入者としない。

(資格取得の時期)

第十条　企業型年金加入者は、次の各号のいずれかに該当するに至った日に、企業型年金加入者の資格を取得する。
一　実施事業所に使用されるに至ったとき。
二　その使用される事業所若しくは事務所(以下「事業所」という。）又は船舶が、実施事業所となったとき。
三　実施事業所に使用される者が、第一号等厚生年金被保険者となったとき。
四　実施事業所に使用される者が、企業型年金規約により定められている資格を取得したとき。

(資格喪失の時期)

第十一条　企業型年金加入者は、次の各号のいずれかに該当するに至った日の翌日（その事実があった日に更に前条各号のいずれかに該当するに至ったとき、又は第六号に該当するに至ったときは、当該至った日）に、企業型年金加入者の資格を喪失する。
一　死亡したとき。
二　実施事業所に使用されなくなったとき。
三　その使用される事業所又は船舶が、実施事業所でなくなったとき。
四　第一号等厚生年金被保険者でなくなった

とき。
五　企業型年金規約により定められている資格を喪失したとき。
六　六十歳（企業型年金規約において六十歳以上六十五歳以下の一定の年齢に達したときに企業型年金加入者の資格を喪失することが定められているときは、当該年齢）に達したとき。

（企業型年金加入者の資格の得喪に関する特例）
第十二条　企業型年金加入者の資格を取得した月にその資格を喪失した者は、その資格を取得した日にさかのぼって、企業型年金加入者でなかったものとみなす。

（同時に二以上の企業型年金の企業型年金加入者となる資格を有する者の取扱い）
第十三条　同時に二以上の企業型年金の企業型年金加入者となる資格を有する者は、第九条の規定にかかわらず、その者の選択する一の企業型年金以外の企業型年金の企業型年金加入者としないものとする。
2　前項の選択は、その者が二以上の企業型年金の企業型年金加入者となる資格を有するに至った日から起算して十日以内にしなければならない。
3　第一項に規定する者は、同項の選択をしたときは、その者が二以上の企業型年金の企業型年金加入者となる資格を有するに至った日にさかのぼって、その選択した一の企業型年金以外の企業型年金の企業型年金加入者でなかったものとする。
4　第一項に規定する者が同項の選択をしなかったときは、その者は、政令で定めるところにより、当該二以上の企業型年金のうちその一の企業型年金を選択したものとみなす。
5　甲企業型年金の企業型年金加入者が同時に乙企業型年金の企業型年金加入者となる資格を有するに至った場合において、第一項の規定により乙企業型年金を選択したときは、その者は、乙企業型年金の企業型年金加入者となった日に、甲企業型年金の企業型年金加入者の資格を喪失する。
6　第一項に規定する者が、同項の規定により選択した企業型年金の企業型年金加入者でなくなったときは、その者は、その日に、当該企業型年金以外の企業型年金の企業型年金加入者の資格を取得する。

（企業型年金加入者期間）
第十四条　企業型年金加入者である期間（以下「企業型年金加入者期間」という。）を計算する場合には、月によるものとし、企業型年金加入者の資格を取得した月からその資格を喪失した月の前月までをこれに算入する。
2　企業型年金加入者の資格を喪失した後、再びもとの企業型年金の企業型年金加入者の資格を取得した者については、当該企業型年金における前後の企業型年金加入者期間を合算する。

（企業型年金運用指図者）
第十五条　次に掲げる者は、企業型年金運用指図者とする。
一　企業型年金規約において六十歳以上六十五歳以下の一定の年齢に達したときに企業型年金加入者の資格を喪失することが定められている企業型年金の六十歳以上の企業型年金加入者であって、第十一条第二号に該当するに至ったことにより企業型年金加入者の資格を喪失したもの（当該企業型年金に個人別管理資産がある者に限る。）
二　第十一条第六号に該当するに至ったことにより企業型年金加入者の資格を喪失した者（当該企業型年金に個人別管理資産がある者に限る。）
三　企業型年金の企業型年金加入者であった者であって当該企業型年金の年金たる障害給付金の受給権を有するもの
2　企業型年金運用指図者は、前項各号に掲げる者のいずれかに該当するに至った日に、企業型年金運用指図者の資格を取得する。
3　企業型年金運用指図者は、次の各号のいずれかに該当するに至った日の翌日（第三号に該当するに至ったときは、当該至った日）に、企業型年金運用指図者の資格を喪失する。
一　死亡したとき。
二　当該企業型年金に個人別管理資産がなく

なったとき。
三　当該企業型年金の企業型年金加入者となったとき。
4　第十二条の規定は企業型年金運用指図者の資格について、前条の規定は企業型年金運用指図者である期間（以下「企業型年金運用指図者期間」という。）を計算する場合について準用する。
（通知等）
第十六条　事業主は、厚生労働省令で定めるところにより、その実施する企業型年金の企業型年金加入者の氏名及び住所その他の事項を当該企業型年金の企業型年金加入者等に係る記録関連業務を行う確定拠出年金運営管理機関（以下「企業型記録関連運営管理機関」という。）に通知しなければならない。ただし、当該事業主が記録関連業務の全部を行う場合にあっては、この限りでない。
2　企業型年金加入者は、厚生労働省令で定めるところにより、第十三条第一項の規定により選択した企業型年金その他の事項を事業主又は企業型記録関連運営管理機関に申し出なければならない。
第十七条　企業型年金運用指図者は、厚生労働省令で定めるところにより、氏名及び住所その他の事項を企業型記録関連運営管理機関（記録関連業務を行う事業主を含む。以下「企業型記録関連運営管理機関等」という。）に申し出なければならない。
（企業型年金加入者等原簿）
第十八条　企業型記録関連運営管理機関等は、厚生労働省令で定めるところにより、企業型年金加入者等に関する原簿を備え、これに企業型年金加入者等の氏名及び住所、資格の取得及び喪失の年月日、個人別管理資産額その他厚生労働省令で定める事項を記録し、これを保存しなければならない。
2　企業型年金加入者及び企業型年金加入者であった者（死亡一時金を受けることができる者を含む。）は、企業型記録関連運営管理機関等に対し、前項の原簿の閲覧を請求し、又は当該原簿に記録された事項について照会することができる。この場合においては、企業型記録関連運営管理機関等は、正当な理由がある場合を除き、閲覧の請求又は照会の回答を拒んではならない。
第三節　掛金
（事業主掛金及び企業型年金加入者掛金）
第十九条　事業主は、政令で定めるところにより、年一回以上、定期的に掛金を拠出する。
2　事業主掛金の額は、企業型年金規約で定めるものとする。ただし、簡易企業型年金に係る事業主掛金の額については、政令で定める基準に従い企業型年金規約で定める額とする。
3　企業型年金加入者は、政令で定める基準に従い企業型年金規約で定めるところにより、年一回以上、定期的に自ら掛金を拠出することができる。
4　企業型年金加入者掛金の額は、企業型年金規約で定めるところにより、企業型年金加入者が決定し、又は変更する。
（拠出限度額）
第二十条　各企業型年金加入者に係る一年間の事業主掛金の額（企業型年金加入者が企業型年金加入者掛金を拠出する場合にあっては、事業主掛金の額と企業型年金加入者掛金の額との合計額。以下この条において同じ。）の総額は、拠出限度額（一年間に拠出することができる事業主掛金の額の総額の上限として、企業型年金加入者の確定給付企業年金の加入者の資格の有無等を勘案して政令で定める額をいう。）を超えてはならない。
（事業主掛金の納付）
第二十一条　事業主は、事業主掛金を企業型年金規約で定める日までに資産管理機関に納付するものとする。
2　事業主は、事業主掛金を納付する場合においては、厚生労働省令で定めるところにより、各企業型年金加入者に係る事業主掛金の額を企業型記録関連運営管理機関に通知しなければならない。ただし、当該事業主が記録関連業務の全部を行う場合にあっては、この限りでない。
（企業型年金加入者掛金の納付）

第二十一条の二　企業型年金加入者掛金を拠出する企業型年金加入者は、企業型年金加入者掛金を企業型年金規約で定める日までに事業主を介して資産管理機関に納付するものとする。

2　前条第二項の規定は、事業主が企業型年金加入者掛金の納付を行う場合について準用する。

（企業型年金加入者掛金の源泉控除）

第二十一条の三　前条第一項の規定により企業型年金加入者掛金の納付を行う事業主は、当該企業型年金加入者に対して通貨をもって給与を支払う場合においては、企業型年金加入者掛金を給与から控除することができる。

2　事業主は、前項の規定によって企業型年金加入者掛金を控除したときは、企業型年金加入者掛金の控除に関する計算書を作成し、その控除額を当該企業型年金加入者に通知しなければならない。

第四節　運用

（事業主の責務）

第二十二条　事業主は、その実施する企業型年金の企業型年金加入者等に対し、これらの者が行う第二十五条第一項の運用の指図に資するため、資産の運用に関する基礎的な資料の提供その他の必要な措置を講ずるよう努めなければならない。

2　事業主は、前項の措置を講ずるに当たっては、企業型年金加入者等の資産の運用に関する知識を向上させ、かつ、これを第二十五条第一項の運用の指図に有効に活用することができるよう配慮するものとする。

（運用の方法の選定及び提示）

第二十三条　企業型年金加入者等に係る運用関連業務を行う確定拠出年金運営管理機関（運用関連業務を行う事業主を含む。以下「企業型運用関連運営管理機関等」という。）は、政令で定めるところにより、次に掲げる運用の方法のうち政令で定めるもの（次条第一項において「対象運用方法」という。）を、企業型年金加入者等による適切な運用の方法の選択に資するための上限として政令で定める数以下で、かつ、三以上（簡易企業型年金を実施する事業主から委託を受けて運用関連業務を行う確定拠出年金運営管理機関（運用関連業務を行う簡易企業型年金を実施する事業主を含む。）にあっては、二以上）で選定し、企業型年金規約で定めるところにより、企業型年金加入者等に提示しなければならない。

一　銀行その他の金融機関を相手方とする預金又は貯金の預入

二　信託会社又は信託業務を営む金融機関への信託

三　有価証券の売買

四　生命保険会社又は農業協同組合（農業協同組合法第十条第一項第十号の事業のうち生命共済の事業を行うものに限る。）その他政令で定める生命共済の事業を行う者への生命保険の保険料又は生命共済の共済掛金の払込み

五　損害保険会社への損害保険の保険料の払込み

六　前各号に掲げるもののほか、投資者の保護が図られていることその他の政令で定める要件に適合する契約の締結

2　前項の規定による運用の方法の選定は、その運用から生ずると見込まれる収益の率、収益の変動の可能性その他の収益の性質が類似していないことその他政令で定める基準に従って行われなければならない。

3　企業型運用関連運営管理機関等は、前二項の規定により運用の方法の選定を行うに際しては、資産の運用に関する専門的な知見に基づいて、これを行わなければならない。

（指定運用方法の選定）

第二十三条の二　企業型運用関連運営管理機関等は、企業型年金規約で定めるところにより、前条第一項の規定により提示する運用の方法のほか、対象運用方法のうちから一の運用の方法を選定し、企業型年金加入者に提示することができる。

2　前項の規定により選定した運用の方法（以下「指定運用方法」という。）は、長期的な観点から、物価その他の経済事情の変動により生ずる損失に備え、収益の確保を

図るためのものとして厚生労働省令で定める基準に適合するものでなければならない。

3　前条第三項の規定は、第一項の規定により指定運用方法を選定する場合について準用する。

（運用の方法に係る情報の提供）

第二十四条　企業型運用関連運営管理機関等は、厚生労働省令で定めるところにより、第二十三条第一項の規定により提示した運用の方法について、これに関する利益の見込み及び損失の可能性その他の企業型年金加入者等が第二十五条第一項の運用の指図を行うために必要な情報を、当該企業型年金加入者等に提供しなければならない。

第二十四条の二　企業型運用関連運営管理機関等は、第二十三条の二第一項の規定により指定運用方法を選定し、提示した場合は、厚生労働省令で定めるところにより、次に掲げる事項に係る情報を企業型年金加入者に提供しなければならない。

一　指定運用方法に関する利益の見込み及び損失の可能性

二　指定運用方法を選定した理由

三　第二十五条の二第二項の事項

四　その他厚生労働省令で定める事項

（運用の指図）

第二十五条　企業型年金加入者等は、企業型年金規約で定めるところにより、積立金のうち当該企業型年金加入者等の個人別管理資産について運用の指図を行う。

2　前項の運用の指図（以下この章において単に「運用の指図」という。）は、第二十三条第一項の規定により提示された運用の方法（第二十三条の二第一項の規定により指定運用方法が提示された場合にあっては、当該指定運用方法を含む。以下この条において同じ。）（第二十六条第一項において「提示運用方法」という。）の中から一又は二以上の方法を選択し、かつ、それぞれの運用の方法に充てる額を決定して、これらの事項を企業型記録関連運営管理機関等に示すことによって行うものとする。

3　企業型記録関連運営管理機関等は、運用の指図を受けたときは、政令で定めるところにより、同時に行われた運用の指図を第二十三条第一項の規定により提示された運用の方法ごとに取りまとめ、その内容を資産管理機関に通知するものとする。

4　資産管理機関は、前項の通知があったときは、速やかに、同項の通知に従って、それぞれの運用の方法について、契約の締結、変更又は解除その他の必要な措置を行わなければならない。

（指定運用方法が提示されている場合の運用の指図の特例）

第二十五条の二　次の各号に掲げる場合の区分に応じ、それぞれ当該各号に定める日から起算して三月以上で企業型年金規約で定める期間（次項において「特定期間」という。）を経過してもなお企業型記録関連運営管理機関等が企業型年金加入者から運用の指図を受けないときは、当該企業型記録関連運営管理機関等は、同項の事項及び当該指定運用方法を当該企業型年金加入者に通知しなければならない。

一　第二十三条の二第一項の規定により指定運用方法が提示されている場合であって、企業型年金加入者がその資格を取得したとき　その後最初に事業主掛金又は企業型年金加入者掛金（次号及び第三項において「事業主掛金等」という。）の納付が行われた日

二　企業型年金加入者がその資格を取得している場合であって、第二十三条の二第一項の規定により指定運用方法が提示されたとき　その後最初に事業主掛金等の納付が行われた日

2　前項の規定による通知を受けた企業型年金加入者が特定期間を経過した日から二週間以上で企業型年金規約で定める期間（次項において「猶予期間」という。）を経過してもなお運用の指図を行わないときは、当該企業型年金加入者は、当該通知に係る指定運用方法を選択し、かつ、当該指定運用方法にその未指図個人別管理資産の全額を充てる運用の指図を行ったものとみなす。

3　前項の「未指図個人別管理資産」とは、個人別管理資産のうち、第一項の規定による通知に係る猶予期間が終了する日までに運用の指図が行われていないもの及び同日後に納付される事業主掛金等について運用の指図が行われていないものをいう。

（運用の方法の除外に係る同意）

第二十六条　企業型運用関連運営管理機関等は、提示運用方法から運用の方法を除外しようとするときは、企業型年金規約で定めるところにより、当該除外しようとする運用の方法を選択して運用の指図を行っている企業型年金加入者等（以下この条において「除外運用方法指図者」という。）（所在が明らかでない者を除く。）の三分の二以上の同意を得なければならない。ただし、当該運用の方法に係る契約の相手方が欠けたことその他厚生労働省令で定める事由により当該運用の方法を除外しようとするときは、この限りでない。

2　企業型運用関連運営管理機関等は、企業型年金規約で定めるところにより、除外運用方法指図者に前項の同意を得るための通知をした日から三週間以上で企業型年金規約で定める期間を経過してもなお除外運用方法指図者から同意又は不同意の意思表示を受けなかった場合は、当該除外運用方法指図者は同項の同意をしたものとみなすことができる。この場合において、当該通知には、その旨を記載しなければならない。

3　企業型運用関連運営管理機関等は、第一項の規定により運用の方法を除外したときは、その旨を除外運用方法指図者に通知しなければならない。

4　企業型運用関連運営管理機関等は、除外運用方法指図者の所在が明らかでないため前項の通知をすることができないときは、同項の通知に代えて、当該運用の方法が除外された旨を公告しなければならない。

（個人別管理資産額の通知）

第二十七条　企業型記録関連運営管理機関等は、毎年少なくとも一回、企業型年金加入者等の個人別管理資産額その他厚生労働省令で定める事項を当該企業型年金加入者等に通知しなければならない。

第五節　給付

第一款　通則

（給付の種類）

第二十八条　企業型年金の給付（以下この款及び第四十八条の二において「給付」という。）は、次のとおりとする。

一　老齢給付金
二　障害給付金
三　死亡一時金

（裁定）

第二十九条　給付を受ける権利は、その権利を有する者（以下この節において「受給権者」という。）の請求に基づいて、企業型記録関連運営管理機関等が裁定する。

2　企業型記録関連運営管理機関等は、前項の規定により裁定をしたときは、遅滞なく、その内容を資産管理機関に通知しなければならない。

（給付の額）

第三十条　給付の額は、企業型年金規約で定めるところにより算定した額とする。

（年金給付の支給期間等）

第三十一条　給付のうち年金として支給されるもの（次項において「年金給付」という。）の支給は、これを支給すべき事由が生じた月の翌月から始め、権利が消滅した月で終わるものとする。

2　年金給付の支払期月については、企業型年金規約で定めるところによる。

（受給権の譲渡等の禁止等）

第三十二条　給付を受ける権利は、譲り渡し、担保に供し、又は差し押さえることができない。ただし、老齢給付金及び死亡一時金を受ける権利を国税滞納処分（その例による処分を含む。）により差し押さえる場合は、この限りでない。

2　租税その他の公課は、障害給付金として支給を受けた金銭を標準として、課することができない。

第二款　老齢給付金

（支給要件）

第三十三条　企業型年金加入者であった者であって次の各号に掲げるもの（当該企業型

年金に個人別管理資産がある者に限り、当該企業型年金の障害給付金の受給権者を除く。）が、それぞれ当該各号に定める年数又は月数以上の通算加入者等期間を有するときは、その者は、厚生労働省令で定めるところにより、企業型記録関連運営管理機関等に老齢給付金の支給を請求することができる。
一　六十歳以上六十一歳未満の者　十年
二　六十一歳以上六十二歳未満の者　八年
三　六十二歳以上六十三歳未満の者　六年
四　六十三歳以上六十四歳未満の者　四年
五　六十四歳以上六十五歳未満の者　二年
六　六十五歳以上の者　一月
２　前項の通算加入者等期間とは、政令で定めるところにより同項に規定する者の次に掲げる期間（その者が六十歳に達した日の前日が属する月以前の期間に限る。）を合算した期間をいう。
一　企業型年金加入者期間
二　企業型年金運用指図者期間
三　個人型年金加入者である期間（以下「個人型年金加入者期間」という。）
四　個人型年金運用指図者である期間（以下「個人型年金運用指図者期間」という。）
３　第一項の請求があったときは、資産管理機関は、企業型記録関連運営管理機関等の裁定に基づき、その請求をした者に老齢給付金を支給する。
（七十歳到達時の支給）
第三十四条　企業型年金加入者であった者（当該企業型年金に個人別管理資産がある者に限る。）が前条の規定により老齢給付金の支給を請求することなく七十歳に達したときは、資産管理機関は、その者に、企業型記録関連運営管理機関等の裁定に基づいて、老齢給付金を支給する。
（支給の方法）
第三十五条　老齢給付金は、年金として支給する。
２　老齢給付金は、企業型年金規約でその全部又は一部を一時金として支給することができることを定めた場合には、前項の規定にかかわらず、企業型年金規約で定めるところにより、一時金として支給することができる。
（失権）
第三十六条　老齢給付金の受給権は、次の各号のいずれかに該当することとなったときは、消滅する。
一　受給権者が死亡したとき。
二　当該企業型年金の障害給付金の受給権者となったとき。
三　当該企業型年金に個人別管理資産がなくなったとき。
第三款　障害給付金
（支給要件）
第三十七条　企業型年金加入者又は企業型年金加入者であった者（当該企業型年金に個人別管理資産がある者に限る。）が、疾病にかかり、又は負傷し、かつ、その疾病又は負傷及びこれらに起因する疾病（以下「傷病」という。）について初めて医師又は歯科医師の診療を受けた日（以下「初診日」という。）から起算して一年六月を経過した日（その期間内にその傷病が治った場合においては、その治った日（その症状が固定し治療の効果が期待できない状態に至った日を含む。）とし、以下「障害認定日」という。）から七十歳に達する日の前日までの間において、その傷病により政令で定める程度の障害の状態に該当するに至ったときは、その者は、その期間内に企業型記録関連運営管理機関等に障害給付金の支給を請求することができる。
２　企業型年金加入者又は企業型年金加入者であった者（当該企業型年金に個人別管理資産がある者に限る。）が、疾病にかかり、又は負傷し、かつ、その傷病（以下この項において「基準傷病」という。）に係る初診日において基準傷病以外の傷病により障害の状態にある場合であって、基準傷病に係る障害認定日から七十歳に達する日の前日までの間において、初めて、基準傷病による障害と他の障害とを併合して前項の政令で定める程度の障害の状態に該当するに至ったとき（基準傷病の初診日が、基準傷病以外の傷病（基準傷病以外の傷病が二以上ある場合は、基準傷病以外のすべての傷病）の初診日以降であるときに限る。）は、その者は、その期間内に企業型記録関連運営管理機関等に障害給付金の支給を請求することができる。

3　前二項の請求があったときは、資産管理機関は、企業型記録関連運営管理機関等の裁定に基づき、その請求をした者に障害給付金を支給する。

（支給の方法）

第三十八条　障害給付金は、年金として支給する。

2　障害給付金は、企業型年金規約でその全部又は一部を一時金として支給することができることを定めた場合には、前項の規定にかかわらず、企業型年金規約で定めるところにより、一時金として支給することができる。

（失権）

第三十九条　障害給付金の受給権は、次の各号のいずれかに該当することとなったときは、消滅する。

一　受給権者が死亡したとき。

二　当該企業型年金に個人別管理資産がなくなったとき。

第四款　死亡一時金

（支給要件）

第四十条　死亡一時金は、企業型年金加入者又は企業型年金加入者であった者（当該企業型年金に個人別管理資産がある者に限る。）が死亡したときに、その者の遺族に、資産管理機関が企業型記録関連運営管理機関等の裁定に基づいて、支給する。

（遺族の範囲及び順位）

第四十一条　死亡一時金を受けることができる遺族は、次に掲げる者とする。ただし、死亡した者が、死亡する前に、配偶者（届出をしていないが、死亡した者の死亡の当時事実上婚姻関係と同様の事情にあった者を含む。以下この条において同じ。）、子、父母、孫、祖父母又は兄弟姉妹のうちから死亡一時金を受ける者を指定してその旨を企業型記録関連運営管理機関等に対して表示したときは、その表示したところによるものとする。

一　配偶者

二　子、父母、孫、祖父母及び兄弟姉妹であって死亡した者の死亡の当時主としてその収入によって生計を維持していたもの

三　前号に掲げる者のほか、死亡した者の死亡の当時主としてその収入によって生計を維持していた親族

四　子、父母、孫、祖父母及び兄弟姉妹であって第二号に該当しないもの

2　前項本文の場合において、死亡一時金を受けることができる遺族の順位は、同項各号の順位により、同項第二号及び第四号に掲げる者のうちにあっては同号に掲げる順位による。この場合において、父母については養父母、実父母の順とし、祖父母については養父母の養父母、養父母の実父母、実父母の養父母、実父母の実父母の順とする。

3　前項の規定により死亡一時金を受けることができる遺族に同順位者が二人以上あるときは、死亡一時金は、その人数によって等分して支給する。

4　死亡一時金を受けることができる遺族がないときは、死亡した者の個人別管理資産額に相当する金銭は、死亡した者の相続財産とみなす。

5　死亡一時金を受けることができる者によるその権利の裁定の請求が死亡した者の死亡の後五年間ないときは、死亡一時金を受けることができる遺族はないものとみなして、前項の規定を適用する。

（欠格）

第四十二条　故意の犯罪行為により企業型年金加入者又は企業型年金加入者であった者を死亡させた者は、前条の規定にかかわらず、死亡一時金を受けることができない。企業型年金加入者又は企業型年金加入者であった者の死亡前に、その者の死亡によって死亡一時金を受けるべき者を故意の犯罪行為により死亡させた者についても、同様とする。

第六節　事業主等の行為準則

（事業主の行為準則）

第四十三条　事業主は、法令、法令に基づい

てする厚生労働大臣の処分及び企業型年金規約を遵守し、企業型年金加入者等のため忠実にその業務を遂行しなければならない。

２　事業主は、企業型年金の実施に係る業務に関し、企業型年金加入者等の氏名、住所、生年月日、個人別管理資産額その他の企業型年金加入者等の個人に関する情報を保管し、又は使用するに当たっては、その業務の遂行に必要な範囲内で当該個人に関する情報を保管し、及び使用しなければならない。ただし、本人の同意がある場合その他正当な事由がある場合は、この限りでない。

３　事業主は、次に掲げる行為をしてはならない。

一　自己又は企業型年金加入者等以外の第三者の利益を図る目的をもって、第七条第一項の規定による運営管理業務の委託に係る契約又は資産管理契約を締結すること。

二　前号に掲げるもののほか、企業型年金加入者等の保護に欠けるものとして厚生労働省令で定める行為

４　事業主（運用関連業務を行う者である場合に限る。）は、次に掲げる行為をしてはならない。

一　自己又は企業型年金加入者等以外の第三者の利益を図る目的をもって、特定の運用の方法を選定すること。

二　前号に掲げるもののほか、企業型年金加入者等の保護に欠けるものとして厚生労働省令で定める行為

（資産管理機関の行為準則）

第四十四条　資産管理機関は、法令及び資産管理契約を遵守し、企業型年金加入者等のため忠実にその業務を遂行しなければならない。

第七節　企業型年金の終了

（企業型年金の終了）

第四十五条　企業型年金は、次の各号のいずれかに該当するに至った場合に終了する。

一　次条第一項の承認があったとき。

二　第四十七条の規定により企業型年金規約の承認の効力が失われたとき。

三　第五十二条第二項の規定により企業型年金規約の承認が取り消されたとき。

第四十六条　事業主は、企業型年金を終了しようとするときは、実施事業所に使用される第一号等厚生年金被保険者の過半数で組織する労働組合があるときは当該労働組合、当該第一号等厚生年金被保険者の過半数で組織する労働組合がないときは当該第一号等厚生年金被保険者の過半数を代表する者の同意を得て、厚生労働大臣の承認を受けなければならない。

２　前項の場合において、実施事業所が二以上であるときは、同項の同意は、各実施事業所について得なければならない。

３　第四条第二項、第三項及び第五項の規定は、第一項の終了の承認の申請があった場合について準用する。

第四十七条　事業主（企業型年金を共同して実施している場合にあっては、当該企業型年金を実施している事業主の全部）が次の各号のいずれかに該当するに至った場合は、その実施する企業型年金の企業型年金規約の承認は、その効力を失う。この場合において、それぞれ当該各号に定める者は、当該各号に該当するに至った日（第一号の場合にあっては、その事実を知った日）から三十日以内に、その旨を厚生労働大臣に届け出なければならない。

一　事業主が死亡したとき　その相続人

二　法人が合併により消滅したとき　その法人を代表する役員であった者

三　法人が破産手続開始の決定により解散したとき　その破産管財人

四　法人が合併及び破産手続開始の決定以外の理由により解散したとき　その清算人

五　厚生年金適用事業所の事業主でなくなったとき（前各号に掲げる場合を除く。）　厚生年金適用事業所の事業主であった個人又は厚生年金適用事業所の事業主であった法人を代表する役員

（政令への委任）

第四十八条　この節に定めるもののほか、企業型年金の終了に関し必要な事項は、政令で定める。

第八節　雑則

（情報収集等業務及び資料提供等業務の委託）
第四十八条の二　事業主は、給付の支給を行うために必要となる企業型年金加入者等に関する情報の収集、整理又は分析の業務（運営管理業務を除く。以下「情報収集等業務」という。）及び企業型年金加入者等による運用の指図に資するために行う資産の運用に関する基礎的な資料の提供その他の必要な措置に係る業務（以下「資料提供等業務」という。）の全部又は一部を、企業年金連合会（確定給付企業年金法第九十一条の二第一項に規定する企業年金連合会をいう。以下同じ。）に委託することができる。
（企業年金連合会の業務の特例）
第四十八条の三　企業年金連合会は、確定給付企業年金法の規定による業務のほか、前条の規定による委託を受けて、情報収集等業務及び資料提供等業務を行うことができる。
（区分経理）
第四十八条の四　企業年金連合会は、情報収集等業務及び資料提供等業務に係る経理については、その他の経理と区分して整理しなければならない。
（確定給付企業年金法の適用）
第四十八条の五　第四十八条の三の規定により企業年金連合会の情報収集等業務又は資料提供等業務が行われる場合には、確定給付企業年金法第百二十一条中「この法律」とあるのは、「この法律又は確定拠出年金法第四十八条の三」とするほか、同法の規定の適用に関し必要な事項は、政令で定める。
（運営管理業務に関する帳簿書類）
第四十九条　事業主（運営管理業務を行う者である場合に限る。）は、厚生労働省令で定めるところにより、運営管理業務に関する帳簿書類を作成し、これを保存しなければならない。
（報告書の提出）
第五十条　事業主は、厚生労働省令で定めるところにより、企業型年金に係る業務についての報告書を厚生労働大臣に提出しなければならない。
（報告の徴収等）
第五十一条　厚生労働大臣は、この法律の施行に必要な限度において、事業主に対し、企業型年金の実施状況に関する報告を徴し、又は当該職員をして事業所に立ち入って関係者に質問させ、若しくは実地にその状況を検査させることができる。
2　前項の規定によって質問及び検査を行う当該職員は、その身分を示す証票を携帯し、かつ、関係者の請求があるときは、これを提示しなければならない。
3　第一項の規定による権限は、犯罪捜査のために認められたものと解釈してはならない。
（事業主に対する監督）
第五十二条　厚生労働大臣は、前条の規定により報告を徴し、又は質問し、若しくは検査した場合において、事業主がその実施する企業型年金に関し法令、企業型年金規約若しくは厚生労働大臣の処分に違反していると認めるとき、又は事業主の企業型年金の運営が著しく適正を欠くと認めるときは、期間を定めて、事業主に対し、その違反の是正又は改善のため必要な措置を採るべき旨を命ずることができる。
2　事業主が前項の命令に違反したとき、又は企業型年金の実施状況によりその継続が困難であると認めるときは、厚生労働大臣は、当該事業主の企業型年金規約の承認を取り消すことができる。
（企業年金基金の業務の特例）
第五十三条　企業年金基金は、その規約で定めるところにより、資産管理契約に係る業務を行うことができる。
2　企業年金基金は、資産管理契約に係る業務に係る経理については、その他の経理と区分して整理しなければならない。
3　第一項の規定により企業年金基金の業務が行われる場合には、確定給付企業年金法第百二十一条中「この法律」とあるのは、「この法律又は確定拠出年金法第五十三条第一項」とするほか、同法の規定の適用に関し必要な事項は、政令で定める。

（他の制度の資産の移換）
第五十四条　企業型年金の資産管理機関は、政令で定めるところにより、当該企業型年金の実施事業所において実施される確定給付企業年金、中小企業退職金共済法（昭和三十四年法律第百六十号）の規定による退職金共済又は退職手当制度に係る資産の全部又は一部の移換を受けることができる。
2　前項の規定により資産管理機関が資産の移換を受けたときは、各企業型年金加入者が当該実施事業所の事業主に使用された期間（当該企業型年金加入者が六十歳に達した日の前日が属する月以前の期間に限る。）その他これに準ずる期間のうち政令で定めるものは、当該企業型年金加入者に係る第三十三条第一項の通算加入者等期間に算入するものとする。
（脱退一時金相当額等の移換）
第五十四条の二　企業型年金の資産管理機関は、政令で定めるところにより、脱退一時金相当額等（確定給付企業年金の脱退一時金相当額（確定給付企業年金法第八十一条の二第一項に規定する脱退一時金相当額をいう。）又は企業年金連合会の規約で定める積立金（確定給付企業年金法第五十九条に規定する積立金をいう。）をいう。以下同じ。）の移換を受けることができる。
2　前項の規定により資産管理機関が脱退一時金相当額等の移換を受けたときは、各企業型年金加入者等が当該確定給付企業年金の実施事業所の事業主に使用された期間（当該企業型年金加入者が六十歳に達した日の前日が属する月以前の期間に限る。）その他これに準ずる期間のうち政令で定めるものは、当該企業型年金加入者等に係る第三十三条第一項の通算加入者等期間に算入するものとする。
（他の制度の資産等の移換があった場合の運用の指図の特例）
第五十四条の三　第五十四条第一項又は前条第一項の規定により移換される資産又は脱退一時金相当額等がある場合における第二十五条の二の規定の適用については、同条第三項中「及び同日後」とあるのは「、同日後」と、「をいう」とあるのは「及び同日後に第五十四条第一項又は第五十四条の二第一項の規定により移換される資産又は脱退一時金相当額等について運用の指図が行われていないものをいう」とする。
（確定給付企業年金の加入者となった者の個人別管理資産の移換）
第五十四条の四　企業型年金の企業型年金加入者であった者（当該企業型年金に個人別管理資産がある者に限る。）は、確定給付企業年金の加入者の資格を取得した場合であって、当該確定給付企業年金の規約において、あらかじめ、当該企業型年金の資産管理機関からその個人別管理資産の移換を受けることができる旨が定められているときは、当該企業型年金の資産管理機関にその個人別管理資産の移換を申し出ることができる。
2　企業型年金の資産管理機関は、前項の規定による申出があったときは、当該確定給付企業年金の資産管理運用機関等（確定給付企業年金法第三十条第三項に規定する資産管理運用機関等をいう。以下同じ。）に当該申出をした者の個人別管理資産を移換するものとする。
（退職金共済契約の被共済者となった者等の個人別管理資産の移換）
第五十四条の五　実施事業所の事業主が会社法（平成十七年法律第八十六号）その他の法律の規定による合併、会社分割その他の行為として厚生労働省令で定める行為（以下この条において「合併等」という。）をした場合であって、当該合併等に係る事業主が、当該合併等により企業型年金の企業型年金加入者の資格を喪失した者を中小企業退職金共済法第二条第七項に規定する被共済者として同条第三項に規定する退職金共済契約を締結するときは、当該事業主は、当該企業型年金加入者であった者の同意を得て、当該企業型年金の資産管理機関に独立行政法人勤労者退職金共済機構（次条において「機構」という。）への当該同意を得た企業型年金加入者であった者の個人別管理資産の移換を申し出ることができる。

（政令への委任）

第五十四条の六　第五十四条から前条までに定めるもののほか、企業型年金の資産管理機関への資産及び脱退一時金相当額等並びに確定給付企業年金の資産管理運用機関等及び機構への個人別管理資産の移換に関し必要な事項は、政令で定める。

第三章　個人型年金

第一節　個人型年金の開始

第一款　個人型年金規約

（規約の承認）

第五十五条　連合会は、個人型年金に係る規約を作成し、当該規約について厚生労働大臣の承認を受けなければならない。

2　個人型年金に係る規約においては、次に掲げる事項を定めなければならない。

一　連合会の名称及び所在地

二　第六十条第一項の規定により委託を受けた確定拠出年金運営管理機関（同条第三項の規定により再委託を受けた確定拠出年金運営管理機関を含む。）の名称及び住所並びにその行う業務

三　個人型年金加入者及び個人型年金運用指図者（以下「個人型年金加入者等」という。）による確定拠出年金運営管理機関の指定に関する事項

四　個人型年金加入者が拠出する掛金（以下「個人型年金加入者掛金」という。）の額の決定又は変更の方法その他その拠出に関する事項

四の二　中小事業主（企業型年金及び確定給付企業年金を実施していない厚生年金適用事業所の事業主であって、その使用する第一号厚生年金被保険者の数が百人以下のものをいう。以下この章において同じ。）が第六十八条の二第一項の規定により掛金を拠出することを定める場合にあっては、当該掛金の額の決定又は変更の方法その他その拠出に関する事項

五　運用の方法の提示及び運用の指図に関する事項

五の二　第七十三条において準用する第二十三条の二第一項の規定により指定運用方法を提示することとする場合にあっては、指定運用方法の提示に関する事項

五の三　第七十三条において準用する第二十六条第一項の規定により運用の方法を除外することとする場合にあっては、除外に係る手続に関する事項

六　個人型年金の給付（第八十三条第一項の規定により個人別管理資産が連合会に移換された者（当該移換された日以後に企業型年金加入者の資格を取得した者又は個人型年金加入者若しくは個人型年金運用指図者を除く。第七十三条の二及び第百十三条第一項において「連合会移換者」という。）に係る給付を含む。次条第一項第四号において同じ。）の額及びその支給の方法に関する事項

七　個人型年金の実施に要する事務費の負担に関する事項

八　その他政令で定める事項

（承認の基準等）

第五十六条　厚生労働大臣は、前条第一項の承認の申請があった場合において、当該申請に係る規約が次に掲げる要件に適合すると認めるときは、同項の承認をするものとする。

一　前条第二項各号に掲げる事項が定められていること。

二　提示される運用の方法の数及び種類について、第七十三条において準用する第二十三条第一項及び第二項の規定に反しないこと。

三　個人型年金加入者等による運用の指図は、少なくとも三月に一回、行い得るものであること。

四　個人型年金の給付の額の算定方法が政令で定める基準に合致していること。

五　その他政令で定める要件

2　厚生労働大臣は、前条第一項の承認をしたときは、速やかに、その旨を連合会に通知しなければならない。

3　連合会は、前条第一項の承認を受けたときは、政令で定めるところにより、同項の承認を受けた規約（以下「個人型年金規約」という。）を公告しなければならない。

（規約の変更）

第五十七条　連合会は、個人型年金規約の変更（厚生労働省令で定める軽微な変更を除く。）をしようとするときは、その変更について厚生労働大臣の承認を受けなければならない。

2　前条の規定は、前項の変更の承認の申請があった場合について準用する。

第五十八条　連合会は、個人型年金規約の変更（前条第一項の厚生労働省令で定める変更に限る。）をしたときは、遅滞なく、これを厚生労働大臣に届け出なければならない。

2　第五十六条第三項の規定は、前項の変更について準用する。

（個人型年金規約の見直し）

第五十九条　連合会は、少なくとも五年ごとに、個人型年金加入者数の動向、企業型年金の実施の状況、国民生活の動向等を勘案し、個人型年金規約の内容について再検討を加え、必要があると認めるときは、個人型年金規約を変更しなければならない。

第二款　運営管理業務の委託等

（運営管理業務の委託）

第六十条　連合会は、政令で定めるところにより、運営管理業務を確定拠出年金運営管理機関に委託しなければならない。

2　確定拠出年金運営管理機関は、正当な理由がある場合を除き、前項の規定による委託に係る契約の締結を拒絶してはならない。

3　確定拠出年金運営管理機関は、政令で定めるところにより、第一項の規定により委託を受けた運営管理業務の一部を他の確定拠出年金運営管理機関に再委託することができる。

4　前三項に定めるもののほか、運営管理業務の委託に関し必要な事項は、政令で定める。

（事務の委託）

第六十一条　連合会は、政令で定めるところにより、次に掲げる事務を他の者に委託することができる。

一　次条第一項の申出の受理に関する事務

二　第六十六条第一項（同条第二項において準用する場合を含む。）の届出の受理に関する事務

三　積立金の管理に関する事務

四　積立金の運用に関する契約に係る預金通帳、有価証券その他これに類するものの保管に関する事務

五　その他厚生労働省令で定める事務（個人型年金加入者の資格の確認及び個人型年金加入者掛金の額が第六十九条に規定する拠出限度額の範囲内であることの確認に関する事務を除く。）

2　銀行その他の政令で定める金融機関は、他の法律の規定にかかわらず、前項第一号、第二号及び第五号（厚生労働省令で定める事務に限る。）に掲げる事務を受託することができる。

第二節　個人型年金加入者等

（個人型年金加入者）

第六十二条　次に掲げる者は、厚生労働省令で定めるところにより、連合会に申し出て、個人型年金加入者となることができる。

一　国民年金法（昭和三十四年法律第百四十一号）第七条第一項第一号に規定する第一号被保険者（同法第八十九条第一項（第二号に係る部分に限る。）、第九十条第一項又は第九十条の三第一項の規定により同法の保険料を納付することを要しないものとされている者及び同法第九十条の二第一項から第三項までの規定によりその一部の額につき同法の保険料を納付することを要しないものとされている者（以下これらの者を「保険料免除者」という。）を除く。）

二　六十歳未満の厚生年金保険の被保険者（企業型年金加入者（企業型年金規約において第三条第三項第七号の三に掲げる事項を定めた企業型年金に係るものを除く。）その他政令で定める者（第三項第七号において「企業型年金等対象者」という。）を除く。）

三　国民年金法第七条第一項第三号に規定する第三号被保険者

2　個人型年金加入者は、前項の申出をした日に個人型年金加入者の資格を取得する。

3　個人型年金加入者は、次の各号のいずれかに該当するに至った日（第一号に該当するに至ったときは、その翌日とし、第五号に該当するに至ったときは、当該保険料を納付することを要しないものとされた月の初日とする。）に、個人型年金加入者の資格を喪失する。

一　死亡したとき。
二　六十歳に達したとき。
三　国民年金の被保険者の資格を喪失したとき（前二号に掲げる場合を除く。）。
四　第六十四条第二項の規定により個人型年金運用指図者となったとき。
五　保険料免除者となったとき。
六　農業者年金の被保険者となったとき。
七　企業型年金等対象者となったとき。

4　個人型年金加入者の資格を取得した月にその資格を喪失した者は、その資格を取得した日にさかのぼって、個人型年金加入者でなかったものとみなす。

（個人型年金加入者期間）

第六十三条　個人型年金加入者期間を計算する場合には、月によるものとし、個人型年金加入者の資格を取得した月からその資格を喪失した月の前月までをこれに算入する。

2　個人型年金加入者の資格を喪失した後、さらにその資格を取得した者については、前後の個人型年金加入者期間を合算する。

（個人型年金運用指図者）

第六十四条　第六十二条第三項各号（第一号及び第四号を除く。）のいずれかに該当するに至ったことにより個人型年金加入者の資格を喪失した者（個人型年金に個人別管理資産がある者に限る。）は、個人型年金運用指図者とする。

2　前項の規定によるほか、企業型年金加入者であった者（企業型年金又は個人型年金に個人別管理資産がある者に限る。）又は個人型年金加入者（個人型年金に個人別管理資産がある者に限る。）は、連合会に申し出て、個人型年金運用指図者となることができる。

3　個人型年金運用指図者は、第一項に規定する者については個人型年金加入者の資格を喪失した日に、前項の申出をした者についてはその申出をした日に、それぞれ個人型年金運用指図者の資格を取得する。

4　個人型年金運用指図者は、次の各号のいずれかに該当するに至った日の翌日（第三号に該当するに至ったときは、当該至った日）に、個人型年金運用指図者の資格を喪失する。

一　死亡したとき。
二　個人型年金に個人別管理資産がなくなったとき。
三　個人型年金加入者となったとき。

5　第六十二条第四項の規定は個人型年金運用指図者の資格について、前条の規定は個人型年金運用指図者期間を計算する場合について準用する。

（確定拠出年金運営管理機関の指定）

第六十五条　個人型年金加入者等は、厚生労働省令で定めるところにより、自己に係る運営管理業務を行う確定拠出年金運営管理機関を指定し、又はその指定を変更するものとする。

（届出）

第六十六条　個人型年金加入者は、厚生労働省令で定めるところにより、氏名及び住所その他の事項を連合会に届け出なければならない。

2　前項の規定は、個人型年金運用指図者について準用する。

3　連合会は、第一項（前項において準用する場合を含む。）の届出があったときは、速やかに、その届出があった事項を個人型年金加入者等が指定した記録関連業務を行う確定拠出年金運営管理機関（以下「個人型記録関連運営管理機関」という。）に通知しなければならない。

（個人型年金加入者等原簿等）

第六十七条　連合会は、厚生労働省令で定めるところにより、個人型年金加入者等に関する原簿を備え、これに個人型年金加入者等の氏名及び住所、資格の取得及び喪失の年月日その他厚生労働省令で定める事項を記録し、これを保存しなければならない。

2　個人型記録関連運営管理機関は、厚生労働省令で定めるところにより、個人型年金加入者等に関する帳簿を備え、これに個人型年金加入者等の氏名及び住所、資格の取得及び喪失の年月日、個人別管理資産額その他厚生労働省令で定める事項を記録し、これを保存しなければならない。

3　個人型年金加入者及び個人型年金加入者であった者（死亡一時金を受けることができる者を含む。）は、連合会又は個人型記録関連運営管理機関に対し、第一項の原簿若しくは前項の帳簿の閲覧を請求し、又は当該原簿若しくは帳簿に記録された事項について照会することができる。この場合においては、連合会及び個人型記録関連運営管理機関は、正当な理由がある場合を除き、閲覧の請求又は照会の回答を拒んではならない。

第三節　掛金

（個人型年金加入者掛金）

第六十八条　個人型年金加入者は、政令で定めるところにより、年一回以上、定期的に掛金を拠出する。

2　個人型年金加入者掛金の額は、個人型年金規約で定めるところにより、個人型年金加入者が決定し、又は変更する。

（中小事業主掛金）

第六十八条の二　中小事業主は、その使用する第一号厚生年金被保険者である個人型年金加入者が前条第一項の規定により掛金を拠出する場合（第七十条第二項の規定により当該中小事業主を介して納付を行う場合に限る。）は、当該第一号厚生年金被保険者の過半数で組織する労働組合があるときは当該労働組合、当該第一号厚生年金被保険者の過半数で組織する労働組合がないときは当該第一号厚生年金被保険者の過半数を代表する者の同意を得て、政令で定めるところにより、年一回以上、定期的に、掛金を拠出することができる。

2　中小事業主は、前項の規定による掛金（以下「中小事業主掛金」という。）を拠出する場合には、中小事業主掛金の拠出の対象となる者について、一定の資格を定めることができる。この場合において、中小事業主は、同項の同意を得なければならない。

3　中小事業主が前項の資格を定める場合にあっては、当該資格は、特定の者について不当に差別的なものであってはならない。

4　中小事業主掛金の額は、個人型年金規約で定めるところにより、中小事業主が決定し、又は変更する。

5　中小事業主は、前項の規定により中小事業主掛金の額を決定し、若しくは変更したとき、又は中小事業主掛金を拠出しないこととなったときは、厚生労働省令で定めるところにより、中小事業主掛金の拠出の対象となる者に通知しなければならない。

6　中小事業主が中小事業主掛金を拠出するときは、あらかじめ、厚生労働省令で定めるところにより、その名称、住所その他厚生労働省令で定める事項を厚生労働大臣及び連合会に届け出なければならない。

7　前項の規定による届出をした中小事業主は、その届け出た事項に変更があったとき、中小事業主掛金を拠出しないこととなったときその他厚生労働省令で定めるときは、遅滞なく、厚生労働省令で定めるところにより、その旨を厚生労働大臣及び連合会に届け出なければならない。

（拠出限度額）

第六十九条　一年間の個人型年金加入者掛金の額（中小事業主が中小事業主掛金を拠出する場合にあっては、個人型年金加入者掛金の額と中小事業主掛金の額との合計額。以下この条において同じ。）の総額は、拠出限度額（一年間に拠出することができる個人型年金加入者掛金の額の総額の上限として、個人型年金加入者の種別（第一号加入者（個人型年金加入者であって、第六十二条第一項第一号に掲げるものをいう。）、第二号加入者（個人型年金加入者であって、同項第二号に掲げるものをいう。以下同じ。）又は第三号加入者（個人型年金加入者であって、同項第三号に掲げるものをいう。）の区別をいう。）及び国民年金基金の掛金の額を勘案して政令で定める額をいう。）を超えてはならない。

(個人型年金加入者掛金の納付)

第七十条　個人型年金加入者は、個人型年金規約で定めるところにより、個人型年金加入者掛金を連合会に納付するものとする。

2　第二号加入者は、厚生労働省令で定めるところにより、前項の納付をその使用される厚生年金適用事業所の事業主を介して行うことができる。

3　前項の場合において、厚生年金適用事業所の事業主は、正当な理由なく、これを拒否してはならない。

4　連合会は、第一項及び第二項の納付を受けたときは、厚生労働省令で定めるところにより、各個人型年金加入者に係る個人型年金加入者掛金の額を個人型記録関連運営管理機関に通知しなければならない。

(中小事業主掛金の納付)

第七十条の二　中小事業主は、第六十八条の二第一項の規定により中小事業主掛金を拠出するときは、個人型年金規約で定めるところにより、連合会に納付するものとする。

2　前条第四項の規定は、連合会が前項の規定により中小事業主掛金の納付を受けた場合について準用する。

(個人型年金加入者掛金の源泉控除)

第七十一条　第七十条第二項の規定により個人型年金加入者掛金の納付を行う厚生年金適用事業所の事業主は、第二号加入者に対して通貨をもって給与を支払う場合においては、個人型年金加入者掛金を給与から控除することができる。

2　厚生年金適用事業所の事業主は、前項の規定によって個人型年金加入者掛金を控除したときは、個人型年金加入者掛金の控除に関する計算書を作成し、その控除額を第二号加入者に通知しなければならない。

第四節　個人型年金の終了

第七十二条　個人型年金は、連合会が解散するに至った日に終了する。

2　前項に定めるもののほか、個人型年金の終了に関し必要な事項は、政令で定める。

第五節　企業型年金に係る規定の準用

第七十三条　前章第四節の規定は積立金のうち個人型年金加入者等の個人別管理資産の運用について、同章第五節の規定は個人型年金の給付について、第四十三条第一項から第三項までの規定は連合会について準用する。この場合において、第二十二条中「事業主」とあり、並びに第二十五条第三項及び第四項、第二十九条第二項、第三十三条第三項、第三十四条、第三十七条第三項並びに第四十条中「資産管理機関」とあるのは、「連合会」と読み替えるほか、同章第四節及び第五節並びに第四十三条第一項から第三項までの規定に関し必要な技術的読替えは、政令で定める。

第七十三条の二　連合会移換者については、個人型年金加入者であった者とみなして、前条(個人型年金の給付に係る部分に限る。)の規定を適用する。この場合において、同条中「同章第五節の規定」とあるのは、「同章第五節の規定(第三十三条の規定及び障害給付金に係る規定を除く。)」とする。

第六節　雑則

(連合会の業務の特例)

第七十四条　連合会は、国民年金法の規定による業務のほか、第一条に規定する目的を達成するため、この法律の規定による業務を行う。

(脱退一時金相当額等の移換)

第七十四条の二　連合会は、政令で定めるところにより、脱退一時金相当額等の移換を受けることができる。

2　前項の規定により連合会が脱退一時金相当額等の移換を受けたときは、各個人型年金加入者等が当該確定給付企業年金の実施事業所の事業主に使用された期間その他これに準ずる期間のうち政令で定めるものは、当該個人型年金加入者等に係る第七十三条の規定により準用する第三十三条第一項の通算加入者等期間に算入するものとする。

(脱退一時金相当額等の移換があった場合の運用の指図の特例)

第七十四条の三　第二十五条の二の規定は、前条第一項の規定により移換される脱退一時金相当額等がある場合について準用する。この場合において、第二十五条の二第三項中「納付される事業主掛金等」とあるのは、「第七十四条の二第一項の規定により移換される脱退一時金相当額等」と読み替えるものとする。

（確定給付企業年金の加入者となった者の個人別管理資産の移換）

第七十四条の四　個人型年金に個人別管理資産がある者は、確定給付企業年金の加入者の資格を取得した場合であって、当該確定給付企業年金の規約において、あらかじめ、連合会からその個人別管理資産の移換を受けることができる旨が定められているときは、連合会にその個人別管理資産の移換を申し出ることができる

2　連合会は、前項の規定による申出があったときは、当該確定給付企業年金の資産管理運用機関等に当該申出をした者の個人別管理資産を移換するものとする。

（政令への委任）

第七十四条の五　前三条に定めるもののほか、連合会への脱退一時金相当額等及び確定給付企業年金の資産管理運用機関等への個人別管理資産の移換に関し必要な事項は、政令で定める。

（個人型年金規約策定委員会）

第七十五条　連合会に、個人型年金規約策定委員会（以下「策定委員会」という。）を置く。

2　連合会は、個人型年金に係る規約を作成し、又は個人型年金規約を変更しようとするときは、策定委員会の議決を経なければならない。

3　この法律の規定による連合会の業務に係る次に掲げる事項は、国民年金法第百三十七条の十一第一項の規定にかかわらず、策定委員会の議決を経なければならない。

一　毎事業年度の予算

二　毎事業年度の事業報告及び決算

三　その他個人型年金規約で定める事項

4　前三項に定めるもののほか、策定委員会の組織その他策定委員会に関し必要な事項は、政令で定める。

（区分経理）

第七十六条　連合会は、この法律の規定により行う業務に係る経理については、その他の経理と区分して整理しなければならない。

（国民年金基金の業務の特例）

第七十七条　国民年金基金は、連合会の委託を受けて、第六十一条第一項各号に掲げる事務を行うことができる。

2　国民年金基金は、前項の規定により行う業務に係る経理については、その他の経理と区分して整理しなければならない。

（個人型年金についての事業主の協力等）

第七十八条　厚生年金適用事業所の事業主は、当該厚生年金適用事業所に使用される者が個人型年金加入者である場合には、当該個人型年金加入者に対し、必要な協力をするとともに、法令及び個人型年金規約が遵守されるよう指導等に努めなければならない。

2　前項の場合において、国は、厚生年金適用事業所の事業主に対し、必要な指導及び助言を行うことができる。

（国民年金法の適用）

第七十九条　この法律の規定により連合会の業務が行われる場合には、国民年金法第百三十七条の十一第一項中「掲げる事項」とあるのは「掲げる事項（第二号から第四号までに掲げる事項にあつては、確定拠出年金法（平成十三年法律第八十八号）の規定による連合会の業務に係るものを除く。）」と、同法第百三十七条の十二第二項中「及び国民年金基金制度」とあるのは「並びに国民年金基金制度及び確定拠出年金制度」と、同法第百三十七条の十五第二項第四号中「国民年金基金制度」とあるのは「国民年金基金制度及び確定拠出年金制度」と、同法第百三十七条の二十三中「規定」とあるのは「規定並びに確定拠出年金法の規定」と、同法第百三十八条の表第百五条（第二項（第十二条第二項を準用する部分を除く。）、第四項ただし書及び第五項を除く。）の項中「一時金」とあるのは「一時金（確定拠出年金法の規定により連合会が支給するものを除く。）」と、同法第百四十二条第

一項中「規約」とあるのは「規約、確定拠出年金法第五十六条第三項に規定する個人型年金規約（次項において「個人型年金規約」という。）」と、同条第二項中「規約」とあるのは「規約又は個人型年金規約」と、同条第五項中「第一項の命令」とあるのは「第一項の命令（確定拠出年金法の規定による連合会の事業に係るものを除く。）」と、「事業」とあるのは「事業（確定拠出年金法の規定により連合会が行うものを除く。）」と、同法第百四十五条第五号中「この章」とあるのは「この章又は確定拠出年金法」とするほか、同法の規定の適用に関し必要な事項は、政令で定める。

2　第七十七条第一項の規定により国民年金基金の業務が行われる場合には、国民年金法第百四十五条第五号中「この章」とあるのは、「この章又は確定拠出年金法（平成十三年法律第八十八号）第七十七条第一項」とするほか、同法の規定の適用に関し必要な事項は、政令で定める。

第四章　個人別管理資産の移換

（企業型年金加入者となった者の個人別管理資産の移換）

第八十条　次の各号に掲げる者（当該企業型年金又は個人型年金に個人別管理資産がある者に限る。）が甲企業型年金の企業型年金加入者の資格を取得した場合において、甲企業型年金の企業型記録関連運営管理機関等に対し、その個人別管理資産の移換を申し出たときは、当該各号に定める者は、当該申出をした者の個人別管理資産を甲企業型年金の資産管理機関に移換するものとする。

一　乙企業型年金の企業型年金加入者又は企業型年金加入者　乙企業型年金の資産管理機関

二　個人型年金加入者又は個人型年金運用指図者　連合会

2　前項第一号に掲げる者（企業型年金の障害給付金の受給権を有する者を除く。）が甲企業型年金の企業型年金加入者の資格を取得した場合であって、乙企業型年金の企業型年金加入者の資格を喪失した日が属する月の翌月から起算して六月を経過してもなお乙企業型年金に個人別管理資産があるときは、乙企業型年金の資産管理機関は、当該個人別管理資産を甲企業型年金の資産管理機関に移換するものとする。

3　第八十三条第一項の規定によりその個人別管理資産が連合会に移換された者（個人型年金に個人別管理資産がある者に限り、個人型年金加入者及び個人型年金運用指図者を除く。）が甲企業型年金の企業型年金加入者の資格を取得したときは、連合会は、当該資格を取得した者の個人別管理資産を甲企業型年金の資産管理機関に移換するものとする。

4　甲企業型年金の企業型記録関連運営管理機関等は、前三項の規定により当該企業型記録関連運営管理機関等に係る者の個人別管理資産が甲企業型年金の資産管理機関に移換されたときは、その旨を当該個人別管理資産が移換された者に通知しなければならない。

（企業型年金加入者となった者の個人別管理資産の移換があった場合の運用の指図の特例）

第八十一条　前条第一項から第三項までの規定により移換される個人別管理資産がある場合における第二十五条の二の規定の適用については、同条第三項中「及び同日後」とあるのは「、同日後」と、「をいう」とあるのは「及び同日後に第八十条第一項から第三項までの規定により移換される個人別管理資産について運用の指図が行われていないものをいう」とする。

（個人型年金加入者となった者等の個人別管理資産の移換）

第八十二条　企業型年金の企業型年金加入者であった者（当該企業型年金に個人別管理資産がある者に限る。）が連合会に対し、その個人別管理資産の移換の申出をした場合であって、当該移換の申出と同時に第六十二条第一項若しくは第六十四条第二項の規定による申出をしたとき、又は個人型年金加入者若しくは個人型年金運用指図者であるときは、当該企業型年金の資産管理機関は、当該申出をした者の個人別管理資産を連合会に移換するものとする。

２　連合会は、前項の規定により個人別管理資産が連合会に移換されたときは、その旨を当該個人別管理資産が移換された者に通知しなければならない。

（個人型年金加入者となった者等の個人別管理資産の移換があった場合の運用の指図の特例）

第八十二条の二　第二十五条の二の規定は、前条第一項の規定により移換される個人型年金加入者の個人別管理資産がある場合について準用する。この場合において、第二十五条の二第三項中「納付される事業主掛金等」とあるのは、「第八十二条第一項の規定により移換される個人別管理資産」と読み替えるものとする。

（その他の者の個人別管理資産の移換）

第八十三条　企業型年金の資産管理機関は、次に掲げる者（当該企業型年金に個人別管理資産がある者に限る。）の個人別管理資産を連合会に移換するものとする。

一　当該企業型年金の企業型年金加入者であった者であって、その個人別管理資産が当該企業型年金加入者の資格を喪失した日が属する月の翌月から起算して六月以内に第五十四条の四、第八十条若しくは第八十二条又は中小企業退職金共済法第三十一条の三の規定により移換されなかったもの（当該企業型年金の企業型年金運用指図者及び次号に掲げる者を除く。）

二　当該企業型年金が終了した日において当該企業型年金の企業型年金加入者等であった者であって、その個人別管理資産が当該企業型年金が終了した日が属する月の翌月から起算して六月以内に第五十四条の四、第八十条若しくは第八十二条又は中小企業退職金共済法第三十一条の三の規定により移換されなかったもの

２　当該企業型年金の企業型記録関連運営管理機関等は、前項の規定により当該企業型記録関連運営管理機関等に係る者の個人別管理資産が連合会に移換されたときは、その旨を当該個人別管理資産が移換された者に通知しなければならない。

３　当該企業型年金の企業型記録関連運営管理機関等は、第一項の規定により個人別管理資産が移換された者の所在が明らかでないため前項の通知をすることができないときは、同項の通知に代えて、当該個人別管理資産が連合会に移換された旨を公告しなければならない。

（事業主への資産の返還）

第八十四条　企業型年金の企業型年金加入者の資格を喪失した者について返還資産額があるときは、その者に係る第五十四条の四、第八十条、第八十二条若しくは前条又は中小企業退職金共済法第三十一条の三の規定により当該企業型年金の資産管理機関が移換すべき個人別管理資産は、当該返還資産額を控除した額に相当する資産とする。

２　企業型年金の資産管理機関は、前項に規定する場合においては、返還資産額に相当する金銭を当該返還資産額に係る事業主に返還するものとする。

（政令への委任）

第八十五条　この章に定めるもののほか、個人別管理資産の移換に関し必要な事項は、政令で定める。

第五章　確定拠出年金についての税制上の措置等

（税制上の措置）

第八十六条　確定拠出年金に係る掛金、積立金及び給付については、所得税法（昭和四十年法律第三十三号）、法人税法（昭和四十年法律第三十四号）、相続税法（昭和二十五年法律第七十三号）及び地方税法（昭和二十五年法律第二百二十六号）並びにこれらの法律に基づく命令で定めるところにより、所得税、法人税、相続税並びに道府県民税（都民税を含む。）及び市町村民税（特別区民税を含む。）の課税について必要な措置を講ずる。

（指導及び助言）

第八十七条　国は、事業主及び連合会に対し、確定拠出年金の実施に関し必要な指導及び

助言を行うことができる。

第六章　確定拠出年金運営管理機関
第一節　登録
（登録）
第八十八条　確定拠出年金運営管理業は、主務大臣の登録を受けた法人でなければ、営んではならない。
2　銀行その他の政令で定める金融機関は、他の法律の規定にかかわらず、前項の登録を受けて確定拠出年金運営管理業を営むことができる。
（登録の申請）
第八十九条　前条第一項の登録を受けようとする者は、次に掲げる事項を記載した登録申請書を主務大臣に提出しなければならない。
一　商号、名称及び住所
二　資本金額（出資の総額及び基金の総額を含む。）
三　役員の氏名及び住所
四　営業所の名称及び所在地
五　業務の種類及び方法
六　他に事業を行っているときは、その事業の種類
七　その他主務省令で定める事項
2　前項の登録申請書には、第九十一条第一項各号のいずれにも該当しないことを誓約する書面その他主務省令で定める書類を添付しなければならない。
（登録の実施）
第九十条　主務大臣は、第八十八条第一項の登録の申請があった場合においては、次条第一項の規定により登録を拒否する場合を除くほか、次に掲げる事項を確定拠出年金運営管理機関登録簿に登録しなければならない。
一　前条第一項各号に掲げる事項
二　登録年月日及び登録番号
2　主務大臣は、前項の規定による登録をしたときは、遅滞なく、その旨を登録申請者に通知しなければならない。
3　主務大臣は、確定拠出年金運営管理機関登録簿を一般の閲覧に供しなければならない。
（登録の拒否）
第九十一条　主務大臣は、登録申請者が次の各号のいずれかに該当するとき、又は登録申請書若しくはその添付書類のうちに虚偽の記載があり、若しくは重要な事実の記載が欠けているときは、その登録を拒否しなければならない。
一　法人でない者
二　第百四条第二項の規定により登録を取り消され、その取消しの日から五年を経過しない法人
三　この法律、厚生年金保険法その他政令で定める法律の規定に違反し、罰金の刑に処せられ、その刑の執行を終わり、又は刑の執行を受けることがなくなった日から五年を経過しない法人
四　他に営んでいる事業が公益に反すると認められる法人又は当該事業に係る損失の危険の管理が困難であるために確定拠出年金運営管理業の遂行に支障を生ずると認められる法人
五　その役員のうちに、第百四条第二項の規定による登録の取消しの日前三十日以内に当該取消しに係る確定拠出年金運営管理機関の役員であった者で当該取消しの日から五年を経過しないもの、禁錮以上の刑に処せられ、その刑の執行を終わり、又は刑の執行を受けることがなくなった日から五年を経過しない者その他政令で定める者のある法人
2　主務大臣は、前項の規定により登録を拒否したときは、遅滞なく、その理由を示して、その旨を登録申請者に通知しなければならない。
（変更の届出）
第九十二条　確定拠出年金運営管理機関は、第八十九条第一項各号に掲げる事項に変更があったときは、その日から二週間以内に、その旨を主務大臣に届け出なければならない。
2　主務大臣は、前項の規定による届出を受理したときは、届出があった事項を確定拠出年金運営管理機関登録簿に登録しなければ

ばならない。

（廃業等の届出等）

第九十三条　確定拠出年金運営管理機関が次の各号のいずれかに該当することとなったときは、当該確定拠出年金運営管理機関の登録は、その効力を失う。この場合において、それぞれ当該各号に定める者は、当該各号に該当するに至った日から三十日以内に、その旨を主務大臣に届け出なければならない。

一　合併により消滅したとき　確定拠出年金運営管理機関であった法人を代表する役員

二　破産手続開始の決定により解散したとき　確定拠出年金運営管理機関であった法人の破産管財人

三　合併及び破産手続開始の決定以外の理由により解散したとき　確定拠出年金運営管理機関であった法人の清算人

四　確定拠出年金運営管理業を廃止したとき　確定拠出年金運営管理機関であった法人を代表する役員

第二節　業務

（標識の掲示）

第九十四条　確定拠出年金運営管理機関は、営業所ごとに、公衆の見やすい場所に、主務省令で定める様式の標識を掲示しなければならない。

2　確定拠出年金運営管理機関以外の者は、前項の標識又はこれに類似する標識を掲示してはならない。

（名義貸しの禁止）

第九十五条　確定拠出年金運営管理機関は、自己の名義をもって、他人に確定拠出年金運営管理業を営ませてはならない。

（書類の閲覧）

第九十六条　確定拠出年金運営管理機関は、主務省令で定めるところにより、その業務の状況を記載した書類を営業所ごとに備え置き、加入者等の求めに応じ、これを閲覧させなければならない。

（加入者等の運用の指図に資する措置）

第九十七条　確定拠出年金運営管理機関は、事業主又は連合会の委託を受けて、第二十二条第一項（第七十三条において準用する場合を含む。）の規定による資産の運用に関する基礎的な資料の提供その他の必要な措置を行うことができる。

（業務の引継ぎ）

第九十八条　確定拠出年金運営管理機関は、次の各号のいずれかに該当するときは、政令で定めるところにより、委託又は再委託を受けた運営管理業務の全部又は一部を当該運営管理業務を承継する他の確定拠出年金運営管理機関に引き継がなければならない。

一　第七条第一項若しくは第二項又は第六十条第一項若しくは第三項の規定による運営管理業務の委託に係る契約（以下「運営管理契約」という。）の変更又は解除があったとき。

二　第六十五条の規定による指定の変更があったとき。

三　第九十三条の規定により登録が効力を失ったとき。

四　第百四条第二項の規定により登録が取り消されたとき。

（確定拠出年金運営管理機関の行為準則）

第九十九条　確定拠出年金運営管理機関は、法令、法令に基づいてする主務大臣の処分及び運営管理契約を遵守し、加入者等のため忠実にその業務を遂行しなければならない。

2　確定拠出年金運営管理機関は、企業型年金又は個人型年金の実施に係る業務に関し、加入者等の氏名、住所、生年月日、個人別管理資産額その他の加入者等の個人に関する情報を保管し、又は使用するに当たっては、その業務の遂行に必要な範囲内で当該個人に関する情報を保管し、及び使用しなければならない。ただし、本人の同意がある場合その他正当な事由がある場合は、この限りでない。

第百条　確定拠出年金運営管理機関は、次に掲げる行為をしてはならない。

一　運営管理契約を締結するに際し、その相手方に対して、加入者等の損失の全部又は一部を負担することを約すること。

二　運営管理契約を締結するに際し、その相手方に対して、加入者等又は当該相手方に特別の利益を提供することを約すること。

三　運用関連業務に関し生じた加入者等の損失の全部若しくは一部を補てんし、又は当該業務に関し生じた加入者等の利益に追加するため、当該加入者等又は第三者に対し、財産上の利益を提供し、又は第三者をして提供させること（自己の責めに帰すべき事故による損失の全部又は一部を補てんする場合を除く。）。

四　運営管理契約の締結について勧誘をするに際し、又はその解除を妨げるため、運営管理業務に関する事項であって、運営管理契約の相手方の判断に影響を及ぼすこととなる重要なものとして政令で定めるものにつき、故意に事実を告げず、又は不実のことを告げること。

五　自己又は加入者等以外の第三者の利益を図る目的をもって、特定の運用の方法を加入者等に対し提示すること。

六　加入者等に対して、提示した運用の方法のうち特定のものについて指図を行うこと、又は指図を行わないことを勧めること（当該確定拠出年金運営管理機関が金融商品取引法(昭和二十三年法律第二十五号)第二条第九項に規定する金融商品取引業者その他確定拠出年金運営管理業以外の事業を営む者として行うことを明示して行う場合を除く。）。

七　前各号に掲げるもののほか、加入者等の保護に欠け、若しくは確定拠出年金運営管理業の公正を害し、又は確定拠出年金運営管理業の信用を失墜させるおそれのあるものとして主務省令で定める行為

第三節　監督

（業務に関する帳簿書類）

第百一条　確定拠出年金運営管理機関は、主務省令で定めるところにより、その業務に関する帳簿書類を作成し、これを保存しなければならない。

（報告書の提出）

第百二条　確定拠出年金運営管理機関は、主務省令で定めるところにより、その業務についての報告書を主務大臣に提出しなければならない。

（報告の徴収等）

第百三条　主務大臣は、この法律の施行に必要な限度において、確定拠出年金運営管理機関に対し、その業務の状況に関する報告を徴し、又は当該職員をして確定拠出年金運営管理機関の営業所に立ち入って関係者に質問させ、若しくは実地にその状況を検査させることができる。

2　第五十一条第二項及び第三項の規定は、前項の規定による質問及び検査について準用する。

（確定拠出年金運営管理機関に対する監督）

第百四条　主務大臣は、確定拠出年金運営管理機関の業務の運営に関し、加入者等の利益を害する事実があると認めるときは、加入者等の保護のため必要な限度において、当該確定拠出年金運営管理機関に対し、業務の種類及び方法の変更その他業務の運営の改善に必要な措置を採るべきことを命ずることができる。

2　主務大臣は、確定拠出年金運営管理機関が次の各号のいずれかに該当するときは、六月以内の期間を定めて確定拠出年金運営管理業の全部若しくは一部の停止を命じ、又は第八十八条第一項の登録を取り消すことができる。

一　第九十一条第一項第三号又は第五号のいずれかに該当するに至ったとき。

二　不正の手段により第八十八条第一項の登録を受けたとき。

三　その行う確定拠出年金運営管理業に関して、この法律若しくはこの法律に基づく命令又はこれらに基づく処分に違反したとき。

四　確定拠出年金運営管理業の継続が困難であると認めるとき。

（登録の抹消）

第百五条　主務大臣は、第九十三条の規定により登録がその効力を失ったとき、又は前条第二項の規定により登録を取り消したときは、当該登録を抹消しなければならない。

（監督処分の公告）

第百六条　主務大臣は、第百四条第二項の規

定による処分をしたときは、主務省令で定めるところにより、その旨を公告しなければならない。

（政令への委任）

第百七条　この節に定めるもののほか、確定拠出年金運営管理機関の監督に関し必要な事項は、政令で定める。

第四節　雑則

（企業年金基金及び国民年金基金の業務の特例）

第百八条　企業年金基金及び国民年金基金は、第八十八条第一項の登録を受けて、確定拠出年金運営管理機関となることができる。

2　企業年金基金及び国民年金基金は、前項の規定により行う業務に係る経理については、その他の経理と区分して整理しなければならない。

3　第一項の規定により企業年金基金の業務が行われる場合には、確定給付企業年金法第百二十一条中「この法律」とあるのは、「この法律又は確定拠出年金法第百八条第一項」とするほか、同法の規定の適用に関し必要な事項は、政令で定める。

4　第一項の規定により国民年金基金の業務が行われる場合には、国民年金法第百四十五条第五号中「この章」とあるのは、「この章又は確定拠出年金法（平成十三年法律第八十八号）第百八条第一項」とするほか、同法の規定の適用に関し必要な事項は、政令で定める。

第百九条　削除

第七章　雑則

（期間の計算）

第百十条　この法律又はこの法律に基づく命令に規定する期間の計算については、この法律に別段の規定がある場合を除くほか、民法（明治二十九年法律第八十九号）の期間に関する規定を準用する。

（資料の提供）

第百十一条　厚生労働大臣は、連合会に対して、この法律の規定による業務を行うために必要な加入者等に係る国民年金の被保険者の資格に関する資料その他の厚生労働省令で定める資料を、提供することができるものとする。

（書類等の提出）

第百十二条　確定拠出年金運営管理機関（記録関連業務を行う事業主を含む。）は、必要があると認めるときは、給付の受給権を有する者（以下「受給権者」という。）に対して、障害の状態に関する書類その他の物件の提出を求めることができる。

（届出）

第百十三条　企業型年金運用指図者、個人型年金加入者、個人型年金運用指図者又は連合会移換者（当該企業型年金又は個人型年金に個人別管理資産がある者に限る。）が死亡したときは、戸籍法（昭和二十二年法律第二百二十四号）の規定による死亡の届出義務者は、十日以内に、その旨を連合会（企業型年金運用指図者であって当該企業型年金に個人別管理資産があるものが死亡した場合にあっては、当該企業型年金の企業型記録関連運営管理機関等）に届け出なければならない。

2　第六十六条第三項の規定は、連合会が前項の届出を受理した場合について準用する。

（主務大臣等）

第百十四条　前章における主務大臣は、政令で定めるところにより、厚生労働大臣及び内閣総理大臣とする。

2　この法律における主務省令は、政令で定めるところにより、厚生労働大臣又は内閣総理大臣の発する命令とする。

3　この法律に規定する厚生労働大臣の権限は、厚生労働省令で定めるところにより、地方厚生局長に委任することができる。

4　前項の規定により地方厚生局長に委任された権限は、厚生労働省令で定めるところにより、地方厚生支局長に委任することができる。

5　内閣総理大臣は、前章の規定による権限（政令で定めるものを除く。）を金融庁長官に委任する。

6　前項の規定により金融庁長官に委任され

た権限については、政令で定めるところにより、その一部を財務局長又は財務支局長に委任することができる。

（財務大臣への資料提出等）

第百十五条　財務大臣は、その所掌に係る金融破綻処理制度及び金融危機管理に関し、確定拠出年金運営管理業に係る制度の企画又は立案をするため必要があると認めるときは、内閣総理大臣に対し、必要な資料の提出及び説明を求めることができる。

（実施規定）

第百十六条　この法律に特別の規定があるものを除くほか、前章の実施のための手続その他その執行について必要な細則は主務省令で、その他この法律の実施のための手続その他その執行について必要な細則は厚生労働省令で定める。

（経過措置）

第百十七条　この法律の規定に基づき命令を制定し、又は改廃する場合においては、その命令で、その制定又は改廃に伴い合理的に必要と判断される範囲内において、所要の経過措置（罰則に関する経過措置を含む。）を定めることができる。

第八章　罰則

第百十八条　次の各号のいずれかに該当する者は、三年以下の懲役若しくは三百万円以下の罰金に処し、又はこれを併科する。

一　第八十八条第一項の登録を受けないで確定拠出年金運営管理業を営んだ者

二　不正の手段により第八十八条第一項の登録を受けた者

三　第九十五条の規定に違反して、他人に確定拠出年金運営管理業を営ませた者

四　第百条第一号から第三号までの規定に違反して、これらの規定に掲げる行為をした者

第百十九条　次の各号のいずれかに該当する者は、一年以下の懲役若しくは百万円以下の罰金に処し、又はこれを併科する。

一　第百条第四号の規定に違反して、故意に事実を告げず、又は不実のことを告げた者

二　第百四条第二項の規定による業務の停止の命令に違反して、確定拠出年金運営管理業を営んだ者

第百二十条　次の各号のいずれかに該当する者は、六月以下の懲役又は五十万円以下の罰金に処する。

一　第五十一条第一項の規定による報告をせず、若しくは虚偽の報告をし、又は同項の規定による当該職員の質問に対して答弁をせず、若しくは虚偽の陳述をし、若しくは同項の規定による検査を拒み、妨げ、若しくは忌避した者

二　第八十九条第一項の登録申請書又は同条第二項の書類に虚偽の記載をして提出した者

三　第百一条の規定による帳簿書類の作成若しくは保存をせず、又は虚偽の帳簿書類を作成した者

四　第百二条の規定による報告書を提出せず、又は虚偽の記載をした報告書を提出した者

五　第百三条第一項の規定による報告をせず、若しくは虚偽の報告をし、又は同項の規定による当該職員の質問に対して答弁をせず、若しくは虚偽の陳述をし、若しくは同項の規定による検査を拒み、妨げ、若しくは忌避した者

第百二十一条　次の各号のいずれかに該当する者は、五十万円以下の罰金に処する。

一　第九十二条第一項の規定による届出をせず、又は虚偽の届出をした者

二　第九十四条第一項の規定に違反した者

三　第九十四条第二項の規定に違反して、同条第一項の規定による標識又はこれに類似する標識を掲示した者

四　第九十六条の規定に違反して、書類を備え置かず、若しくは加入者等の求めに応じて閲覧させず、又は虚偽の記載のある書類を備え置き、若しくは加入者等に閲覧させた者

五　第百四条第一項の規定による命令に違反した者

第百二十二条　法人の代表者又は法人若しくは人の代理人、使用人その他の従業者が、その法人又は人の業務に関して、第百十八

条から前条までの違反行為をしたときは、行為者を罰するほか、その法人又は人に対しても、各本条の罰金刑を科する。

第百二十三条　次の各号のいずれかに該当する者は、二十万円以下の過料に処する。

一　第六条第一項の規定に違反して、届出をせず、又は虚偽の届出をした者

二　第二十六条第三項（第七十三条において準用する場合を含む。）の規定に違反して、通知をしない者

三　第二十六条第四項（第七十三条において準用する場合を含む。）の規定に違反して、公告を怠り、又は虚偽の公告をした者

四　第四十九条の規定による帳簿書類の作成若しくは保存をせず、又は虚偽の帳簿書類を作成した者

五　第五十条の規定に違反して、報告をせず、又は虚偽の報告をした者

六　第五十二条第一項の規定による命令に違反した者

七　第五十八条第一項の規定に違反して、届出をせず、又は虚偽の届出をした者

八　第八十条第三項、第八十一条第三項、第八十条第四項、第八十二条第二項又は第八十三条第二項の規定に違反して、通知をしない者

九　第八十三条第三項の規定に違反して、公告を怠り、又は虚偽の公告をした者

第百二十四条　次の各号のいずれかに該当する者は、十万円以下の過料に処する。

一　第十六条第一項の規定に違反して、通知をしない者

二　第十六条第二項の規定に違反して、申出をせず、又は虚偽の申出をした者

三　第四十七条、第六十六条第一項、第九十三条又は第百十三条第一項の規定に違反して、届出をせず、又は虚偽の届出をした者

附　則　抄

（施行期日）

第一条　この法律は、平成十三年十月一日から施行する。ただし、附則第十五条中地方税法第三十四条第一項第四号及び第三百十四条の二第一項第四号の改正規定並びに附則第十六条の規定は、平成十四年四月一日から施行する。

（経過措置）

第二条　この法律の施行の日（以下「施行日」という。）から国民年金法等の一部を改正する法律（平成十二年法律第十八号）附則第一条第三号に定める日前までの間における第六十二条第一項及び第三項の規定の適用については、同条第一項第一号中「第九十条の三第一項」とあるのは「第九十条の二第一項」と、「されている者及び第九十条の二第一項の規定によりその半額につき同法の保険料を納付することを要しないものとされている者」とあるのは「されている者」と、同条第三項第六号中「若しくは第九十条の三第一項」とあるのは「又は第九十条の二第一項」と、「されたとき、又は第九十条の二第一項の規定によりその半額につき同法の保険料を納付することを要しないものとされたとき」とあるのは「されたとき」とする。

２　施行日から平成十四年三月三十一日までの間における第七十九条第一項の規定の適用については、同項中「第百五条（第二項（第十二条第二項を準用する部分を除く。）及び第五項を除く。）」とあるのは、「第百五条」とする。

（脱退一時金）

第二条の二　当分の間、次の各号のいずれにも該当する企業型年金加入者であった者は、当該企業型年金の企業型記録関連運営管理機関等に、脱退一時金の支給を請求することができる。

一　企業型年金加入者、企業型年金運用指図者、個人型年金加入者又は個人型年金運用指図者でないこと。

二　当該請求した日における個人別管理資産の額として政令で定めるところにより計算した額が政令で定める額以下であること。

三　最後に当該企業型年金加入者の資格を喪失した日が属する月の翌月から起算して六月を経過していないこと。

２　前項の請求があったときは、当該企業型年金の資産管理機関は、当該企業型記録関

連運営管理機関等の裁定に基づき、その請求をした者に脱退一時金を支給する。

3　脱退一時金の額は、第一項の請求をした者の個人別管理資産額として政令で定める額とする。

4　脱退一時金の支給を受けたときは、その支給を受けた者の支給を受けた月の前月までの企業型年金加入者期間及び企業型年金運用指図者期間並びに個人型年金加入者期間及び個人型年金運用指図者期間は、第三十三条第二項の規定にかかわらず、同条第一項の通算加入者等期間に算入しない。

5　企業型年金加入者であった者が第一項の請求をした場合における第八十三条第一項第一号の規定の適用については、同号中「六月以内」とあるのは、「六月以内（当該企業型年金加入者であった者が附則第二条の二第一項の請求をした日の属する月の初日から同条第二項の裁定を受けた日の属する月の末日までの期間を除く。）」とする。

第三条　当分の間、次の各号のいずれにも該当する者は、個人型年金運用指図者にあっては個人型記録関連運営管理機関に、個人型年金運用指図者以外の者にあっては連合会に、それぞれ脱退一時金の支給を請求することができる。

一　保険料免除者であること。

二　障害給付金の受給権者でないこと。

三　その者の通算拠出期間（企業型年金加入者期間（第五十四条第二項及び第五十四条の二第二項の規定により第三十三条第一項の通算加入者等期間に算入された期間がある者にあっては、当該期間を含む。）及び個人型年金加入者期間（個人型年金加入者が納付した掛金に係る個人型年金加入者期間に限るものとし、第七十四条の二第二項の規定により算入された第七十三条の規定により準用する第三十三条第一項の通算加入者等期間がある者にあっては、当該期間を含む。）を合算した期間をいう。）が一月以上三年以下であること又は請求した日における個人別管理資産の額として政令で定めるところにより計算した額が政令で定める額以下であること。

四　最後に企業型年金加入者又は個人型年金加入者の資格を喪失した日から起算して二年を経過していないこと。

五　前条第一項の規定による脱退一時金の支給を受けていないこと。

2　前項の請求があったときは、連合会は、個人型年金運用指図者にあっては個人型記録関連運営管理機関の裁定に基づき、個人型年金運用指図者以外の者にあっては自己の裁定に基づき、その請求をした者に脱退一時金を支給する。

3　企業型年金加入者であった者（個人型年金運用指図者を除く。）は、第一項の請求は、第六十四条第二項の申出と同時に行うものとする。

4　脱退一時金の額は、第一項の請求をした者の個人別管理資産額として政令で定める額とする。

5　脱退一時金の支給を受けたときは、その支給を受けた者の支給を受けた月の前月までの企業型年金加入者期間及び企業型年金運用指図者期間並びに個人型年金加入者期間及び個人型年金運用指図者期間は、第三十三条第二項の規定にかかわらず、同条第一項の通算加入者等期間に算入しない。

（検討）

第四条　政府は、この法律の施行後五年を経過した場合において、この法律の施行の状況を勘案し、必要があると認めるときは、この法律の規定について検討を加え、その結果に基づいて必要な措置を講ずるものとする。

（通達）
確定拠出年金並びにこれに基づく政令及び省令について（法令解釈）

平成13年8月21日年発第213号
最終改正　平成30年1月11日

第1　企業型年金規約の承認基準に関する事項

1　企業型年金加入者とすることについての「一定の資格」の内容

（1）法第3条第3項第6号中の「一定の資格」として定めることができる資格とは、次の①から④に掲げる資格であり、これら以外のものを「一定の資格」として定めることは、基本的には特定の者に不当に差別的な取扱いとなるものであること。

①「一定の職種」

「一定の職種」に属する従業員（企業型年金を実施する厚生年金適用事業所に使用される第一号等厚生年金被保険者（法第3条第1項若しくは法第3条第3項第6号に規定する第一号等厚生年金被保険者をいう。以下同じ）をいう。以下同じ。）のみ企業型年金加入者とすること。

（注）「職種」とは、研究職、営業職、事務職などをいい、労働協約若しくは就業規則又はこれらに準ずるものにおいて、これらの職に属する従業員に係る給与や退職金等の労働条件が他の職に属する従業員の労働条件とは別に規定されているものであること。

②「一定の勤続期間」

実施事業所に使用される期間（いわゆる勤続期間）のうち、「一定の勤続期間以上（又は未満）」の従業員のみ企業型年金加入者とすること。なお、見習期間中又は試用期間中の従業員については企業型年金加入者としないことができるものであること。

③「一定の年齢」

実施事業所において企業型年金を実施するときに、「一定の年齢未満」の従業員のみ企業型年金加入者とすること（合理的な理由がある場合に限る。）。

（注）一定の年齢で区分して加入資格に差を設けることは、基本的には合理的な理由がないと考えられることから認められないが、企業型年金の開始時に50歳以上の従業員は、自己責任で運用する期間が短く、また、60歳以降で定年退職してもそのときに給付を受けられないという不都合が生じるおそれがあることから、50歳以上の一定の年齢によって加入資格を区分し、当該一定の年齢以上の従業員を企業型年金加入者とせずに、当該一定の年齢未満の従業員のみ企業型年金加入者とすることはできるものであること。

④「希望する者」

従業員のうち、「加入者となることを希望した者」のみ企業型年金加入者とすること。

（2）企業型年金加入者とすることについて「一定の資格」を定める場合には、基本的には、

ア　上記（1）の①及び②に掲げる場合においては、企業型年金加入者とならない従業員については、厚生年金基金（加算部分）、確定給付企業年金又は退職金制度（退職金前払い制度を含む。）が適用されていること

イ　上記（1）の③及び④に掲げる場合においては、企業型年金加入者とならない従業員については、確定給付企業年金（④に掲げる場合に限る。）又は退職手当制度（退職金前払い制度を含む。）が適用されていること

とするとともに、当該制度において企業型年金への事業主掛金の拠出に代わる相当な措置が講じられ、企業型年金加入者とならない従業員について不当に差別的な取扱いを行うこととならないようにすること。

2　事業主掛金に関する事項

（1）「定額」の内容

事業主掛金について、「定額」により算定する場合には、基本的には、当該企業型年金加入者の全員が同額の事業主掛金額となるようにしなければならないこと。

（2）「給与」の具体的な内容

法第4条第1項第3号中の「給与」とは、以下の基準に該当するものとすること。

① 「給与」は、給与規程若しくは退職金規程又はこれらに準じるものに定められたものを使用することを原則とするが、年金制度のために特別に定められた給与であっても、事業主による恣意性が介入するおそれがないと認められるもの（厚生年金基金及び確定給付企業年金において認められているポイント制により算出した給与を含む。）については、給与規程若しくは退職金規程又はこれらに準じるものに定めることにより、法第4条第1項第3号の給与とすることができること。

② 役職手当、特殊勤務手当、技能手当等毎月一定額が支給され本来基準内賃金と見なされる給与については、法第4条第1項第3号の給与とすることができること。

③ 厚生年金保険の標準報酬月額を法第4条第1項第3号の給与とすることができること。その際、標準報酬月額に標準賞与額に相当するものを加えることも可能とすること。

④ 就業規則又は労働協約に日給者及び月給者の区分が明定されている場合において、日給の月給換算は就業規則又は労働協約の定めによるものとし、その定めがない場合は、20～30倍の範囲で換算するものとすること。

（3）「その他これに類する方法」の内容
法第4条第1項第3号中の「その他これに類する方法」とは、定額と給与に一定の率を乗ずる方法により算定した額の合計額により算定する方法をいうものであること。

（4）企業型掛金拠出単位期間（令第10条の2に規定する企業型掛金拠出単位期間をいう。以下同じ。）を同条ただし書の規定により区分した期間（以下（6）までにおいて「拠出区分期間」という。）を定める場合は、拠出区分期間は月単位で区分けするものとすること。

（5）拠出区分期間は、企業型掛金拠出単位期間につき1回のみ変更することができるものであること。1回の拠出区分期間の変更において、あらかじめ翌企業型掛金拠出単位期間に係る拠出区分期間の変更を含めて指定を行うことは複数回の変更になるため認められないこと。

（6）企業型掛金拠出単位期間の途中で、既に事業主掛金を拠出した拠出区分期間（この（6）において「既拠出期間」という。）を含めて拠出区分期間を変更する場合にあっては、当該企業型掛金拠出単位期間においては、既拠出期間は拠出区分期間の指定から除外されたものとみなすこと。

（7）企業型年金加入者がその加入者資格を喪失することに伴い事業主掛金を拠出する場合における事業主掛金の額の算定方法は、その拠出に係る期間の月数に応じ、企業型掛金拠出単位期間における事業主掛金の見込み額の総額を勘案して令第6条第2号に掲げる要件に従い不当に差別的なものでないよう定めなければならないこと。

3　企業型年金加入者掛金に関する事項

（1）企業型年金加入者が企業型年金加入者掛金を拠出できることを企業型年金規約に定める場合は、当該掛金の拠出は、企業型年金加入者自らの意思により決定できるものでなければならないこと。

（2）企業型年金加入者が企業型年金加入者掛金を拠出できることを企業型年金規約に定める場合は、企業型年金加入者は、個人型年金に同時加入できないこと。

（3）企業型年金加入者掛金の額は、複数の具体的な額から選択できるようにしなければならないこと。ただし、実施する企業型年金が簡易企業型年金である場合は、企業型年金加入者掛金の額を単一のものとすることも可能であること。

（4）企業型年金加入者掛金の額を複数設定する場合は、加入者が拠出できる最大の範囲で企業型年金加入者掛金の額が設定できるよう努めなければならないこと。

（5）企業型年金加入者掛金の拠出の方法について、企業型掛金拠出単位期間を令第10条の4ただし書の規定により区分した期間（以下（8）までにおいて「拠出区分期間」という。）を定める場合は、拠出区分期間は月単位で区分けするものとし、一以上の拠出区分期間を選択できるようにすること。なお、平成30 年1月より前から企業型年金加入者掛金を拠出することができる企業型年金にあっては、当該選択として毎月の拠出区分期間を含めるなど、従来の毎月拠出による拠出方法を踏まえ、労使による協議を十分に行った上で定めること。

（6）企業型年金加入者掛金の額の変更に関する取扱いは、以下のとおりであること。

① 企業型年金加入者掛金の額及び拠出区分期間は、企業型掛金拠出単位期間につきそれぞれ1回のみ変更することができるものであること。

② 令第6条第4号ハ中の「変更」は、実施事業所ごとに管理されるものであり、企業型年金加入者の移動前の実施事業所での企業型年金加入者掛金の額の変更は、移動後の実施事業所での企業型年金加入者掛金の額の変更には含まれないこと。拠出区分期間の変更も同様であること。

③ 1回の企業型年金加入者掛金の額又は拠出区分期間の変更において、あらかじめ翌企業型掛金拠出単位期間に係る企業型年金加入者掛金の額又は拠出区分期間の変更を含めて指定を行うことは複数回の変更になるため認められないこと。

④ 企業型掛金拠出単位期間の途中で、既に企業型年金加入者掛金を拠出した拠出区分期間（この④において「既拠出期間」という。）を含めて拠出区分期間を変更する場合にあっては、当該企業型掛金拠出単位期間においては、既拠出期間は拠出区分期間の指定から除外されたものとみなす。

⑤ 令第6条第4号ハ又は確定拠出年金法施行規則（以下「施行規則」という。）第4条の2第1号から第3号に掲げる場合は、あらかじめ、企業型年金規約に定めるときは、加入者から事業主に対する変更の指図は不要であること。ただし、企業型年金加入者掛金の額を指図なしに変更を行った場合は、当該加入者に対し速やかにこれを報告するものであること。

⑥ 施行規則第4条の2第5号に掲げる場合は、企業型年金加入者がその加入者資格を喪失することに伴い企業型年金加入者掛金を拠出する場合における企業型年金加入者掛金の額について、資格を喪失しなかった場合の当該期間を含む拠出に係る期間の拠出予定額から、当該額を資格を喪失した場合の拠出に係る期間の月数で按分した額に変更する場合であること。

（7）「不当に差別的なものでないこと」の内容

令第6条第2号中の「不当に差別的なものでないこと」とは、例えば、次に掲げる場合について該当しないものであること。

①　一定の資格（職種・勤続期間・年齢）を設けて、企業型年金加入者掛金の額の決定又は変更方法等に差を付けること。

②　事業主返還において、企業型年金加入者掛金の拠出があるにも関わらず企業型年金加入者であった者への返還額が零であること。

（8）「不当に制約されるものでないこと」の内容

令第6条第2号中の「不当に制約されるものでないこと」とは、企業型年金加入者の意思を正確に反映されないものであり、例えば、次に掲げる場合について該当しないものであること。

①　企業型年金加入者掛金の額又は拠出区分期間の指定がなかった者は、特定の企業型年金加入者掛金の額又は拠出区分期間を選択したものとすること。

②　企業型年金加入者掛金の額が毎年自動的に増加又は減少することを設けること。

4　事務費の負担に関する事項

企業型年金規約においては、事務費の負担に関する事項として、次に掲げる事項を記載するものとすること。

（1）確定拠出年金運営管理機関に運営管理業務を委託した場合における当該確定拠出年金運営管理機関に係る事務費の額又はその算定方法、その負担の方法（事業主の負担割合と企業型年金加入者等の負担割合に関することを含む。）

（2）資産管理機関に係る事務費の額又はその算定方法、その負担の方法（事業主の負担割合と企業型年金加入者等の負担割合に関することを含む。)

(3) 法第22条に係る措置に要する費用の額又はその算定方法、その負担の方法

(4) 法第25条第4項に係る措置に関し、それに要する費用が必要な場合における当該費用の負担の方法（事業主の負担割合と企業型年金加入者等の負担割合に関することを含む。)

5 厚生年金基金、確定給付企業年金等からの資産の移換に関する事項

厚生年金基金、確定給付企業年金、中小企業退職金共済法（昭和34年法律第160号）の規定による退職金共済（以下、「退職金共済」という。）又は退職手当制度から企業型年金に資産を移換する場合においては、企業型年金規約に、次に掲げる事項を記載するものとすること。

(1) 企業型年金に資産を移換する厚生年金基金、確定給付企業年金、退職金共済又は退職手当制度の種別

(2) 資産の移換の対象となる企業型年金加入者の範囲

(3) 個人別管理資産に充てる移換額

(4) 通算加入者等期間に算入すべき期間の範囲

(5) 企業型年金への資産の受入れ期日

(6) 退職手当制度から資産の移換を受ける場合にあっては、当該資産の移換を受ける最後の年度

6 厚生年金基金等からの脱退一時金相当額等の移換に関する事項

厚生年金基金及び確定給付企業年金の脱退一時金相当額並びに企業年金連合会の年金給付等積立金若しくは積立金（以下「脱退一時金相当額等」という。）を移換する場合においては、企業型年金規約に、個人別管理資産に充てる移換額、加入者等が通算加入者等期間に算入すべき算定基礎期間の範囲を記載するものとすること。

7 企業型年金から確定給付企業年金等への個人別管理資産の移換に関する事項

企業型年金から確定給付企業年金又は退職金共済に個人別管理資産を移換する場合においては、企業型年金規約に、次に掲げる事項を記載するものとすること。

(1) 個人別管理資産を移換する制度の種別

(2) 個人別管理資産の移換に伴い通算加入者等期間から控除される期間の範囲

(3) 企業型年金から退職金共済へ個人別管理資産を移換する場合にあっては、法第54条の5に規定する合併等として施行規則第31条の5に規定する行為を行った期日及び当該合併等により個人別管理資産を移換する旨（個人別管理資産の移換期日を含む。)

8 実施事業所が二以上の場合の簡易企業型年金の要件

事業主が同一である二以上の厚生年金適用事業所において使用する企業型年金加入者の資格を有する者の総数が百人を超える場合は、法第3条第5項第2号の要件に該当しないものであること。

9 企業型年金規約の備置き及び閲覧に関する事項

法第4条第4項の規定に基づき、事業主は、企業型年金規約を実施事業所ごとに備え置き、その使用する第一号等厚生年金被保険者の求めに応じ、これを閲覧させていること。

なお、

・施行規則第4条の3に規定する電磁的方法による規約の備置きとは、社内イントラネット等において規約を掲示するような方法をいうこと。

・同一の規約で複数事業主が加入する企業型年金の場合は、他の事業主に関する内容を開示すると、加入者が混乱することも考えられることから、事業主が企業型年金規約を開示する際には当該事業主の事業所に関わる部分のみ開示して差し支えないこと。

10 規約の変更内容がすべての実施事業所に係るものでない場合の当該変更に係る事項

法第5条第3項ただし書の規定に基づき、当該変更に係る実施事業所以外の実施事業所について同意があったものとみなすことができる場合については、規約において、あらかじめ、当該変更に係る事項を定めているときに限るものとし、当該変更に係る事項として

は、実施事業所の名称、加入資格、掛金又は運営管理手数料等の定めがあること。

11　企業型年金規約の申請に当たって添付する書類に係る留意点

厚生年金適用事業所の第一号等厚生年金被保険者の過半数を代表する者として正当に選出された者であることの証明書（施行規則様式第６号）に掲げる「５．選出方法」については、投票、挙手、労働者の話し合い、持ち回り決議等の別、選出が行われた日時（期間）、選出の経過（結果）を記載するものであること。

第２　中小事業主掛金に関する事項

１　中小事業主の要件

法第55 条第2項第4号の2に規定する中小事業主の要件については、下記のいずれも満たすものであること。

（１）企業型年金、確定給付企業年金及び厚生年金基金を実施していない厚生年金適用事業所の事業主であること。

（２）同一事業主が二以上の厚生年金適用事業所において実施する場合は、使用する第一号厚生年金被保険者の総数が百人以下であること。

２　中小事業主掛金の拠出の対象となる者についての「一定の資格」の内容

法第68 条の2第2項中の「一定の資格」として定めることができる資格とは、次の①又は②に掲げる資格であり、これら以外のものを「一定の資格」として定めることは、基本的には特定の者に不当に差別的な取扱いとなるものであること。

①「一定の職種」

「一定の職種」に属する加入者（厚生年金適用事業所に使用される法第2条第6項に規定する第一号厚生年金被保険者であって、個人型年金加入者であるものをいう。）のみ中小事業主掛金の拠出の対象となる者とすること。

（注）「職種」とは、研究職、営業職、事務職などをいい、労働協約若しくは就業規則又はこれらに準ずるものにおいて、これらの職に属する従業員に係る給与や退職金等の労働条件が他の職に属する従業員の労働条件とは別に規定されているものであること。

②「一定の勤続期間」

当該厚生年金適用事業所に使用される期間（いわゆる勤続期間）のうち、「一定の勤続期間以上（又は未満）」の従業員のみ中小事業主掛金の拠出の対象となる者とすること。なお、見習期間中又は試用期間中の従業員については中小事業主掛金の拠出の対象となる者としないことができるものであること。

３　「不当に差別的なものでないこと」の内容

令第29 条第4号イ中の「不当に差別的なものでないこと」については、2①及び②の一定の資格ごとに同額の中小事業主掛金額となるようにすることはできること。

４　中小事業主掛金の拠出に当たって届け出る書類に係る留意点

厚生年金適用事業所の第一号厚生年金被保険者の過半数を代表する者として正当に選出された者であることの証明書（施行規則様式第16 号）に掲げる「５．選出方法」については、投票、挙手、労働者の話し合い、持ち回り決議等の別、選出が行われた日時（期間）、選出の経過（結果）を記載するものであること。

第３　資産の運用に関する情報提供（いわゆる投資教育）に関する事項

１　基本的な考え方

（１）確定拠出年金は、我が国の年金制度において、個々の加入者等が自己責任により運用し、その運用結果によって給付額が決定される初めての制度である。確定拠出年金が適切に運営され、老後の所得確保を図るための年金制度として国民に受け入れられ、定着していくためには、何よりも増して加入者等が適切な資産運用を行うことができるだけの情報・知識を有していることが重要である。したがって、法第22条の規定等に基づき、投資教育を行うこととなる確定拠出年金を実施する事業主、国民年金基金連合会、それらから委託を受けて当該投資教育を行う確定拠出年金運営管理機関及び企業年金連合会等（この第3の事項において「事業主等」という。）は、極めて重い責務を負っている。このため、事業主等においては、制度への加入時はもちろん、加入後においても、継続的に個々の加入者等の知識水準やニーズ等も踏まえつつ、加入者等が十分理解できるよう、必要かつ適切な投資教育を行わなければならないものであること。

（2）投資教育を行う事業主等は、常時上記（1）に記した責務を十分認識した上で、加入者等の利益が図られるよう、当該業務を行う必要があること。

2　加入時及び加入後の投資教育の計画的な実施について

（1）加入時には、実際に運用の指図を経験していないことから、確定拠出年金制度における運用の指図の意味を理解すること、具体的な資産の配分が自らできること及び運用による収益状況の把握ができることを主たる目的として、そのために必要な基礎的な事項を中心に教育を行うことが効果的である。事業主等は過大な内容や時間を設定し、形式的な伝達に陥ることのないよう、加入者等の知識水準や学習意欲等を勘案し、内容、時間、提供方法等について十分配慮し、効果的な実施に努めること。

（2）加入後の継続的な投資教育は、加入時に基本的な事項が習得できていない者に対する再教育の機会として、また、制度に対する関心が薄い者に対する関心の喚起のためにも極めて重要である。このため、事業主等は、加入後も定期的かつ継続的に投資教育の場を提供し、加入者等の制度理解の向上や、自身のライフプランの中で適切な運用となっているかを確認するよう促していく必要がある。

加入者が実際に運用の指図を経験していることから、加入前の段階では理解が難しい金融商品の特徴や運用等についても運用の実績データ等を活用し、より実践的、効果的な知識の習得が期待される。

（3）加入時及び加入後の投資教育については、それぞれ、上記のような目的、重要性を有するものであり、その性格の相違に留意し、実施に当たっての目的を明確にし、加入後の教育を含めた計画的な実施に努めること。

3　法第22条の規定に基づき加入者等に提供すべき具体的な投資教育の内容

（1）投資教育を行う事業主等は、2で述べたように、加入時及び加入後の投資教育の目的、性格等に応じて、（3）に掲げる事項について、加入時、加入後を通じた全般の計画の中で、加入者等が的確かつ効果的に習得できるよう、その内容の配分に配慮する必要がある。

また、事後に、アンケート調査、運用の指図の変更回数等により、目的に応じた効果の達成状況を把握することが望ましい。

（2）特に、加入後の継続的な投資教育においても加入時とあわせて定期的に積極的に行うよう努めることとし、次のような事項について留意すること。

①　運用の指図を行う対象となる商品（以下「運用の方法」という。）に対する資産の配分、運用の指図の変更回数等の運用の実態、コールセンター等に寄せられた質問等の分析やアンケート調査により、対象となる加入者等のニーズを十分把握し、対象者のニーズに応じた内容となるよう、配慮する必要がある。

なお、確定拠出年金運営管理機関は制度の運用の実態等を定期的に把握・分析し、事業主に情報提供するとともに、必要な場合には投資教育に関する助言をするよう努めること。

②　基本的な事項が習得できていない者に対しては、制度に対する関心を喚起するよう十分配慮しながら、基本的な事項の再教育を実施すること。また、加入者等の知識及び経験等の差が拡大していることから、より高い知識及び経験を有する者にも対応できるメニューに配慮することが望ましい。

③　具体的な資産配分の事例、金融商品ごとの運用実績等の具体的なデータを活用する

こと等により、運用の実際が実践的に習得できるよう配慮することが効果的である。

（３）具体的な内容

①　確定拠出年金制度等の具体的な内容

ア　わが国の年金制度の概要、改正等の動向及び年金制度における確定拠出年金の位置づけ

イ　確定拠出年金制度の概要（次の（ア）から（ケ）までに掲げる事項）

（ア）制度に加入できる者とその拠出限度額（企業型年金加入者掛金を導入している事業所には、企業型年金加入者掛金の拠出限度額とその効果を含む。）

（イ）運用の方法の範囲、加入者等への運用の方法の提示の方法及び運用の方法の預替え機会の内容

（ウ）運用の指図は加入者自身が自己の責任において行うこと

（エ）指定運用方法を選定及び提示している場合は、指定運用方法の概要。また、指定運用方法により運用されたとしても、加入者自身の資産形成状況やライフプラン等に適した運用の方法が選択されているかどうかを確認し、自身に適さない運用の方法であれば他の運用の方法を選択すべきであること

（オ）給付の種類、受給要件、給付の開始時期及び給付（年金又は一時金別）の受取方法

（カ）加入者等が転職又は離職した場合における資産の移換の方法

（キ）拠出、運用及び給付の各段階における税制措置の内容

（ク）事業主、国民年金基金連合会、運営管理機関及び資産管理機関の役割

（ケ）事業主、国民年金基金連合会、確定拠出年金運営管理機関及び資産管理機関の行為準則（責務及び禁止行為）の内容

②　金融商品の仕組みと特徴

預貯金、信託商品、投資信託、債券、株式、保険商品等それぞれの金融商品についての次の事項

ア　その性格又は特徴

イ　その種類

ウ　期待できるリターン

エ　考えられるリスク

オ　投資信託、債券、株式等の有価証券や変額保険等については、価格に影響を与える要因等

③　資産の運用の基礎知識

ア　資産の運用を行うに当たっての留意点（すなわち金融商品の仕組みや特徴を十分認識した上で運用する必要があること）

イ　リスクの種類と内容（金利リスク、為替リスク、信用リスク、価格変動リスク、インフレリスク（将来の実質的な購買力を確保できない可能性）等）

ウ　リスクとリターンの関係

エ　長期運用の考え方とその効果

オ　分散投資の考え方とその効果

カ　年齢、資産等の加入者等の属性によりふさわしい運用の方法のあり方は異なり得るため一律に決まるものではないが、長期的な年金運用の観点からは分散投資効果が見込まれるような運用の方法が有用である場合が少なくないこと

④　確定拠出年金制度を含めた老後の生活設計

ア　老後の定期収入は現役時代と比較し減少するため、資産形成は現役時代から取り組むことの必要性

イ　平均余命などを例示することで老後の期間が長期に及ぶものであること及び老後に必要な費用についても長期にわたり確保する必要があること。

ウ　老後に必要となる一般的な生活費の総額を例示しつつ、公的年金や退職金等を含めてもなお不足する費用（自身が確保しなければならない費用）の考え方

エ　現役時代の生活設計を勘案しつつ、確定拠出年金や退職金等を含めた老後の資産形成の計画や運用目標の考え方

オ　加入者等が運用商品を容易に選択できるよう運用リスク度合いに応じた資産配分例の提示

カ　離転職の際には、法第83条の規定による個人別管理資産の連合会への移換によることなく、法第80条から第82条までの規定により個人別管理資産を移換し、運用を継

続していくことが重要であること。

（4）加入者等に、運用プランモデル（老後までの期間や老後の目標資産額に応じて、どのような金融商品にどの程度の比率で資金を配分するかを例示したモデル）を示す場合にあっては、提示運用方法に元本確保型の運用の方法（令第15条第1項の表の1の項イ若しくはロ、2の項イ、3の項イからホまで、4の項イ又は5の項イの区分に該当する運用の方法を指す。以下同じ。）が含まれるときは、元本確保型のみで運用する方法による運用プランモデルも含め、選定した運用の方法間の比較ができるように工夫し、提示するものとすること。

また、退職時期を意識しリスク管理を行うことが一般的であり、老後までに時間がある若年層は比較的リスクが取りやすく、老後を間近に控える高年層には、リスクを抑えるといった投資の基本的な考え方を意識付けることが望ましい。

4　加入者等への具体的な提供方法等

（1）投資教育を行う事業主等は、次に掲げる方法により、加入者等に提供すること。

① 投資教育の方法としては、例えば資料やビデオの配布（電磁的方法による提供を含む。）、説明会の開催等があるが、各加入者等ごとに、当該加入者の資産の運用に関する知識及び経験等応じて、最適と考えられる方法により行うこと。

② 事業主等は、加入者等がその内容を理解できるよう投資教育を行う責務があり、加入者等からその内容についての質問や照会等が寄せられた場合には、速やかにそれに対応すること。

特に、加入後の投資教育においては、加入者等の知識等に応じて、個別・具体的な質問、照会等が寄せられることから、コールセンター、メール等による個別の対応に配慮することが望ましい。

また、テーマ等を決めて、社内報、インターネット等による継続的な情報提供を行うことや、既存の社員研修の中に位置付けて継続的に実施することも効果的である。

③ 確定拠出年金制度に対する関心を喚起するため、公的年金制度の改革の動向や他の退職給付の内容等の情報提供を併せて行うことにより、自らのライフプランにおける確定拠出年金の位置づけを考えられるようにすることが効果的である。

（2）事業主が確定拠出年金運営管理機関又は企業年金連合会等に投資教育を委託する場合においては、当該事業主は、投資教育の内容・方法、実施後の運用の実態、問題点等、投資教育の実施状況を把握するよう努めること。また、加入者等への資料等の配布、就業時間中における説明会の実施、説明会の会場の用意等、できる限り協力することが望ましい。

加入後の投資教育についても、その重要性に鑑み、できる限り多くの加入者等に参加、利用の機会が確保されることが望ましい。

5　投資教育と確定拠出年金法で禁止されている特定の運用の方法に係る金融商品の勧奨行為との関係

（1）事業主等が上記3に掲げる投資教育を加入者等に行う場合には、当該行為は法第100条第6号に規定する禁止行為には該当しないこと。

（2）なお、事業主等が、価格変動リスク又は為替リスクが高い株式、外国債券、外貨預金等（この（2）において「株式等」という。）のリスクの内容について加入者等に十分説明した上で、老後までの期間及び老後の目標資産額に応じて株式等での運用を含んだ複数の運用プランモデルの提示を行う場合にあっても、当該行為は法第100条第6号に規定する禁止行為には該当しないこと。

第4　運用の方法の選定及び提示に関する事項

1　法第23条第1項の運用の方法に関する事項

（1）運用の方法の選定及び提示については、法第23条第1項において上限が定められているが、今後の運用の方法の追加等も念頭に、上限まで選定する（追加する）のではなく、加入者等が真に必要なものに限って運用の方法が選定されるよう、確定拠出年金運営管理機関（運営管理業務を営む事業主を含む。以下この第４から第６までの事項において「確定拠出年金運営管理機関等」という。）と労使が十分に協議・検討を行って運用の方法を選定し、また定期的に見直していくこと。その際、以下の点に留意すること。

ア　運用の方法の全体のラインナップが加入者等の高齢期の所得確保の視点から見て、バランスのとれたものであること。

イ　加入者等の効果的な運用に資するよう、個々の運用の方法の質（手数料を含む。）を十分吟味し、その選定理由を説明すること。

定期的な見直しを行った場合は、加入者等に対し、見直しの結果及びその理由を示すこと。

（２）法第23 条第1項の規定により選定及び提示する運用の方法には指定運用方法に選定した運用の方法を含めること。

（３）運用の方法の提示に当たっては、運用の方法を選定及び提示する確定拠出年金運営管理機関等が、個々の運用の方法の選定理由に加えて運用の方法の全体構成に関する説明を行うとともに、個別の運用の方法の推奨が禁止されていることに留意しつつ、例えば次のような提示の工夫をすること。

①　元本確保型の運用の方法と投資信託等に分けて表示し、元本確保型についてはその種類（預金、生命保険、損害保険等）、投資信託等については投資信託の種類（伝統的４資産（国内株式・国内債券・外国株式・外国債券）等）、パッシブ・アクティブ等の区分を示すこと。

②　一般的な指数によるパッシブ運用の投資信託を一括りにして「基本的な運用の方法」等、アクティブ運用やオルタナティブ運用を一括りにして「応用的な運用の方法」等と示すこと。なお、運用の方法を括るに当たっては客観的事由に基づき一括りにし、その事由についても説明すること。

③　運用の方法の一覧表の中において、手数料（投資信託の販売手数料率、信託報酬率、信託財産留保（額）率、保険商品の解約控除等）を示すこと。

（４）運用の方法の選定及び提示に当たっては、加入者等の選択の幅が狭められることのないよう、リスク・リターン特性の異なる運用の方法から、令第15 条第1項の表の中欄のうち３つ以上（簡易企業型年金の場合２つ以上）の区分に該当する運用の方法を適切に選定し、加入者等に提示すること。ただし、同項２の項ロ、３の項ヌ若しくはル、４の項ロ又は５の項ロの区分（以下「特定区分」という。）に該当する運用の方法から選定する場合には、当該特定区分に該当する運用の方法から資産の種類又は資産の配分が異なるよう留意して、運用の方法が適切に選定及び提示されていれば、特定区分から３以上（簡易企業型年金の場合２以上）選定することも可能であること。

さらに、加入者等の分散投資に資するため、令第16 条第1項第2号のとおり、元本確保型の運用の方法を１以上選定及び提示する場合は、当該区分以外の区分から２以上（簡易企業型年金の場合は１以上）を選定及び提示すること。

また、令第16 条第1項第1号のとおり、令第15 条第1項の表の２の項ニ又は３の項レからウまでの区分（個別社債、個別株式、自社株ファンド等）から運用の方法を選定した場合は、他の区分から３以上（簡易企業型年金の場合は２以上）の運用の方法を選定及び提示しなければならないこと。

２　法第23 条の2の指定運用方法に関する事項

個人別管理資産の運用の指図のない状態を回避する方法として、加入者から運用の指図が行われるまでの間において運用を行うため、法第23 条の2第1項により、企業型年金規約に定めるところにより指定運用方法を選定及び提示する場合には、次の取扱いによるものとすること。

なお、指定運用方法については、法第23 条の2第1項の規定により確定拠出年金運営管理機関等が提示を行うが、指定運用方法の選定及び提示に当たっては、労使が確定拠出年金運営管理機関等から必要な説明や情報提供を受けた上で、労使と確定拠出年金運営管理機関等が十分に協議し、労使協議の結果を尊重して決定する必要がある。

（1）指定運用方法の基本的な考え方と基準

指定運用方法については、指定運用方法で運用を継続する加入者が一定数存在することが想定されることから、加入者が自ら運用の方法を選択して運用する場合と同様に、確定拠出年金制度の趣旨を踏まえ、高齢期の所得確保に資する運用を目指すものであることが求められる。また、施行規則第19条に規定する指定運用方法の基準（要件）は、法第23条の2第2項の趣旨を踏まえ、高齢期の所得確保に資する運用として、運用の指図を行わない加入者がその運用の方法に対して運用の指図を行ったものとみなされた場合においても適切なものとなるよう定めたものであり、当該基準については、さらに以下に留意すること。

①「物価、外国為替相場、金利その他経済事情の変動に伴う資産価値の変動による損失の可能性」
インフレリスク（将来の実質的な購買力を確保できない可能性）、為替リスク、金利リスク、信用リスク、価格変動リスク等のことを想定。

②「加入者の集団」
当該企業における加入者の集合体のこと。確定拠出年金運営管理機関等は、労使と協議を行う際に、加入者属性や加入者ニーズ等加入者の集団に係る視点を踏まえる必要があること。その際、指定運用方法により運用されると見込まれる加入者の特徴について考慮・検討することが重要であること。

③「その他これらに類する費用」
販売手数料、信託財産留保額、保険商品の解約控除等のこと。

（2）指定運用方法の基準の留意点

①（1）の基準による指定運用方法の選定及び提示に当たっては、法の目指す目的を踏まえ、加入者の集団のリスク許容度や期待収益等を考慮・検討しながら、指定運用方法にふさわしい運用の方法を決定することが適当であり、その際の着眼点としては、例えば次に掲げる事項が考えられる。

ア 主に加入者の集団に係るもの
加入者の集団の属性（年齢別構成、退職までの平均勤続年数等）、金融商品への理解度、加入者のニーズ、想定利回りや掛金額等退職給付における位置づけ 等

イ 主に金融商品に係るもの（リスク・リターン特性）
期待収益率、価格の変動の大きさ、運用結果が拠出した掛金の合計額を上回る可能（確実）性、インフレリスクに対応し実質的に購買力を維持できる可能性、分散投資効果 等

②（1）の基準や（2）①の着眼点に基づき、リスク・リターン特性が異なる金融商品、具体的には、元本確保型の運用の方法から分散投資に資する運用の方法までの様々な選択肢の中から、指定運用方法を選定すること。

③ 指定運用方法に係る手数料、信託報酬その他これらに類する費用に関連し、指定運用方法から他の運用の方法へ指図を変更する際に、指定運用方法の解約等に伴い手数料（信託財産留保額、保険商品の解約控除等）が発生する運用の方法については、当該手数料の水準等によって、他の運用の方法への運用の指図の変更の妨げになる可能性があることにも留意すること。

（3）指定運用方法の選定のプロセス

① 指定運用方法を選定するにあたっては、（1）の基準や（2）①の着眼点に基づき加入者の集団の属性等を踏まえる必要があることから、事業主は、施行規則第19条の2第2項に基づき、確定拠出年金運営管理機関に対して加入者の集団の属性等に関する情報を提供するよう努めること。

② 確定拠出年金運営管理機関等は、事業主に対して、指定運用方法の候補となる運用の方法を示し、当該運用の方法が（1）の基準や（2）①の着眼点に適合する運用の

方法である理由を説明すること。その際、確定拠出年金運営管理機関等は、労使に対して、具体的な金融商品のリスク・リターン特性等の指定運用方法の選定に必要な情報を、運用方針や手数料控除後の収益の見込み等を表示する等わかりやすい方法で提供すること。

③　令第6条第8号ロを踏まえ、事業主は、②で示された指定運用方法の候補となる運用の方法が加入者の集団にとって適切であるかを労使で協議し、その結果を確定拠出年金運営管理機関等に伝達すること。この際、実施事業所が二以上であるときは、各実施事業所において労使で協議しなければならない。

④　確定拠出年金運営管理機関等は、③の労使協議の結果を尊重して、（1）の基準や（2）①の着眼点に適合する指定運用方法を選定すること。

⑤　なお、指定運用方法については、実施事業所ごとに選定及び提示を行うことが可能であること。

（4）加入者への情報提供等

① 指定運用方法は、加入者が一定期間運用の指図を行わないような例外的な場合に、加入者の運用指図権を保護するために整備された規定である。加入者が自ら運用の指図を行うことを促す観点から、指定運用方法を運用の方法とする運用の指図を行ったものとみなされた場合においても、個々の加入者が、自身の資産形成状況やライフプラン等に適した運用の方法が選択されているかどうかを確認し、自身に適さない運用の方法であれば他の運用の方法を選択すべきであることを説明する必要がある。

このため、確定拠出年金運営管理機関等は、加入者に対し、自ら運用の方法を選択して運用を行うよう促した上で、指定運用方法の仕組みや当該指定運用方法を法令の基準に基づきどのような考えで選定したか（選定理由）を（1）の基準や（2）①に掲げた着眼点を踏まえながら、十分に説明すること。その際には、具体的な金融商品のリスク・リターン特性等について、運用方針や手数料控除後の収益の見込み等をイメージしやすいようにする等わかりやすい方法で提供すること。

② 指定運用方法については、本人の運用の指図がないにもかかわらず本人が運用の指図を行ったものとみなされるため、本人の運用指図権を侵さないよう十分留意する必要がある。このことを踏まえ、運用指図権に関する加入者保護を徹底し、受託者責任を果たす観点から、次の措置を講ずることが望ましいこと。

ア　確定拠出年金運営管理機関等は、加入者から指定運用方法を運用の方法とする運用の指図を行ったものとみなされる旨を理解したことの確認を得ること。

イ　確定拠出年金運営管理機関等は、指定運用方法の運用の結果（利益・損失）について、その責任は加入者本人に帰属することに加え、元本確保型の運用の方法などが指定運用方法に選定されている場合には、より収益を上げる投資機会を逃す可能性があることや、インフレになれば実質的な購買力を確保できない可能性があることについても、加入者へ情報提供すること。

③ 指定運用方法を運用の方法とする運用の指図を行ったものとみなされた後も、自ら選択して運用の指図を行うことは可能であるため、指定運用方法を運用の方法とする運用の指図を行ったものとみなされた後においても、資産額通知や継続投資教育等あらゆる機会を利用して、指定運用方法を変更して運用の指図を行うことができることなどについて、事業主と確定拠出年金運営管理機関がそれぞれの役割に従って、加入者に継続的な情報提供や働きかけを行っていくこと。とりわけ、中小企業においては、自ら選択して運用の指図を行っていない加入者の割合が高い傾向にあることから、投資教育等において積極的な働きかけを行うこと。

（5）あらかじめ定められた運用の方法

確定拠出年金法等の一部を改正する法律（平成28 年法律第66 号。以下「改正法」という。）施行前より「あらかじめ定められた運用の方法」を企業型年金規約に規定していた場合においても、上記指定運用方法の基準等に沿って、改めて十分に労使で協議した上で、指定運用方法を定めること。

なお、指定運用方法を運用の方法とする運用の指図を行ったものとみなされる対象は、改正法施行後の新たな加入者である。企業型年金規約に「あらかじめ定められた運用の方法」が規定されており、改正法施行前の加入者等であって自ら運用の指図を行なわず、「あらかじめ定められた運用の方法」により運用を継続している者については、別途、運用の指図を行わない限り、引き続き、改正法施行後も当該運用の方法により運用を継続することとなる。

ただし、その場合であっても、(4)①と同様に、当該運用の方法が自身の資産形成状況やライフプラン等に適した運用の方法が選択されているかどうかを確認し、自身に適さない運用の方法であれば他の運用の方法を選択するよう、加入者等に促すとともに、その後の運用の指図が不要であるとの誤解を招くことのないよう、次に掲げる事項を加入者等に定期的に情報提供するものとすること。

ア 当該運用の方法により運用を行っている者については、いつでも運用の指図ができること

イ 当該運用の方法により損失が生じた場合には、その責任は加入者等本人が負うこと

第5 運用の方法に係る金融商品の情報提供に関する事項

1 運用の方法に係る金融商品について情報提供すべき具体的な内容

確定拠出年金運営管理機関等が加入者等に対し運用の方法に係る金融商品の情報提供を行う場合の具体的な内容については、法第24条に基づく施行規則第20条第1項に規定しているところであるが、同項第1号中「運用の方法の内容」に係る具体的な情報の内容及びその提供方法は、各運用の方法に係る金融商品ごとに、元本確保型の運用方法であるか否かを示した上で、次に掲げる内容及び方法とすること。

(1) 預貯金(金融債を含む。)について

銀行法施行規則(昭和57年大蔵省令第10号)第13条の3第1項各号に規定する内容に相当するものについて、同条に準じた方法(電磁的方法による提供を含む。)により情報提供を行うものとすること。

(2) 信託商品について

次の掲げる事項を記載した書類の交付又は電磁的方法により情報提供を行うものとすること。

① 商品名

② 信託期間(契約期間、信託設定日、償還期日、自動継続扱いの有無)

③ 運用の基本方針、運用制限の内容

④ 信託金額の単位

⑤ 収益金の計算方法、支払方法

⑥ 予想配当率

⑦ 他の運用商品への預替えの場合の取扱い

(3) 有価証券(令第15条第1項の表の2の項ニに規定する運用の方法に係る金融商品を含む。)について

① 金融商品取引法(昭和23年法律第25号)第2条第10項に規定する目論見書の概要(商品名、信託期間、繰上償還の説明、ファンドの特色、投資リスク等)に記載される内容について、それを記載した書類の交付又は電磁的方法により情報提供を行うものとすること。

② なお、金融商品取引法第2条第10項に規定する目論見書に記載される内容については、少なくとも、加入者等から求めがあった場合に、次のいずれかの方法により速やかにその内容を提供するものとすること。

ア 書類の交付

イ 電磁的方法により内容を提供する方法

ウ 実施事業所の事務所又は確定拠出年金運営管理機関の営業所に備え置き、加入者等の縦覧に供する方法

(4) 生命保険、生命共済及び損害保険について

次の掲げる事項を記載した書類の交付又は電磁的方法により情報提供を行うものとすること。

① 保険又は共済契約の種類
② 一般勘定又は特別勘定に属するものの区別
③ 保険料又は共済掛金の額
④ 保険金額又は共済金額の算定方法
⑤ 予定利率があるものについてはその率
⑥ 保険期間又は共済期間（予定利率あるものについては、当該予定利率が適用される期間を含む。）
⑦ 支払事由
⑧ 加入者等の運用の指図により保険又は共済の全部又は一部を他の運用の方法に変更する場合における取扱い
⑨ 特別勘定に属するものについては、当該財産の運用の方針、種類及び評価の方法

2　加入者等に情報提供すべき過去10年間の実績の内容

確定拠出年金運営管理機関等は、施行規則第20条第1項第2号の規定に基づき、過去10年間における運用の方法に係る金融商品の利益又は損失の実績を加入者等に提供する場合には、少なくとも3か月ごとの当該運用の方法に係る金融商品の利益又は損失の実績を提供しなければならないこと。

第6 運用の方法の除外に関する事項

1　運用の方法の除外の具体的な手順について

確定拠出年金運営管理機関等は、運用の方法の除外をしようとするときは、以下の手順により行うこと。

(1) 確定拠出年金運営管理機関等は、労使で十分に協議・検討された結果を踏まえ、どの運用の方法を除外しようとするかを決定すること。

(2) 確定拠出年金運営管理機関等は、除外しようとする運用の方法を選択して運用の指図を行っている加入者等（以下「除外運用方法指図者」という。）に運用の方法を除外しようとする旨を通知した上で、法第26条第1項の運用の方法の除外に係る同意を得ること。

(注) 確定拠出年金運営管理機関等は、再委託先である記録関連運営管理機関から、除外運用方法指図者の情報を入手する。

(注) 法第26 条第2項に基づき、除外の通知をした日から規約で定める期間（3週間以上）を経過してもなお除外運用方法指図者から意思表示を受けなかった場合は、除外運用方法指図者は同意をしたものとみなすことができる旨、当該通知で記載すること。

(2) 確定拠出年金運営管理機関等は、除外しようとする運用の方法を選択して運用の指図を行っている加入者等（以下「除外運用方法指図者」という。）に運用の方法を除外しようとする旨を通知した上で、法第26条第1項の運用の方法の除外に係る同意を得ること。

(3) 除外運用方法指図者（所在が明らかでないものを除く）の3分の2以上の同意が得られた場合、除外することが決定したことを加入者等に周知した上で、他の運用の方法へ運用の指図を変更するよう、除外運用方法指図者に促すこと。

(4) 確定拠出年金運営管理機関等は運用の方法を除外した旨、除外運用方法指図者に通知する。

(注) 法第26 条第3項に基づき、除外運用方法指図者の所在が明らかでないため当該通知をすることができないときは、公告を行う。

(注) 仮に除外時までに運用の指図の変更が行われなかった場合において、指定運用方法が提示されたときは、企業型年金規約で定める期間経過後、除外対象となっている運用の方法に係る掛金に相当する個人別管理資産について、当該指定運用方法を運用の方法とする運用の指図を行ったものとみなされること。

2　運用の方法の除外に当たって考慮すべき事項について

運用の方法の除外に当たっては、実務上、以下の点に留意すること。

・除外する運用の方法を決定する際には、次に掲げる要素を考慮すること
信託報酬等の手数料の水準、運用成績、運用の方法の除外後の運用の方法の全体の構成、当該運用の方法に対し運用の指図をしている者の数 等

・除外しようとする運用の方法を決定した確定拠出年金運営管理機関等は、除外運用方法指図者等へ情報提供を行う際には、上記考慮要素を踏まえて当該運用の方法を除外することになった理由を説明すること

第7　障害給付金の支給要件に関する事項

確定拠出年金の障害給付金については、令第19条の規定により、加入者等が国民年金法（昭和34年法律第141号）第30条第2項に規定する障害等級に該当する程度の障害の状態に該当することをその支給要件としている。

確定拠出年金運営管理機関等は、加入者等から障害給付金の給付の裁定の請求が行われた場合において、当該加入者が次に掲げる者であることを確認したときは、障害給付金の支給の裁定を行っても差し支えないこと。

（1）障害基礎年金の受給者

（2）身体障害者手帳（1級から3級までの者に限る）の交付を受けた者

（3）療育手帳（重度の者に限る）の交付を受けた者

（4）精神障害者保健福祉手帳（1級及び2級の者に限る）の交付を受けた者

第8　厚生年金基金、確定給付企業年金等から企業型年金への資産の移換に関する事項

1　厚生年金基金等の加入員等が負担した掛金等を原資とする部分の算定方法等

令第22条第1項第1号及び公的年金制度の健全性及び信頼性の確保のための厚生年金保険法等の一部を改正する法律の施行に伴う経過措置に関する政令第3条第4項によりなおその効力を有するものとされた改正前確定拠出年金法施行令第22条第1項第1号に規定する「原資とする部分」とは、資産のうち、加入員等の負担に基づいて行われる給付であって、基準日（厚生年金基金等の規約変更日（解散又は終了にあってはその日）までに発生しているとみなすことが合理的である給付に相当する部分をいうこと。

なお、厚生年金基金等から企業型年金への資産の移換にあたり、加入員等が、当該加入員等が負担した掛金等を原資とする部分の移換に同意しない場合にあっては、当該部分を除いた資産を移換するものとすること。

ただし、確定給付企業年金の加入者等が負担した掛金を原資とする部分を移換する場合にあっては、確定給付企業年金の本人拠出相当額は拠出時に課税、給付時に非課税の取扱いとなっているが、企業型年金へ資産を移換した場合にあっては、給付時に課税されることとなることを当該加入者等に十分説明したうえで同意を取る必要があること。

2　退職手当制度から企業型年金に移換できる資産の内容

令第22条第1項第4号に規定する「相当する部分」とは、同号のイに掲げる額からロ及びハに掲げる額を控除した額に、移行日（同号に規定する移行日。以下同じ。）から資産の移換を受ける最後の年度までの期間に応ずる利子に相当する額を加えた額とすること。なお、この場合に用いる利率は、移行日における確定給付企業年金法施行規則（平成14年厚生労働省令第22号）第43条第2項第1号の規定に基づいて厚生労働大臣が定める率とすること。

第9　行為準則に関する事項

1　事業主の行為準則

（1）忠実義務（法第43条第1項）の内容

事業主は、少なくとも次の事項に留意しなければならないこと。

① 確定拠出年金運営管理機関及び資産管理機関については、もっぱら加入者等の利益の観点から、運営管理業務や資産管理業務の専門的能力の水準、業務・サービス内容（加入者等から企業型年金の運営状況に関する照会があったときは、誠実かつ迅速に対応できる体制を整備していることを含む。以下同じ。）、手数料の額等に関して、複数の確定拠出年金運営管理機関又は資産管理機関について適正な評価を行う等により選任すること。

特に、事業主が、緊密な資本関係、取引関係又は人的関係がある確定拠出年金運営管理機関又は資産管理機関（確定拠出年金

運営管理機関又は資産管理機関と緊密な資本又は人的関係のある法人を含む。）を選任できるのは、当該機関の専門的能力の水準、業務・サービス内容、手数料の額等に関して適正な評価を行った結果、合理的な理由がある場合に限られるものであること。

また、法第3条第1項又は第5条第2項の規定に基づき、企業型年金に係る規約を作成する場合又は企業型年金規約に規定する事項のうち確定拠出年金運営管理機関若しくは資産管理機関の変更を行う場合にあっては、労働組合又は第一号等厚生年金被保険者の過半数を代表する者の同意を得る際に、当該第一号等厚生年金被保険者又は加入者等に対し、当該確定拠出年金運営管理機関又は資産管理機関を選定した理由を示すこと。

② 資産の運用に関する情報提供に係る業務（いわゆる投資教育）を企業年金連合会又は確定拠出年金運営管理機関又はその他の者に委託する場合においては、委託先の機関等が本通達第3の1から3まで規定する内容及び方法に沿って、加入者等の利益のみを考慮して適切に当該業務を行うことができるか否かを十分考慮した上で行うこと。

③ 企業型年金加入者等に対し、自社株式又は関連企業の発行する株式（主に自社株式又は関連企業の発行する株式で運用する投資信託などを含む。以下同じ。）を運用の方法として提示することは、もっぱら加入者等の利益のみを考慮してその業務を遂行しなければならないという忠実義務の趣旨に照らし妥当であると認められる場合に限られるものであること。

また、自社株式又は関連会社の発行する株式を運用の方法として提示したときは、当該株式を発行する企業が倒産した場合には、加入者等の個人別管理資産のうち当該株式での運用に係る部分の資産が零となる可能性が高いこと（すなわち倒産リスクがあること）を、加入者等に対し、十分に情報提供するようにすること。

④ 法、令及び施行規則に規定された事業主の行為準則等を遵守すること。

⑤ 加入者等から企業型年金の実施状況に関し照会又は苦情があったときは、当該照会又は苦情に事業主自らが誠実かつ迅速に対応するか又は確定拠出年金運営管理機関に誠実かつ迅速に対応させること。

⑥ 事業主が選任した確定拠出年金運営管理機関及び資産管理機関から、その業務の実施状況等について少なくとも年1回以上定期的に報告を受けるとともに、加入者等の立場から見て必要があると認められる場合には、その業務内容の是正又は改善を申し入れること。また、当該確定拠出年金運営管理機関及び資産管理機関が事業主の申入れに従わず、又はその業務の実施状況等により運営管理業務又は資産管理業務を継続することが困難であると認めるときは、法第5条に規定する手続きを経て、その委託契約等を取消し、当該運営管理業務を自ら実施するか又は他の確定拠出年金運営管理機関若しくは資産管理機関を選任すること。

（2）個人情報保護義務（法第43条第2項）の内容

① 法第43条第2項中の「業務の遂行に必要な範囲内」には、例えば、次のアからウに掲げる場合についても該当するものであること。

ア 事業主が、退職により資格を喪失した者に対して、個人別管理資産額を踏まえた手続の説明を行うため、脱退一時金の受給要件の判定に必要な範囲内において、個人別管理資産額に関する情報を活用する場合

イ 事業主が、資格を喪失後一定期間を経過した後も個人別管理資産の移換の申出を行っていない者に対して、当該申出が速やかに行われるよう促すため、氏名や住所等の情報を活用する場合

ウ 事業主が、企業型年金運用指図者に影響を及ぼす規約変更を行う場合において、その内容を周知させるため、氏名や住所等の情報を活用する場合

② 事業主が加入者等の個人情報を取り扱うに当たっては、①によるほか、技術的安全

管理措置については「私的年金分野における個人情報の技術的安全管理措置」（平成29年厚生労働省告示第211号）の規定によることとし、その他の個人情報の取扱いについては「個人情報の保護に関する法律」（平成15 年法律第57 号）その他関係法令及び「個人情報の保護に関する法律についてのガイドライン（通則編）」（平成28年個人情報保護委員会告示第６号）の規定によることとすること。

（３）自社株式の推奨等の禁止

事業主の禁止行為については、法第43条第3項及び施行規則第23条に規定しているところであるが、特に、

① 事業主が、加入者等に対し、自社株式又は自社債券（これに類するものを含む。）や関連会社の株式又は債券（これに類するものを含む。）などの特定の運用の方法に係る金融商品ついて指図を行うことや、指図を行わないことを勧めること（施行規則第23条第3項）、

② 事業主が、企業型年金加入者等に対し、自己（すなわち当該事業主）又は自己と人的又は取引関係のある関連会社などの第三者に運用の指図を委任することを勧めること（施行規則第23条第4項）

などは、いかなる場合であっても禁止されるものであり、こうした禁止行為に該当する、あるいは該当するおそれがあるような行為を行わないよう留意すること。

2　確定拠出年金運営管理機関の行為準則

（１）忠実義務（法第99条第1項）の内容

確定拠出年金運営管理機関は、少なくとも次の事項に留意しなければならないこと。

① 法、令、確定拠出年金運営管理機関に関する命令（以下「主務省令」という。）及び運営管理契約に従って運営管理業務を実施すること。

② 運用関連運営管理業務を行う確定拠出年金運営管理機関は、もっぱら加入者等の利益のみを考え、加入者等の利益が最大となるよう、資産の運用の専門家として社会通念上要求される程度の注意を払いながら運用の方法に係る金融商品の選定、提示及びそれに係る情報提供を行うこと。

③ 確定拠出年金運営管理機関は、企業型年金加入者掛金の拠出を導入している実施事業所の加入者に追加的に企業型年金加入者掛金を拠出した場合の年金額等への効果について情報提供を行うこと。

④ 加入者等に対し、株式（主に一の企業の発行する株式で運用する投資信託などを含む。以下同じ。）を運用の方法として提示することは、もっぱら加入者等の利益のみを考慮してその業務を遂行しなければならないという忠実義務の趣旨に照らし妥当であると認められる場合に限られるものであること。

また、株式を運用の方法として提示したときは、当該株式を発行する企業が倒産した場合には、加入者等の個人別管理資産のうち当該株式での運用に係る部分の資産が零となる可能性が高いこと（すなわち倒産リスクがあること）を加入者等に対し、十分に情報提供すること。

⑤ 法、令及び主務省令に規定された確定拠出年金運営管理機関の行為準則等を遵守すること。

⑥ 加入者等から確定拠出年金の実施状況に関し照会又は苦情があったときは、当該照会又は苦情に誠実かつ迅速に対応すること。

⑦ 確定拠出年金運営管理機関が、その運営管理業務の一部を他の確定拠出年金運営管理機関に再委託している場合にあっては、当該再委託した確定拠出年金運営管理機関から、その業務の実施状況等について少なくとも年1回以上定期的に報告を受け、加入者等の立場から見て必要があると認められる場合には、その業務内容の是正又は改善を申し入れるとともに、その旨を事業主又は国民年金基金連合会に報告すること。また、当該再委託した確定拠出年金運営管理機関がその申入れに従わず、又はその再委託した業務の実施状況により再委託を継続することが困難であると認めるときは、事業主又は国民年金基金連合会にその旨を報告し、法第5条に規定する手続きにしたがって、その再委託契約を取消し、他の確

定拠出年金運営管理機関に再委託すること。

（2）個人情報保護義務（法第99条第2項）の内容

①　法第99条第２項中の「その他正当な事由がある場合」とは、次のア及びイに掲げる場合をいうものであること。

ア　法令の規定に基づき、裁判所、税務署等から個人情報提出命令等があった場合

イ　事業主からの依頼に基づき、当該事業主の企業型年金の実施に係る業務の遂行に必要な範囲内において、加入者等の個人情報を提供する場合

②　①イにおける場合とは、１（２）①に掲げる事項をいうものであること。

③　確定拠出年金運営管理機関が加入者等の個人情報を取り扱うに当たっては、①及び②によるほか、技術的安全管理措置については「私的年金分野における個人情報の技術的安全管理措置」の規定によることとし、その他の個人情報の取扱いについては「個人情報の保護に関する法律」その他関係法令及び「個人情報の保護に関する法律についてのガイドライン（通則編）」の規定によることとすること。

（3）「特別の利益を提供」の内容

法第100条第2号中の「特別の利益を提供」とは、一般の場合と比較して有利な条件で与えられる利益又は一般には与えられない特恵的又は独占的利益の提供をいい、例えば、金銭の提供、有利な条件による物品等の譲渡、貸し付けその他信用の供与又は役務の提供等がこれに該当すること。

（4）「特定の運用の方法を勧めること」の内容

①　法第100条第6号中の「特定のものについて指図を行うこと、又は行わないことを勧めること」としては、例えば、以下の場合が該当すること。

ア　加入者等に対し、特定の金融商品への資産の投資、預替え等を推奨又は助言すること。

イ　加入者等に対し、価格変動リスク又は為替リスクが高い外貨預金、有価証券、変額保険等について、将来利益が生じることや将来の利益の見込み額が確実であると告げ、又は表示すること。

ウ　加入者等に対し、提示した他の金融商品と比較して、特定の金融商品が有利であることを告げ、又は表示すること。

②　運用の方法に係る金融商品の「提示」の際の留意点

加入者等への運用の方法に係る金融商品の「提示」とは、確定拠出年金運営管理機関が選定した運用の方法に係る金融商品の名称（例えば、「○○銀行の1年もの定期預金の預入」等）を加入者等に示すことであり、その提示の際に、確定拠出年金運営管理機関は、当該運用の方法に係る金融商品への運用の指図を行うことを推奨又は助言してはならないこと。

なお、加入者等から質問又は照会を受けた場合にあっても、特定の運用の方法に係る金融商品への運用の指図を行うことを推奨又は助言してはならないこと。

③　「推奨」及び「助言」の内容

ア　「推奨」の内容

運用の方法に係る金融商品に関する「推奨」とは、当該金融商品を評価し、当該金融商品への運用の指図を行うことは良いこと又は好ましいことであるということを加入者等に伝えること。

例えば、「この○○会社の発行する株式は、将来値上がり確実でいいものであるので、当該株式で運用する方がよい」ということを加入者等に述べること。

イ　「助言」の内容

運用の方法に係る金融商品に関する「助言」とは、当該金融商品への運用の指図を行うよう加入者等に伝えること。

例えば、「この○○会社の発行する株式で運用すべきである」ということを加入者等に述べること。

（5）いわゆる営業職員に係る運用関連業務の兼務の禁止

①　禁止の趣旨

確定拠出年金運営管理機関は、制度上もっぱら加入者等の利益のみを考慮して中立な立場で運営管理業務を行うものとして位

置づけられているところであり、こうした趣旨に基づき、法第100条において、特定の運用の方法に係る金融商品について指図を行うことを勧める行為の禁止をはじめ、各種の禁止行為が規定されているところである。したがって、金融商品の販売等を行う金融機関が自ら確定拠出年金運営管理機関として運用関連業務を行う場合には、あくまでも中立な立場で業務を行い、当該禁止行為が確実に行われないようにするとともに、確定拠出年金運営管理機関に対する国民の信頼が確保されるよう、金融商品の販売等を行ういわゆる営業職員（主務省令第10条第1号に規定する「運用の方法に係る商品の販売若しくはその代理若しくは媒介又はそれらに係る勧誘に係る事務を行う者」をいう。）は運用関連業務（令第7条第2項に規定する事務を除く。以下同じ。）を兼務してはならないこととしたものであること。

② 運用関連業務を行うことができる者（以下「運用関連業務者」という。）について

上記①の趣旨を踏まえ、運用関連業務者は運営管理業務の専任者が行うことを基本とし、やむを得ず兼任者で対応する場合にあっても、当該兼任者は、個人に対し商品の販売若しくはその代理若しくは媒介又はそれらに係る勧誘に関する事務を行う者であってはならないこと。

③「役員、営業所の長その他これに類する者」について

主務省令第10条第1号中の「その他これに類する者」とは、営業所の長が欠けたときにその職務を代理することとなる者であり、例えば、副支店長、副支社長、副支部長等をいうものであること。

この規定は、役員、営業所の長その他これに類する者は、あくまでも主たる事務所又は営業所における運用関連業務の責任者として、当該業務を総括することができるようにするという観点から、禁止行為の対象外としているものであって、これらの者は、やむを得ず加入者等からの苦情に対応する場合等を除き、基本的には、個々の加入者等に対して運用関連業務を行わないこと。

第10 企業型年金の加入者の資格を喪失した者に係る個人別管理資産の移換に関する事項

1．事業主は、加入者が資格を喪失した場合には、当該資格喪失者に対して、次の事項等について十分説明すること。

（1） 法第80条から第82条までの規定による他の企業型年金若しくは国民年金基金連合会への個人別管理資産の移換又は法第54条の4の規定による確定給付企業年金への個人別管理資産を移換する旨の申出は、資格を喪失した日の属する月の翌月から起算して6月以内に行うこと。

（2）上記（1）の申出を行わない場合には、①～③のいずれかの取扱いがされること。

① 法第80条第2項の規定により、当該企業型年金に個人別管理資産があり他の企業型年金の加入者の資格を取得している場合には、新たに資格を取得した企業型年金へ個人別管理資産が自動的に移換されることとなること。

② 法第83条及び施行規則第65条の規定により、当該企業型年金に個人別管理資産があり個人型年金加入者等の資格を取得している場合には、個人型年金へ個人別管理資産が自動的に移換されることとなること。

③ 法第83条の規定により、個人別管理資産が国民年金基金連合会（特定運営管理機関）に自動的に移換され、連合会移換者である間、運用されることのないまま、管理手数料が引き落とされることとなること。その際、当該期間は通算加入者等期間に算入されないことから、老齢給付金の支給開始可能な時期が遅くなる可能性があること。

（3）企業型年金加入者の資格を喪失した者が、確定給付企業年金の加入者の資格を取得した場合には、資格を喪失した日の属する月の翌月から起算して6月以内であれば法第54条の4の規定により確定給付企業年金への個人別管理資産の移換を行うことが

できること。また、法第83 条の規定により、個人別管理資産が国民年金基金連合会(特定運営管理機関）に自動的に移換されている者が、確定給付企業年金の加入者の資格を取得した場合には、法第74 条の4の規定により確定給付企業年金への個人別管理資産の移換を行うことができること。

なお、確定給付企業年金の本人拠出相当額は拠出時に課税、給付時に非課税の取扱いである。企業型年金の本人拠出相当額は拠出時に非課税の取扱いであることから、確定給付企業年金へ移換する個人別管理資産に企業型年金の本人拠出相当額を含む場合であっても、確定給付企業年金の本人拠出相当額としての取扱いではなく、給付時に課税されることとなること。

（4）法第54 条の4又は第54 条の5の規定による企業型年金から確定給付企業年金又は退職金共済への個人別管理資産の移換を行う場合にあっては、移換先の制度の制度設計上、確定拠出年金に加入していた期間(勤続年数を含む。）が移換先の制度設計に合わせた期間に調整される可能性があること。

また、企業型年金の個人別管理資産に係る期間（当該個人別管理資産に厚生年金基金、確定給付企業年金、企業年金連合会又は国民年金基金連合会から移換してきた資産を含む場合は当該資産に係る期間を含む。）は通算加入者等期間から控除されることとなること。ただし、企業型年金及び個人型年金に同時に加入する者であって、企業型年金の個人別管理資産のみ移換する場合には、個人型年金の加入者期間に影響はないこと。

2．令第46 条の2の規定により、資格喪失者に係る記録関連業務を行う記録関連運営管理機関は、資格喪失後一定期間を経過した後においても移換の申出を行っていない資格喪失者に対し、資格喪失者の個人別管理資産が移換されるまでの間、当該申出を速やかに行うよう適時に促すこととされているが、事業主においても、資格喪失者が当該申出を速やかに行うよう適時に促すべく努めること。

3．法第54 条の5の規定による企業型年金から退職金共済に個人別管理資産を移換できる場合について、同条に規定する「合併等」とは、施行規則第31 条の5の規定により企業型年金を実施する事業主が中小企業退職金共済法第31 条の4第1項の規定による申出をっていない共済契約者（同法第2条第3項に規定する退職金共済契約の当事者である事業主をいう。）との間で実施する施行規則第31 条の5に定める会社法の規定による行為のほか、中小企業退職金共済法施行規則（昭和34 年労働省令第23 号）第1条に規定する国又は地方公共団体に準ずる者を除く法人の設立を定める特別の法律の規定に基づくものであって、当該行為と同等とみなされるものであること。

第11　企業型年金の加入者の資格を喪失した者に係る脱退一時金の支給の請求に関する事項

企業型年金を実施する事業主は、厚生年金基金等からの資産移換又は脱退一時金相当額等の移換が見込まれる加入者が、当該資産の移換前に資格喪失した場合には、当該資格喪失者に対して、確定拠出年金制度が老後のための年金制度であることに鑑み、脱退一時金の支給を請求せずに、移換が見込まれる資産と合わせて引き続き個人別管理資産を運用することが望ましいことを十分説明すること。

<執筆者紹介>

秋津　和人（あきつ・かずと）
執筆／Part2（分野A2・3、分野B、分野C）
年金問題研究会代表、日本年金学会会員。1級DCプランナー。大手家庭用品メーカー、出版社を経て独立、誰にでもわかりやすい年金の理解を広める活動を行っている。主な編著書として『いくらもらえるあなたの年金』（啓明書房）、『こんなに使える！個人型確定拠出年金』（日本法令）、『これならわかる日本版401k』（ソフトバンク パブリッシング）などがある。「年金そこが知りたい」（読売新聞）、「教えて年金」「年金質問箱」（毎日新聞）など新聞連載の実績もある。

東海林　正昭（しょうじ・まさあき）
執筆／Part2（分野A1）
特定社会保険労務士（社会保険労務士法人 東海林・旭事務所会長）、年金問題研究会主任研究員、日本年金学会会員、年金ライフ社チーフコンサルタント、商工会議所年金教育センター登録講師、年金コンサルタント。企業勤務を経て独立。社労士業務、コンサルティング業務をはじめとして、執筆、講演などでも幅広く活躍している。新聞・雑誌の執筆では、読売新聞「マネー」「定年Q&A」「年金そこが知りたい」欄、日本経済新聞「社会保障ミステリー」欄などに連載実績がある。月刊『ビジネスガイド』（日本法令）、『スタッフアドバイザー』（税務研究会）、『銀行実務』（銀行研修社）などにも執筆。著書としては、『年金実践事務手引』（共著／日本法令）などがある。

旭　邦篤（あさひ・くにあつ）
執筆／Part2（分野D）
特定社会保険労務士（社会保険労務士法人東海林・旭事務所代表社員）、青山学院大学大学院法学研究科修士課程修了（ビジネスロー修士）、第一種衛生管理者。大手電機メーカー、証券会社を経て現職。社労士業務、コンサルティング業務を中心に、就業規則作成・改訂のほか、問題社員への対応等の労務管理、さらに年金相談まで幅広く行っており、『プレジデント』（プレジデント社）などに執筆、読売新聞にもコメント実績がある。

〔編著者紹介〕
年金問題研究会
公的年金・企業年金など年金制度全般にわたり、仕組みや制度のあり方を研究し、年金制度の健全な発展を促進することを目的としている。代表・秋津和人。研究会の編著書として『こんなに使える！個人型確定拠出年金』（日本法令）、『確定拠出年金がよくわかる本』（金融ブックス）、『図解でわかる日本版401（k）プラン』『めざせ！ DCプランナー』（以上、日本能率協会マネジメントセンター）、『いくらもらえるあなたの年金』（啓明書房）、『これならわかる日本版401k』（ソフトバンク パブリッシング）などがある。
研究会では、DC1級受験者のためにDCプランナー認定試験1級の約2カ月前（11月）に直前対策セミナーを開催している。また、『DCプランナー1級合格対策問題集』（直近過去問解答・解説付き）も発売している。詳しくは下記の当会ホームページをご覧いただきたい。
http://web.parknet.co.jp/kpu/nenkin

〔2018年度版〕
DCプランナー 2級 合格対策テキスト

2018年 6月15日　第1版　第1刷発行

編著者 ——— 年金問題研究会
発行者 ——— 川栄 和夫
発行所 ——— 経営企画出版
〒169-0075　東京都新宿区高田馬場2-12-10
阿部ビル2階2号
電話　03-3204-5745　　FAX　03-3204-5743
http://web.parknet.co.jp/kpu/
本文組版 —— メディア・ワークス
印刷・製本 —— モリモト印刷㈱

ISBN978-4-904757-20-8